U0042094

Angela Carter's

安潔拉・卡特
精怪故事集

104則以女性為主角，
既怪誕又魔幻的傳說故事

Book of Fairy Tales

Angela Carter 安潔拉・卡特 ——— 編著

Corinna Sargood
柯莉娜・薩谷 ——— 插畫　　張琰 ——— 譯

目次

—————— part **1** 勇敢、大膽、意志力 ——————

—————— part **2** 聰明女人、機智女孩、急中生智 ——————

—————— part **3** 傻瓜 ——————

PART 13 有用的故事

✦ 出版者的話 ✦
PUBLISHER'S NOTE

《安潔拉・卡特的精怪故事集》合併了由安潔拉・卡特之前編輯的兩本作品，分別是《維拉戈精怪故事集》（ *The Virago Book of Fairy Tales* ）（1990）及《維拉戈精怪故事第二集》（ *The Second Virago Book of Fairy Tales* ）（1992）。

安潔拉・卡特於1992年2月去世，此前約一個月，她住在倫敦的布朗普頓醫院。第二本故事集的手稿就放在她的床上。「我剛剛完成，好給她們編輯去做。」她說。她對我們的忠誠是沒有止盡的。剛聽說她生病時，我們要她不要擔心，我們已經出版了《維拉戈精怪故事集》，這已經夠了。但是不行，安潔拉說這正是一個生病的作家追求的工作計畫。因此她為這本書努力工作，一直到她臨終前幾個星期。她收集了所有的書中故事，將它們按她選擇的標題分門別類，但卻來不及寫序言，也沒能完成註釋的部分。《維拉戈女巫之書》（ *The Virago Book of Witches* ）一書的編輯夏路可・胡珊（ *Shahrukh Husain* ）運用自身對民俗和精怪故事廣泛的知識補全了註釋，包含所有安潔拉・卡特在自己的文稿中留有評論與註釋之處。

本新版中，我們採用了安潔拉・卡特為《維拉戈精怪故事集》所寫的序。瑪麗娜・華納（Marina Warner）在安潔拉・卡特過世後寫了一篇讚評，該文原是《維拉戈精怪故事第二集》的序，在本書中做為後記。

蘭妮・古丁斯（Lennie Goodings）
維拉戈出版發行人

→序←

INTRODUCTION

這本書雖然名為精怪故事集[1]，但讀者在這本書中找不到幾個真正的精怪。會說話的野獸，有的，因為牠們或多或少是超自然的；還有許多事件的發展多少有些違背物理法則。精怪並不多見，因為「精怪故事」（fairy tale）是一種措辭，我們用它來泛指那些無數的、千變萬化的敘述，那些敘述在從前——有時現在也是——靠口口相傳的方式延續與傳播到世界各地，這些故事的作者不詳，但每個重述它們的人都可以一次次地重新創造，因而成為窮人們能不斷拿來翻新的娛樂。

直到十九世紀中期，大多數的歐洲窮人都是文盲或半文盲，而大部分歐洲人都是窮人。晚近到1931年，義大利成年人還有百分之二十既不能讀也不會寫，在南部，比例更高達百分之四十。西方的富裕是最近才達到的。非洲、拉丁美洲和亞洲很多地區則比以往更窮困，而且仍有一些語言尚無書寫形式，或者像索馬利亞語，是不久前才有書寫形式的。然而索馬利亞擁有同樣燦爛的文學，因為在索馬利亞歷史的大半時間裡，文學早已存在於人的記憶和口舌之中，將它轉成書寫形式勢必會改變該文學的整體性質，因為「說」是公共活動，而「讀」是私人活動。在人類歷史大部分的時間裡，「文學」——無論是故事還是詩歌——都

1　本書原文書名為 *Angela Carter's Book Of Fairy Tales*。Fairy Tales 字面意思是仙子故事、精靈故事，中文多半譯為童話。本書若譯為「童話故事」，容易被狹隘地當作專給兒童閱讀的故事，而精靈故事、仙子故事又常與浪漫時期哀傷、淒美的氛圍聯繫在一起，但此書中的故事並非如此，因此採取較為中性的「精怪故事」為書名。不過在序中有些耳熟能詳的名詞如「格林童話」，還有許多行文為了中文閱讀習慣之故，仍沿用「童話」此譯法。（本書中的腳註大部分為編註）

是被敘述而不是被書寫的——人們聆聽而不是閱讀。因此得自口述傳統的童話故事、民間傳說等，都是我們與一般男人女人的想像力之間非常重要的聯繫，是這些男人女人的辛勤造就了我們的世界。

過去的兩三百年間，童話故事和民間故事因其本身的價值被記錄下來，人們從古文物研究到意識形態等各種原因而珍視它們。紀錄，尤其是印刷，在保存這些故事的同時，也無可避免地改變了它們。為編輯本書，我從已出版的資料中收集到一些故事。這些故事是過去的連續體的一部分，在許多方面我們對過去感到陌生，而且日復一日地這陌生感會更深。詩人威廉·布萊克（William Blake）說：「策馬犁過亡者的骨骸。」我年輕的時候認為布萊克說的一切都是神聖的，如今我年歲多了，也更見識了生命，對於他的警句，我帶著深情的懷疑。這個聲稱見過精靈葬禮的人，我對他的告戒作出這種反應也算頗相襯的。死者知道不為我們所知之事，只是他們守口如瓶。隨著「過去」變得越來越不像「現在」，也隨著在開發中國家「過去」消逝的速度比發達的工業化國家更快，我們也越來越需要更確切地知道自己是誰，才能臆測出我們未來的面目。

童話故事傳達給我們的歷史、社會學和心理學都是非官方的——它們比起珍·奧斯丁（Jane Austen）的小說更不關心國家和國際事務。它們也是匿名和無性別的。我們也許知道某個故事的講述者叫什麼名字和性別，僅僅因為採集者把名字記錄了下來，但是我們永遠不會知道最初創作這個故事的人叫什麼名字。我們的文化是高度個人化的，深信藝術作品為獨特的一次性事件，藝術家則是富於原創性的、如神般且受到啟發的獨一無二的創作者。但是童話故事卻不如此，它們的創作者也不是人們所想的藝術

家。誰最早發明肉丸？在哪個國家？馬鈴薯湯有最佳食譜嗎？從家庭藝術（domestic arts）的角度思考一下吧。「**我是這樣做馬鈴薯湯的**。」

現在我們所看到的某個故事，很可能混合了古早又遙遠的其他故事的各種片斷，再加以修補，這裡添加一點，那裡丟掉一點，有時又跟其他故事混在一起，直到說故事的人親自裁剪，好滿足聽眾的需要——例如兒童，或婚禮上的醉漢，也可能是下流的老婦人，或是守靈的悼客，又或者只是為了她自己而已。

我之所以說「她」，因為歐洲存在著一種典型的女性說故事人的傳統，如英語的 Mother Goose（鵝媽媽）、法語的 La Mère L'Oie（鵝媽媽），都是一個老婦人坐在壁爐前紡紗——真的是在紡紗[2]，紡紗老婦圖就如第一部歐洲童話集裡所描繪的那樣。該書是由夏爾·佩羅（Charles Perrault）出於自覺所收集整理，1697 年在巴黎出版，書名為《過往故事集》（*Histoires ou contes du temps passé*）[3]，1729 年被譯為英文。（即使在當時，受教育的階級也感覺到大眾文化屬於過往——甚至，也許應該屬於過往，如此一來就不會構成威脅，而且我很遺憾地發現自己也有同感；不過這一次那些故事可能真的不再復返了。）

顯然，鵝媽媽發明了所有那些「老婦人的故事」（old wives' tales），不論男女，任何「老婦人」都可以參與這個永無止盡的循環過程，任何人都可以挑上一個故事加以改造。所謂老婦人的故事——就是沒有價值的故事、無稽之談、雞毛蒜皮的閒話，這個嘲弄的標籤把說故事的藝術賦予女人，同時也剝奪了其中所有的

2 紡紗（spin a yarn）也有編造故事的意思。

3 完整書名為 *Histoires ou contes du temps passé, avec des malités*（《附有道德訓戒的過往故事集》），副書名 *Contes de ma mère l'Oye*（《鵝媽媽故事集》）。

價值。

不過，童話故事有個確切的特徵：它不像十九世紀小說那樣裝腔作勢地極力去追求「暫停懷疑，姑且信之」（willing suspension of disbelief）[4]。「在大多數語言中，『故事』（tale）這個字和『謊言』或『虛假』是同義字。」根據俄國學者伏拉底米爾・普羅普（Vladimir Propp）[5]的說法，「『故事說完了，我不能再騙人了。』俄國說故事的人是這樣結束他們的故事的。」

其他說故事的人比較沒有那麼強調這一點。敘述〈苔衣姑娘〉這個故事的英國吉普賽人說，他在苔衣姑娘的兒子二十一歲生日時拉過提琴。但這不同於喬治・艾略特（George Eliot）[6]創造的真實感，而是一種誇張的語言表達方式，一種套路。每個說那則故事的人都可能加上完全相同的小花樣。在〈沒有手臂的少女〉末尾，敘述者說：「我也在場，還喝了蜂蜜酒和葡萄酒；酒順著我的鬍子流下來，卻沒有流進我的嘴裡。」很可能喔。

儘管童話故事的內容忠實記錄了無名的貧苦人民的真實生活，有時可能還令人不安——貧困、飢餓、不穩定的家庭關係、普遍存在的殘酷，但有時也會有幽默、活力、溫暖的爐火和飽足感帶來的直接安慰——童話形式的建構通常不是為了邀請聽眾來分享生活經驗。「老婦人的故事」明確地展示出它的非真實性。「從前有也沒有，有一個男孩」[7]是亞美尼亞的說故事人很喜歡的

---

4 最早由英國詩人柯立芝（Samuel Taylor Coleridge）提出，用來解釋文學中的虛構成分如何為讀者所接受為真。

5 俄羅斯文學結構主義者、敘事學奠基者，他分析俄羅斯民間故事的基本情節組成，以確定其最簡單的、不可簡化的敘事元素。最有名的代表作是《故事形態學》。

6 十九世紀英國著名小說家，著名作品有 *Silas Marner*（《織工馬南傳》）、*Middlemarch*（《米德爾馬契》）

7 原文為：There was and there was not, there was a boy.

公式化開場白之一。英、法的童話故事裡那謎一般的「從前」，在亞美尼亞的版本則既完全精準又絕對神祕：「從前又不是從前……」[8]

當我們聽到「很久很久以前」這樣的慣用語或是它的任何一個變體時，我們已經知道我們將要聽到的內容不會假裝是真的。鵝媽媽也許說的不是真實的事，但是她不會**那樣地**欺騙你。她是要娛樂你、幫你愉快地打發時間，這也正是藝術最古老、最可貴的功用之一。在故事結束時，亞美尼亞的說故事人會說：「天上掉下三個蘋果，一個給我，一個給說故事的人，一個給逗你開心的人。」童話故事致力於滿足快樂原則（pleasure principle），不過既然純粹的快樂並不存在，故事裡真正發生的事情就永遠比表面上看到的更多。

我們會對撒謊的小孩說：「別說童話故事（fairy tales）了！」然而孩子們的謊話就像老婦人的故事一樣，其中有著大量的真理。通常，我們很容易欣賞這種杜撰發明，就像我們對待孩童假話的態度。「機會是創造之母。」勞倫斯・米爾曼（Lawrence Millman）[9]在北極研究當地活潑的敘事創造力時說道。「發明，」他補充道，「也是發明之母。」

這些故事始終叫人驚奇：

> 於是女人們立刻一個接一個地生出孩子，很快就排成一大排。
>
> 然後這群嬰兒出發了，一路咕噥著含混不清的聲音。
>
> 女孩見狀，說：「這下可不是開玩笑啦，眼前來了一支紅

8　原文為：There was a time and no time …
9　探險家、旅行文學作家，也是真菌學家。

色軍隊，他們身上還連著臍帶呢。」

像這個。

「小小女士，小小女士，」男孩子們說，「小小亞麗珊德拉，你聽這手錶滴答滴答。裝飾著黃金的房間，媽媽就在那裡。」

和這個。

「風兒高高吹，我的心傷悲，只見狐狸挖的洞在眼前。」

和這個。

這本集子收錄的都是老婦人的故事，收錄的目的是要帶給人們歡樂，而我自己也從中得到許多快樂。這些故事只有一個共同點──都圍繞著某個女性主角，不管她是聰明、勇敢、善良、愚蠢、殘暴、陰險，還是多麼悽慘不幸，她都是故事的中心，有真實的生命──有時候比真人更鮮活，就像瑟瑪蘇娃[10]那樣。

從數量上來看，這個世界上的女人一直至少和男人一樣多，在口語文化的傳播上女人也發揮同等作用，然而她們占據舞臺中央的機會卻比你想像的更少。這裡出現了一些問題，例如故事收集者的階級和性別，還有期望、尷尬、迎合的心態。但即便如此，當女人們講故事的時候，並不總是認為要讓她們自己成為女英雄不可，她們在講述時也完全能夠不顧及姐妹情份──例如那個關於老太婆和冷漠的年輕人的小故事。米爾曼在北極發現的那些引

10 參見本書中的故事〈瑟瑪蘇娃〉。

人注目、精力充沛的女主人公們，不僅被女人述說，也同樣頻繁地出現在男人述說的故事裡，她們的侵略性、權威性和性自信，可能有其社會根源，而不是哪個北極的鵝媽媽想要樹立堅定自信的典範。

蘇西‧胡加尚─維拉（Susie Hoogasian-Villa）[11]驚訝地注意到，她那些在美國密西根州底特律市亞美尼亞社區的女性故事提供者，在訴說關於她們的故事時會「奚落女人，說她們荒謬可笑而且是次等人」。這些女人最初來自絕對父權的村落社區，不可避免地吸收並概括了那些社區的價值觀；在那裡，一個新嫁娘「沒有男人和年長婦女在場的情況下，除了兒童，不能跟任何人說話。她可以和丈夫私底下交談。」只有最劇烈的社會變革才可能轉變這些社區中的關係，而女人們所述說的故事，無法以任何方式具體地改變她們的狀況。

不過在本書裡的一則故事──〈丈夫如何讓妻子戒掉故事癮〉──展現出童話故事可以改變一個女人的欲望到什麼程度，以及一個男人可能多麼害怕這種改變，會不遺餘力地阻止她獲得歡愉，彷彿歡愉本身威脅到他的權威。

當然，歡愉威脅到他的權威了。

至今仍然如此。

本書的故事來自歐洲、斯堪地那維亞、加勒比海、美國、北極、非洲、中東和亞洲；我有意以安德魯‧蘭（Andrew Lang）[12]在世紀之交編纂的選集為範本──那些紅色、藍色、紫色、綠色、橄欖色等等的童話書，跨越了光譜，收集來自各地的故事，曾經

---

11 收集亞美尼亞的故事並編著 100 *Armenian Tales*（《一百個亞美尼亞故事》）。

12 安德魯‧蘭與妻子共同編輯出版「蘭氏童話故事系列」，其中十二本童話故事又稱作「安德魯‧蘭的彩色童話故事」。

帶給我許多的歡樂。

　　我把各種不同來源的故事放進這本選集裡，並不是為了說明我們在本質上都是姐妹，雖然有某些表面上的差異，仍是人類大家庭的一份子。反正我不相信那一套。也許我們是本質上的姐妹，但這並不意味著我們有許多共同點（參見第六部「不幸的家庭」）。我反而想要展示對於相同的困境，即「活著」這件事，人們作出的反應具有非凡的豐富性與多樣性，以及女性特質在「非官方」文化中所表現出來的豐富多樣：比如她的策略、她的計謀、她的努力。

　　書裡大多數的故事不是只有一種呈現形式，而是有許多不同的版本，不同的社會對於基本上相同的敘事會找出不同的意義。童話故事中的婚禮在多偶的社會〔13〕和在一夫一妻制的社會是有不同意義的。即使轉換敘述者，都能造成意義的轉變。比如〈毛毛怪〉的故事本來是一個二十九歲的童子軍管理高層講給另一個年輕人聽的，我沒有改動一個字，但現在由**我**來告訴**你**，它的整個意義就變了。

　　這些故事將種子播撒在世界各地，不是因為我們都有相同的想像和經歷，而是因為故事是可以帶著走的，是人們離家時隨身攜帶的隱形行李的一部分。亞美尼亞的〈諾麗哈蒂〉與因為格林兄弟及迪士尼而十分出名的〈白雪公主〉類似，這個故事是在底特律收集到的；理查‧多爾森（Richard M. Dorson）〔14〕也曾在附近城鎮記錄非裔美國人的故事，這些故事融合非洲和歐洲的元素從而創造出新的內容。不過其中一個故事〈貓女巫〉，早存在於歐洲，至少能追溯到十六世紀法國的狼人審判。但故事的背景改變了一

13 一夫多妻或一妻多夫的社會。
14 美國重要的民俗學家，著作多本民間傳說與民俗學專著。

切，在奴隸制度的背景下，〈貓女巫〉獲得全新的共鳴。

鄉下姑娘把故事帶到城市，在沒完沒了的廚房活中彼此交換故事，或是用來取悅別人的孩子。入侵的軍隊也會把說故事的人帶回國。自從十七世紀便宜的印刷工藝引進後，故事就在印刷文字中進進出出。我祖母告訴我的〈小紅帽〉版本，是從她母親那裡聽來的，而它和1729年這個國家的首印本[15]內容幾乎一字不差。十九世紀初在德國為格林兄弟提供故事的人，經常引述佩羅的那些故事——格林兄弟為此十分惱火，因為他們追求的是道地的日耳曼精神（*Geist*）。

不過故事的流傳，有一種十分特定的選擇性在其中運作。有些故事——鬼故事、好笑的故事、已經做為民間傳說存在的故事——透過印刷品進入記憶和語言中，然而，儘管狄更斯和其他十九世紀中產階級作家的小說也可以被朗讀——就像在今天拉丁美洲的村莊裡大聲朗讀馬奎斯（Gabriel Garcia Marquez）的小說一樣——《塊肉餘生錄》的大衛和《孤雛淚》的奧利佛的故事卻沒有獨立的生命，能像童話故事一樣地流傳——除非，就像毛澤東談到法國大革命的影響所說的，現在下結論為時過早[16]。

我們不可能指出某個故事最早的出處，但是我們熟悉的〈灰姑娘〉，它基本的情節元素卻出現在各處，從中國到英格蘭北部（請看〈美人和麻臉〉，然後再看〈苔衣姑娘〉）。十九世紀，人們收集口述素材的巨大驅力是來自民族主義的形成和民族國家的概念，認為一個民族國家應該要擁有自己獨特的文化，且居住在國土上的人民對它也獨具感情。直到1846年folklore（民間傳說）[17]

15 指在英國出版的夏爾·佩羅童話英譯本。
16 有很多人認為這句評論出自周恩來。
17 Folklore是撒克遜（Saxon）語兩個字的組成，原意是「民眾的知識」或「民眾的智慧」。Folk是「普通人」，lore是「知識」或「傳說」。

一詞才被創造出來，當時威廉・湯瑪士（William J. Thomas）發明了這個「很好的薩克遜複合字」，以取代不精確且含糊的語詞，例如「大眾文學」（popular literature）和「大眾古俗」（popular antiquities），而且如此一來就不需要借用外來的希臘或拉丁字根了。（整個十九世紀，英格蘭人都相信自己在精神和種族認同上更接近北邊的條頓族[18]，而不是源自敦克爾克[19]以南黝黑的地中海部族[20]，這也順便把蘇格蘭人、威爾斯人和愛爾蘭人排除在外了。）

雅各・路德威・格林（Jacob Ludwig Grimm）和他的弟弟威廉・卡爾（Wilhelm Carl）是哲學家、古文物學家、中世紀專家，他們想要經由共同的傳統和語言建立日耳曼民族的文化統一性；他們的《家庭故事集》[21]成了德國一世紀多以來第二暢銷且廣為流傳的書，僅次於《聖經》。他們收集童話故事的工作是十九世紀為了德國統一所作的努力，而德國直到1871年才完成統一。他們的工作有某種程度的編輯審查，認為通俗文化是中產階級尚未開發的想像力之源；「他們（格林兄弟）想讓尋常百姓豐富的文化傳統被新興的中產階級使用並接納。」傑克・齊普斯（Jack Zipes）[22]這麼說。

在大約同一時間，彼得・克利斯登・亞柏容森（Peter Christen Asbjørnsen）和容根・莫伊（Jørgen Moe）[23]受到格林兄弟的啟發，也

18 英格蘭人主要屬於盎格魯─撒克遜族，與條頓族同屬日耳曼人的分支。
19 法國北部與比利時交界的海邊大城。
20 指凱爾特族。
21 德文書名為 *Kinder- und Hausmärchen*，中文譯為《兒童與家庭故事集》，俗稱《格林童話》。
22 德國人，是世界上研究童話故事的著名學者。
23 亞柏容森和莫伊都是挪威民間傳說的收集者，他們一起出版的合集通常只被稱為 *Asbjørnsen and Moe*。

在挪威收集故事，並在1841年出版一本合集[24]，根據約翰·蓋德（John Gade）[25] 的說法，這本書「幫助挪威語擺脫丹麥語的束縛，同時在文學中形成普通百姓的語言，並將之普及化。」十九世紀中期，坎貝爾（J. F. Campbell）[26] 去到蘇格蘭高地，記錄並保存以蘇格蘭蓋爾語講述的古老故事，趕在進逼的英語浪潮將它們捲走之前。

導致1916年愛爾蘭革命的一連串事件，激起人們對本土愛爾蘭詩歌、音樂和故事的狂熱浪潮，最終使得政府採用愛爾蘭語為國家語言。（詩人葉慈〔W.B.Yeats〕編纂了一部著名的愛爾蘭童話故事集[27]。）這個進程仍在持續著，目前在比爾澤特大學（University of Bir Zeit）[28] 有一個很活躍的民俗系，「由於巴勒斯坦的狀況持續成為國際討論的主題，而獨立的巴勒斯坦阿拉伯人的身分認同受到質疑，因此在約旦河西岸，人們對保存本地文化的興趣尤其強烈。」伊妮亞·布須納（Inea Bushnaq）[29] 說道。

我和其他許多女性一樣會在書中尋找童話故事裡的女主人公，其實這也是相同進程的另一個版本——透過宣布參與了過往，希望藉以證明對於未來，我也理所當然地應該參與。

這些故事本身雖然是人們聰明巧智的證據，卻不是任何一個特定民族比其他民族更聰明巧智的證據，也不是某個人的創造。雖然本書裡的故事幾乎都是從說故事人的口中記錄下來的，但收

---

24 *Norske folkeeventyr*（《挪威民間故事》）。

25 《挪威民間故事》英文版譯者。

26 蘇格蘭作家和學者，研究凱爾特民間傳說的權威，著有 *Popular Tales of the West Highlands*（《西高地流傳的故事》）。

27 指1893年出版的 *The Celtic Twilight*（《凱爾特的薄暮》）。

28 位於巴勒斯坦約旦河西岸區。

29 巴勒斯坦裔美國作家、翻譯家，整理並翻譯 *Arab Folktales*（《阿拉伯民間故事》）。

集者卻很難不去修改它：編輯、整理，將兩篇不同的文本合併成更好的版本。坎貝爾用蘇格蘭蓋爾語記錄故事並逐字翻譯，照他的說法，他認為去修改故事就像往恐龍身上貼金屬亮片。但由於這些材料屬於公共領域，大多數收集者——尤其編輯們——就是忍不住要去更動它。

移除「粗俗」的內容是十九世紀一項常見的消遣，也是將窮人的普遍娛樂轉變為中產階級——尤其是中產階級的育嬰室——的文雅消遣。故事裡提及性與排泄功能的部分被刪除了，性愛描寫被淡化，排除「下流」的內容——也就是黃色笑話——這些都改變了故事的本質，事實上，也使得它不再忠實反映日常生活。

當然，人們一開始收集故事，各種問題就出現了，不僅涉及階級、性別，也涉及採集者的性格。比如熱情洋溢且是個平等主義者的萬斯・蘭多夫（Vance Randolph）[30]，他在阿肯色州和密蘇里州這個「聖經帶」[31]心臟地區採集故事時，經常被女性提供的「下流」故事逗得樂不可支。我們很難想像有學者氣又嚴肅的格林兄弟，會和他們的故事提供者建立起類似的融洽關係——或者更確切地說，他們意圖這麼做。

然而，如果將童話故事定義為對現實原則採取寬鬆的態度、情節常重述翻新、透過口頭傳播，那麼很諷刺的一點是，它像下流笑話一樣以最有活力的形式存活到了二十世紀，而且從種種跡象看來，它勢將持續蓬勃發展——二十一世紀有著廣泛普及的信息傳播和二十四小時的大眾娛樂，在這樣的世界裡，它會以非正式的身分在邊緣流傳下去。

---

30 美國民俗學者，特別研究歐扎克（Ozarks）地區的民俗。

31 Bible Belt，指美國南部諸州和中西部的密蘇里州，基督教福音派在此地區有著主導地位。

我曾盡量避免那些明顯被採集者「改進」或是被呈現得「文學化」的故事，而不論有多大的誘惑，我自己都沒有改寫過任何內容，或是比對兩個版本，甚至刪去任何地方，因為我想保留有多種不同聲音的感覺。當然，採集者或是翻譯者的個性一定會干擾到故事，而且通常都是在不知不覺中發生的；編者的個性也會產生影響。除此，還出現了偽造的問題，這些偽造的故事就像巢裡混進了布穀鳥，是編輯、採集者或存心惡作劇的人，根據民間傳說的模式憑空編造出來的，夾雜進傳統故事集裡；也許作者出於真誠的希望，希望這個故事能夠逃脫文本的牢籠，在民間活出它自己的獨立生命，又或者是為了其他理由。如果我無意間選取了任何這類由某個人撰寫的故事，願它們自由自在地飛走吧，像〈明智的小女孩〉結尾處的那隻鳥一樣。

由於我語言能力的不足，因此這本選集受限於英文素材。這對這本選集施加了某種文化帝國主義的形式。

表面上看來，這些故事發揮了規範的功能——增強而不是質疑把人們聯繫在一起的紐帶。在經濟邊緣的生活，不用持續地生存奮鬥就已經夠不穩定的了。可是這些故事，要女性能存活、能幸福順遂，它們所推薦的特質絕不是消極地順從。女性必須在家庭中用頭腦（見〈一壺腦子〉）還得進行艱難、漫長的旅行（〈太陽的東邊，月亮的西邊〉）。請參閱第二部「聰明女人、機智女孩、急中生智」，以了解女人是如何想方設法去達到自己的目的。

然而，在〈找到自由的兩個女人〉中採用的解決方法是罕見的，大多數童話故事和民間故事都是圍繞著男女關係而構築起來的，不論它是神奇的羅曼史還是粗糙的家庭現實。故事裡共通且不言而喻的目的是生命的繁衍和延續。在這些大多數故事所誕生的社會，它們的目的並不是保守的，而是烏托邦式的，確切說來，

是某種英雄式的樂觀主義——彷彿在說，有一天，我們可能會幸福快樂，即使那不能長久。

但是，如果許多故事是以婚禮作結，別忘記它們當中有多少是以死亡為開場——喪父，或是亡母，或是父母俱亡，這樣的事使活著的人直接陷入災難中。第六部「不幸的家庭」裡的故事直接觸及人類經驗的核心。不管源自何處，傳統故事中的家庭生活從來離災難只有一步之遙。

童話故事中的家庭多半功能失調，故事裡的父母和繼父母對孩子的疏忽嚴重到可算是謀殺了，而手足競爭上升到殘害對方也是常態。一個典型的歐洲童話裡的家庭，其概況看起來就像今天貧民區的社工人員對「風險家庭」所做的案例報告。書中呈現的非洲和亞洲家庭，則證明了即使大相逕庭的家庭結構，也會在過於緊密的親人之間製造出無法饒恕的罪行。而死亡給一個家庭造成的痛苦，比離異更大。

一再出現的繼母形像顯示這些故事裡描述的家庭，很可能會遭到巨大的內部變化和角色逆轉。在母親死亡率高的時代，一個女孩會和兩個、三個或甚至更多的繼母一起生活，然後才會開始危險的母親生涯，不過無論繼母多麼無所不在，我們普遍歸給繼母「殘酷」和冷漠的特質，也可能反映出我們對生母的矛盾心理。請注意，在〈諾麗哈蒂〉中，想要女兒死的是她的親生母親！

對女人來說，故事結尾例行的婚禮也許只是格林童話白雪公主的母親陷入兩難境地的序曲——她全心全意渴望有個孩子「像雪一樣白、像血一樣紅、像黑檀木一樣黑」，卻在這孩子出生後死去，彷彿母親為女兒付出了生命的代價。當我們聽一個故事時會把我們自己所有的經驗帶到故事裡：「他們全都活得快樂，死得開心，木碗裡總有酒喝。」〈敲開堅果的凱特〉結尾這麼說道。

交叉手指、敲敲木頭[32]。布須納選集裡的阿拉伯故事以一種莊嚴的尊貴作結，削弱了整個幸福結局的概念：「……他們生活得幸福又美滿，直到死亡隔開這對真正的愛侶。」（〈皮衣公主〉）

以上故事裡的「他們」是一個公主和一個王子。為什麼皇室在尋常百姓用來消遣的虛構故事裡會有如此顯著的地位？這和英國王室占據通俗小報的版面有著相同的理由，我猜，是因為他們迷人的魅力。國王和王后總是富有得難以想像、王子英俊得難以相信、公主美麗得難以形容──不過他們仍然很可能是住在一側與別家相鄰的王宮裡，這說明講故事的人對真正皇室的生活不太熟悉。一個不在本書裡的希臘故事這麼寫道：「王宮有許多房間，一個國王占一半，另一個國王占另一半。」在〈三把鹽〉裡，敘述者豪氣地說：「在那個時代，人人都是國王。」

胡加尚─維拉的故事來自（共和政體的）美國高度工業化地區的亞美尼亞移民，她對童話故事中的皇室有客觀地觀察：「往往國王只是村子裡的首領，而公主也要幹粗活。」〈皮衣公主〉中的朱麗姐會用一般平民家女孩的技術烤蛋糕、清理廚房，但是當她打扮起來會讓黛安娜王妃都顯得平庸了：「她高䠷如柏樹，臉蛋如玫瑰，穿戴絲綢和珠寶如王妃，大廳似乎充滿了光芒。」我們處理的是想像中的皇室和想像中的風格，是幻想和願望實現的創造物，這也是為什麼童話故事鬆散的象徵結構讓它們對精神分析的詮釋如此開放，彷彿它們不是正式的創作，而是大眾面前非正式的夢。

這種大眾夢的特性，是流行藝術的一個特徵，即使它被商業利益介入，就像今天的恐怖電影、通俗小說和肥皂劇那樣。做為

---

32 原文為 Cross fingers, touch wood。「交叉手指」是將食指和中指交叉，據說代表十字架；「敲敲木頭」是趕緊碰觸身邊的木製品，避免壞事發生。

敘述形式，童話故事與這類現代中產階級小說和劇情片沒有多少共同處，它更接近當代的通俗形式，尤其是「女性」類的羅曼史。確實，在童話故事裡可以找到某些人有高貴的出身、過多的財富，也有絕對的貧窮、極端的幸運和醜陋、聰明和愚蠢、惡與善、美貌、魅力和狡詐、過度紛亂的事件、暴力行為、緊張與不和諧的人際關係、故意挑起的紛爭、刻意製造的謎團——這一切特點直接將童話故事與當代電視肥皂劇聯繫在一起。

1980 年代初期十分轟動但現已不復存在的美國肥皂劇《朝代》（Dynasty），就用上了一看就知道來自格林童話的卡司名單，手法讓人鄙夷——邪惡的繼母、被欺騙的新娘、永遠遲鈍的丈夫和父親。劇中不斷湧現的次要情節包括被遺棄的兒童、任意的遠行、隨機的厄運，這些都是此類別的特點。（〈三把鹽〉就是這類的故事。道金斯（R.M. Dawkins）那本精彩的希臘故事集，裡面大部分的故事來自 1950 年代，這些故事經常展現出鵝媽媽故事中最戲劇化的一面。）

也請參閱〈鳥的戰鬥〉，看看一個故事如何輕鬆流暢地轉換到另一個故事——當然這需要有時間又有熱情的觀眾——就像肥皂劇裡的敘事像潮水般不斷地來回湧動——時而奮力湧向某種令人滿意的完美，時而又聰明地倒轉方向，彷彿受到提醒，意識到不論幸福與否，現實生活中沒有結局，也就是：所謂的「劇終」只是高級藝術（high art）的一個形式上的手段。

推動故事前進的是「然後呢？」這個問題。童話故事是便於操作的，它總能給出這個問題的答案。為了存續下去，童話故事也必須讓使用者方便操作。它存活到今天，是因為它把自己轉化成為八卦、軼事、謠言的媒介；如今，只要有電視機和能讓電視閃爍的電流，就能把先進工業化國家的虛構故事傳布到世界各

地，但即使是在這樣的時代，童話故事也仍然是手工製作的。

米爾曼說：「北方的人們正在失去他們的故事，同時也在失去他們的身分認同。」這說法和一個半世紀前坎貝爾在西高地說過的話相呼應。然而這次米爾曼或許是對的：「在西北地區約阿港（Gjoa Haven）附近，我住在一個因紐特人的帳篷裡，裡面沒有暖氣，但是配有最新的立體聲和影像設備。」

現今我們有機器替我們做夢，但是在這些「影像設備」裡，或許蘊藏著延續甚至轉變說故事和故事表演的來源。人類的想像力有無窮的韌性，經歷了殖民、交通、非自願的奴役、監禁、語言禁令、對婦女的壓迫，它仍存活了下來。然而過去一個世紀見證了自鐵器時代以來人類文化最基本的改變──最終與土地的分離。（約翰・伯格〔John Berger〕在他的三部曲《他們的勞作》〔Into their Labours〕中，以小說的形式傑出且有遠見地描述了這一點。）

每個時代都有同樣的特徵，即相信自己生活的時代是獨一無二的，相信自己的經驗可以抹去之前發生的一切。有時候這種信念是對的。一個半世紀前哈代（Thomas Hardy）在寫《黛絲姑娘》時，描寫了黛絲的母親，這個鄉村婦人的情感、世界觀、審美觀，兩百多年來幾乎沒有什麼改變。在如此描述中，作者完全有意識地描繪了在巨變即將發生時的生活方式。黛絲和她的姊妹們從深植於過去的鄉村生活中被猛然拋出，進入到一個不斷快速變化和創新的城市世界，那裡的每件事──包括，甚至特別是我們對女人和男人本質的觀念──都被改變了，因為構成「人性」的概念本身就在變化中。

本書中的故事幾乎無一例外地根源於前工業時代，以及舊的人性理論。在這個世界裡，牛奶來自牛，水來自水井，唯有超自然力的介入才能改變女人與男人的關係，尤其是改變女人和自身

生育力的關係。我講述這些故事並不是為了懷舊，那段過往是艱辛、殘酷的，尤其對女性充滿敵意，不管我們採用什麼孤注一擲的策略來達到自己的一點點目的。不過我確實是以告別的心情來呈現這些故事的，以提醒人們，我們的曾祖母還有她們的曾祖母是多麼智慧、聰明、敏銳，她們有時抒情，有時古怪，有時又是十足的瘋狂；也提醒我們鵝媽媽和她的小鵝們對文學的貢獻。

多年前，已故的民俗音樂學者、民俗學研究者及歌手洛伊德（A.L. Lloyd）讓我懂得：我不需要知道藝術家的名字才承認他曾做過的藝術工作。本書獻給這項主張，也獻給對他的回憶。

安潔拉‧卡特，1990年於倫敦

✦ 瑟瑪蘇娃 ✦
SERMERSSUAQ
✦ 因紐特族 ✦

　　瑟瑪蘇娃力量非常大，用三根指頭尖就能舉起一條獨木舟；只用兩個拳頭敲海豹的頭，就能打死牠。她可以撕裂一隻狐狸或是野兔。有一次她跟另一個大力氣女人夸索蘭瓜比腕力，輕輕鬆鬆就打敗了她，還說：「可憐的夸索蘭瓜，連跟她身上的一隻蝨子比腕力都贏不了。」她能打敗大部分的男人，然後會對他們說：「老天給男人蛋蛋的時候你在哪裡呀？」有時候這個瑟瑪蘇娃還會炫耀她的陰蒂。她的陰蒂大到一張狐狸皮都遮不住。啊哈，她還是九個孩子的母親呢！

PART

1

勇敢、大膽、意志力

BRAVE, BOLD
AND WILFUL

✦尋找幸運✦
THE SEARCH FOR LUCK
✦希臘✦

我們接著來說這個故事吧：從前有個老婆婆，她養了一隻母雞。母雞和她一樣年事已高，而且很勤奮，每天都下一個蛋。老婆婆有個鄰居，是一個得了疫病的老頭兒，只要老婆婆一出門，他就去偷雞蛋。可憐的老婆婆雖然小心提防，可是總也抓不到這個小偷，她又不願意指責任何人，於是打算去問問「不死的太陽」。

路上她遇見了三個姊妹，三個都是沒結婚的老姑娘。她們看見老婆婆，就追上來，問她往哪裡去。她告訴她們自己的麻煩。她說：「現在呢，我要去問問不死的太陽，究竟是哪個渾蛋偷我的雞蛋，對一個可憐又疲累的老女人做這麼殘忍的事情。」三姊妹聽了紛紛撲到她的肩頭。

「噢，阿姨啊，我求求你，問他我們的事吧：我們是怎麼了，為什麼結不了婚呢？」老婆婆說：「好的，我會問他，也許他會注意聽我說的話。」

於是她繼續走啊走，遇到一個老婦人，冷得直哆嗦。當老婦人看到她，一聽說她要去哪裡，就開始哀求她：「我求求你，老婆婆，也幫我問問他，我是怎麼啦，就算我一件套著一件穿了三件毛皮大衣，也永遠不會暖和？」老婆婆說：「好的，我會問他，但我能幫你什麼呢？」

於是她繼續走啊走，走到一條河邊，這條河的水混濁黑暗，像血一樣。距離還很遠的時候，她就聽到河水沖擊的聲音，她嚇得膝蓋發抖。這河看到她，就用野蠻、憤怒的聲音問她要去哪裡。她說了她該說的話。河流對她說：「要是這樣的話，你也問

問他我的事情吧：是什麼災難降臨在我身上，讓我總也無法流得平緩？」「好的，我親愛的河，好的。」老婆婆嚇得要命，幾乎不知道該怎麼說下去。

於是她繼續走啊走，遇到一塊大得嚇人的大石頭，這石頭多年來懸在那裡，要掉不掉的。大石頭懇求老婆婆去問問是什麼在壓著它，讓它不能掉到地上平靜地躺著，害得路過的人擔心受怕。老婆婆說：「好的，我會問他，這不是大不了的事，包在我身上。」

這麼說著的時候，老婆婆發現天色已經晚了，就抬腿跑起來，她跑得多快呀！她跑上山頂，看到不死的太陽正在用金梳子梳理鬍鬚。他一見到她就歡迎她，遞給她一把凳子，問她為什麼來這裡。老婆婆告訴他，母雞下的蛋讓她遭受多少苦惱，她說：「我求你發慈悲，告訴我這個小偷是誰。我希望我知道，這樣我就不會瘋狂地詛咒他，給我的靈魂帶來負擔。還有，請看這裡，我給你帶來滿滿一布巾的梨，梨是我在園子裡種的，還有滿滿一籃烤過的小麵包。」於是不死的太陽對她說：「偷你雞蛋的是你的鄰居。不過你什麼話都不要對他說；把他交給神，他會自食其果的。」

老婆婆對不死的太陽說：「我來的路上，遇見了三個沒結婚的姑娘，她們多麼懇切地哀求我啊！『你問問他我們的事；我們是怎麼啦，為什麼沒有丈夫呢？』」「我知道你說的是什麼人。誰都不會娶她們的。她們很懶惰；沒有母親教導，也沒有父親，每天都沒有先灑水再用掃把掃房間，讓灰塵進到我的眼睛，我真氣她們！我受不了她們。跟她們說，從此以後必須在天亮前起床，先灑水再掃地，很快她們就會有丈夫。回去的路上，你不用再擔心她們的事了。」

「然後一個老婦人向我請求：『替我問問他，我是怎麼啦，就算我一件套著一件穿了三件毛皮大衣，也永遠不會暖和？』」「你必須告訴她，為了她的靈魂，捐出兩件毛皮大衣，這樣她就會暖和了。」

「我還看到一條河，河水混濁，顏色暗黑，像血一樣；它的水攪成混亂的漩渦。這河請求我：『問問他我的事，我要怎麼做才能流得平緩？』」「這條河必須淹死一個人才能流得平緩。你到那裡以後，先過河，再說出我跟你說的，不然這河就會拿你當獵物了。」

「我還看到一塊石頭，過了一年又一年，它一直那麼懸著，落不下來。」「這石頭也必須砸死一個人才能安穩。你到了那裡，要走過石頭才能說出我告訴你的事。」

老婆婆站起身，吻了吻他的手，跟他道別，就下山了。回去的路上她走到石頭那裡，石頭彷彿長了五隻眼睛正等待她的到來。她急忙走過石頭，才對石頭說出她聽到的話。石頭聽到它必須落下來砸死一個人，不禁生起氣來，但又不知道該怎麼辦。它對老婆婆說：「啊，如果你早點告訴我，我就可以砸死你了。」「願我所有的煩惱都歸於你！」老婆婆說，她還——請原諒我的用詞——拍了拍她的屁股。

走著走著，她走近了河邊。從河水的咆哮聲中她聽出它有多不安，它正等著她來，要聽不死的太陽對她說什麼。她急忙過了河，再說出不死的太陽告訴她的話。河聽了大為生氣，邪惡的心思把河水弄得比以前更混濁。河說：「啊，為什麼我之前不知道呢？要是早知道，我就可以取了你的命，你這個沒有人要的老太婆！」老婆婆嚇壞了，再也不敢回頭看這條河。

沒走多遠，她看見村裡的屋頂飄出炊煙，聞到煮飯的香味。

她一點也沒有耽擱，就去到那個身體沒法暖和的老婦人家，把聽到的話告訴她。餐桌剛擺上新鮮的菜餚，她坐下來和老婦人一家一起吃飯：她們吃了一頓美味的齋飯，好吃到如果你也吃了，一定會吃到舔手指呢。

然後她去找那三個老姑娘。自從老婆婆離開以後，她們的心思就全在她身上，她們既不點燃屋裡的爐火，也不熄掉爐火，她們的眼睛就這麼盯著馬路，要看到老婆婆走過。老婆婆一看到她們就走過去坐下來，要她們按照不死的太陽所吩咐的去做。從此以後，她們總是天還黑的時候起床，在地上灑水掃地，於是追求者又開始上門了，有些從這個地方來，有些從那個地方來，全都是來向她們求婚的，於是她們都有了丈夫，過得很幸福。

至於那個無法感到暖活的老婦人，她為了靈魂的好處，送出了兩件毛皮大衣，她立刻發現自己暖和起來了。那條河和那塊石頭各自要了一個人的命，所以都獲得了平靜。

老婆婆回到家，發現那個老頭兒已經離死不遠了。當她離家去找不死的太陽時，他非常害怕，結果發生了一件可怕的事：他的臉上長出母雞的羽毛。沒多久他就去了那個有去無回的大村莊。從那以後，雞蛋再也沒有少過，老婆婆都有雞蛋可吃，直到她死。當她死後，母雞也死了。

❖福克斯先生❖
Mr Fox
✦英格蘭✦

瑪麗小姐很年輕，瑪麗小姐很美麗。她有兩個兄弟，還有許許多多情人，她數都數不清。不過在這些愛人中，最勇敢又最殷勤的是福克斯先生，她是去父親的鄉間別墅時認識他的。沒有人知道福克斯先生的來歷，不過他顯然很勇敢，也顯然很富有，在瑪麗小姐所有的愛人中，她對他情有獨鍾。終於兩個人都同意該結婚了，瑪麗小姐問福克斯先生他們之後要住在哪裡，他向她描述了他的城堡和城堡所在的位置，只是說來奇怪，他沒有邀請她或是她的兄弟去那裡看看。

有一天，快到婚禮的日子，她的兄弟出門去了，福克斯先生也說有事要辦，過一兩天後回來，於是瑪麗小姐出發前往福克斯先生的城堡。她找了又找，終於找到了，那棟房子漂亮又堅固，高高的圍牆外有深深的護城河。她走到城門，看到門上寫著：

大膽點，大膽點。

城門開著，她走了進去，裡面一個人也沒有，於是她走到大門口，看到門上寫著：

大膽點，大膽點，但可不要太大膽。

她繼續往前走，走進大廳，走上寬闊的樓梯，來到長廊的一

扇房門前，門上寫著：

大膽點，大膽點，但可不要太大膽。
免得你的心兒受驚嚇。

但是瑪麗小姐很勇敢，她打開房門，你猜她看到了什麼？唉呀，好多美麗的姑娘沾滿鮮血的屍體和骨骸！瑪麗小姐認為該離開這個可怕的地方了，於是關上房門，穿過長廊，剛要走下樓梯離開大廳，卻從窗子看到誰啦？可不就是福克斯先生嗎？他正拖著一個美麗的年輕姑娘從城門走到大門口！瑪麗小姐衝下樓梯躲在一個木桶後面，剛好趕在福克斯先生拖著可憐的姑娘進來前，姑娘看起來像是昏倒了。就在福克斯先生走近瑪麗小姐的時候，他看到他拖進來的姑娘手指上有個鑽戒閃閃發亮，便試著摘下戒指，只是戒指戴得太緊了，怎麼也摘不下，福克斯先生咒罵一頓，拔劍一揮，砍下這可憐人兒的手。斷手飛到空中，然後竟落到瑪麗小姐的大腿上。福克斯先生找了一下，但沒想到要往木桶後面看，最後還是拖著姑娘進到了樓上那個血腥的房間[33]。

瑪麗小姐一聽到他走過長廊，就躡手躡腳溜出大門，穿過城門，死命跑回家。

是這樣的，碰巧第二天瑪麗小姐和福克斯先生就要簽下婚約了，在此之前還有一頓豐盛的早餐。福克斯先生隔著桌子在瑪麗小姐對面坐下，看著她，說：「親愛的，你今天早上的臉色多麼蒼白啊。」她說：「是的，我昨晚沒睡好，做了惡夢。」「夢總和現實相反，」福克斯先生說，「跟我們說說你的夢吧，你那甜美

33 Bloody Chamber。安潔拉・卡特有本短篇小說集以此為名，《染血之室及其他故事》（*The Bloody Chamber and Other Stories*）。

的聲音可以打發時間，直到幸福的時刻來臨。」

「我夢到，」瑪麗小姐說，「昨天早上我去到你的城堡，我在森林裡找到它，有高高的圍牆和深深的護城河，而城門上寫著：

　　大膽點，大膽點！」

「但事實不是這樣的，也不是那樣的。」福克斯先生說。
「然後我走到大門口，門上寫著：

　　大膽點，大膽點，但可不要太大膽。」

「但事實不是這樣的，也不是那樣的。」福克斯先生說。
「然後我走上樓，來到一條長廊，長廊盡頭有一扇門，上面寫著：

　　大膽點，大膽點，但可不要太大膽，
　　免得你的心兒受驚嚇。」

「但事實不是這樣的，也不是那樣的。」福克斯先生說。
「然後——然後我打開門，房間裡滿是沾血的屍體和骨骸，都是死掉的可憐姑娘。」
「但事實不是這樣的，也不是那樣的。上帝保佑不會有這麼一回事！」福克斯先生說。
「然後我夢見我衝進走廊，剛要下樓就看到了你，福克斯先生，來到大廳門口，身後拖著個年輕姑娘，富有又美麗。」
「但事實不是這樣的，也不是那樣的。上帝保佑不會有這麼

一回事！」福克斯先生說。

「我衝下樓，正好來得及躲在一個木桶後面，就在你，福克斯先生，拖著年輕姑娘的手進來以前。當你走過我身邊，福克斯先生，我好像看到你要摘下她的鑽戒，而當你摘不下來時，福克斯先生，我在夢中好像看到你拿出劍，砍下那可憐人兒的手好拿取戒指。」

「但事實不是這樣的，也不是那樣的。上帝保佑不會有這麼一回事！」福克斯先生說道，他從座位上站起來還想再說些什麼，這時瑪麗小姐大喊：

「但事實就是這樣的，也是那樣的。這是我必須給你看的手和戒指！」她從裙子裡抽出那個姑娘的斷手，指向福克斯先生。

她的兄弟和朋友們立刻拔出劍，把福克斯先生碎屍萬段。

❖卡夸舒克❖
KAKUARSHUK
✦因紐特族✦

很久以前，女人要有自己小孩，是要從地裡挖的，她們這就麼把小孩從地裡撬出來。她們不用走很遠就能找到小女孩，但是小男孩比較難找，通常要挖得很深才能挖到。所以強壯的女人總有很多小孩，懶惰的女人沒幾個孩子，甚至根本沒有小孩。當然也有一直挖不到小孩的女人，卡夸舒克就是其中之一。她幾乎所有的時間都用來挖地了，甚至掀翻了將近半片土地，但仍然一無所獲。最後她去問巫師，巫師告訴她：「你去到某某地方，從那裡挖，就會找到一個孩子……」於是呢，卡夸舒克就去那個離家很遠的地方，從那裡挖了起來。她越挖越深，結果從土地的另一邊鑽出去。在另一邊，一切似乎都顛倒了。那裡沒有冰也沒有雪，嬰兒比成年人還要大。卡夸舒克被兩個這樣的嬰兒收養了，一個男嬰和一個女嬰。他們把她放在皮背袋裡揹著走，女嬰還讓她吸吮自己的乳房。他們似乎非常疼愛卡夸舒克，食物和照顧從不欠缺。有一天她的嬰兒媽媽問：「小乖乖，你有沒有想要什麼呀？」「有，」卡夸舒克回答，「我想要一個自己的孩子。」「這樣的話，」她的嬰兒母親回答，「你必須去到山裡一個高高的地方，從那裡開始挖。」於是卡夸舒克就去到山裡那個地方。她挖了起來，洞越挖越深，最後還和許許多多其他的洞連在一起，這些洞似乎都沒有出口，卡夸舒克一路上也沒有看到任何嬰兒。不過她還是繼續前進。晚上，利爪山怪過來撕咬她的肉，然後是鞭笞山怪，用一隻活海豹拍打她的胸部和胯部。最後她再也走不動了，就躺下

來等死。突然,一隻小狐狸向她走來,說:「媽媽,我會救你,跟著我。」小狐狸牽起她的手,帶她走過這片山洞迷宮,回到土地另一邊的陽光裡。卡夸舒克什麼事都不記得了。哎呀,真的是一點也不記得。但是醒來時,她發現自己睡在家裡,懷裡還抱著一個小男嬰呢。

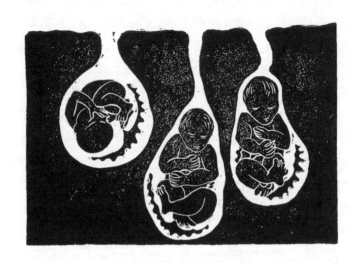

→ 承諾 ←
THE PROMISE
✦ 緬甸 ✦

很久很久以前，有一個富人的美麗女兒在一所大學裡讀書。她是個非常用功的學生。有一天，博學的老師向全班念誦某條重要的公式時，她坐在教室窗邊用筆在棕櫚葉上寫著，突然筆穿過她疲倦的手指滑到窗外的地上。她想，如果請老師停下來，是對老師不敬，但是如果離開座位去撿筆，她會錯過這條公式，正左右為難時，一位同學走過窗邊，她小聲拜託他幫忙撿筆。這個路人是國王的兒子，也是個頑皮的年輕人。他開玩笑說：「答應我，把你初夜的『第一朵花』給我。」女孩一心專注在老師的公式裡，那一刻只聽到「花」這個字，於是點點頭。他很快就忘了自己開過的玩笑，可是女孩事後回想起來，才明白王子這句話是什麼意思，不過她沒再多想，只希望這話是說著好玩的。

兩人各自完成學業後，王子回到自己的國家，繼承父親的王位；女孩回到鄰國的家中，不久後就嫁給了一個富人的兒子。婚禮當晚，她回想起掉筆那件事，覺得良心不安，於是向丈夫坦白了她做過的承諾，但同時也說她相信那個年輕人只是在開玩笑。「我親愛的，」她丈夫說，「是不是開玩笑，要由他來說才行。以守信做為擔保的承諾絕對不能違背。」女孩向丈夫行禮後立刻出發前往鄰國，履行她給國王的承諾──如果他真的要求她兌現的話。

她獨自在黑暗中行走，一個強盜抓住她，說：「這個女人是什麼人，配戴金銀珠寶在黑夜裡走路？快交出你的珠寶和絲綢衣

服！」「哦，強盜啊，」女孩回答，「把我的珠寶拿去吧，但是請留下我的絲綢衣服，因為我不能赤裸又羞慚地走進國王的宮殿。」「不行，」強盜說，「你的絲綢衣服跟珠寶一樣珍貴。衣服也要給我！」於是女孩向強盜解釋她為什麼在夜裡獨自趕路。「你的守信打動了我，」強盜說，「如果你答應把『第一朵花』給國王以後再回到這裡，我就讓你走。」女孩許下承諾，於是強盜讓她走了。她繼續走，來到一棵榕樹下。「這女人是什麼人，這麼新鮮柔嫩，卻獨自走夜路？」食人樹怪說，「我要吃了你，因為所有在夜裡走過我樹下的人都屬於我。」「噢，食人樹怪，」女孩懇求說，「請你放過我，要是你現在吃了我，我對王子的承諾就永遠無法兌現了。」她解釋這趟夜行的目的後，食人樹怪說，「你的守信打動了我，而如果你答應見過國王以後再回到這裡，我就讓你走。」女孩答應了，於是樹怪讓她走了。

　　她在路上沒再遭遇其他危險，終於來到城裡，她去敲國王宮殿的大門。「你是個什麼樣的女人哪？」王宮守衛問她，「三更半夜來到王宮，還要求進去，你要做什麼？」「這件事跟守信有關，」女孩回答，「請進去告訴國王陛下，說他的大學同學要來履行承諾了。」國王聽到騷動，向臥室窗外望去，看到女孩被守衛的火把照亮，美麗動人有如盛開的花朵。他認出她了，而且也渴望著她，但是聽了她的故事以後，他欽佩她對誓言的忠誠，以及面對危險和困難也要信守承諾的勇氣。「我的朋友，」他說，「你是一個了不起的女人，因為你把守信看得比處女的純潔還重要。我開玩笑要求你的承諾，而我已經忘了。所以回到你丈夫身邊吧。」於是女孩回到食人樹怪那裡，她說，「噢，食人樹怪，吃了我吧，不過你吃完以後，把我的絲綢衣服和珠寶拿給強盜，他在離這裡幾碼遠的地方等我。」食人樹怪說，「朋友，你是個了不起的女人，

因為你把守信看得比你的生命還重要。你走吧，我免除你的承諾了。」女孩回到強盜那裡說，「噢，強盜，把我的珠寶和絲綢衣服拿去吧。雖然我得赤裸又羞慚地回到丈夫身邊，不過僕人們會讓我進去的，因為他們認得我。」強盜回答，「朋友，你是個了不起的女人，因為你把守信看得比珠寶和華服還重要。你走吧，我免除你的承諾了。」於是女孩回到了丈夫身邊，她的丈夫滿懷深情和敬重地迎接她，從此兩人過著幸福快樂的生活。

✦敲開堅果的凱特✦
KATE CRACKERNUTS
✦ 英格蘭 ✦

很久很久以前，有一個國王和一個王后，就像許多國家那樣。國王有個女兒叫安妮，王后有個女兒叫凱特，安妮比王后的女兒凱特漂亮得多，不過她們倆感情很好，就像親姊妹一樣。王后嫉妒國王的女兒比自己的女兒漂亮，就想盡辦法要破壞安妮的美貌。她去找一個養雞婦商量，婦人讓她第二天早上要女孩空著肚子去她那裡。

第二天早上王后對安妮說：「親愛的，你去山谷裡那個養雞婦家，向她要些雞蛋。」安妮出發了，不過她走過廚房的時候，看到一片麵包皮，於是拿起來邊走邊啃。

到了養雞婦家，安妮按照王后的吩咐向她要雞蛋，婦人對她說：「你去掀開那個鍋子的鍋蓋看一下。」女孩照做了，但是什麼都沒有發生。「回家找你的媽咪，讓她把食物儲藏室的門鎖好。」養雞婦人說。於是她回到王后那裡，把養雞婦說的話告訴她。王后因此知道女孩吃過東西了，所以第二天早上緊緊盯著她，讓她空著肚子出門。公主看到一些鄉下人在路邊摘豌豆，她很和善地跟他們說話，並抓了一把豌豆邊走邊吃。

到了養雞婦家，婦人說：「你去掀開那個鍋子的鍋蓋看一下。」於是安妮掀開鍋蓋，但是什麼也沒有發生。養雞婦氣極敗壞地對安妮說：「告訴你的媽咪，如果沒有火，鍋子就燒不開。」安妮回到家，把養雞婦的話告訴王后。

第三天，王后親自帶安妮到養雞婦家。而這次，安妮一掀開鍋蓋，她那顆漂亮的腦袋就掉了下去，一顆羊頭跳了上來。

王后這才心滿意足地回家了。

然而王后自己的女兒凱特拿了一塊上好的亞麻布包住妹妹的頭，牽著她的手，兩人出去闖蕩天下尋找好運。她們走啊走，走啊走，走啊走，終於來到一座城堡前。凱特敲敲城堡的大門，請求讓她和她生病的妹妹借住一晚。她們走進去，發現那是某個國王的城堡。國王有兩個兒子，其中一個正生著病，眼看就要死了，卻沒有人知道他的病因。奇怪的是，不管夜裡照顧他的是誰，那個人從此都不會再出現。國王提供許多銀子，給願意為王子守夜的人。凱特是個非常勇敢的女孩，自告奮勇要在夜裡陪他。

一直到午夜一切都很好，但是當十二點的鐘聲一響，生病的王子站了起來，穿好衣服，悄悄下樓。凱特跟著他，但他似乎沒有注意到。王子去了馬廄，給馬上鞍，喚來自己的獵犬，接著跳上馬背，而凱特輕輕一躍，坐在他的身後。王子和凱特騎馬穿過綠色的樹林，凱特一路摘下樹上的堅果塞滿圍裙。他們騎馬一路前行，直到抵達一座綠色的山丘。王子勒住韁繩，開口說：「開門，開門，綠色的山丘，讓年輕的王子帶著他的馬跟獵犬進去。」而凱特趕緊加上一句：「還有他身後的女士。」

綠色的山丘立刻打開，他們走了進去。王子進入一間富麗堂皇的大廳，裡面燈火通明，許多美麗的精靈圍住王子，領他去跳舞。此時，凱特躲在門後沒被任何人發現。她看見王子跳舞、跳舞、跳舞，直到他再也跳不動了，倒在長椅上，然後精靈們就用扇子給他搧風，直到他重新站起來繼續跳舞。

終於，雞啼了，王子飛快上馬，凱特也躍上馬背，坐在他身後，兩人騎馬回家。太陽升起時，人們走進來看到凱特坐在爐火旁，正在敲開堅果。凱特說王子昨夜過得很好，但是她可不願意再守一夜，除非給她很多金子。第二天晚上發生的事就跟第一

天晚上一樣。午夜時分，王子起來，騎馬到綠色的山丘，參加精靈的舞會，凱特也跟著他一起去，穿過樹林時一路摘下堅果。這次她沒有看著王子，因為她知道他會跳舞、跳舞、跳舞。她看到一個精靈寶寶在玩魔杖，無意中聽到有個精靈說：「用那根魔杖點三下，凱特生病的妹妹就會像從前一樣美麗。」於是凱特把堅果一次次地朝精靈寶寶撒去，直到精靈寶寶放下魔杖，搖搖晃晃地去追堅果。凱特拾起魔杖，藏在圍裙裡。雞啼時，他們像先前那樣騎馬回家。凱特一回到自己的房間就衝過去用魔杖點安妮三下，於是那顆噁心的羊頭掉了下來，安妮又變回美麗的自己。

凱特同意第三晚再次看顧王子，條件是她要嫁給這位生病的王子。一切都和前兩晚一樣。這次那個精靈寶寶在跟一隻小鳥玩耍。凱特聽到有個精靈說：「吃那隻小鳥三口，就能讓生病的王子恢復健康。」凱特朝精靈寶寶撒出所有的堅果，直到精靈寶寶丟下小鳥，然後凱特把小鳥放進圍裙裡。

雞啼時他們離開了，不過這次凱特沒有像之前那樣敲開堅果，而是拔掉小鳥的羽毛，把牠煮了。不久一陣香味撲鼻而來。「噢！」生病的王子說，「我希望我能吃一口那鳥肉！」於是凱特讓他吃了一口，他支著手肘抬起身體。過了一會兒他又喊著：「噢！但願我能再吃一口那鳥肉！」於是凱特再給他吃了一口，他從床上坐了起來。接著他又說道：「噢！但願我能吃第三口那鳥肉！」於是凱特讓他吃了第三口，他健健康康地站了起來穿好衣服，在爐火邊坐下。第二天早上人們走進屋裡，看到凱特和年輕的王子在一起敲堅果呢。與此同時病王子的哥哥看到了安妮而且愛上她，每個人看到她漂亮甜美的臉龐都會愛上她的。於是生病的兒子娶了健康的姊姊，健康的兒子娶了生病的昧妹，他們全都活得快樂，死得開心，木碗裡總有酒喝。

➤ 漁家女和螃蟹 ◄
THE FISHER-GIRL AND THE CRAB
✦ 印度部落 ✦

　　一個庫魯克族[34]的老人和妻子沒有小孩。老人在田裡種稻子，過了幾天，稻秧長出來了，他就帶妻子去田裡查看。田地的邊上有一個葫蘆，他們拿回家準備吃了它。老人剛要把葫蘆切開，葫蘆卻說話了：「老爺爺，輕輕地切，輕輕地！」老人嚇得把葫蘆掉在地上。他跑去跟妻子說：「這是個會說話的葫蘆。」「胡說八道。」老太婆說。她接過刀來，但葫蘆又說話了：「切我吧，輕輕地切，輕輕地，老媽媽！」

　　老太婆小心翼翼地慢慢切開葫蘆，一隻螃蟹從葫蘆裡爬了出來。夫妻倆拿來一個新罐子，把螃蟹放進去。老太婆在肚子上綁一個籃子，再用布蓋起來。她走到市場，跟鄰居們說：「看，在我年老時，瑪哈普拉布神[35]給了我一個兒子呢！」

　　過一些日子，她取下籃子，把螃蟹從罐子裡拿出來，對大家說：「看，我生下這隻螃蟹。」

　　螃蟹長大了，他們幫牠找妻子。他們給牠找了個好女孩，但是當她到他們家時，發現自己嫁給了這麼一個東西，很是生氣。每天晚上她都等著牠，可是一隻螃蟹能做什麼呢？女孩想：「我得再找個男人。」每當螃蟹跟女孩說話，她就把牠踢開。

　　有一天，女孩想去另一個村子探望一個男人。她讓公婆和螃蟹先去睡，自己再偷偷溜出家門。螃蟹看到她離開，就從另一條

34 Kuruk，印度部族名。
35 Mahapurub，印度教的神祇。

路出去了，並且走在她前面。路邊有一棵榕樹，螃蟹對樹說：「你是我的樹？還是誰的樹？」樹說：「我是你的樹。」於是螃蟹說：「倒下。」樹就倒下了。那棵樹的裡面住著一個年輕人的人形。螃蟹把人形穿在身上，把螃蟹外殼放進樹裡，然後往前走了幾步，才叫榕樹站起來。

　　過了一會兒，女孩走來了。她看到樹下這俊美的年輕人，心裡非常高興，問道：「你要去哪裡？」他說：「沒去哪裡，我正要回家。」她說：「來跟我睡覺吧。」他說：「不行，我害怕。你丈夫會打我的。但是我改天再來。」

　　女孩很失望，於是繼續往前走。她遇到一個查馬爾[36]女孩和兩個漂亮的馬哈拉[37]女孩，她們也是出來找男人的。庫魯克女孩把她的故事告訴她們，她們帶她去舞會，還許諾她會找到一個有翩翩風度的男人。她們到了那裡，發現那個螃蟹青年已經在

36 Chamar，印度低種姓族群，從事農業與製革業。
37 Mahara，印度低種姓族群。

那裡了，而她們見到他，全都渴望他成為自己的情人。他走到庫魯克女孩面前，女孩把他拉到一旁，但他什麼也沒有做。她把身上的首飾送給他，他就離開了。

他又回到樹旁，要它倒下，重新穿上螃蟹外殼，把年輕人的人形還給榕樹。「站起來。」他對樹說，然後就回家了。不久後女孩也回家了。螃蟹問她去了哪裡，但她發一頓脾氣，踢牠下床。螃蟹把她的首飾還給她，女孩很害怕，說這些東西不是她的。

第二天，女孩又給每個人吃了飯，讓他們上床睡覺。這次她躲在路邊，要看看螃蟹會做些什麼事。螃蟹走到榕樹前問：「你是我的樹？還是誰的樹？」樹說：「我是你的樹。」螃蟹說：「如果你是我的樹，那就倒下。」樹就倒下了，而螃蟹穿上年輕人英俊的人形後，才讓樹重新站起來。

女孩看著這一切。年輕人剛往前走，她就來到樹跟前說：「你是我的樹？還是誰的樹？」樹說：「我是你的樹。」她說：「如果你是我的樹，那就倒下。」樹就倒下了，女孩拿出螃蟹外殼，殺死牠，扔進火堆裡。然後她躲在樹後面等待。

年輕人去了舞會，但是找不到他的女孩，於是又回到榕樹前。女孩從樹後面跳出來抓住他，帶他回家。從此以後他們就一起過著幸福的生活。

PART

2

聰明女人、機智女孩、急中生智

CLEVER WOMEN, RESOURCEFUL GIRLS AND DESPERATE STRATAGEMS

✢茉拉克麗萍✢

MAOL A CHLIOBAIN

✦蘇格蘭蓋爾族✦

　　很久很久以前有個寡婦，她有三個女兒，她們對她說，想要出門去尋找成功的機會。寡婦烤了三個燕麥餅，對大女兒說：「你喜歡小半的餅和我的祝福，還是大半的餅和我的詛咒？」大女兒說：「我喜歡大半的餅和你的詛咒。」她對二女兒說：「你喜歡大半的餅和我的詛咒，還是小半的餅和我的祝福？」二女兒說：「我喜歡大半的餅和你的詛咒。」她對小女兒說：「你喜歡大半的餅和我的詛咒，還是小半的餅和我的祝福？」「我喜歡小半的餅和你的祝福。」這話讓她母親很高興，於是把另外兩小半的餅也給了她。她們離家後，兩個姊姊不想讓小妹跟著，就把她綁在一塊大石頭上。她們繼續往前走，但是母親的祝福降臨，解救了她。兩個姊姊回頭一看，看到的不是別人而是小妹，而她身上還背著石頭呢。她們讓她在後面跟著，直到她們走到一處泥炭堆，她們把她綁在泥炭堆上，然後繼續往前走，但是母親的祝福再次降臨，解救了她。兩個姊姊回頭一看，看到的不是別人而是小妹，而她身上還背著泥炭堆呢。她們讓她在後面跟著，直到她們走到一棵樹前，她們把她綁在樹上，然後繼續往前走，但是母親的祝福再次降臨，解救了她。兩個姊姊回頭一看，看到的不是別人而是小妹，而她身上還背著那棵樹呢。

　　她們發現對付妹妹也沒有什麼好處，就鬆開她，讓她跟她們一起走。三人一直走，走到夜幕降臨，這時她們看到遠處有一點燈火，雖然距離很遠，但她們很快就走到了。三人走了進去。誰

知道這裡竟是一個巨人的家！她們請求在這裡過夜，也獲准了，還和巨人的三個女兒睡在一起。巨人回到家，說：「我聞到家裡有外面來的女孩。」巨人女兒的脖子上戴著琥珀的扭花結，而三姊妹的脖子上有一束束的馬毛。她們全睡著了，只有茉拉克麗萍沒有睡。夜裡巨人口渴，就叫他那個禿頭粗皮膚的僕人拿水給他喝。粗皮膚的僕人說家裡一滴水都沒有了。巨人說：「那就殺掉一個外面來的女孩，把她的血拿來給我。」禿頭粗皮膚的僕人問：「我怎麼分辨哪個是她們呢？」「我女兒的脖子上有琥珀扭花結，其他人的脖子上是一束束馬毛。」

茉拉克麗萍聽到巨人的話，連忙把自己和姊姊脖子上的馬毛束摘下來，戴到巨人女兒的脖子上，又把巨人女兒脖子上的琥珀扭花結戴到她自己和姊姊的脖子上，然後靜悄悄地躺下。禿頭粗皮膚的僕人走過來，殺死一個巨人的女兒，把血拿給他。他喝完還要再喝，於是僕人殺了第二個；巨人喝完還要再喝，於是僕人殺了第三個。

茉拉克麗萍叫醒兩個姊姊，扛起她們就離開。她拿走床上一條金色的布，結果金布竟然叫了起來。

巨人發現了，便跟著她。她跑得很快，腳跟在石頭上擦出的火花打在巨人的下巴上；巨人的腳尖在石頭上擦出的火花打中茉拉克麗萍的後腦勺。兩人就這樣你來我往，最後來到了一條河邊。她從頭上拔下一根頭髮變成一座橋，然後跑過了河，巨人無法跟上。茉拉克麗萍縱身躍過河流，但是巨人卻跳不過去。

「你在那邊，茉拉克麗萍。」「是的，雖然這讓你難受。」「你殺了我三個禿頭棕皮膚的女兒。」「我殺了她們，雖然這讓你難受。」「你什麼時候再來？」「我有事要辦的時候就會來。」

三姊妹繼續往前走，來到一個農夫家。農夫有三個兒子。她

們講述先前發生的事，農夫對茉拉克麗萍說：「為我取來巨人的細齒金梳子和粗齒銀梳子，我就把大兒子給你大姊。」「你不用再給我更多了。」茉拉克麗萍說。

她離開了，悄悄地進到巨人家，拿起梳子就走。巨人發現了，便去追她，一直追到河邊。她躍過了河，但是巨人卻跳不過去。「你在那邊，茉拉克麗萍。」「是的，雖然這讓你難受。」「你殺了我三個禿頭棕皮膚的女兒。」「我殺了她們，雖然這讓你難受。」「你偷了我的細齒金梳子和粗齒銀梳子。」「我偷了它們，雖然這讓你難受。」「你什麼時候再來？」「我有事要辦的時候就會來。」

她把梳子給農夫，她的大姊就和農夫的大兒子結婚了。「為我取來巨人的光劍，我就把二兒子給你二姊。」「你不用再給我更多了。」茉拉克麗萍說。她離開了，來到了巨人家。她爬上一棵樹的樹頂，這樹伸到巨人的水井上方。夜裡，那個光頭粗皮膚的僕人拿著光劍來打水。他彎身把水提上來的時候，茉拉克麗萍跳下來把他推到井裡淹死了，於是她取走了光劍。

巨人追著她來到了河邊，她躍過了河，巨人卻無法跟上。「你在那邊，茉拉克麗萍。」「是的，雖然這讓你難受」「你殺了我三個禿頭棕皮膚的女兒。」「我殺了她們，雖然這讓你難受。」「你偷了我的細齒金梳子和粗齒銀梳子。」「我偷了它們，雖然這讓你難受。」「你害死我那個光頭粗皮膚的僕人。」「我害死了他，雖然這讓你難受。」「你偷了我的光劍。」「是的，雖然這讓你難受。」「你什麼時候再來？」「我有事要辦的時候就會來。」她帶著光劍回到農夫家，於是她的二姊和農夫的二兒子結婚了。「帶給我一頭巨人的雄鹿，我就把小兒子給你。」農夫說。「你不用再給我更多的了。」茉拉克麗萍說。她離開了，來到巨人家，但她剛抓住雄鹿，巨人就抓到她了。巨人說：「如果我傷害你像你傷害我

那麼多的話，你會怎麼做？我會這麼做：我要給你喝牛奶麥片粥喝到爆肚子，再把你放進袋子裡！我要把你吊在屋梁上，在下面生火；我要用棍子狠狠抽你，直到你像一綑木柴一樣掉到地上。」巨人煮了牛奶麥片粥要她喝下去。她把牛奶麥片粥抹在嘴邊和臉上，然後像死人一樣躺了下去。巨人把她裝進袋子裡，吊在屋梁上，然後和他的手下去森林裡撿柴火。巨人的媽媽在家裡。巨人一走，茉拉克麗萍開始說：「我在亮光裡呢！」「我在黃金城裡呢！」「你能讓我進去嗎？」老太婆說。「我不要讓你進來。」終於，老太婆把袋子放了下來。茉拉克麗萍把老太婆、貓咪、小牛和奶油碟裝進袋子裡，領著雄鹿走了。巨人帶手下回來後，他們開始用棍子猛抽袋子。老太婆叫喊著說：「是我在裡面啊！」「我知道是你在裡面。」巨人邊說邊用力抽袋子。袋子像一綑木材一樣掉下來，裡面除了他母親沒有其他人。巨人明白是怎麼一回事後就去追茉拉克麗萍，一直追到了河邊。茉拉克麗萍躍過河，但是巨人卻跳不過去。「你在那邊，茉拉克麗萍。」「是的，雖然這讓你難受」「你殺了我三個禿頭棕皮膚的女兒。」「我殺了她們，雖然這讓你難受。」「你偷了我的金梳子和我的銀梳子。」「我偷了它們，雖然這讓你難受。」「你害死我那個光頭粗皮膚的僕人。」「我害死了他，雖然這讓你難受。」「你偷了我的光劍。」「我偷了它，雖然這讓你難受。」「你害死我的母親。」「我害死她了，雖然這讓你難受。」「你偷了我的雄鹿。」「我偷了，雖然這讓你難受。」「你什麼時候再來？」「我有事情要辦的時候就會來。」「如果你在這邊，而我在那邊，你要怎麼追上我？」巨人說道。「我會趴下來喝水，直到把河水喝乾為止。」巨人趴了下去，一直喝到漲破。於是茉拉克麗萍就和農夫的小兒子結婚了。

✦ 明智的小女孩 ✦
THE WISE LITTLE GIRL
✦ 俄羅斯 ✦

　　有兩個兄弟一起旅行，一個窮，一個富，他們各有一匹馬，窮的那個的是匹母馬，富的那個的是匹閹過的公馬。兩人停下來過夜，彼此挨著。窮人的母馬在夜裡生下一匹小馬，小馬卻滾到有錢人的馬車下面。早上，有錢人搖醒窮人，對他說：「起來啦，兄弟。我的馬車在夜裡生了匹小馬。」他的兄弟起身說：「馬車怎麼可能生小馬？是我的母馬生的小馬！」有錢的那個說：「如果你的母馬是牠的媽媽，牠應該躺在牠的旁邊啊。」為了解決爭執，他們就去找法官。有錢人送錢給法官，窮人只能用言語訴說他的案子。

　　最後這件案子傳到了沙皇那裡，他把兩兄弟叫到面前，給他們四道謎語：「世上最強最快的是什麼？世上最肥的是什麼？最柔軟的是什麼？最可愛的是什麼？」他給他們三天時間，並且說：「第四天帶著答案回來見我。」

　　有錢人想了又想，他想起自己的教母，便去向她請教。她讓他在桌邊坐下，給他吃喝，然後問：「我的教子，你怎麼那麼難過啊？」「君主給了我四道謎語，卻只給我三天時間解謎。」「是什麼謎語呢？告訴我。」「教母啊，這是第一道謎語：『世上最強最快的是什麼？』」「這不難啊！我丈夫有匹棗紅色的母馬，世上沒有什麼比牠更快，如果你揮鞭抽牠，牠能追過野兔呢。」「第二道謎語是：『世上最肥的是什麼？』」「我們這兩年養了一頭花斑野豬，牠已經肥到幾乎站不起來了。」「第三道謎語是：『世上最

柔軟的是什麼？』」「這誰都知道的，是鴨絨毛——你想不出有什麼能比它更柔軟了。」「第四道謎語是：『世上最可愛的是什麼？』」「世上最可愛的是我的孫子伊凡努西卡啊。」「謝謝你，教母，你給了我很好的建議。我這一生都會感激你。」

至於這個窮兄弟，他流著眼淚回到家。他的獨生女，七歲的女兒迎向他，說：「爸爸，你為什麼又是嘆氣又是流淚呢？」「我怎麼能不嘆氣和落淚呢？沙皇給我出了四道謎語，而我永遠也解不開的。」「是什麼謎語呢？告訴我。」「我的小女兒，謎語這樣的：『世上最強最快的是什麼？世上最肥的是什麼？最柔軟的是什麼？最可愛的是什麼？』」「爸爸，你去跟沙皇說，世上最強最快的是風；最肥的是土地，因為它餵養所有生長和生活的東西；最柔軟的是手，因為不管人躺在什麼地方，都會把手枕在腦袋下面；而世上沒有什麼比睡眠更可愛的了。」

於是這一貧一富兩兄弟來到沙皇面前，沙皇聽了他們的答案，就問窮兄弟：「是你自己解開這些謎語的，還是有誰幫你？」窮人回答：「陛下，我有個七歲的女兒，是她告訴我的。」「既然

你的女兒這麼聰明，你把這根絲線給她，讓她明早以前替我織好一條繡花絲巾。」農夫接過絲線，憂愁地回到家。「我們有麻煩了，」他對女兒說，「沙皇命令你用這根線織一條絲巾。」「不要憂傷，爸爸。」小女孩說。她從一個掃帚上折下一根細枝交給父親，對他說：「你去請沙皇找個工匠，用這根細枝做一架織布機，好讓我用來織他的絲巾。」農夫照女兒說的做了。沙皇聽完他的話，給了他一百五十個雞蛋，並且說：「把這些蛋拿給你的女兒，讓她明天孵出一百五十隻小雞。」

農夫回到家，比第一次還要憂愁。「啊，我的女兒呀，」他說，「才剛解決一個問題，另一個問題又來了。」「不要憂傷，爸爸。」這個七歲女孩說道。她把雞蛋烤了做午餐和晚餐，然後要她父親去見沙皇。「告訴他，」她對父親說，「餵小雞必須要用一天長成的穀子。請他在一天內犁好一塊地、播下粟米種子、收成、打穀。我們的小雞不肯啄別種穀子。」沙皇聽完這話，說道：「既然你的女兒這麼聰明，讓她明天早上來見我。我要她既不走路，也不騎馬；既不赤裸也不穿衣；既不是帶著禮物，也不是沒帶禮物。」「現在呀，」農夫心想，「就連女兒也沒辦法解開這麼難的謎題了。我們輸了。」「不要憂傷，」他的七歲女兒跟他說，「到獵人那裡，幫我買一隻活野兔和一隻活鵪鶉。」於是父親給她買來野兔和鵪鶉。

第二天早上，這七歲的女孩脫下衣服，披上一個網子，手拿鵪鶉，騎著野兔去王宮。沙皇在門口迎接她。她向他鞠躬行禮，嘴裡說著：「這是送您的小禮物，陛下。」說著把鵪鶉遞過去。沙皇伸出手，但是鵪鶉拍拍翅膀飛走了。「很好，」沙皇說，「你已經按照我的命令做了。現在你告訴我，你的父親這麼窮，你們靠什麼過活呢？」「我父親在岸上捕魚，他從不在水裡放魚餌。

↠鯨脂男孩↞
BLUBBER BOY
✦因紐特族✦

　　從前有個女孩,她的男朋友在海裡淹死了。她的父母親無法安慰她,她對其他追求者也不感興趣,只要那個淹死的年輕人,別的她都不要。最後她拿來一大塊鯨脂,把它刻成她淹死的男朋友的形狀,然後刻出他的臉孔。這塊鯨脂雕塑和真人一模一樣。

　　「噢,要是他是真的就好了!」她心想。

　　她用這塊鯨脂雕塑來回磨蹭自己的生殖器,一圈又一圈,突然它活了起來。她那英俊的男朋友就站在她面前。她多高興呀!她把他帶去給父母親看,說:

　　「你們也看到了,他根本沒有淹死……」

　　女孩的父親准許女兒結婚了。她和她的鯨脂男孩去到離村子不遠的小屋裡住,有時候小屋很熱,鯨脂男孩就會變得很疲倦,這時他會說:「摩蹭我,親愛的。」女孩就用自己的生殖器去摩蹭他整個身體,這會讓他恢復活力。

　　有一天,鯨脂男孩去捕獵斑海豹,熾烈的陽光照在他的身上。當他划著獨木舟要回家的時候,身體開始流汗。他一流汗,就變小了。等他到了岸邊,身體已經融掉一半了。然後他踏出獨木舟,跌倒在地上,只剩下一堆鯨脂。

　　「多可惜呀,」女孩的父母親說,「他是個這麼好的年輕人啊……」

　　女孩把鯨脂埋在一堆石頭下,接著開始守喪。她塞住左邊的鼻孔,不做針線活,不吃海鳥蛋,也不吃海象肉。她每天都去探

望鯨脂的墳墓並跟它說話，邊說話邊朝著太陽的方向繞墳墓走三圈。

　　守喪期結束後，女孩又拿來一塊鯨脂刻了起來。她再次刻成她淹死的男朋友的形狀，也再次用完成的人形去摩蹭自己的生殖器。突然她的男朋友站在她的身邊，說：「再摩蹭我吧，親愛的……」

✦ 住在樹杈上的女孩 ✦
THE GIRL WHO STAYED IN THE FORK OF A TREE
✦ 西非 ✦

這是一個女人做過的事情。

那時候她住在叢林裡，從不讓人看見。她和唯一的女兒住在一起，這個女孩每天都坐在樹杈上編籃子。

有一天，母親剛出去打獵，來了一個男人。他看到女孩像往常一樣在編籃子。「哇，瞧瞧！」他說，「叢林裡有人呢！這女孩多麼漂亮啊！家人卻把她獨自留下。如果國王娶了她，那其他的王后不是都得離開了嗎？」

他回到城裡，直奔國王家，說道：「陛下，我發現一個非常美麗的女人，如果您把她召到這裡，您所有的王后都會趕緊離開。」

第二天早上，國王叫來許多人，要他們磨利他們的斧頭，然後往叢林出發。他們看到那個地方時，發現母親又去打獵了。

母親出發前給女兒煮了粥、掛了肉好給她吃，然後才上路。

眾人說：「我們把女孩所在的樹砍倒吧。」

於是他們掄起斧頭對準樹，女孩立刻唱起這首歌：

「媽媽，快回來！

媽媽，這裡有人在砍我們的遮蔭樹。

媽媽，快回來！

這裡有人在砍我們的遮蔭樹。

砍了！我在上面吃東西的樹就要倒下了。

它倒下來了。」

她媽媽突然落下來，彷彿從天而降：

「你們人多，我要用大針把你們縫起來。
縫啊縫！縫啊縫！」

他們立刻倒地上……女人只留下一個人，讓他去回報國王。
「去吧，」她說，「告訴人們發生了什麼事。」於是他逃走了……

回到城裡，人們問道：「發生什麼事？」
「那裡，」他說，「我們去的那個地方，情況不妙了！」
同樣的，他站在國王面前時，國王問：「發生什麼事？」
「陛下，」他說，「我們全都完蛋了，只有我一個人回來。」
「老天啊！你們全完蛋了嗎！如果是這樣，明天去那邊的村莊帶更多人來。明天早上讓他們把那個女人帶來給我。」
這個晚上他們睡了個痛快。
第二天一早，人們磨好斧頭就去了那裡。
他們也發現母親離開了，而粥煮好了，肉掛在樹上了……
「拿出斧頭來。」他們立刻往遮蔭樹撲過去。但是歌已經唱起來了：

「媽媽，快回來！
媽媽，這裡有人在砍我們的遮蔭樹。
媽媽，快回來！
這裡有人在砍我們的遮蔭樹。

砍了！我在上面吃東西的樹就要倒下了。

它倒下來了。」

她媽媽落在他們中間，接著唱：

「你們人多，我要用大針把你們縫起來。

縫啊縫！縫啊縫！」

他們全死了。女人和她的女兒拾起他們的斧頭⋯⋯

「那麼！」國王聽到這個事情後說，「今天讓所有懷孕的人生下她們的孩子。」

於是女人們立刻一個接一個地生出孩子，很快就排成一大排。

然後這群嬰兒出發了，一路咕噥著含混不清的聲音。

女孩見狀，說：「這下可不是開玩笑啦，眼前來了一支紅色軍隊，他們身上還連著臍帶呢。」

他們找到她住的樹杈。

「我來給他們喝點粥吧。」女孩想。

她把粥抹在他們頭上，不過孩子們都不吃。

最後出生的那個孩子爬上了遮蔭樹，拿起女孩正在編的籃子，說：「給我一把斧頭。」

女孩再次喊道：

「媽媽，快回來！

媽媽，這裡有人在砍我們的遮蔭樹。

媽媽，快回來！

這裡有人在砍我們的遮蔭樹。

砍了！我在上面吃東西的樹就要倒下了。
它倒下來了。」

她母親落到人群中：

「你們人多，我要用大針把你們縫起來。
縫啊縫！縫啊縫！」

可是嬰兒大軍把女孩拖走了。他們用臍帶綁住她，是的，用
他們的臍帶。她母親繼續念咒語：

「你們人多，我要用大針把你們縫起來。
縫啊縫！縫啊縫！」

但這次沒有用啦！隊伍已經到了田野，他們發出勝利的尖
叫，尖叫聲高高地傳到了神的居所，不久他們進城了。
到了城裡，母親對他們說：「既然你們搶走我的孩子，我必
須告訴你們一件事：別讓她搗臼，也別讓她晚上提水。如果你們

要她做其中任何一件事，注意了！我知道去哪裡找你們。」

於是母親就回到叢林裡的住處。

第二天國王說：「我們去打獵。」然後對他的母親說：「我的妻子不能搗臼，只能編籃子。」

丈夫在曠野時，其他的妻子還有婆婆說：「為什麼她不用搗臼呢？」

她們要女孩搗臼，女孩說：「不要。」

一籃子高粱送到她面前。

她婆婆把臼裡的粗粉拿走，其他女人輪流把高粱倒進臼裡。

於是女孩一邊搗一邊唱：

「搗呀搗！我在家裡不搗臼，
在這裡我為婚禮搗高粱，
嘿唷！嘿唷！
搗了高粱，我就上天堂。」

她開始沉到地裡，不過她還是繼續唱著：

「搗呀搗！我在家裡不搗臼，
在這裡我為婚禮搗高粱，
嘿唷！嘿唷！
搗了高粱，我就上天堂。」

眼看著她陷到了臀部，然後陷到了胸部。

「搗呀搗！我在家裡不搗臼，

在這裡我為婚禮搗高粱，

嘿唷！嘿唷！

搗了高粱，我就上天堂。」

很快她的頸子被埋住了。現在這個臼自己在地上砸著砸著。最後女孩完全沉到地裡。

再也看不見女孩了，這臼還是像先前一樣在地上砸著。

女人們說：「我們現在該怎麼辦？」

她們就找來一隻鶴，跟牠說：「去把這個消息告訴她的母親。但是首先，讓我們知道你會說什麼？」

鶴說：「瓦瓦尼！瓦瓦尼！」

她們說：「這沒有意義，你回去吧。我們找烏鴉來。」

她們叫來烏鴉，問：「你會怎麼說？」

烏鴉說：「呱！呱！呱！」

「烏鴉不知道該怎麼說。來吧，鵪鶉。你會怎麼做？」

鵪鶉說：「呱嚕嚕！呱嚕嚕！」

「鵪鶉也不知道該怎麼說。我們叫鴿子來。」

她們說：「鴿子啊讓我們聽聽，你要怎麼對她母親說？」

然後她們聽到了：

「咕咕！咕！

哺育太陽的女人[38]不見了，

哺育太陽的女人。

挖地的人啊，

哺育太陽的女人不見了，

哺育太陽的女人。」

她們說：「去吧，你知道該怎麼做。」

母親聽到鴿子的話就上路了。她往城裡走去。她用瓦片盛藥，揮舞動物的尾巴。

路上她遇見一匹斑馬。

「斑馬呀，你在做什麼？」

—內森克寧[39]。

我父親的妻子[40]死了。

—內森克寧。

噢，媽媽！你要死了。

—內森克寧。」

斑馬死了。女人繼續走，走啊，走啊，看到有人在挖地：

「挖地的人啊，你們在挖什麼？」

—內森克寧。

我父親的妻子死了。

—內森克寧。

38 根據根據J. 托倫德（J. Torrend）《北羅德西亞班圖民間傳說》（*Specimens of Bantu Folk-Lore From Northern Rhodesia*）1921年版第88頁註釋，「哺育太陽的女人」（She-who-nurses-the-sun）是女孩的名字，故事後面她也被稱為「姆溫薩」（Mwinsa），在另一個版本則被稱為「神的孩子」（Child of God）。這些地區的原住民一般都有很多個名字。

39 根據《北羅德西亞班圖民間傳說》第88頁註釋，此處英文是Nsenkenene，意義不明，因此採音譯。

40 同上。此處稱自己的女兒為「我的媽媽」，是比「我的孩子」更為親切的稱呼。「我父親的妻子死了」在另一個版本是「神的孩子死了」。

噢，媽媽！你們要死了。

——內森克寧。」

　　他們也死了。女人繼續走啊走啊，看見一個男人在打一張
皮：

「打皮的人，你在做什麼？」

——內森克寧。

我父親的妻子死了。

——內森克寧。

噢，媽媽！你要死了。

——內森克寧。」

當她走到城裡：

「讓我集合，讓我集合，

我媽媽的牛羊。

姆溫薩，起來吧。

讓我集合牛羊。

讓我集合，讓我集合，

我媽媽的牛羊。

姆溫薩，起來吧。

讓我集合牛羊。」

然後她聽到臼仍在孩子上方砸著。

於是她撒了這種藥，又撒了那種藥。

而孩子已經在地底下開始搗起來了。一點一點地，她的頭先出現，接著是脖子，然後又聽見那首歌：

「搗呀搗！我在家裡不搗臼，
在這裡我為婚禮搗高粱，
嘿唷！嘿唷！
搗了高粱，我就能上天堂。」

現在，孩子全身都看得見了。最後她走了出來。
我講完了。[41]

41 根據《北羅德西亞班圖民間傳說》第89頁註釋，在「我講完了」之後還有最後一行，「I am RUMBA」。RUMBA是一位來自Broken Hill附近某地的女子。她的語言與大多數Béne-Mukuni族的語言略有不同。
Broken Hill是舊稱，現在名為Kabwe，尚比亞中央省的首府。Béne-Mukuni族是居住在尚比亞中央省南部的土著。

✦皮衣公主✦

THE PRINCESS IN THE SUIT OF LEATHER
✦埃及✦

不在這裡也不在那裡的一個地方，住著一個國王和他深愛的妻子，還有一個女兒，女兒是他的心肝寶貝。公主剛成年，王后就生病過世了。國王垂頭坐在她的墓旁，為她守喪一整年。之後他召來幾個深諳世事的老媒婆。他說：「我想再婚。這是我那可憐王后的腳鍊，去幫我找個女孩，不論貧富，不論貴賤，只要能戴上腳鍊就行了。因為我在王后臨終時向她保證只會娶這樣的女孩。」

媒婆們走遍全國各地尋找國王的新娘，但無論她們再怎麼找都找不到腳鍊能套進腳踝的女孩。王后就是這樣獨特，沒有哪個女人能像她一樣。於是一個媒婆說：「我們去過全國每個女孩的家，除了國王自己女兒的家。我們去王宮吧。」

她們把腳鍊戴上公主的腳，大小剛好，像是為她量身訂做的一樣。媒婆們從後宮跑出來，直奔到國王面前，說：「我們拜訪了王國裡每一個少女，但是沒有人能把腳塞進已故王后的腳鍊裡。沒有人，除了公主，您的女兒。她輕易地戴上了，就像戴自己的一樣。」一個滿臉皺紋的老婦人說：「為什麼不娶公主呢？為什麼要把她送給一個陌生人，而讓你自己沒有妻子呢？」話還沒說完，國王就召來法官簽署結婚文書，但他完全沒有告訴公主他的計畫。

現在王宮裡非常忙碌，珠寶商、裁縫、家具商都來為新娘打理事務。公主知道自己即將結婚也很高興。但是她的丈夫是誰，

她卻一點也不知道。直到新郎第一次見新娘的新婚之夜,她仍一無所知,儘管僕人們竊竊私語地在她周遭忙碌,為她梳頭、別髮針,把她打扮得漂漂亮亮。最後,首相的女兒來欣賞盛裝華服的她,並對她說:「你為什麼皺眉?女人不就是為了和男人結婚而生的嗎?世上還有誰的地位比國王更高?」

「這話是什麼意思?」公主喊道。「我不告訴你,」女孩說,「除非你把你的金手鐲給我。」公主摘下手鐲,於是女孩解釋了事情的經過,原來新郎正是公主的父親。

公主的臉色比她的頭巾還要白,全身顫抖得像是發燒了四十天的病人。她站起來,遣開身旁的人。她只知道非逃走不可,於是跑到露臺,跳過宮牆,落到下面的一個皮匠的院子裡。她將一把金幣塞到皮匠的手裡,說:「你能幫我做一件皮衣,把我從頭到腳都遮起來,只露出眼睛嗎?我想在明天破曉前拿到。」

能賺到這些金幣讓這個窮人喜出望外,於是帶著妻子和孩子們開始工作。一整晚的剪剪縫縫,在天亮得可以分辨白色線和深色線之前,皮衣完成了。等等!我們的公主殿下過來了。她穿上皮衣──那樣子多麼怪異,任誰看到都會以為眼前只是一堆皮革。她就這麼裝扮著離開皮匠家,躺在城門邊等待天亮。

現在回頭說說我們的國王。他走進新娘房,發現公主不見了,就派軍隊到城裡搜索。不時有士兵遇到躺在城門邊的公主,便問她:「你有看到國王的女兒嗎?」她都會回答:

> 披著一身皮,我是朱麗妲,
> 視線昏花眼力差,
> 耳朵聾,聽不懂。
> 不管遠近是誰我都不關心。

　　等到天亮，城門開了，她拖著腳步走到城牆外，然後轉身逃
離她父親的城市。

　　她或走或跑，一刻不停，有一天日落時候，公主來到了另一
座城市。公主太累了，無法再踏出一步，於是跌到了地上。她躺
在圍牆的陰影裡，圍牆裡面是蘇丹王宮裡女眷專屬的後宮。一個
女奴探出窗口要把王室餐桌上的殘渣丟出去，她注意到地上有一
堆皮革，但沒有多想。可是當她看到皮革當中有兩隻明亮的眼睛
盯著她時，她驚恐地往後跳，對王后說：「夫人，有個怪物蹲在
我們的窗戶下面。我親眼看到的，簡直跟惡魔一樣！」「把它帶
上來，我看過之後自有判斷。」王后說。

　　女奴嚇得渾身哆嗦地走下樓，不知道哪件事比較容易面對：
是外面的怪物，還是違抗女主人命令將會面對的怒氣？不過當她
拉扯皮衣一角時，皮衣裡面的公主沒有作聲，於是女奴壯起膽
子，一路把她拖到蘇丹妻子面前。

　　那個國家的人從沒見過這麼嚇人的東西。王后驚訝地舉起兩

隻手掌，問她的僕人：「這是什麼？」然後又轉向怪物，問：「你是誰？」這一堆皮革回答：

> 披著一身皮，我是朱麗妲，
> 視線昏花眼力差，
> 耳朵聾，聽不懂。
> 不管遠近是誰我都不關心。

　　這古怪的回答把王后樂壞了，笑彎了腰。「去給我們的客人拿些吃的和喝的來，」她一手扶著腰說，「我們要留著她來逗我們開心。」朱麗妲吃過以後，王后說：「告訴我們你能做些什麼，我們好讓你在王宮裡工作。」「您要我做什麼，我都願意試試。」朱麗妲說。王后喊道：「廚娘！帶這個可憐的人兒去廚房。也許因為她的緣故，神會賜福給我們。」

　　所以現在我們這位美麗的公主在廚房裡做粗活，添柴火，扒煤灰。每當王后沒人陪伴覺得無聊時，就會召來朱麗妲，被她的胡言亂語逗樂。

　　有一天，大臣傳話來，邀請蘇丹所有的女眷到他家參加晚宴。一整天後宮的女人們都興奮不已。晚上王后出發前走過朱麗妲身邊，問她：「你今晚不跟我們一起去嗎？所有的奴隸和僕人都被邀請了。你一個人待著不怕嗎？」但朱麗妲只是重複了一遍：

> 耳朵聾，聽不懂。
> 不管遠近是誰我都不關心。

一個女僕輕蔑地說：「有什麼好讓她害怕的？她又瞎又聾，就算夜裡惡魔跳到她身上，她也不會知道！」於是她們就離開了。

大臣家的女賓接待廳裡有豐盛的宴席，音樂不斷，一片歡樂。就在歡聲笑語最熱烈時，突然，有個人進來了，眾人全都停止交談安靜了下來。她高䠷如柏樹，臉蛋如玫瑰，穿戴絲綢和珠寶如王妃，大廳似乎充滿了光芒。她是誰？是朱麗妲！蘇丹的后妃們一離開，她就脫掉皮衣，跟著她們來到大臣的家，而此刻之前都很快活的女士們卻開始爭吵起來，每個人都想坐在新來賓的旁邊。

天將破曉時，朱麗妲從腰帶的褶縫裡掏出一把金片撒到地上。女人們爭先恐後去撿那些閃亮的寶物。趁她們忙著的時候，朱麗妲離開了大廳，飛快跑回王宮的廚房，穿上皮衣。很快其他人回來了。王后看到廚房地上那堆皮，就用她紅鞋的鞋尖戳了戳，說道：「說真的，我希望你能和我們一起欣賞晚宴裡那個女孩。」不過朱麗妲只是喃喃說著：「我雙眼衰，視力弱……」她們就各自上床睡了。

第二天王后起床時太陽已經高掛天空。蘇丹的兒子按照慣例前來親吻母親的手道早安。但她只是反覆談著著大臣宴會上的一個賓客。「噢，我的兒呀，」她嘆口氣，「她有那樣的臉孔、那樣的頸子、那樣的身材，所有看到她的人都說：『她絕不是一個國王或蘇丹的女兒，而是一個更偉大的人的女兒！』」王后滔滔不絕地讚美這個女孩，使王子的心也燃起了愛火。最後他的母親說道：「我真希望當時問了她父親的名字，這樣就能訂下婚約，讓她做你的新娘。」蘇丹的兒子回答：「您今晚再回去晚宴時，我會站在大臣家的門外等她離開。到時候我會問她的父親是誰，還有她是怎樣的身分地位。」

日落時分，女人們再次著裝打扮。她們長袍的衣褶裡飄出橙花和薰香的氣味，手臂上鐲子叮噹作響，走過廚房時，她們問躺在地上的朱麗妲：「今晚你要不要跟我們一起去？」朱麗妲只是背對著她們。等到她們走遠，她就丟下她的皮衣，急忙跟在後面。

大臣家的大廳裡，客人們簇擁著朱麗妲，都想看看她、問她是從哪裡來的，但對於他們所有的問題，無論是或不是，她都沒有給出答案，儘管她和她們坐在一起直到天將破曉。然後她往大理石地磚上撒出一把珍珠，趁女人們推搡著去接珍珠時，她輕易地溜走了，好像從麵糰裡拔出一根頭髮一樣。

這會兒是誰站在門口？當然是王子啊。他一直在等待這一刻。他擋住她的去路，抓住她的手臂，問她的父親是誰，又問她從哪裡來。可是公主得快點回到廚房，否則她的祕密就要暴露了。於是她奮力掙脫，掙扎中把王子的戒指扯了下來。「至少告訴我你從哪裡來！」她奔跑時，他在她身後喊道：「看在阿拉的份上，告訴我是哪裡！」她回答：「我住在一個滿是鍋鏟和勺子的地方。」然後她逃回王宮，藏身在皮衣裡。

其他人也有說有笑地回來了。王子把發生的事情告訴母親，並且宣布他打算外出遠行：「我必須去到滿是鍋鏟和勺子的地方。」「耐心點，我的兒子，」王后說，「給我時間準備你的食物。」王子很急切，不過還是同意延後兩天出發──「但再多一個小時也不行！」

現在廚房變成王宮裡最忙碌的角落。輾磨、過篩、揉麵、烘烤，朱麗妲站在一旁看著。「你走開，」廚子大叫，「這不是你的工作！」「我也要和其他人一樣伺候我們的主人王子殿下！」朱麗妲說。廚子不願意讓她幫忙，就給她一塊麵團隨她捏。朱麗妲開始做蛋糕，趁沒人注意，把王子的戒指塞了進去。當食物打包

好後，她把自己的小蛋糕放在最上面。

　　第三天一早，補給的糧食都裝進馬鞍袋裡，王子便帶著僕人和隨從出發了。他馬不停蹄，直到太陽變得炎熱。於是他說：「我們讓馬休息一下，同時也吃點東西吧。」一個僕人看到朱麗妲做的小蛋糕放在其他糕餅上面，就把它丟到一邊。「你為什麼把那塊丟開？」王子問。「它是朱麗妲那個怪物做的，我親眼看到是她做的。」僕人說，「它跟她一樣畸形。」王子對那個奇怪的傻瓜感到憐憫，要僕人把她的蛋糕拿回來。他掰開蛋糕，看哪，裡面竟然有他自己的戒指！就是他在大臣家宴會當晚遺失的戒指。這下王子明白鍋鏟和勺子之地在哪裡了，於是下令折返。

　　當國王和王后迎接他時，王子說：「母親，請讓朱麗妲把我的晚餐送過來。」「她幾乎又瞎又聾，」王后說，「怎麼能把晚餐端給你呢？」「除非朱麗妲把食物端過來，否則我不吃。」王子說。晚餐時間到了，廚娘們把菜餚放在托盤上，再幫朱麗妲把托盤頂在頭上。她走上樓，還沒走到王子的房間就打翻了，盤碟在地上摔碎了。「我告訴過你她看不見啊。」王后跟兒子說。「我只吃朱麗妲送來的東西。」王子說。

　　廚娘們又準備了一頓餐點，她們把裝滿食物的托盤穩穩地放到朱麗妲的頭上，還派兩個女奴各牽著她的一隻手，把她領到王子門前。「你們走吧。」王子對兩個女奴說，「而你，朱麗妲，過來。」朱麗妲開始說：

　　　　披著一身皮，我是朱麗妲，
　　　　視線昏花眼力差，
　　　　耳朵聾，聽不懂。
　　　　不管遠近是誰我都不關心。

但是王子對她說：「過來斟滿我的杯子。」她剛走近，王子抽出佩在腰間的匕首，把她的皮衣從頸部到下擺劃開，皮衣落到地上，堆成一團——站在那裡的是他母親描述過的少女，她簡直可以對月亮說：「讓我來替你發光吧。」

　　王子要朱麗妲躲在房間角落，然後派人去請王后。我們的女主人看到地上那一堆皮就驚叫起來：「兒子啊，你怎麼讓她的死亡跟你扯在一起呢？這個可憐人應該得到你的憐憫，而不是你的懲罰呀！」「請進來，母親，」王子說，「在您為她哀悼前，先來看看我們的朱麗妲吧。」他帶領母親來到我們美麗的公主坐著的地方，她的美像一道陽光照亮了整個房間。王后撲向女孩，在她身上左親右吻，要她和王子一起坐下來用餐。然後她召來法官寫了一份文書，將我們的王子殿下和美麗的公主結合在一起，之後他們就生活在最甜美的幸福之中。

　　現在我們再回去看看國王，就是朱麗妲的父親。當他進到新娘房想掀開自己女兒的面紗，卻發現她不見了，他搜遍全城也找不到她，就叫來大臣和僕從，著裝準備出遠門。他從一個國家走到另一個國家，從一座城市到另一座城市。那個最初建議他娶自己女兒的老婦人，被他用鎖鏈拴著，一路與他同行。最後他終於來到朱麗妲和王子居住的城市。

　　一行人進城時，公主正坐在窗前，她一看到他們就認出來了。她立刻敦促她丈夫邀請這些陌生人。我們的王子殿下去迎接他們，經過一番苦苦勸說才願意留下來，因為他們急著上路繼續他們的搜尋。他們在王子的客廳裡用過餐後，向主人表達感謝，離開時說：「有句諺語說：『吃飽了，起身，上路！』」但是王子用另一句諺語留住他們：「在哪兒撕開麵包吃，就在哪兒歇息。」

最後王子的善意逼著這些疲累的陌生人在他的家裡過夜。「可是為什麼你特別挑這些陌生人呢？」王子問朱麗妲。「把你的袍子和頭巾借給我，我去找他們，」她說，「很快你就會知道我的理由。」

　　朱麗妲喬裝打扮後，坐到客人中間。當咖啡杯斟滿又被喝完後，她說：「我們來說故事打發時間吧。你們先說？還是我先說？」她的國王父親答道：「讓我們沉浸在我們的哀傷中吧，孩子，我們沒有說故事的勁。」「那麼我來逗你們開心，讓你們忘了憂傷吧！」朱麗妲說。「從前有一個國王，」她開始講，然後把自己的冒險經歷從頭說到尾。老婦人不時打斷她，說：「孩子，你找不到比這更好的故事嗎？」但朱麗妲繼續講下去，講完後她說：「我就是公主，你女兒，都是因為這個羞恥的罪婦說了那種話，這麼多苦難才會降臨在我身上！」

　　第二天早晨，他們把老婦人從高高的懸崖上丟下乾河谷。然後國王把一半的王國給了女兒和王子，他們生活得幸福又美滿，直到死亡隔開這對真正的愛侶。

⤳ 野兔 ⤝
THE HARE
✦ 史瓦希里 ✦

　　有一天，獵人外出打獵，野兔去到獵人家。牠對獵人的妻子說：「到我家來跟我一起住，我們每天都有肉和蔬菜。」女人跟著牠去了，但是她看到兔窩，和牠一起吃草，又和牠一起睡在野外，這讓她很不滿意。她說：「我想要回去。」野兔說：「是你自己要來這裡的。」女人不認得叢林裡的路，於是說：「跟我來吧，我會做一頓好吃的晚餐。」野兔領著她回到她家。她說：「幫我拿些柴火。」

　　野兔到森林裡撿了一堆柴，女人生起火，在上面架一個鍋子。水燒開後她把兔子放進鍋裡。獵人回到家，她說：「我抓了一隻野兔做晚餐。」獵人永遠不知道發生了什麼事。

✦苔衣姑娘 [42] ✦
MOSSYCOAT
✦ 英格蘭吉普賽 ✦

從前，有個貧窮的老寡婦住在一間小屋裡。她有兩個女兒，小女兒大約十九、二十歲，長得非常美麗。她母親每天都忙著織一件衣服給她。

有個小販在追求她，他常來，給她帶這個帶那個的。他愛上她啦，很想要她嫁給他。可是她不愛他，事情就不是這樣的啊。她不知道該拿這個人怎麼辦才好。有一天她問母親。「讓他來，」她母親對她說，「盡量從他那裡要些東西，等我做完這件衣服，你就不需要他，也不需要他的禮物了。所以，女兒，告訴他，說你不會嫁給他，除非他送你一件白緞子連衣裙，上面還要鑲著巴掌大的金枝。還要提醒他必須完全合身。」

小販又來催她嫁給他時，女孩就把母親說過的話告訴他。他估量一下她的身材尺寸，不到一個星期就帶著連衣裙回來了。連衣裙完全符合她的描述，女孩跟母親上樓試穿，也完全合身。

「我現在該怎麼辦呢，媽媽？」她問。

「告訴他，」她母親說，「你不會嫁他，除非他送你一件絲綢裙子，上面要有所有飛鳥的顏色，而且和之前一樣，必須完全合身。」

女孩把這話告訴小販，過了兩三天他帶著女孩要的絲綢彩裙來到小屋。而他既然已經知道女孩的尺寸，所以它當然也很合身。

---

42 這個故事的原文是用講述者的口音記錄下來的，因此有大量單字不是標準的英文拼寫方式。

「現在我該怎麼辦呢，媽媽？」她問。

「告訴他，」她母親說，「你不會嫁給他，除非他送你一雙大小剛好的銀拖鞋。」

女孩就這麼告訴小販，過幾天他帶拖鞋來了。她的腳大約只有三英寸，但是這拖鞋的大小卻剛剛好，既不緊也不鬆。女孩又再問母親她現在該怎麼辦。「今晚我就能做完這件衣服，」她母親說，「所以你去告訴小販，說你明天跟他結婚，要他十點鐘到這裡。」於是女孩告訴他這些話。「記住，親愛的，」她說，「早上十點。」「我會到的，我的愛，」他說，「老天為證。」

這天晚上她母親做衣服做到很晚，不過還是完成了。這衣服是用綠色苔癬和金線織成的，只用這兩樣東西。「苔衣。」她這麼稱它，並且把這個名字給了小女兒，因為衣服是為她做的。她說，這是一件有魔法的衣服，她告訴女兒，這是一件許願衣。穿上它，只要心裡想去什麼地方，她立刻就會到；同樣的，要是想把自己變成別的樣子，比方說一隻天鵝或是蜜蜂，也都可以。

第二天天剛亮母親就起床了，她叫醒小女兒，告訴她現在必須去外面的世界尋找她的機遇，而且她會有好運的。這年老的母親有預知的能力，知道將來會發生什麼事。她把苔衣交給女兒，還給她一頂金王冠，並且要她帶上從小販那裡拿到的兩件衣裙和一雙銀拖鞋。但是她必須穿著她平日工作穿的衣服出門。現在苔衣姑娘準備好要出發了。她的母親要她許願去到一百英里以外的地方，然後再往前走，一直走到一間大房子，在那裡找一份工作。「這樣你不用走很遠，我的乖孩子，」這母親說，「他們一定會讓你在這個大房子裡找到工作的。」

苔衣姑娘照著母親的話做了，很快就發現自己來到一位大人物的房子前面。她敲敲大門，說她想找份工作。啊，總而言之，

是女主人親自來見她，而她喜歡她的長相。

「你能做什麼工作？」她問。

「我會做菜，夫人，」苔衣姑娘說，「事實上別人都說我是一個很好的廚子。」

「我不能給你廚師的工作，」夫人告訴她，「因為我已經有廚師了，不過我願意雇用你去幫忙廚師，如果你滿意這個安排的話。」

「謝謝您，夫人，」苔衣姑娘說，「我很高興做這個工作。」

所以她當廚師的副手這件事就這麼說定了。夫人先帶她上樓去看她的臥室，再帶到廚房，把她介紹給其他僕人。

「這是苔衣姑娘，」她告訴他們，「我雇她來做廚師的副手。」夫人離開了，苔衣姑娘回到樓上的臥室，把金王冠、銀拖鞋以及絲綢裙子和緞子連衣裙都藏了起來。

不用說，廚房的女僕們全都嫉妒得要命，新來的姑娘比其他人漂亮，或是她們誰也說不上漂亮，這其實也無所謂了。這個破破爛爛的流浪女配做的工作頂多是洗碗，如今居然職位比她們都高！要是有誰配當廚師副手，那也應該是她們中的一個，因為她們才是真正明白事理的人，可不是這個破衣爛衫、從路上撿回來的姑娘。不過她們會讓她清楚知道自己的位子在哪裡。她們說個沒完，就是女人家那樣子啊，一直到苔衣姑娘走下樓，準備開始工作。然後她們就開始對她下手。「她以為自己是誰呀？竟然爬到我們頭上？她還要做廚師副手，是吧？別擔心……會讓她做的。她要做的，也是她只配做的，就是刷鍋子、洗刀具、清爐架之類的。而她能得到的就是這個！」於是一根漏勺啪啪啪地敲在她的頭上。「這是你應得的，」她們跟她說，「這就是你指望得到的，女士。」

這就是苔衣姑娘的情況。她們派她去做最骯髒的工作，沒多久她的耳朵沾滿油膩，臉黑得像煤灰。而且時不時這個僕人那個僕人用漏勺啪啪啪地敲她的頭，敲得這可憐的姑娘頭好痛，幾乎受不了。

　　唉呀，這情況就這麼持續下去，又持續下去，而苔衣姑娘還是在刷鍋子、洗刀具和清爐架，僕人們還是用漏勺啪啪啪地敲她的頭。好，這時候有一場盛大的舞會即將舉行，一共持續三個晚上，白天有打獵和其他運動。方圓幾英里內所有的大人物都會到場，這家的老爺、夫人和少爺——他們只有一個孩子——當然也會去。僕人們對這場舞會談個沒完，一個希望自己也能參加，另一個希望跟幾位年輕的貴族大人跳舞，第三個希望能看到夫人們的衣裙，她們就這樣地說不停，除了苔衣姑娘。她們心裡想著，只要有合適的衣服她們就會很好看了，因為她們認為自己跟有地位的女士們一樣好。「而你呀，苔衣，你想去吧，不是嗎？」她們說，「穿著你的破爛衣服，渾身髒兮兮，你還真適合那裡呢。」她們說著，漏勺又啪啪啪地打在她的頭上。然後她們嘲笑她，這說明了這些人是多麼低下。

　　我在前面說過，苔衣姑娘長得非常美麗，破衣和髒污也掩蓋不了。其他僕人也許有自己的想法，但是少爺卻已經看上她了，老爺和夫人因為她的美貌也特別注意她。當盛大的舞會將要到來時，他們認為應該邀請她，於是派人找她來，問她願不願意參加。「不，謝謝你們，」她說，「我從沒有想過這樣的事情。我很明白自己的身分。」她說，「再說我會把馬車弄得油膩膩的，」她告訴他們，「也會弄髒別人的衣服。」老爺和夫人說這種事沒有那麼嚴重，也力勸她去。他們真的很好心，苔衣姑娘說，不過她還是不想去。而且她堅持不去。你可以想得到，當她回到廚房，其他

僕人當然想知道她為什麼被叫去。是被解雇了還是怎樣？於是她告訴她們說老爺和夫人問她願不願意跟他們一起去舞會。「什麼？你？」她們說，「讓人不敢相信。如果是我們當中的一個，那可就不一樣了。可是，你！唉呀，人家永遠不會准你進去的，因為就算有哪個紳士願意跟一個洗碗女工跳舞，你也會弄髒他們的衣服；而夫人們，當她們走過你身邊，她們會逼自己停止呼吸，她們一定會的。」不，她們說，她們不相信老爺和夫人邀她跟他們一起去參加舞會。她一定是在撒謊，她們說，於是漏勺又啪啪啪地敲在她的頭上。

第二天晚上，老爺和夫人，這次還加上他們的兒子，一起邀請她去參加舞會。昨天晚上好盛大喔，他們說，她真應該在場的。今晚會更盛大，他們說，而他們懇求她跟他們一起去，尤其是年輕的少爺。但是不，她說，因為她的破爛衣服和身上的油膩污垢，她不能去也不願意去，就連年輕的少爺也無法說服她，雖然他嘗試很多次。當她告訴其他僕人說自己又被邀請去舞會，而且少爺極力勸她去，但是她們根本不信。

「聽她說的！」她們說，「這個傲慢自負的人接下來還要說些什麼啊！都是該死的謊言。」她們說。僕人中的一個，她的嘴像豬槽，兩條腿像拉車馬的馬腿，她抓起漏勺，就往苔衣姑娘的頭上啪啪啪地敲下去。

這天晚上，苔衣姑娘決定要穿著得體的衣服，自己一個人去參加舞會，而且不讓任何人知道。她做的第一件事就是讓其他僕人全都陷入昏睡。她在房中四處走動時悄悄地碰了碰每個人，她們立刻在咒語的作用下睡著了，而且無法自己醒來；咒語必須被有力量的人打破，就像她透過那件魔法衣獲得的力量，或是其他方式得到的力量。接著苔衣姑娘可好好洗了個澡：自從她來到

這裡後就不被允許洗澡，其他僕人打定主意把她弄得又油又髒，盡量讓她一直保持那樣。洗完澡她上樓到臥房，脫掉工作服和鞋子，穿上帶有金枝的白緞子連衣裙和銀拖鞋，戴上金王冠。當然，她已經把苔衣穿在裡面了，所以她一穿戴好就許願自己在舞會上，話才說出口她就到了。她感覺到自己往上升，飛過空氣，不一會兒她就在舞廳裡了。

少爺看見她站在那裡，他一見到她就移不開目光。他從沒見過像她這麼美麗的人，也沒見過衣著這麼漂亮的人。「她是誰？」他問母親，但她說她也不知道。

「你能不能找到答案，母親？」他說，「你能不能去和她談談？」他母親知道除非她照做，否則他不會罷休，於是走過去向這位年輕女士自我介紹，並問她是什麼人、從哪裡來之類的問題，不過她只問出這位女士來自一個被人們用漏勺敲頭的地方。不久，年輕人走過去自我介紹，但是她不告訴他名字，也不告訴他任何事。當他請她跳舞時，她說不，她不想跳。不過他還是站在她旁邊一次一次地邀請她，最後她答應了，挽起他的手。他們在室內來回跳了一次舞，然後她說她得走了。他要她留下來，但只是白費口舌，她決定要走，當場就走。

「好吧，」他說——他也沒別的話可說——「那我送你。」但是她才剛許願自己在家裡，就回到家了。少爺沒能送她離開，一眨眼間她從他身邊消失了，留下他目瞪口呆地站在那裡。他以為她也許回到大廳，或是在門廊等候她的馬車，他去找她，但是裡裡外外都沒有她的影子，他問的人也都沒有看到她離開。他回到舞廳，但腦中只有她，無法去想其他的事，他一心只想回家。

苔衣姑娘回到家，先確定所有的僕人仍在昏睡，然後她上樓換回工作服，然後下樓來到廚房，碰了碰每個人。你可能會說她

把她們都叫醒了，不管怎樣，她們突然醒來，都想知道現在是什麼時候，她們睡了多久。苔衣姑娘告訴她們，還暗示她們，說她也許會讓夫人知道這事。她們求她不要告狀，大多數人想著如果她不說出去的話，就送她一些東西。都是些舊東西，不過還能穿一陣子——裙子啦、鞋子、襪子、長統襪、緊身褡這類的東西。苔衣姑娘答應不去告發她們。這天晚上她們沒有用漏勺敲她的頭。

第二天少爺一直無法平靜，一心想著昨晚一見鍾情的年輕女士。這段時間他一直在猜她今晚會不會再去，會不會和昨晚一樣消失；想著如果她再次走掉他要怎麼攔住她，或追上她。他想，他必須找出她住在哪裡，不然舞會結束後他要怎麼繼續過日子？他跟他母親說，如果不能娶她，他會死掉，他就是這麼瘋狂地愛上她。「好吧，」他母親說，「我認為她是個善良端莊的女孩，不過她不肯說她是誰、她的身分，或是她從哪裡來，只說她來自人們用漏勺敲她頭的地方。」

「她有點神祕，我知道，」少爺說，「但這不代表我對她的渴望有任何減少。我非要擁有她不可，母親，」他說，「不管她是誰，不管她是什麼人；這就是親愛的上帝的真理，母親，如果不是的話那就打死我吧。」

女僕們都是尖耳朵和大嘴巴，你可以肯定的是，沒多久廚房裡都在談論少爺還有他愛上的美麗姑娘。

「想想看，你呀，苔衣，竟然認為他特別要你去參加舞會。」她們說。然後開始辱罵她，用所有惡毒的嘲諷字眼，接著拿漏勺啪啪啪地敲她的頭，又說她在撒謊（至少她們是這麼說的）。之後也是一樣，老爺和夫人找她去，再次邀她跟他們一起去舞會，她又再次拒絕。這是她最後的機會了，這是那些僕人說的，而他們還說了很多不值得在這裡重複的話。漏勺又啪啪啪地敲在她的

頭上。她讓這一大幫惡魔全都昏睡了，就像昨晚那樣，然後準備好去參加舞會，唯一的不同是這次她穿上另一條裙子，就是用天空中所有飛鳥的顏色做成的絲綢裙子。

　　現在苔衣姑娘已經在跳舞廳了。而少爺正在等她呢。他一看到她，就請父親派人牽來馬廄裡最快的馬，備好馬鞍在門口等待。然後他請母親過去和那位年輕女士聊聊。母親照做了，但是和之前一樣，沒有問出更多東西。少爺聽到他的馬在門口備好了，於是過去邀這位年輕女士跳舞。她跟昨晚一樣，一開始說「不」，最後說「好」，他們只在大廳裡來回跳了一次，她說她得走了。不過這次他一直擁著她走到門外。然後她許願說要回家，幾乎才說出口人就到了。少爺感覺到她騰空而起，卻攔不住她。不過也許是他碰到她的腳了，因為她掉了一隻拖鞋。我不知道他有沒有碰到，不過看起來有點像那樣。他撿起拖鞋。但要追上她——在有風的夜裡，去追風還比較容易哩。苔衣姑娘一回到家就換回舊衣服，然後解開了其他僕人的咒語。她們以為自己又睡著了，所以有人給她一先令，另一個給半克朗，第三人要給她一周的工資，只要她不要去告狀。她答應她們。

　　第二天少爺臥病在床，因為他愛上那個昨晚掉了一隻銀拖鞋的女士，他病得奄奄一息了。醫生們一點辦法也沒有。於是宣布他的病情，並說只有能穿上這隻拖鞋的女士才能救他的命，如果這位女士能出面，他會和她結婚。這拖鞋呢，我之前說過，大概只有三英寸長。遠近的女士們紛紛趕來試鞋，有的腳大，有的腳小，但是不管怎麼又捏又擠，沒有一個小到可以穿上。窮人家的姑娘也來了，不過情況也是一樣。當然了，所有的僕人也都試過了，不過她們全都不合腳。眼看少爺快不行了。沒有別人了嗎？他母親問，不管窮或富，一個都沒有嗎？「沒有了。」她們對她說，

每個人都試過了，除了苔衣姑娘。

「讓她立刻過來。」夫人說。

於是她們把她找來。

「你試試這鞋。」夫人說。

苔衣姑娘輕易地就穿上了，完全合腳。少爺從床上跳起來，正要把她摟在懷裡。

「停！」她說，然後跑開了，不久後她穿著帶有金枝的緞子連衣裙回來了，戴著金王冠，穿著一雙銀拖鞋。少爺正要抱住她。

「停！」她說，然後又跑開了。這次她回來時穿著天空中所有飛鳥顏色的絲綢裙子。這次她沒有阻止他，而且就像俗話說的那樣，他差點沒把她吞下去呢。

當他們安頓下來並靜靜地說話時，有一兩件事是老爺、夫人和少爺想知道的。他們問她，她是怎麼一下子去舞會，一下子又回來的。「只要許願就好。」她說，她就把我告訴你們的事全說了，就是她母親為她縫製的魔法衣，以及她願意使用就會有的魔法。「是的，這就說明了每件事了。」他們說。然後他們想起她說她來自一個人們用漏勺敲她頭的地方。他們想知道這話是什麼意思呢。她告訴他們，她說的就是字面上的意思，漏勺總是啪啪啪地敲在她的頭上。聽了這話他們非常生氣，解雇了整個廚房的僕人，還要狗把這幫壞東西趕得遠遠的。

苔衣姑娘和少爺盡快地結了婚，她坐在一輛六匹馬拉的馬車裡，如果她喜歡，她要十匹馬也是可以的，因為你可以確定，她想要什麼就有什麼。從此以後他們過著幸福快樂的日子，還有一群孩子。當他們的大兒子成年時，我還在現場拉提琴呢。不過那是好多年前的事了，如果老主人和老夫人不在世了我也不覺得奇怪，只是我從沒聽說過。

→神父的女兒瓦西麗莎←
Vasilisa the Priest's Daughter
✦ 俄羅斯 ✦

　　在某個地方的某個國家，有一位叫瓦希里的神父，他有個女兒名叫瓦西麗莎‧瓦西里耶芙娜。她穿男裝，騎馬，是個好槍手，做任何事都不像女孩子那樣，所以沒幾個人知道她是個女孩，大多數人都以為她是男人，叫她瓦希里‧瓦西里耶維奇，尤其因為瓦西麗莎‧瓦西里耶芙娜非常愛喝伏特加，大家都知道這對一個少女來說是非常不成體統的。一天，國王巴克特（他是這個國家的國王）去打獵，遇見瓦西麗莎‧瓦西里耶芙娜。她穿男裝騎著馬，也在打獵。國王看見她，就問僕人：「那個年輕人是誰？」一個僕人回答他：「那不是男人，是個女孩。我很確定她是瓦希里神父的女兒，名叫瓦西麗莎‧瓦西里耶芙娜。」

　　國王回到家，立刻給瓦希里神父寫一封信，請他允許他的兒子瓦西里‧瓦西里耶維奇去他家，並與國王同桌用餐。與此同時，他也去找後院那個小老巫婆，問她要怎樣才能知道瓦西里‧瓦西里耶維奇到底是不是個女孩。小老巫婆對他說：「你在房間的右邊掛一幅刺繡，左邊掛一把槍。如果她真的是瓦西麗莎‧瓦西里耶芙娜，她會先注意到刺繡；如果她是瓦希里‧瓦西里耶維奇，就會注意到槍。」國王巴克特按照小老巫婆的建議，命令僕人在他的房間裡掛上一幅刺繡和一把槍。

　　瓦希里神父收到國王的信，他把信拿給女兒看，她立刻去馬廄給一匹灰鬃毛的灰馬上鞍，然後直奔巴克特國王的王宮。國王前來迎接，她禮貌地祈禱，照慣例畫了十字，向四面深深鞠躬，

彬彬有禮地問候國王，再和國王一起走進王宮。他們一起坐在餐桌前，開始喝烈酒、吃好肉。餐後，瓦西麗莎·瓦西里耶芙娜和巴克特國王一起走過王宮裡的房間，她一見到那幅刺繡，就開始責怪國王：「巴克特國王，你這裡都是些什麼垃圾啊？我父親的屋子裡沒有這種女人家的無聊東西，可是在巴克特國王的王宮裡，女人家的無聊東西竟然掛在房間裡！」然後她禮貌地向巴克特國王道別，騎馬回家去了。國王沒有查出來她到底是不是女孩。

於是兩天後——頂多兩天——巴克特國王又送了一封信給瓦希里神父，請他派他兒子瓦西里·瓦西里耶維奇來王宮。瓦西麗莎·瓦西里耶芙娜一聽到這事，就去馬廄給一匹灰鬃毛的灰馬上了鞍，直奔巴克特國王的王宮。國王迎接她。她彬彬有禮地問候他，禮貌地向上帝祈禱，也照慣例畫了十字，又向四面深深地鞠躬。後院的小老巫婆建議巴克特國王用蕎麥飯當晚餐，並在飯裡塞滿珍珠。小老巫婆告訴他說，要是這個年輕人是瓦西麗莎·瓦西里耶芙娜，就會把珍珠堆成一堆，而如果是瓦西利·瓦西里耶維奇，就會把珍珠扔到桌子底下。

晚餐時間到了，國王坐在餐桌前，讓瓦西麗莎·瓦西里耶芙娜坐在他右邊，然後他們開始喝烈酒、吃好肉。最後端上桌的是

蕎麥飯。瓦西麗莎‧瓦西里耶芙娜舀起一勺，發現一顆珍珠，就把珍珠連蕎麥飯一起扔到桌子底下，開始責備巴克特國王。「他們把什麼垃圾放在你的蕎麥飯裡？」她說，「我父親的屋子裡，這種女人家的無聊東西是連個影子也沒有的，但是巴克特國王的家裡，女人的無聊東西竟然被放在食物裡！」然後她禮貌地向巴克特國王道別，騎馬回家去了。國王還是沒能查出她到底是不是女孩，儘管他非常想知道。

兩天後，在小老巫婆的建議下，巴克特國王命人在浴池裡裝熱水。女巫告訴他說，如果這個年輕人真的是瓦西麗莎‧瓦西里耶芙娜，就會拒絕跟他一起洗澡。就這樣浴池裡裝滿了熱水。

巴克特國王又寫了一封信給瓦希里神父，要他派兒子到王宮。瓦西麗莎‧瓦西里耶芙娜一聽到這事，就去馬廄給她有灰鬃毛的灰馬上了鞍，快馬直奔巴克特國王的王宮。國王去到前門廊迎接她。她客氣地問候他，然後踏著一條天鵝絨地毯進了王宮。進去後，她禮貌地向上帝祈禱，又照慣例畫了十字，向四面深深鞠躬。接著她和巴克特國王坐在桌前，開始喝烈酒，吃好肉。

晚餐後，國王說：「瓦西里‧瓦西里耶維奇，你願意和我一起洗澡嗎？」「當然好，陛下。」瓦西麗莎‧瓦西里耶芙娜回答。「我好久沒有洗澡了，我非常想讓熱氣蒸一下。」於是他們一起去浴室。巴克特國王在前廳脫衣服的時候，她已經洗好澡出去了。所以國王也沒能在浴室裡撞見她。離開浴室後，瓦西麗莎‧瓦西里耶芙娜給國王寫一封短信，命令僕人等國王出來時交給他。短信上寫著：「啊，巴克特國王，你是烏鴉，你是嚇不了花園裡的獵鷹的！因為我不是瓦西里‧瓦西里耶維奇，而是瓦西麗莎‧瓦西里耶芙娜。」因此巴克特國王雖然費盡心機卻白忙一場，因為瓦西麗莎‧瓦西里耶芙娜是個聰明的女孩，而且也非常漂亮！

→學生←
THE PUPIL
✦史瓦西里✦

　　阿里長老是個老教師，吉布瓦納是他的學生。有一天老師出門去了，老師的妻子叫吉布瓦納過來：「你，年輕人，快過來。」「什麼事？」「傻瓜，你餓了，卻不知道怎麼吃東西！」吉布瓦納終於聽懂了：「好的。」他進到屋子裡，和老師的妻子睡了。老師的妻子教給他老師沒有教他的事。

→富農的妻子←
THE RICH FARMER'S WIFE
✦ 挪威 ✦

　　從前有個富有的農夫，他有很多財產，他的箱子裡藏著銀子，銀行裡也有錢，可是他仍然覺得缺少什麼，因為他是個鰥夫。有一天，鄰居的女兒替他幹活，他愛上了她。因為她的父母很窮，所以他想，只要稍微暗示結婚的事，她就會抓住這個機會。因此他對她說，他很想再婚。

　　「喔，是啊，人是可以想各種事情的。」女孩說著，卻暗自竊笑。

　　她心想，這個醜老頭還不如想些比結婚更適合他的事情。

　　「噢，你知道，我是想你可以做我的妻子。」農夫說。

　　「不了，謝謝，」女孩說，「我倒不認為如此。」

　　農夫不習慣別人對他說「不」，而她越不想要他，他就越瘋狂地想要她。

　　他跟女孩的談話沒有任何進展，於是就找她的父親來，跟他說如果他能設法讓她同意，就不用還先前借的錢，而且還能得到他牧場旁邊的那塊田地。

　　好吧，父親認為他很快就能讓女兒清醒過來。「她只是個孩子，」他說，「不知道什麼對她最好。」

　　但他不管怎麼勸說哄騙都沒有用，她不要這個農夫，就算他全身貼滿金子，一直貼到耳朵，她也不要。

　　農夫等了一天又一天，最後他變得憤怒也不耐煩，就對女孩的父親說，要是他打算遵守諾言，就必須立刻把事情辦好，因為他不要再等了。

女孩的父親沒有別的辦法，只有讓富農把婚禮的一切都備妥，等牧師和婚禮的客人都到了，再把女孩叫來，假裝需要她去農場幹活。等她來了，他得趕緊跟她結婚，這樣她就沒有機會改變主意了。

　　富有的農夫覺得這辦法不錯，於是他開始釀酒、烤麵包，準備舉行一場盛大的婚禮。客人們都到了，他叫來一個為他工作的男孩，要他跑去鄰居家，叫鄰居把之前答應給的東西送過來。

　　「如果你沒有馬上回來，」他對男孩揮著拳頭說，「我就要……」他沒機會把話說完，因為男孩已經一溜煙跑走了。

　　「我的老闆要你把答應給他的東西送過去，」男孩一到鄰居家就說，「不過你得快一點，他今天急得很。」

　　「好吧，你去牧場把她帶走，你會在那裡找到她的。」鄰居說。

　　男孩趕緊走了，到了牧場，看到鄰居的女兒正在耙地。

　　「我來拿你父親答應給我老闆的東西。」他說。

　　「啊哈，你要用這個辦法來騙我嗎？」女孩心想。

　　「那是你要的東西嗎？」她問，「我猜是要我們家那匹栗色的小母馬吧。你得過去牽她，她栓在豌豆田的另一邊。」

　　男孩跳上栗色小母馬的背，騎著她飛奔回家。

　　「你把她帶來了嗎？」富有的農夫問。

　　「她在門口。」男孩說。

　　「把她帶到樓上我母親的房間。」農夫說。

　　「老天啊，你打算怎麼弄呢？」男孩說。

　　「你只要按照我說的去做，」農夫說，「如果你一個人不行，就去找其他人幫你。」他猜這女孩子可能很麻煩。

　　男孩看到主人的臉色，知道再爭辯也沒有用，於是他找足幫忙的人手，趕緊去了。有的拉馬頭，有的從後面推，好不容易才

把馬弄上樓，牽進臥房裡。房間裡婚禮的服飾全都準備好了。

「哎，老闆，我的工作完成啦，」男孩說，「不過這可不是件簡單的差事，是我在這個農場幹過最難的活！」

「好啦，你不會白做的，」農夫說，「現在派女人們上樓給她穿衣打扮。」

「可是，我的老天啊！」男孩說。

「正經點，」農夫說，「要她們給她穿好衣服，別忘了花環和頭冠。」

男孩趕緊跑進廚房。

「聽著，女孩們，」他說，「快上樓去把那匹栗色的小母馬打扮成新娘子。我猜老闆想逗婚禮上的客人發笑吧。」

於是女孩們用房裡的每一樣東西把小母馬打扮好。然後男孩下樓說她準備好了，花環和頭冠什麼的也都戴上了。

「好，帶她下來吧，」富有的農夫說，「我會親自在門口迎接她。」

樓梯上發出一陣好大的喀嗒喀嗒聲，因為新娘可不是穿著緞子拖鞋下樓的。當門打開，這位富農的新娘走進了客廳，現場充滿咯咯的歡笑聲，還有在偷笑的。

至於這位富有的農夫，他對新娘滿意極了，再也沒去追求別人啦。

✦保守祕密✦
KEEP YOUR SECRETS
✦ 西非 ✦

一個女孩被父母許配給一個年輕人,她不喜歡他,所以拒絕了,並說她會為自己選個丈夫。不久後,村子裡來了一個強壯俊美的年輕人。女孩對他一見鍾情,跟父母說她已經找到她想嫁的男人,而這個年輕人也願意,於是兩人結婚了。

其實這個年輕人根本不是人,而是隻土狼,儘管通常來說,女人會變成土狼,男人會變成鷹,但土狼可以隨心所欲把自己變成男人或女人。

第一天晚上,這對新婚夫婦睡在一起,丈夫說:「假如我們去我的城鎮時,碰巧我們在路上吵架,你會怎麼辦?」妻子回答說她會變成一棵樹。男人說,即便如此他也有辦法抓到她。

她說,如果那樣的話,她會變成一灘水。「喔!這可難不倒我,」土狼男人說,「我還是會抓到你。」

「唉,那我就變成一塊石頭,」他的配偶說。「那我還是會抓到你。」男人說。

就在這個時候,女孩的母親從自己的房間裡大喊起來,因為她聽到兩人的談話。「別說了,我的女兒,女人就這樣把自己所有的祕密都告訴她的男人嗎?」於是女孩就不再說了。

第二天一早,天剛亮,丈夫叫妻子起床,因為他要回自己家。他吩咐她準備陪他走一小段路為他送行。她照他說的做了,這對夫妻才剛走得看不見村莊,丈夫立即變成土狼並試圖抓住女孩,她把自己變成一棵樹,再變成一灘水,又再變成一塊石頭,可是

土狼差點把樹扯斷，把水喝光，把石頭吞了一半。

　　然後女孩把自己變成了昨晚母親阻止她說出來的那樣東西，土狼到處找來找去，最後因為怕村民趕來殺牠，就逃了。

　　女孩立刻變回原本的模樣，跑回村子裡。

✦三把鹽✦

THE THREE MEASURES OF SALT

✦ 希臘 ✦

　　從前有個國王，他有九個兒子；他對面住著另一個國王，他有九個女兒。在那個時代，人人都是國王。每天早晨兩個國王都會去邊界問候對方。有一次他們在邊界相遇並且問候彼此時，有九個女兒的國王說：「日安，我的國王大人，有九個兒子的國王，願你永遠都找不到兒媳婦！」對方聽到這話很受打擊，便坐在王宮的一角沉思。他的一個兒子走過來問：「父親，您為什麼這麼憂傷？」「沒什麼，我的兒子。」另一個兒子也問他，他說：「沒什麼，我的兒子，我頭痛。」第三個兒子也來了：「但您為什麼不告訴我們是怎麼回事呢？」國王一言不發。不要把故事說太長了，總之，他們全都來問他，但他沒有跟任何一個說發生了什麼事。男孩們離開了。中午到了，國王沒有胃口吃飯。上帝使夜幕降臨；然後讓黎明來到；但是國王還在沉思中。大兒子又來到他身邊：「可是，父親，不能再這樣下去了，您一天一夜都在這裡，不吃東西，一個人憂傷難過，卻不告訴我們發生了什麼事。」國王說：「可是我能說些什麼呢，我的兒子？」他把他和另一個國王之間的事情告訴大兒子：「昨天早上他看到我的時候對我說：『日安，我的國王大人，有九個兒子的國王，願你永遠都找不到兒媳婦！』」「就是這個讓您這麼痛苦嗎，父親？明天見到他的時候，您要跟他說：『早安，我的國王大人，有九個女兒的國王，願你永遠都找不到女婿。』」第二天一大早國王去到邊界，他看到另一個國王，就說：「日安，我的國王大人，有九個女兒的國

王，願你永遠都找不到女婿。」另一個國王聽了這話，非常惱火！他也回去坐在王宮的一角煩惱不已。

他的一個女兒走過來問：「怎麼啦，父親？」「沒事，我的女兒。」另一個女兒問他，他說：「什麼事也沒有，只是頭痛。」第三個女兒也過來了。國王說：「我跟你們說過了，沒有什麼事。」長話短說，九個女兒全都過來問過他，但他對誰都沒有說。於是女兒們都離開了。中午到了，但是他不肯吃飯。上帝讓夜幕降臨；然後讓黎明來到；但是國王還是滿心煩惱。最後他的女兒們說：「不能再這樣下去了，他獨自坐了一天一夜，甚至連一小塊教堂麵包也不吃，對發生了什麼事隻字不提，就只是編故事打發我們！」大女兒又來到父親身邊：「親愛的父親，為什麼不告訴我們發生什麼事呢？」「如果你想知道，我的女兒，另一邊的國王對我說：『日安，我的國王大人，有九個女兒的國王，願你永遠找不到女婿！』」她是個聰明的女孩，就說：「您是為這個感到難過嗎，父親？明天您要跟他說：『既然我的女兒們沒有丈夫，那麼給我一個你的兒子吧：我的大女兒可以輕易地在他臉上抹三把鹽，他卻一無所知。』」他按照大女兒說的話做了。

第二天，兩個國王很早就彼此問安，他對另一個國王說：「既然我的女兒都找不到丈夫，請給我你的一個兒子吧，我的大女兒跟他很相配，她可以輕易地在他臉上抹三把鹽，他卻一無所知。」於是他們就結了這門親事，讓長子和長女結婚。第一天晚上兩人躺在床上時，王子對他的新婚公主說：「你把事情處理得很好，你這個聰明的女孩，現在我們結婚了，但請告訴我，你要在我臉上抹三把鹽而我卻一無所知，這三把鹽是什麼呢？」她說：「我不告訴你。」「告訴我，不然我就要離開你。」「那你走吧，不過你要告訴我你去哪裡，這樣我可以偶爾寫信給你。」「我要去薩羅尼

加。」於是年輕人準備好一切，而她也乘船出發，趕在他之前抵達同一個地方。

在岸邊，她遇見一個老婦人，老婦人對她說：「你一定是新來的。如果你願意的話，我有一棟海邊的房子可以讓你住，那是給國王的女兒住的房子。」女孩進到屋裡，對老婦人說：「過一兩天會有一個王子來到此地，你要把他帶到我這裡。」「遵命，夫人。」老婦人說。第二天王子抵達了，老婦人去了岸邊跟他說：「我可以帶你到一棟適合王子居住的房子，那裡有一個女孩可以讓你親吻。」他進到屋裡，看到公主。「你好，你很像我的妻子，這是怎麼回事呢？」「唉，唉，我的好基督徒，」她說，「人與人，物與物，相似的地方無處不在。」當然，這個女人就是他的妻子。他們整天談話，晚上睡在一起。之後她懷孕了，生下一個男孩。嬰兒出生的時候，整個房間充滿亮光，因為他的額頭上有顆晨星。不到一年，王子要離開了，她說：「你不想留個禮物給你的孩子嗎？」於是他拿出自己的金錶，掛在孩子身上，並給老婦人一千枚金幣。他離開後，他的妻子也上了船，並且趕在他之前回到自己的國家。她把兒子交給一個保母，孩子被放在地下的黃金房間裡扶養，這是她在父親的宮殿裡建造的。她警告所有的女僕，王子回來後不可以跟他說她之前外出的事，只能說她得了風寒，病了一整年。第二天王子回來了，問起妻子的狀況。她們說：「不太好，希望病成這樣的是您的仇家，而這全是因為您不在這裡的緣故。」接著他去找她，兩人親吻，他說：「聽說你因為我們的分離而生病，但這都是你的錯，因為你說你會在我臉上抹三把鹽而我卻一無所知，但又不告訴我那是什麼意思。現在告訴我吧。」他說。「不，我不會告訴你。」「你這麼固執？好，我也一樣。你告訴我，不然我就要出遠門離開你。」「那你走吧，不過你要告

訴我你去哪裡，這樣我可以偶爾寫信給你。」「我會在愛琴娜。」他說。

　　他離開後，她從另一條路上船，比他先到愛琴娜。在岸邊她碰見同一個老婦人──這確實是她的命運──她又跟她去到一棟海邊的房子。第二天王子抵達了，老婦人帶他到同一棟房子，把他留在那裡就走了。王子看見屋裡的女人，就跑過來親吻她。她說：「是什麼讓你一看見我就這麼熱情？」「我有個妻子長得就像你，而我心裡想起了她。」「人與人，物與物，相似的地方無處不在。」他們整天談話，晚上睡在一起，每天晚上都是如此，直到她懷孕，生下一個男孩。嬰兒出生的時候，房裡充滿亮光，因為他的額頭上有一輪明月。不到一年，王子留下金手杖給男孩做紀念，他吻了吻兒子，又給老婦人一千枚金幣當禮物，然後就離開了。他走後，他的妻子也跟著走了。公主先回到自己家，把第二個孩子交給同一個保母，又送給僕人們禮物，要她們不要說她之前外出的事；在王宮裡，她再次扮演傷心的女人。第二天她丈夫回來了，他向僕人們問起妻子，她們說她一整年都沉浸在悲傷中。僕人們離去後，王子對妻子說：「不管你受了什麼樣的苦，都是你的錯。但現在請告訴我吧，你說你會在我的臉上抹三把鹽而我卻一無所知，那到底是什麼意思。如果你不說，我就會再離開。」「那麼祝你旅途愉快。不過你要告訴我你去哪裡，這樣我想寫信給你的時候我才知道要寄去哪裡。」「我要去威尼斯。」

　　他再次上船，而她緊跟在後，又比他早一步到達。同一個老婦人出現了，帶她到岸邊一座雄偉的宮殿。兩三天後，王子也抵達了，老婦人對他說：「歡迎，王子。請您到我家來，想住多久就住多久，因為我在那裡為您準備了一個女孩。」「太好了。」他說。然後他去了宮殿，看到那個女人，他說：「噢，你長得多像

我的妻子啊！」「人與人，物與物，相似的地方無處不在。」長話短說，她懷孕了，這次生下一個女兒。房裡充滿光亮，因為她的額頭上閃耀著陽光。他們給孩子施洗，取名叫亞麗珊德拉。不到一年，王子要離開了，公主對他說：「你至少該給孩子一個禮物讓她記得你吧？」他說：「當然。就算你不跟我說，我也一直在想這件事。」於是他去商店買了一串各種各樣的寶石，這是件無價之寶——既然東西是來自威尼斯，你就能想像它是怎麼樣的——他把寶石掛在嬰兒的脖子上。他還還了一件純金的連衣裙，並摘下自己的戒指給了女兒。然後他親吻嬰兒，並給老婦人一千枚金幣當禮物，然後離開了。公主在他之後動身，又趕在他之前回到自己家，她把嬰兒交給保母，並給她一些錢做為酬勞，送給僕人們禮物要她們保守祕密。她再次把自己關在王宮裡，假裝滿心憂傷。兩三天後，她丈夫回來了，問僕人：「我的妻子還好嗎？」他說。「不太好，希望病成這樣的是您的仇家，而這全是因為您不在這裡的緣故。」他去找她，看到她非常憂傷。他說：「你能怪誰呢？你受的罪是你自找的。現在告訴我吧，你說你會在我臉上抹三把鹽而我卻一無所知，那到底是什麼意思？」「我是不會說的。」「我沒辦法忍受了。你告訴我，不然我就要離開你，再娶一個妻子。」「噢，那你再結一次婚吧，我會送上祝福的。」於是他和不遠處的另一個公主訂了親，而把婚禮訂在——比方說——下一個星期天。

所有人都來給他們祝福，各種樂器演奏著音樂。王子的第一任妻子穿上自己最好的衣服，並為三個孩子精心打扮：她把手錶交給大兒子、手杖交給二兒子，為小女兒戴上那串寶石和那枚戒指。保母帶著他們，去結婚典禮上一起祝福新人。所有的女人都在大廳裡跳舞，她們的目光都集中在這三個孩子和他們的母親，

因為孩子們額頭上的晨星、月亮和太陽照得整間屋子亮如閃電。所有人都說：「願生下他們的母親歡欣喜悅！」王子也離開將要娶的女孩，目不轉睛看著孩子們，這使得年輕的新娘嫉妒極了。然後人們聽到兩個男孩跟他們的妹妹說話，我想她還不滿一歲，正被保母抱著，而男孩子就站在她前面：「小小女士，小小女士，」男孩子們說，「小小亞麗珊德拉，你聽這手錶滴答滴答。裝飾著黃金的房間，媽媽就在那裡。」王子聽到這話，再也忍不住了，婚禮舉行到一半他就丟下新娘，跑向孩子們。他端詳著他們，看到了那串寶石、手錶和戒指，認出了他們。

他之前的妻子站在一旁，他問這些孩子是誰的。「是你的也是我的，其中一個是我們在薩羅尼加生的，老二是在愛琴娜生的，最小的孩子是在威尼斯生的。你在這三個地方遇見的女人，每一個都是我，當我離開時我總是趕在你的前面。想想看，你竟然不認識自己的孩子！這些孩子就是我要抹在你臉上而你卻一無所知的三把鹽。」他抱起孩子們，開心地吻遍他們。他帶著他們和他們的母親回到他原來的家。而這個新娘被留在了原地，洗澡水變涼了，婚只結了一半。

✦ 足智多謀的妻子 ✦
THE RESOURCEFUL WIFE
✦ 印度部落 ✦

一個女人愛她的情人愛得發狂，她把米缸裡的穀子都給了他，以至於不得不用穀殼填滿米缸，她的丈夫才不會注意到她做了什麼事。播種的日子一天天接近，女人知道她瞞不過丈夫了。

一天她丈夫去水塘旁邊的田裡耕地。第二天早晨，妻子一大早就去到水塘，脫光衣服，全身塗滿淤泥。她坐在草地上等他。他一到，她突然站起來，大聲喊道：「我要拿走你的兩頭小公牛。如果你還需要牠們，也可以把米缸裡的穀子給我，我會用穀殼填滿米缸。但是我必須吃其中之一，因為我餓了。」

男人立刻說，女神——他是這麼以為的——應該取走穀粒，因為他知道要是失去了這兩頭公牛，他會破產。「很好，」妻子說，「現在回家去，你會看到我取走穀子，在原處填滿穀殼。」她說著，然後消失在水塘裡。

男人跑回家，發現所有的穀子確實都不見了，米缸裡裝滿了穀殼。他的妻子飛快地洗好澡換好衣服，她路過井邊回家，在井邊得意地告訴別的女人這個故事。

✦ 凱特姨媽的魔粉 ✦
AUNT KATE'S GOOMER-DUST
✦ 北美：歐扎克山區 ✦

從前有個名叫傑克的農場小夥子，他想娶一個住在城裡的富家女，可是女孩的爸爸反對。「聽著，蜜妮，」她爸爸說，「這傢伙幾乎沒受什麼教育！他的靴子上沾著牛糞！連自己的名字都不會寫！」她沒有回答，不過她知道傑克有什麼本事，這正合她的意。讀書是很好，可是這跟選個好丈夫沒有什麼關係。蜜妮已經打定主意要和傑克結婚，不管別人怎麼說。

傑克想要不顧一切跟蜜妮私奔去結婚，可是蜜妮說不行，因為她不打算一輩子過窮日子。她說，我們得讓爸爸給我們一個大農場，裡面還有棟好房子。傑克聽了只是哈哈笑，好一陣子兩人沒再提起這件事。最後他說，好吧，明天我去蜂蜜山，看看凱特阿姨怎麼想。

凱特阿姨知道很多大家從沒聽說過的事。傑克告訴她他和蜜妮陷入困境，但凱特阿姨說沒有銀子她什麼也做不了，於是傑克給她兩塊錢，這是他所有的錢了。然後她給他一個小容器，很像是胡椒粉罐，裡面有些黃色的粉末。「這是魔粉，」她說，「你別沾到，也要小心不要沾到蜜妮身上。但是你告訴她，撒一點在她爸爸的褲子上。」

那天夜裡，爸爸的馬褲掛在床柱上，蜜妮往上面撒了點粉。第二天早晨，他在吃早餐時放了個屁，這屁很大聲，把牆上的畫震得格格作響，還把貓嚇得逃出廚房。老人心想這一定是他吃了什麼東西的緣故，可是很快他又放了一個，而且立刻放個不停，

發出巨大的噪音，蜜妮得關上窗戶怕被鄰居聽到。「你不去辦公室嗎，爸爸？」她說。但就在此時，老人放出一個有史以來最嚇人的響屁，他說：「不，蜜妮。我要上床躺著。你立刻把霍頓醫生找來。」

醫生到的時候，她爸爸感覺好多了，但臉色蒼白，渾身顫抖。「我一躺在床上就不放屁了，」他說，「可是持續放屁的時候好可怕。」他把之前發生的事情全都告訴醫生。醫生檢查了很久，給他一些幫助睡眠的藥。蜜妮跟著醫生走到門廊，醫生說：「你有聽到他一直在說的那些響聲嗎，像是有人放屁？」蜜妮說沒有，她沒有聽到那樣的聲音。「正如我所料，」醫生說，「那是他想像出來的。你爸爸沒什麼毛病，只是神經出了問題。」

吃過醫生給的藥，她爸爸睡得很好。但是第二天早上，他起床剛穿好衣服又開始放屁，而且比之前更嚴重。最後他發射了一個爆裂聲，就像十毫米口徑的獵槍發出的聲響，於是蜜妮扶他回到床上，派人去請醫生來。這回醫生在他手臂上打了一針。「不要讓這人下床，」他說，「等我把柯伯桑醫師找來看他。」兩個醫生把她爸爸從頭到腳檢查了一遍，找不出什麼毛病。他們只是搖頭，又給他一點安眠藥。

這樣的情形持續了三天，最後醫生說她爸爸這段時間最好一直躺在床上，每四小時吃一次藥，還說也許他去療養院會比較快樂。「只因為我肚子脹氣，就要我進瘋人院？」她爸爸大喊。說完後他開始大吵大鬧，醫生只好在他手臂上再打一針。

第二天早晨，她爸爸坐在床上大聲咒罵，說醫生全都是該死的笨蛋，於是蜜妮說她認識一個人，五分鐘之內就能治好他。很快傑克走了進來。「是的，我可以輕鬆地把你治好，」他說，「但是你得讓我和蜜妮結婚，還要給我們一個大農場。」蜜妮她爸爸

甚至不願意和傑克說話。「要是這個傻瓜能把我治好，」他對蜜妮說，「你要什麼該死的東西都可以。」蜜妮走過去撥動壁爐裡的煤炭。炭火一燒旺，傑克拿起火鉗，把她爸爸的馬褲扔進火堆。

她爸爸看到褲子燒起來，簡直說不出話來。他躺在那裡像隻虛弱的小貓，而傑克像個正牌醫生，鎮定地走了出去。過一會兒，老人下床了，換上禮拜天才穿的衣服，再也沒有放屁。蜜妮給他做一頓豐盛的早餐，他全吃個精光，連嗝都沒有打一個。接著他繞著房子走三圈，肚子裡一點脹氣也沒有。「哇，老天啊，」他說，「我真心相信那個該死的傻瓜治好我了！」進城的路上，他順便去看霍頓醫生。「我終於好了，可這不是你的功勞，」他說，「如果按照你的做法，我現在就進瘋人院了！」

他跟醫生說完，立刻去了銀行，把他最好的農場轉讓給蜜妮。他給女兒一些錢去買馬匹、牛和機器。於是她和傑克結婚了，他們過得很好，有人說他們從此過上了幸福的生活。

✦鳥的戰鬥✦
THE BATTLE OF THE BIRDS
✦蘇格蘭蓋爾族✦

　　曾經所有的動物和鳥類都會聚在一起戰鬥。泰瑟城國王的兒子說，他要去看這場戰鬥，這樣就能為父親帶回確切的消息，誰是今年的百獸之王。在他到達之前，戰鬥已經結束大半了，只剩下一場大黑渡鴉和蛇的戰鬥，而且看來蛇就要戰勝了。國王的兒子見此情形就去幫助渡鴉，一拳打掉蛇頭。渡鴉喘了一口氣，看到蛇已經死了，就說：「因為你今天對我的好意，我要讓你好好看一看景色。來，坐到我的翅膀根上吧。」國王的兒子騎上渡鴉，在渡鴉停下之前，牠帶著他飛過七座山峰、七道河谷和七片荒野。

　　「好了，」烏鴉說，「你看到那邊那棟房子嗎？現在你去那裡。我的一個姊妹住在那裡，我會確保你受到歡迎。如果她問你有沒有參加鳥的戰鬥，要說你有。要是她問你有沒有看到我，要說你有看到。但請明天早上一定要回來這裡和我見面。」當天晚上，國王的兒子受到很好的款待，有各種酒和各種肉，有熱水洗腳，還有柔軟的床讓他歇息。

　　第二天渡鴉又載他飛過七座山峰、七道河谷和七片荒野，見到同樣的景象。他們看到遠處有一間小屋，雖然離得很遠，但他們很快就到了。這天晚上他又受到很好的款待，就像昨晚一樣——豐盛的酒肉、熱水洗腳，柔軟的床——下一個晚上也是同樣的情況。

　　第三天早晨，他這回不像前幾次那樣看到渡鴉了，而是一個他見過的最俊俏的小夥子，手裡拿了個包袱。國王的兒子問他有

沒有看到一隻大黑渡鴉，小夥子說：「你永遠不會見到那隻渡鴉了，因為我就是那隻渡鴉。我被施了咒語，遇見你才讓我解開，我要給你這個包袱報答你。現在，」小夥子說，「你要按原路往回走，在每個房子裡住上一晚，就像之前那樣。不過你一定要到了你最想住的地方，才能打開我給你的包袱。」

國王的兒子背對小夥子，面向父親的房子走去，也分別在渡鴉的姊妹家住宿，如同來時一樣。他接近父親家的時候，正穿過一片茂密的樹林，這時他感覺包袱越來越沉重，他想看看裡面有什麼。

他打開包袱，結果大吃一驚。轉眼間他看到了從沒見過的最宏偉的地方。一座城堡和城堡周圍的果園，果園裡有各種各樣的水果和香草。他滿心驚奇地站在那裡，後悔打開了包袱——他沒有能力把這一切塞回去——他真希望這個美麗的地方安放在他父親家對面那片漂亮的綠色小谷地裡。這時他忽然瞥見一個巨人朝他走來。

「國王的兒子呀，你把房子建在這裡實在很糟糕。」巨人說。「是啊，我也不希望是在這裡，只是因為我不走運。」國王的兒子說。「如果我把這一切放回包袱裡，你會給我什麼報酬？」「你想要什麼報酬？」國王的兒子說。「如果你願意在第一個兒子滿七歲時，把他給我。」巨人說。「要是我有個兒子，你會得到他的。」國王的兒子說。

轉眼間巨人就把花園、果園和城堡裝回包袱裡，就像它們之前那樣。巨人說：「現在你走你的路，我走我的路，但是要記住你的承諾，就算你忘了，我也會記得的。」

國王的兒子上路了，幾天後他走到他最喜歡的那個地方。他打開包袱，出現了和之前一模一樣的景象。他打開城堡的門，看

到一個他見過的最美麗的少女。「進來吧，國王的兒子，」美麗的少女說，「如果今晚你願意和我結婚的話，一切都為你準備好了。」「我很願意呢。」國王的兒子說。於是他們當晚就結婚了。

過了七年又一天，來到城堡的除了那個巨人，還能有誰？國王的兒子想起對巨人的承諾，直到現在他才把承諾告訴王后。「這件事交給我和巨人來解決。」王后說。

「把你的兒子交出來，記住你的承諾。」巨人說。「等他母親為他打點好行裝，你會得到他的。」國王說。王后把廚子的兒子打扮好，牽著他的手把他交給巨人。巨人帶著他離開了，沒走多遠他把一根棍子放在小男孩手裡。巨人問他：「如果你父親拿著這根棍子，會用它來做什麼？」「要是父親拿著這根棍子，他會去打狗和貓，不讓牠們靠近國王的肉。」小男孩說。「你是廚師的兒子。」巨人說。巨人抓起他的兩個小腳踝，砰一聲把他砸在旁邊的石頭上。巨人怒氣沖沖地回到城堡，說要是他們不交出國王的兒子，城堡最高的石頭就會是最低的石頭。王后對國王說：「我們再試試看。管家的兒子跟我們兒子一樣年紀。」她打扮好管家的兒子，牽著他的手交給巨人。巨人還沒走遠，就把棍子放到他的手裡。「如果你父親拿著這根棍子，」巨人說，「會用它做什麼？」「他會用它來打狗和貓，不讓牠們靠近國王的酒瓶和酒杯。」「你是管家的兒子。」巨人說著，也把他的腦漿砸了出來。巨人怒不可遏地回到城堡。地面在他腳底下震動，城堡和裡面所有的東西也跟著晃動。「讓你兒子出來，」巨人說，「要不然在我一眨眼間，城堡最高的石頭就會是最低的石頭。」於是他們不得不把國王的兒子交給巨人。

巨人把男孩帶回家，把他當成自己的兒子撫養長大。有這麼一天，巨人不在家，年輕人聽到巨人家頂樓一個房間裡傳來最最

美妙的音樂。他立刻就看到了一張最最美麗的臉孔。她向他招手要他走近點，然後叫他暫時先離開，但當天午夜時分一定要再回到這裡。

　　他按照承諾回到同一個地方。巨人的女兒瞬間來到了他身邊，她說：「明天你將會在我兩個姊姊當中選一個結婚，不過你要說你誰都不要，除了我。我父親要我和綠城國王的兒子結婚，可是我不喜歡他。」第二天，巨人帶三個女兒來，並且說：「提特城國王的兒子，你和我生活這麼久，並沒有失去什麼。你可以娶我的大女兒或二女兒為妻，並在婚禮後第二天帶她回家去。」「如果你肯給我美麗的小女兒，」國王的兒子說，「我會相信你的話。」

　　巨人怒火中燒，他說：「想要得到她，你必須做到我要你做的三件事。」「說吧。」國王的兒子說。巨人把他帶到牛棚。「好，」巨人說，「這裡有一百頭牛的牛糞，已經七年沒有清掃過了。我今天要出門，如果牛棚沒在晚上前清掃乾淨，乾淨到能讓一顆金蘋果從一頭滾到另一頭，你不僅得不到我的女兒，今天晚上我還要喝你的血解渴。」國王的兒子開始清掃牛棚，但這就像用水桶不斷去舀海水一樣。過了中午，當汗水模糊他的雙眼時，巨人的小女兒來到他身邊，說：「你受到處罰了，國王的兒子。」「我是啊。」國王的兒子說。「過來，」她說，「放下你的疲憊吧。」「我會的，」他說，「反正等待我的只有死亡。」他坐在她旁邊。他太累了，所以在她身邊睡著了。他醒來時，沒看見巨人的女兒，但牛棚已經清掃得乾乾淨淨，能讓金蘋果從這頭滾到那頭了。巨人走進來，他說：「你把牛棚掃乾淨了嗎，國王的兒子？」「我掃乾淨了。」他說。「有人幫你掃的。」巨人說。「反正不是你掃的。」國王的兒子說。「好了，好了！」巨人說，「既然你今天這麼積極，

明天這個時候你也能用鳥的羽毛蓋好牛棚屋頂——每隻鳥都不能有兩根羽毛是同一個顏色的。」天沒亮國王的兒子就出門了，帶著弓和箭筒去射鳥。他去到荒野，但是要射中鳥也不容易。他追著鳥兒跑，直到汗水模糊他的雙眼。中午時分，除了巨人的女兒，還會有誰來呢？「你已經筋疲力盡了，國王的兒子。」她說。「我是啊，」他說，「我只射中這兩隻烏鵝，而且都是同一種顏色。」「你過來，在這美麗的山丘上放下你的疲憊吧。」巨人的女兒說。「我很願意。」他說。他想這次她也會幫助他的，於是他坐在她旁邊，沒多久他就睡著了。

當他醒來時，巨人的女兒已經不見了。他覺得他該回去了，然後他看見牛棚屋頂蓋滿了羽毛。巨人回到家，說：「你蓋好牛棚屋頂了嗎，國王的兒子？」「我蓋好了。」他說。「有人幫你蓋的。」巨人說。「反正不是你蓋的。」國王的兒子說。「好了，好了！」巨人說。「你看，」巨人說，「下面的湖邊有一棵椴樹，樹頂上有個喜鵲窩。你會在鳥窩裡找到鳥蛋。我的第一頓飯一定要吃這些蛋。窩裡有五個蛋，一個都不能破。」一大早國王的兒子就來到樹下，這棵樹不難找，整個樹林沒有哪棵樹跟它一樣高。從地面到第一根樹枝足足有五百英尺。國王的兒子繞著樹轉圈。總是幫他的那個女孩來了。「你的手和腳都磨破皮了。」「啊！是的，」他說，「我一爬上去就往下掉。」「這可不是停下來的時候。」巨人的女兒說。她把手指一根一根插進樹幹，為國王的兒子搭一個梯子，讓他爬到上面的喜鵲窩。他來到鳥窩邊的時候，她說：「趕緊把鳥蛋拿走，我父親呼出的熱氣燒到我的背了。」在他匆忙取蛋時，她把小指留在樹頂上了。「現在，」她說，「你快點把蛋拿回家，如果你能認出我來，晚上你就可以跟我結婚。我和我的兩個姊姊會穿相同的衣服，看起來一模一樣。但是當我父親

說『國王的兒子，去你妻子身邊』時，你要看著我。你會看到我有一隻手缺了小指。」他把蛋交給了巨人。「好的，好的！」巨人說，「為你的婚禮做好準備吧。」

然後確實有一場婚禮，而且是一場真正的婚禮！許多巨人和紳士都來了，綠城國王的兒子也在其中。他們結了婚，人們開始跳舞了──那是跳舞嗎？巨人的房子從下到上都在搖晃。睡覺時間到了，巨人說：「提特城國王的兒子，你該去休息了。從那三人中帶走你的新娘吧。」

她伸出缺了小指的手，他握住她的手。

「這次你也選得很準，但不知道我們會不會用另一種方式見面。」巨人說。

但他們還是去休息了。「聽著，」她說，「別睡覺，否則你會死。我們得趕快逃走，不然我父親肯定會殺了你。」

他們跑出去，騎上馬廄裡藍灰色的小母馬。「先停一下，」她說，「我來跟老英雄玩個小把戲。」她跳下馬進屋去，把一顆蘋果切成九瓣，兩瓣放在床頭、兩瓣放在床尾、兩瓣放在廚房門口、兩瓣放在大門口，還有一瓣放在屋外。

巨人醒來，喊道：「你們睡著了嗎？」「還沒呢。」床頭的蘋果說。過了一會兒他又問一遍。「還沒呢。」床尾的蘋果說。再過了一會兒他問第三遍。「還沒呢。」廚房門口的蘋果說。巨人再次大聲問。大門口的蘋果也回答了。「你們現在已經離我很遠了。」巨人說。「還沒有。」屋外的蘋果說。「你們逃走了。」巨人說。巨人跳起來跑到他們床邊，但是床是冷的，床上沒有人。

「我女兒的詭計在考驗我，」巨人說，「我要去追他們。」

天快亮的時候，巨人的女兒說她父親呼出的熱氣燒到她的背了。「快把你的手伸進小灰馬的耳朵裡，」她說，「不管在裡面摸

到什麼，都把它扔到你身後。」「我拿到一根黑刺李的樹枝。」他說。「把它扔到你的後面。」她說。

他剛扔出去，後面就出現了二十英里長的黑刺李樹叢，樹叢茂密得連黃鼠狼都無法穿越。巨人一頭栽進去，腦袋和脖子被樹上的刺一路刮著。

「這又是我女兒的詭計，」巨人說，「要是我有大斧頭和柴刀，很快就可以開路穿過去。」他回家去取大斧頭和柴刀，沒多久他就掄著大斧頭來了。很快地他在黑刺李樹叢中開出一條路。「我要把斧頭和柴刀留在這裡，等到回來時再拿。」他說。「如果你留下它們，」一隻樹上的冠鴉說，「我們會偷走的。」

「反正你們都會偷的，」巨人說，「不過我還是把它們拿回家。」他調頭把它們放回家裡。白天最熱的時候，巨人的女兒感覺到父親呼出的熱氣燒到她的背。

「把你的手指伸進小灰馬的耳朵裡，不管摸到什麼，都把它扔到你身後。」他拿到一塊灰色的石頭碎片，一瞬間他們身後就出現了一塊寬和高都有二十英里的灰色巨岩。巨人全力衝來，但是他無法越過巨岩。

「我女兒的詭計是我遇過的最困難的事情，」巨人說，「但要是有長棍和鶴嘴鋤，很快就可以穿過這塊石頭。」他沒有別的辦法，只能回家去取工具。沒多久他從岩石中開闢出一條路來。「我要把工具留在這裡，不再走回家去。」「如果你留下它們，」冠鳥說，「我們會偷走的。」「你想偷就偷吧，我沒時間回頭了。」傍晚時分，她感覺到父親呼出的熱氣燒到她的背。「找找小馬的耳朵還有什麼，國王的兒子，不然我們就要輸了。」他照做了，這次他從馬的耳朵裡拿出一個水囊。他把水囊扔到身後，立刻出現了一個長寬二十英里的淡水湖。

巨人追來了，但他的速度太快，一下子就衝到湖中央，然後就沉了下去，再也沒有起來。

第二天，這對年輕的旅伴看到他父親的房子。「好了，」她說，「我父親已經淹死了，不會再來找我們的麻煩，但在繼續往前走之前，」她說，「你先去你父親家，說你和我在一起，但是你千萬不要讓任何人或動物親吻你，否則你不會記得你見過我。」他遇到的每個人都歡迎他，也祝福他。他囑咐他的父母親不要親吻他，但不幸的是，一隻老灰狗進來了，牠認得他，於是撲向他的嘴巴，此後他就不記得巨人的女兒了。

國王的兒子離開她時，她坐在井邊，但是他沒有回來。夜幕降臨時，她爬上井邊的一棵橡樹，整夜躺在樹杈上。井邊有個鞋匠的房子，第二天中午，鞋匠要妻子去井裡打水給他喝。鞋匠的妻子走到井邊，看到樹上巨人的女兒所投下的倒影，她以為那是自己的──她從沒想到自己是這麼美麗──於是扔掉手上的碟子，碟子掉在地上摔破了，然後她空手回家，沒有水也沒有碟子。

「水呢，老婆？」鞋匠說。「你這個走路不穩又卑鄙的老傢伙，我做你端水、砍柴的奴隸實在太久了！」「我在想，老婆啊，你是不是瘋了。女兒，快去給你爸爸拿點水來。」他的女兒去了，而同樣的事也發生在她身上。她從沒想過自己有這麼可愛，於是她也空手回去了。「把水拿過來。」她父親說。「你這個臭鞋匠，你以為我只能做你的奴隸嗎？」窮鞋匠以為她們倆的腦筋不對勁了，就自己去井邊。他看到井裡少女的倒影，然後抬頭看樹，他看到了他見過的最美麗的女人。「你坐的地方搖搖晃晃，但你的臉蛋非常漂亮，」鞋匠說，「你下來，因為我家暫時需要你。」鞋匠知道就是她的倒影讓他的家人發瘋。他帶她回到家，他說他只有一間破房子，不過屋裡的東西任她使用。一兩天後，有三個年

輕紳士來到鞋匠家訂做鞋子，因為國王已經回家了，而且即將結婚。三個年輕人看到巨人的女兒，他們從沒見過像她這麼漂亮的人。「原來你有個漂亮的女兒。」那幾個年輕人對鞋匠說。「她確實很漂亮，」鞋匠說，「但她不是我的女兒。」「天哪！」其中一人說，「我願意付一百鎊和她結婚。」另外兩個人也說同樣的話。窮鞋匠說他和她沒有任何關係。「可是，」他們說，「你今晚問問她，明天給我們回覆。」當紳士們離開後，她問鞋匠：「他們說我什麼？」鞋匠告訴她。「你去追上他們，」她說，「我願意和他們其中一個結婚，要他把錢包帶來。」年輕人回來了，他給鞋匠一百鎊作聘金。他們兩人去休息了，她躺下後叫年輕人拿一杯水給她喝，水杯在房間另一頭的桌子上，年輕人去了但卻走不回來，整夜都拿著水杯。「年輕人，」她說，「你怎麼不躺下來？」但他動不了，一直站到天亮。鞋匠來到房間門口，她請他把那個笨手笨腳的年輕人帶走。這個求婚的年輕人回家去了，但他沒有告訴另外兩個人他發生了什麼事。接下來是第二個年輕人，跟之前一樣，當她去休息時，說：「你去看看，門有沒有閂上？」結果他雙手抓住門閂就不能動了，整夜都掙脫不了，一直到天亮才脫身。於是他也恥辱和羞愧地走了。不管怎樣，他沒有告訴另一個人發生了什麼事，所以第三個晚上年輕人來了。正如另外兩個年輕人所遭遇的，同樣的事情也發生在他身上。他的一隻腳黏在地板上無法走動，就這樣過了一夜。第二天他終於把腳拔開後，頭也不回地走了。「好了，」女孩對鞋匠說，「這個毛皮袋裡的錢都是你的了，我不需要。這些錢對你有好處，對我沒損失，因為我得到你的好心對待。」鞋匠做好鞋子，當天國王就要結婚了。鞋匠要帶著那幾個年輕人的鞋子去城堡，女孩對他說：「我想在國王的兒子結婚前看他一眼。」「跟我來，」鞋匠說，「我跟城堡

裡的僕人們很熟，你會見到國王的兒子和所有的賓客。」紳士們看到來了一位貌美的女孩，就把她帶到舉行婚禮的大廳，並為她倒一杯酒。她正要喝的時候，從酒杯裡升起一股火焰，一隻金鴿子和一隻銀鴿子忽然衝了出來。牠們在屋裡飛來飛去，這時有三粒大麥落在地上。銀鴿子飛快躍下把麥粒吃了。金鴿子對牠說：「你如果還記得我清掃牛棚的事，就不會自己吃了而不分給我。」又有三粒大麥落下，銀鴿子飛過去吃掉了，和之前一樣。「你如果還記得我蓋牛棚屋頂的事，就不會自己吃了而不分給我。」金鴿子說。又有三粒大麥落下，銀鴿子又飛快躍下，把麥粒吃光了。「你如果還記得我搶喜鵲窩的事情，就不會自己吃了而不分給我，」金鴿子說，「為了把鳥窩拿下來，我失去了我的小指，到現在我還是想要我的小指。」國王的兒子記起來了，他知道眼前的人是誰。他躍向她，從她的手親吻到她的嘴。牧師到來後，他們舉行第二次婚禮。他們的故事我就說到這裡了。

✦香芹姑娘✦
PARSLEY-GIRL
✦義大利✦

很久以前的一個冬天，一個女人說：「我真想吃點香芹。修女的花園裡有很多香芹，我去摘一些吧。」

第一次她摘了一小枝香芹，沒有看到任何人。第二次她摘了兩枝，沒有人看見她。但是第三次，正當她為自己採摘一大把的時候，一隻手落在她的肩上，出現了一個高大的修女。

「你在做什麼？」修女問。

「摘香芹。我很想吃點香芹，因為我快要生孩子了。」

「那你儘管摘吧，但是等你生下孩子，如果是個男的，你要叫他香芹小子；如果是個女的，你要叫她香芹姑娘。等孩子長大，你必須把他交給我們。這就是你要為香芹付出的代價。」

雖然她當時對此一笑置之，但女兒出生後，她還是叫她香芹姑娘。有時候香芹姑娘會去修道院牆邊玩耍。有一天一個修女對她喊道：「香芹姑娘！去問你媽媽她什麼時候要把那個給我們。」

「好的。」香芹女孩說。

她回家跟媽媽說：「修女問我，你什麼時候要把那個給她們？」

她媽媽笑著說：「告訴她們自己來拿吧。」

香芹姑娘回到修道院牆邊玩耍時，修女問：「香芹姑娘，你問過你媽媽了嗎？」

「問了，」香芹姑娘說，「她說要你們自己拿走。」

於是修女伸出長長的手臂，揪住香芹姑娘的後頸，把她拎起來。

「不是我呀！」

「是的，就是你！」

修女把香芹和承諾的事告訴香芹姑娘，香芹姑娘放聲大哭。「壞媽媽！她從來都沒說過！」她們進了修道院，修女說：「香芹姑娘，放一大鍋水在爐火上，水滾了你就跳進去！你會成為我們一頓美味的晚餐。」

香芹姑娘再次放聲大哭。這時砂鍋裡跳出一個小老頭。

「你為什麼哭呀，香芹姑娘？」

「我哭是因為修女們要把我當晚餐吃掉。」

「她們不是修女，是邪惡的老巫婆。你把這鍋水放到爐火上，別哭了。」

「我為什麼不要哭？修女們要吃掉我呢。」

「喔，她們不會的。你拿著這根魔棒。當她們過來看水滾了沒，你用魔棒輕輕點她們一下，她們都會跳進鍋裡，像青蛙跳進池塘一樣。」

雖然她心想：「小老頭只是為了不讓我哭才這麼說的。」但心裡還是好受一些了。鍋子裡的水沸騰了，她喊道：「修女！修女！鍋子裡的水滾了！」

她們都過來看，還喊道：「噢，我們將會吃到多麼美味的晚餐啊！」香芹姑娘嚇呆了，她拿起魔棒，朝每個修女肥大的屁股敲一下，於是，是的！她們全都撲通撲通地跳進鍋子裡了。

「香芹姑娘，把鍋子從爐火上拿開！我們只是開玩笑！」

「喔，不是，你們才不是開玩笑哩！你們根本不是修女，你們是巫婆！你們就待在那裡直到煮熟吧，但別以為我瞧得起你們會把你們吃掉，你們太老了，肉太硬。我去爐子上看看你們還有些什麼。」

她走到爐子旁，在那邊的砂鍋裡找到一個英俊的年輕人。

「你好，英俊的年輕人。我餓了。」

「不要開我的玩笑。我一點也不年輕，我又老又醜。」

「喔，不，你不老。」於是她給他看洗碗盆裡的倒影。「但是我呢，我只是個小女孩，真不幸。」

「你根本不是個小女孩呀，」他說，「我證明給你看。」

他讓她貼牆站著量她的身高，讓她看看自己已經長得多高了。香芹姑娘說：「我有一個提議。」

「是什麼提議？」

「我們結婚吧。」

「可是你這麼漂亮，我這麼普通。」

「我覺得你很好看呢。」

「好。如果你想結婚,我就娶你。」

「那我們吃點晚飯然後去睡覺吧。我們可以明天找個神父。」

「但我們不要留在修道院裡,因為修女們把魔鬼放在耶穌的位置上。」

他們去找魔鬼,不過因為魔棒的關係,魔鬼已經變回耶穌了。香芹姑娘說:「你知道我把所有的女巫都殺了,對吧?」

他們往大鍋裡看,裡面全是屍體。

「我們挖個洞把她們埋了,然後離開這裡。」

他們吃過晚飯上床睡了。第二天早上他們去了神父那裡,兩人結婚了。

✦ 聰明的葛芮塔 ✦
CLEVER GRETEL
✦ 德國 ✦

從前有個廚師名叫葛芮塔，她穿著紅跟鞋，每當穿紅跟鞋出門時，她就東轉轉西轉轉，開心得像隻雲雀。「你真的很漂亮呢！」她這麼對自己說。回到家，她會因為心情好而喝點葡萄酒。酒會增進她的食欲，於是她就拿起她正在烹煮的最好的食物品嘗，直到滿意為止。然後她會說：「廚師必須知道她做的菜吃起來是什麼味道！」

有一天，她的主人對她說：「葛芮塔，今晚我請了一個客人吃飯。你去準備兩隻雞，要盡量做得美味可口。」

「包在我身上，先生。」葛芮塔回答。於是她殺了兩隻雞，用熱水燙過、拔毛，然後穿進烤肉叉，黃昏時放到爐火上烤。雞肉開始變成棕色，幾乎要烤熟了，可是客人還沒到。於是葛瑞塔對主人喊道：「如果客人不快點來，我就得把雞移開爐火。不趁著現在雞肉最多汁的時候吃，實在太可惜了。」

「那我跑去請客人來。」主人說。

主人離開家後，葛芮塔把穿著烤雞的烤叉放到一邊，心想要是一直站在爐火邊，我只會一直流汗、口渴。誰知道他們什麼時候回來啊？不如趁這時候到地窖喝點東西吧。

她跑下樓，把一個水罐倒滿葡萄酒，說：「願上帝祝福你，葛芮塔！」然後喝了不多不少的一大口。「這酒流得很滑順，」她繼續說，「中斷了可不好。」於是她又喝了好大一口。然後她上樓，把雞再放回火上，塗上奶油，快活地轉著烤肉叉。烤雞聞起來很

香，葛芮塔想，也許還缺了點什麼，我最好嘗嘗看味道如何。她用手指頭去碰了碰其中一隻，說：「天哪！這雞味道真好！不馬上吃掉真是太可惜啦！」她跑到窗前去看主人和客人是否已經在路上了，但她沒看到人來，便回到烤雞旁，想著：那隻翅膀快要焦了，我最好把它吃掉。

她就切下翅膀，吃了，而且十分享受。吃完後她想，我最好把另一隻翅膀也吃了，不然主人會注意到缺了點什麼。吃完兩隻翅膀，她又走到窗前看看主人在哪裡，但還是不見蹤影。誰知道呢，她突然想到也許他們停在路上哪個地方，決定不來了。然後她告訴自己：「嘿，葛芮塔，開心點！你已經吃了好吃的一大塊了。再喝點酒，把它吃完吧！吃完以後，你就沒有理由覺得愧疚了。上帝的恩賜為什要白白浪費掉呢？」

她又跑到地窖，好好地喝了一大杯，然後回去津津有味地把整隻雞吃掉。吃光了一隻雞，她的主人還是沒有回來，她望著另一隻雞說：「這隻去了哪裡，另一隻也該去哪裡。兩隻雞是一起的：對這隻是正確的事，對另一隻來說也是正確的。我想要是再喝一杯也不會有什麼壞處。」於是她再去喝了不多不少的一大口，讓第二隻雞跑去跟第一隻作伴。

她吃得正高興，主人回來了，他喊道：「快，葛芮塔，客人馬上就要到了！」

「好的，先生，我會把一切準備好。」葛芮塔回答。

與此同時，主人去查看桌子是否擺好，並且拿出切烤雞的大刀，開始就著門廳的臺階磨刀。正當他磨刀的時候，客人來了，禮貌地輕輕敲門。葛芮塔跑去看是誰來了，當看到是客人時，她把手指放在唇上，低聲說道：「噓，安靜！盡快離開這裡！如果我主人抓到你，你就完蛋了。沒錯，他是邀你來吃晚餐，但實際

上他是要切掉你的兩隻耳朵，你聽，他在磨刀呢！」

客人聽見磨刀聲，趕緊跑下臺階。葛芮塔一刻也沒耽擱，尖叫著跑向她的主人：「你邀請的是什麼客人呀？」

「我的老天爺，葛芮塔！為什麼這樣問？你這話是什麼意思？」

「哎呀，」她說，「我剛要把兩隻雞端上桌，他就搶走兩隻雞，帶著它們跑了！」

「這樣做太不對了！」她主人說，失去這些美味的烤雞讓他很沮喪。「至少留一隻給我，讓我有東西吃呀！」

於是他在客人後面大喊，要他不要跑了，但是客人假裝沒聽見。於是主人手裡拿著刀追了上去，大喊：「只要一隻，只要一隻！」他的意思是要客人至少留一隻雞給他，不要把兩隻雞都拿走。但客人以為主人只是要他的一隻耳朵，為了確保兩隻耳朵都能安全回到家，他狂奔起來像是有人在他腳下點火一樣。

☀毛毛怪☀
THE FURBURGER
✦北美洲✦

　　一位女士走進一間寵物店，要買一隻稀罕、奇特的動物，別人都沒有養過的。她對店主說了她的要求後，他開始向她展示店裡所有稀罕、奇特的動物。經過一番折騰後，女士還是沒有找到對她味口的稀有動物。她再次懇求店主，店主無奈之下說道：「我確實還有一隻你沒看過的動物，不過我有點不想給你看。」「喔，請讓我看看吧。」女士喊道。

　　於是店主就走進店鋪後面的房間，過了一會兒他帶著一個籠子回來。他把籠子放上櫃檯，打開籠子，把裡面的動物拿出來放到櫃檯上。女士看了看，但只看到一堆毛，沒有頭、沒有尾、沒有眼睛，什麼都沒有。「這到底是什麼東西啊？」女士說。「牠是毛毛怪。」店主若無其事地回答。「但是牠能做什麼呢？」女士問。「看仔細了，女士。」店主說。店主低頭看著毛毛怪說：「毛毛怪，牆壁！」這隻動物立刻衝過去，像是一噸重的磚塊，猛然撞在牆上，把牆壁徹底摧毀，只留下一堆粉末。接著毛毛怪以之前的速度飛奔回來，坐到櫃檯上。店主人又說：「毛毛怪，門！」這隻動物立刻又衝過去撞門，像是一噸重的磚塊，把整扇門和門框全砸爛了。接著毛毛怪又以之前的速度飛奔回來，坐在櫃檯上。

　　「我要這隻了。」女士說。「好的，如果你真的想要話。」店主說。就這樣，而當這位女士帶著毛毛怪要離開商店時，店主說：「請見諒，女士，您打算用這隻毛毛怪做什麼呢？」女士回頭對他說：「啊，最近我和我丈夫之間有些問題，所以今晚回家後，

我要把毛毛怪放在廚房地板的中央。我丈夫下班回家後，他會走進門朝地上看，然後問我：『那是什麼東西啊？』我就說：『噢，親愛的，那是個毛毛怪。』而我丈夫會看著我，說：『毛毛怪，毛毛怪個屁啦！』[43]」

---

43 此處原文為「Furburger, my ass!」。可想而知男主人的屁股有何下場。

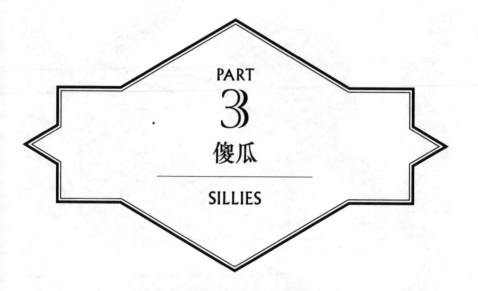

PART

3

傻瓜

SILLIES

✦ 一壺腦子 ✦
A Pottle o' Brains
✦ 英國 ✦

　　在不太久遠的從前，這一帶住著一個傻瓜，他想買一壺腦子，因為他的愚蠢總是害自己陷入困境，被大家嘲笑。人們告訴他，他想要的東西山頂上那個聰明的女人都有賣，她賣藥水、藥草和符咒什麼的，還能告訴你發生在你或你家人身上的事情。他跟母親說了這件事，問能不能去找這個聰明的女人向她買一壺腦子。

　　「你應該去，」她說，「我的兒子，你非常需要。如果我死了，誰來照顧你這個可憐的傻瓜呢？你比沒出生的嬰兒還沒法照顧自己呀！不過可要有禮貌，好好跟她說話，我的孩子，因為他們那些聰明人很容易生氣。」

　　傻瓜喝完茶就出去了，他看見女人坐在爐火邊，正在攪拌一個大鍋子裡的東西。

　　「晚安，女士，」他說，「這是一個美好的夜晚。」

　　「是啊，」她說，然後繼續攪拌。

　　「可能會下雨。」他邊說邊坐立不安地從一隻腳挪到另一隻腳。

　　「可能吧。」她說。

　　「但也許不會。」他又說，然後看了看窗外。

　　「也許吧。」她說。

　　他撓撓頭，絞扭了帽子。

　　「啊呀，」他說，「我只記得這些關於天氣的事情，但讓我想想；莊稼長得很好呀。」

「很好。」她說。

「還有——還有——牲口都長胖了。」他說。

「是啊。」她說。

「還有——還有——」他說，然後停了下來，「我想我們還是來處理正事吧，既然有禮貌的話都說完了。你有任何腦子可以賣嗎？」

「那要看情況，」她說，「如果你要國王的腦子、士兵的腦子，或者教師的腦子，我可沒有。」

「哦，不，」他說，「只要普通的腦子——夠傻瓜用——跟這裡每個人的一樣就好，乾乾淨淨、普普通通。」

「要是這樣，」聰明女人說，「我也許能幫上忙，如果你也幫自己的忙。」

「那要多少錢啊，夫人？」他說。

「就這樣吧，」她邊說邊朝鍋子裡看，「把你最喜歡的東西的心拿給我，我會告訴你哪裡可以拿到那一壺腦子。」

「可是，」他撓著頭說，「我該怎麼做呢？」

「這不是我該說的，」她說，「你得自己去找出答案，我的小夥子！如果你不想做一輩子傻瓜的話。不過你得回答我說的謎語，這樣我才知道你是不是帶回正確的東西，還有那腦子是不是該給你。我還有別的事情要處理，」她說，「祝你好運啦。」她把鍋子端到後面去了。

於是傻瓜回去找他母親，把聰明的女人說的話告訴她。

「我想我得殺了那頭豬，」他說，「因為我最喜歡吃肥培根肉了，比任何東西都愛。」

「那就去做吧，我的孩子，」他的母親說，「如果你能買到一壺腦子，以後可以照顧好自己，那肯定是一件不可思議的事，而

且對你很有好處。」

　　於是他殺了他的豬，第二天去了聰明的女人的小屋。她正坐著讀一本大書。

　　「日安，女士，」他說，「我給你帶來了我最喜歡的東西的心，我把它用紙包起來放在桌上了。」

　　「喔，是嗎？」她說，透過眼鏡看著他，「那麼你告訴我，什麼東西沒有腳卻可以跑？」

　　他撓了撓頭，想了又想，但是答不出來。

　　「你走吧，」她說，「那你拿給我的還不是正確的東西。今天我沒有腦子給你。」她砰一聲把書闔起來，轉過身去。

　　於是傻子打算回家跟母親說這事。

　　他快到家時，有人從他家跑出來，跟他說他母親快要死了。

　　當他進到屋裡，他母親只是望著他，微笑著，好像在說她可以安心離開他了，因為他現在有足夠的腦子可以照顧自己了——然後她就死了。

　　他坐了下來，越想越難過。他想起自己還是個小淘氣時，母親是怎麼照顧他的，幫助他的課業，為他煮飯，縫補他的衣服，還要忍受他的愚蠢，他越想越難過，就開始憂傷、啜泣。

　　「噢，媽嗎，媽媽！」他說，「現在誰來照顧我啊？你不該留下我一個人，因為我最愛你，比任何東西都愛啊！」

　　他說這話時，想起了那個聰明的女人所說的話。「哎呀！」

他說，「難道我要把媽媽的心拿給她嗎？」

「不！我不能這麼做，」他說，「我該怎麼辦呢？現在我在世界上只有孤單一人了，我要怎麼做才能拿到那一壺腦子呢？」於是他想了又想，想了又想，第二天他去借了個麻袋，把媽媽放在裡面扛在肩上，去了聰明的女人的小屋。

「日安，女士，」他說，「我想我這次把正確的東西拿來了，一定是的。」他砰一聲把麻袋重重地放進門檻裡。

「也許吧，」聰明女人說，「不過現在你得回答我說的謎語，什麼東西黃澄澄、亮閃閃，但不是金子？」

他撓了撓頭，想了又想，但是答不出來。

「你還是沒拿到正確的東西，我的小夥子，」她說。「我懷疑你比我想像的更傻！」然後當他的面關上門。

「看吧！」他說著，坐在路邊傷心地哭了起來。

「我只在乎兩樣東西，這兩樣我都失去了，我還能找到什麼去買一壺腦子呢？」他嚎啕大哭，哭到淚水流到嘴裡。這時一個住在附近的姑娘走過來，看著他。

「你怎麼啦，傻瓜？」她說。

「喔，我殺了我的豬，又死了媽媽，我自己只不過是個傻瓜。」他邊啜泣邊說。

「真糟糕，」她說，「沒有人照顧你嗎？」

「沒有，」他說，「而且我也沒辦法買一壺腦子了，因為沒有我最喜歡的東西了！」

「你在說什麼呀？」她說。

於是她在他旁邊坐下，他告訴她所有的事，包括聰明的女人、豬、他的母親、謎語，還有他在世界上孤單一人。

「啊，」她說，「我倒是不在意照顧你。」

「你能做到嗎？」他說。

「噢，是啊！」她說，「人家說傻子都是好丈夫，我想，如果你願意的話，我可以要你。」

「你會燒飯嗎？」他說。

「嗯，我會。」她說。

「會打掃清洗嗎？」他說。

「當然。」她說。

「還有縫補我的衣服？」他說。

「我能做到。」她說。

「我想你不會做得比別人差，」他說，「可是該拿這個聰明的女人怎麼辦呢？」

「噢，別急，」她說，「也許會發生一些情況，但只要有我照顧你，就算你是個傻瓜也沒關係。」

「這倒是真的。」他說，於是兩人結婚了。她把他的屋子保持得乾乾淨淨整整齊齊，為他做好吃的飯菜，因此一天晚上他對她說：「姑娘，我在想，我最愛你，比任何東西都愛。」

「這話讓人聽了高興。」她說，「然後呢？」

「你說我是不是該殺了你，把你的心拿給那個聰明的女人，去買那一壺腦子？」

「天哪，不！」她說，神情很震驚，「我才不要。不過你看呀，你也沒有把你媽媽的心挖出來，不是嗎？」

「沒有。但如果我那麼做，也許已經有一壺腦子了。」他說。

「才不是那樣哩，」她說，「你帶我整個人，連心啊什麼的一起去，我敢打賭我可以幫你猜謎語。」

「你能嗎？」他懷疑地說，「我看那些謎語對女人來說太難了。」

「好吧，」她說，「我們現在試試看。你跟我說第一個。」

「什麼東西會跑，卻沒有腳？」他說。

「唔，是水呀！」她說。

「的確。」他撓撓頭，說。

「那什麼東西黃澄澄、亮閃閃，卻不是金子？」

「唉呀，是太陽！」她說。

「可不是嘛！」他說，「來，我們這就去找那個聰明的女人。」兩人出發了。他們走上山路，看到她坐在門口編麥稈。

「日安，女士。」他說。

「日安，傻瓜。」她說。

「我想我終於把正確的東西帶來了。」他說。

聰明的女人看看他們兩人，擦了擦眼鏡。

「那你能不能告訴我，什麼東西起初沒有腿，然後有兩條腿，最後有四條腿？」

傻子撓了撓頭，想了又想，但是答不出來。

姑娘在他耳邊輕聲說：

「是蝌蚪。」

「可能喔，」於是他說，「可能是蝌蚪呢，夫人。」

聰明的女人點點頭。

「答對了，」她說，「你已經得到一壺腦子了。」

「在哪兒？」他邊說邊四下張望，摸索著口袋。

「就在你妻子的腦袋裡，」她說，「治傻瓜的唯一方法就是找一個照顧他的好妻子，而你已經得到了，祝你們好運囉！」說完這話她朝他們點點頭，起身走進屋裡了。

就這樣他們一起回家去，他再也不要去買一壺腦子了，因為他妻子的腦子足夠他們兩個人使用。

→到早上就有小夥子了←
YOUNG MAN IN THE MORNING
✦非裔美國人✦

　　一個住在鄉下的老太婆急著結婚，可是她太老了，就像我一樣。有個小夥子每天早上都會經過院子，老太婆想要跟他結婚。於是他對她說：「如果你把床單弄濕，裹在身上，今晚在屋頂上待一整夜，明天早上我就跟你結婚。」

　　老太婆蠢到真的去嘗試。她把濕床單裹在身上，爬上屋頂，坐在那裡直發抖。小夥子待在下面的屋子裡，好確定她待在屋頂上。整晚他都聽到她一邊顫抖一邊說：

　　噢……，噢……，
　　到早上就有小夥子了。

　　她的意思是，如果她沒凍壞的話就能撐到早上（她可真蠢）。她每說一次，就越虛弱。大約凌晨三點的時候，床單結冰了，小夥子聽到她從屋頂上滾下來，摔到院子裡，已經凍硬了。她落地的時候，他說：「多麼幸運啊，沒有老太婆再來煩我了！」

⊹ 要是我沒死，我就要笑出來 ⊱
NOW I SHOULD LAUGH, IF I WERE NOT DEAD
✦ 冰島 ✦

　　從前有兩個結了婚的女人，她們爭論誰的丈夫才是最傻的傻瓜。最後她們決定測試一下，看看他們是不是真的像看起來的那麼傻。其中一個女人用了這個把戲。等她丈夫幹完活回到家，她拿出紡車和梳棉器，坐下來開始梳羊毛和紡紗，但不管是她的農夫丈夫或是其他什麼人，都看不到她手裡的毛。她丈夫注意到這點，就問她是不是瘋了，明明沒有羊毛，卻刮著羊絨、空轉紡車，他要她說說這是什麼意思。她說她根本不指望他看得見她在做什麼，因為這是一種很細的亞麻，細到肉眼看不見。她要用這些幫他做衣服。他認為這是很好的解釋，並且很驚訝自己的好妻子是多麼聰明，他對於穿上神奇的衣服後會有多麼喜悅和自豪，更是滿心期待。妻子說線已經紡足了，然後就架起織布機織布。她的丈夫不時去看她，對這位好女士的手藝感到驚嘆。這一切都讓她覺得好笑，於是她趕緊將這個把戲施展下去。織好布，她把布從織布機上取下來，清洗乾淨、縮絨，最後坐下來開始裁剪和縫製。全部完工後，她要丈夫過來試穿，她說不敢讓他自己穿，所以在一旁幫他穿上。她假裝給他穿上了一身細緻高雅的衣服，這個可憐的男人實際上光溜溜，但他堅信這都是他自己的錯，以為他聰明的妻子真為他做了無比精妙的衣服，他對這事太高興了，忍不住高興得跳來跳去。

　　現在我們來看看另一個妻子。她丈夫下工回到家，她問他怎麼起來了，還到處走動。男人被這個問題嚇一跳，說：「你為什

麼這麼問？」她說服了他，說他病得很重，最好上床睡覺。他相信了，趕緊上床。過了一段時間，妻子說她會為他準備後事。他問為什麼，並且求她千萬別這麼做。她說：「你怎麼像個傻瓜呢？你不知道你今天早上死了嗎？我現在就去找人幫你做棺材。」這個可憐的人信以為真，於是乖乖躺著，最後被人放進棺材裡。他的妻子安排好下葬的日子，雇了六個抬棺工人，並邀請另一對夫婦為她親愛的丈夫送行。她在棺材一側開了個窗，好讓丈夫看到周圍發生的事情。起棺的時刻到了，那個光溜溜的男人來了，他以為大家會欣賞他一身精緻的衣服。事實可差得遠了，儘管抬棺工人很悲傷，但是看到這個光溜溜的傻瓜，沒有一個人能忍住不笑。棺材裡的人也看到了，他放聲大喊：「要是我沒死，我就要笑出來啦！」就這樣葬禮延期啦，那人也從棺材裡出來了。

✦三個傻瓜✦
The Three Sillies
✦英格蘭✦

　　從前有個農夫，他和妻子有個女兒，一位紳士正在追求她。每天晚上他都會來看她，並在農舍裡吃晚餐，女兒常被派去地窖拿晚餐時要喝的啤酒。一天晚上，她下樓去到地窖，在取啤酒時她無意間抬頭看了看天花板，看到一把槌子卡在一根橫梁上。槌子一定已經卡在那裡很久很久了，但不知怎地，她以前從未注意到，就這樣她開始思考了起來。她認為槌子放在那裡是非常危險的，她對自己說道：「如果他跟我結了婚，我們生下一個兒子，然後他長大成人，來地窖裡取啤酒，就像我現在樣，結果這槌子掉下來砸到他的頭，把他砸死了，那是多可怕的事啊！」她放下蠟燭和酒壺，坐下哭了起來。

　　就這樣，樓上的人開始納悶，她去拿個啤酒怎麼會花這麼多時間，於是她母親下去看她，發現她坐在長凳上哭，啤酒流了一地。「怎麼了，出了什麼事啦？」她母親問。「喔，媽媽！」她說，「你看那個可怕的槌子！如果我們結了婚，生下一個兒子，他長大以後來地窖裡取啤酒，結果槌子掉到他頭上把他砸死了，那是多可怕的事啊！」

　　「天哪，天哪！那是多可怕的事啊！」母親說著，然後在女兒旁邊坐下，也哭了起來。過了一會兒，父親開始覺得奇怪，她們怎麼還沒有回來，於是親自下去地窖找她們，他看到母女倆坐在那裡哭，啤酒流了一地。「到底出了什麼事啊？」他說。「唉呀，」母親說，「看看那個可怕的槌子。你想想，如果我們的女兒跟她

的心上人結婚，生下一個兒子，然後兒子長大了，來地窖裡取啤酒，結果槌子掉到他頭上把他砸死了，那是多可怕的事啊！」

「天哪，天哪，天哪！一定會這樣的！」父親說著，然後坐到母女倆旁邊，也哭了起來。

這位紳士厭煩了一個人待在廚房裡，最後他也下樓到地窖裡，想看看他們在做些什麼，只見他們三人並排坐著放聲大哭，啤酒流了滿地。

他立刻跑過去關上啤酒桶的龍頭，然後問：「你們三個在做什麼啊，怎麼坐在那裡哭，讓啤酒流得到處都是？」

「喔，」父親說，「你看那可怕的槌子！如果你跟我們的女兒結婚，生了個兒子，然後他長大了，來地窖裡取啤酒，結果槌子掉到他頭上把他砸死了！」說罷，他們哭得比之前更厲害。

紳士哈哈大笑起來，伸手拔下槌子，說：「我去過很多地方，但是從來沒見過像你們三個這樣的大傻瓜。現在我又要上路了，等我找到三個比你們更傻的傻瓜，我再回來娶你們的女兒。」於是他向他們道別，出發去旅行了，留下三個人哭成一團，因為女孩失去了她的心上人。

紳士出發以後，旅行了很遠的路，最後來到一個女人的小屋，小屋的屋頂上長了一些草。女人正想把她的母牛趕上梯子，好讓牠吃屋頂上的草，但是這頭可憐的動物不敢上去。紳士問女人在做什麼。「嘿，你看，」她說，「瞧瞧那些美麗的青草。我要把這頭牛趕上屋頂吃草。牠會很安全的，因為我會用繩子的一頭拴住牠的脖子，再把繩子從煙囪裡送下來，綁在我手腕上，如此一來，我在屋裡走動的時候要是牠掉了下來，我一定會知道的。」「噢，你這可憐的傻瓜！」紳士說，「你應該把草割了，丟下來給牛吃啊！」可是女人認為把牛趕上梯子比把草割下來容易，所以

　她又推又哄，把牛趕到了屋頂，在牠脖子上栓一條繩子，把繩子從煙囪裡送下來，然後把另一頭綁在自己的手腕上。紳士繼續走他的路，但是還沒走遠，那頭牛就從屋頂滾了下來，被栓住牠脖子的繩子吊著勒死了。牛的重量牽引了女人手腕上的繩子，把女人拉進煙囪，她緊緊地卡在煙囪一半的地方，被煤煙嗆死了。

　　唉呀，這真是一個大傻瓜。

　　紳士繼續走呀走，來到一間客棧打算過夜，客棧已經客滿了，所以店主只好安排他住進一間有兩張床的房間，另一個旅客則睡另一張床。同屋的旅客是個令人愉快的傢伙，他們相處融洽。但是第二天早晨，兩人都起床後，紳士很驚訝地看到那個人把褲子掛在五斗櫃抽屜的把手上，然後從房間另一頭跑過來，試圖跳進褲管裡，他一試再試，都跳不進去。紳士想知道他為何要這樣做。終於那人停下來了，用手帕擦臉。「喔天啊，」他說，「我

實在覺得褲子是有史以來所有衣服裡最難對付的。我想不出誰會發明這種東西。每天早上我都要花一小時才能跳進去，而且弄得我好熱啊！你是怎麼穿上的？」紳士哈哈大笑，示範給他看要怎麼穿褲子。那人十分感謝，說自己永遠不可能想到要這樣穿。

所以這是另一個大傻瓜。

接著紳士又繼續他的旅行，來到一座村莊。村莊外面有個水池，水池周圍圍滿了一群人。他們拿著耙子、掃帚、乾草叉伸進水池裡，紳士問出了什麼事。「唉呀，」他們說，「事情不好啦！月亮掉到水池裡了，我們怎麼樣都撈不上來！」紳士哈哈大笑，要他們抬頭看天空，說水裡的只不過是它的倒影。但是他們不聽他說的，還可恥地辱罵他，於是他盡快地離開那裡。

所以這裡有一大群傻瓜，比家裡那三個還要傻。

於是他調頭回家，和農夫的女兒結婚。如果他們沒有從此過著幸福快樂的生活，那和你我無關。

↣ 沒見過女人的男孩 ↢
THE BOY WHO HAD NEVER SEEN WOMEN
✦ 非裔美國人 ✦

　　從前有個男孩，應該是在阿拉巴馬州吧，撫養他的人從沒讓他看過女孩，一直到他二十一歲——這算是一種「實驗」吧。總之他是由男人們帶大的。當他二十一歲的時候，他的爸爸帶他去了一個地方，那兒會有回家吃午飯的高中生經過。他透過窗戶看到她們走過來，一個個非常漂亮，繫著緞帶留著長髮（因為那個年代女孩都留長髮），一路笑著、嬉鬧著。他說：「爸爸，爸爸，過來這裡。你看你看，那些是什麼？」「那些是鴨子。」「那給我一隻，爸爸。」「你要哪一隻？」「哪隻都可以，爸爸，任何一隻。」

　　所以最好還是讓男孩女孩一起長大，這樣他們就能挑選一下。

→住在醋瓶子裡的老婆婆←
THE OLD WOMAN WHO LIVED IN A VINEGAR BOTTLE
✦英格蘭✦

　　很久很久以前有個老婆婆住在一個醋瓶子裡。一天有個精靈經過那裡，聽到老婆婆自言自語。

　　「好可惜，好可惜，好可惜啊，」老婆婆說，「我不該住在醋瓶子裡。我應該住在一間漂亮的小屋裡，有茅草屋頂，牆上長滿薔薇，我應該的。」

　　於是精靈說：「好，今晚你上床後轉三圈，閉上眼睛，到了早晨你就會看到你要看到的了。」

　　老婆婆上了床，轉了三圈，再閉上眼睛，到了早晨，她果然置身在一間漂亮的小屋裡，有茅草屋頂，牆上長滿了薔薇。她又驚又喜，但是忘了感謝精靈。

　　精靈去了北方，去了南方，去了東方，又去了西方，去忙著她必須處理的事。不久後她想：「我去看看那個老婆婆過得怎麼樣了。她在她的小屋裡一定很高興。」

　　她來到前門，聽到老婆婆自言自語。

　　「好可惜，好可惜，好可惜啊，」老婆婆說，「我不該住在這樣的小屋裡，自己一個人。我應該住在連棟房子當中的一小棟，窗戶掛著蕾絲窗簾，門上安著黃銅門環，外頭有人叫賣貽貝和鳥蛤，一片熱鬧歡樂。」

　　精靈有點驚訝，不過她還是說：「好。今晚你上床後轉三圈，閉上眼睛，到了早晨你就會看到你要看到的了。」

　　於是老婆婆上了床，轉了三圈，再閉上眼睛，到了第二天早

晨，她果然置身在一間漂亮的小房子裡，小房子是一排連棟房子當中的一棟，窗上掛著蕾絲窗簾，門上還有黃銅門環，屋外有人在叫賣貽貝和鳥蛤，一片熱鬧歡樂。她又驚又喜，但她還是忘了感謝精靈。

精靈去了北方，去了南方，去了東方，又去了西方，去忙著她必須處理的事。過了一段時間，她想：「我去看看那個老婆婆過得怎麼樣了。她現在一定很快樂。」

她來到這排小房子時，聽到老婆婆自言自語。「好可惜，好可惜，好可惜啊，」老婆婆說，「我不該住在這樣的連棟房子裡，兩邊都是平凡人家。我應該住在鄉間的大宅邸裡，有大花園環繞著屋子，還有僕人隨時聽命。」

精靈非常驚訝，也有點惱火，不過她還是說：「好吧。你上床後轉三圈，閉上眼睛，到了早晨你就會看到你要看到的了。」

老婆婆就上了床，轉了三圈，閉上眼睛，到了早晨她就置身在鄉間的大宅邸裡，四周有美麗的花園，還有僕人可以隨時聽命。她又驚又喜，學會了文謅謅地說話，不過她還是忘了感謝精靈。

精靈去了北方，去了南方，去了東方，又去了西方，去忙著她必須處理的事。過了一段時間，她想：「我去看看那個老婆婆過得怎麼樣了。她現在一定很快樂。」

但是她才走近老婆婆家客廳的窗口，就聽到老婆婆用文謅謅的聲音自言自語。

「這實在是太可惜了，」老婆婆說，「我竟然要獨自一人住在這個沒有社交活動的地方。我應該是個公爵夫人，駕著自己的馬車去侍奉女王，身旁還有穿制服的男僕跑著伺候。」

精靈萬分驚訝，也非常失望，不過她還是說：「好吧。今晚

你上床後轉三圈，閉上眼睛，到了早晨你就會看到你要看到的。」

於是老婆婆就上了床，轉了三圈，閉上眼睛，到了早晨，她已經成了公爵夫人，有自己的馬車，可以去侍奉女王，還有穿制服的男僕在她身旁跑著。她真是又驚又喜。但她還是完全忘了向精靈道謝。

精靈去了北方，去了南方，去了東方，又去了西方，去忙著她必須處理的事。過了一段時間，她想：「我還是去看看那個老婆婆過得怎麼樣了。她現在一定很快樂，因為她是公爵夫人了。」

但她剛來到老婆婆城裡豪宅的窗口，就聽到她用更加文謅謅的語調說道：「這的確是太可惜了。我竟然只是個公爵夫人，還得向女王行屈膝禮。為什麼我自己不能當女王，坐在黃金寶座上，頭戴金王冠，周圍都是朝臣呢？」

精靈非常失望也非常生氣，不過她還是說：「好吧。你上床後轉三圈，閉上眼睛，到了早晨你就會看到你要看的。」

於是老婆婆上了床，轉了三圈，閉上眼睛，到了早晨，她果然置身在王宮裡，是一個真正的女王，坐在黃金寶座上，頭戴金王冠，朝臣圍繞在她身邊。她開心極了，就隨時隨地使喚他們。但，她還是忘了向精靈道謝。

　　精靈去了北方，去了南方，去了東方，又去了西方，去忙著她必須處理的事。過了一段時間，她想：「我去看看那個老婆婆怎麼樣了。她現在一定滿意了吧！」

　　但是她一走近王座室，就聽到老婆婆在說話。

　　「這太可惜了，實在是太可惜了，」她說，「我竟然只是個微不足道的小國女王，而不是統治全世界。我最適合當教皇，去支配地球上每個人的思想。」

　　「那好，」精靈說，「你上床後轉三圈，閉上眼睛，到了早晨你就會看到你該看到的。」

　　於是老婆婆滿心得意地上了床。她轉了三圈，閉上眼睛。第二天早晨，她回到了醋瓶子裡。

→湯姆·提特·塔特←

TOM TIT TOT

✦英國✦

從前有一個女人烤了五個餡餅，從烤箱裡端出來的時候，餡餅都烤過頭了，餅皮硬得沒法吃，她就對女兒說：

「女兒呀，把餡餅放到架子上，過一會兒就會回來的。」你知道，她的意思是餅皮會變軟。

但女孩對自己說：「啊，要是還會回來，那我現在就吃了它們吧。」於是她開始吃，把餡餅統統吃光，從第一個到最後一個。

晚餐時間到了，女人說：「你去拿一個餡餅來，我敢說它們現在已經回來了。」

女孩去看了看，那裡除了盤子外沒有別的東西，於是她回來說：「沒有啊，沒有回來呢。」

「一個也沒有嗎？」母親問。

「一個也沒有。」她說。

「喔，不管有沒有回來，」女人說，「我要拿一個當晚餐。」

「可是如果它們沒有回來，你就沒辦法拿啊。」女孩說。

「可以啊，」她說，「你去把最好的那個拿來。」

「不管是最好的還是最壞的，」女孩說，「我已經把它們都吃光了，除非又回來了，不然你連一個都沒有。」

女人受夠了，就把她的紡紗活帶到門口去做，一邊紡紗一邊唱：

　　我的女兒啊今天吃了五個唷五個餅。

我的女兒啊今天吃了五個唷五個餅。

　　國王正沿著街道走來，聽到她唱歌，但他聽不清她在唱些什麼，所以停下腳步說：
　　「我的好女人，你在唱什麼呀？」
　　女人不好意思讓他聽到她女兒做了什麼，於是她改唱成：

　　我女兒啊今天紡了五捲唷五捲線。
　　我女兒啊今天紡了五捲唷五捲線。

　　「天哪！」國王說，「我從沒聽過有人能在一天之內紡這麼多線。」
　　他繼續說：「是這樣的，我正想要個妻子，我要娶你的女兒。但是你聽著，這一年中有十一個月的時間，她想吃什麼就吃什麼，喜歡什麼禮服就去買，想要和誰作伴就和誰作伴，但是到了一年的最後一個月，她必須每天紡出五捲線來，如果紡不出來我就要殺了她。」
　　「好的。」女人說，因為她認為這可是多麼氣派的婚事哪。至於那五捲線，到時候會有很多辦法解決的，而且很可能他自己完全忘了這件事。
　　好啦，他們結婚了。往後的十一個月裡，女孩吃了她喜歡吃的食物，買了她喜歡的禮服，和她喜歡的人作伴。
　　當這段時間快要結束的時候，她開始琢磨著五捲線的事，想知道國王是否還記得。但他一個字也沒提過，於是她以為他完全忘了。
　　但是第十一個月的最後一天，他帶她去到一間她從沒看過的

房間。房間裡除了一架紡車和一張凳子，其餘什麼都沒有。他說：「親愛的，明天你要被關在這裡，你會有一些食物和亞麻，如果天黑前你沒能紡出五捲線，你的腦袋就保不住了。」

說完他就去忙自己的事。

唉，她害怕極了，她一向是個粗心大意的女孩，也不太知道要怎麼紡紗，而眼看明天沒有人來幫她，該怎麼辦才好呢？她在廚房的凳子上坐下來，看啊！她哭得多麼傷心！

這時候她突然聽到房門下方傳來敲門聲。她起身去打開門，只看到一個黑黑的小傢伙，長著一條長尾巴。那傢伙好奇地抬頭看她，說：

「你哭什麼呀？」

「這跟你有什麼關係？」她說。

「你別管，」那傢伙說，「告訴我你為什麼哭？」

「告訴你對我也沒好處。」她說。

「這可不見得。」那傢伙說，然後把尾巴轉了一圈。

「好吧，」她說，「就算沒什麼好處，但也沒什麼壞處。」於是她把餡餅、線捲和所有的事說了一遍。

「我會這樣做，」黑色的小傢伙說，「我每天早晨到你的窗邊拿走亞麻，晚上再把紡好的亞麻線拿過來。」

「你要什麼酬勞？」她說。

小傢伙眼珠子往旁邊一轉，然後說：「我每天晚上讓你猜三次我的名字，如果到這個月底你還猜不出來，你就是我的了。」

她想她在這個月過完以前一定猜得出來，於是她說：「好，我同意。」

「好。」那傢伙說，看啊！它的尾巴轉得多快啊！

第二天，她丈夫把她帶進房間，房裡有亞麻和當天的食物。

「亞麻在這裡，」他說，「如果今天晚上沒有紡好，你的腦袋就不保了。」接著他走出去，鎖上房門。

他才剛走，就傳來敲窗子的聲音。她起身去打開窗，果然那個小老傢伙就坐在窗沿上。

「亞麻在哪裡？」它問。

「在這裡。」她說著，就把亞麻遞給它。

到了晚上，敲窗子的聲音又響起。她起身打開窗，那個小老傢伙的手臂上擱著五捲亞麻線。

「在這裡。」那傢伙說著，把線捲給她。

「好，我叫什麼名字？」它問。

「什麼，是比爾嗎？」她說。

「不是。」它邊說邊轉動尾巴。

「是內德嗎？」她說。

「不是。」它邊說又邊轉著尾巴。

「噢，是馬克嗎？」她說。

「不，不是。」它說，並且更用力地轉動尾巴，然後倏地跑走了。

當她丈夫進來時，五捲亞麻線已經都準備好了。「看來今天晚上我不用殺死你了，親愛的。」他說，「明天早上會送來你的食物和亞麻。」他說完就走了。

就這樣每天都會有人送來亞麻和食物，而那個小黑怪物每天早上和晚上都會過來。而女孩整天坐在那裡思索著晚上要猜的名字。不過她從來沒有猜對過。月底快到了，這個怪物開始變得兇惡，每次她猜名字的時候，它的尾巴也越轉越快。

終於到了倒數第二天，晚上這個怪物帶著五捲亞麻線過來，說：

「怎麼，你還沒猜到我的名字嗎？」

「是尼可德摩斯嗎？」她說。

「不，不是。」那傢伙說。

「是山摩嗎？」她說。

「不，不是。」那傢伙說。

「啊，是瑪土撒拉嗎？」她說。

「不，也不是。」那傢伙說。

那傢伙盯著她，眼睛像是著了火的煤炭，說：「女人，只剩明天晚上了，之後你就是我的了！」說完牠就跑走了。

她覺得可怕極了。不過她聽到國王從走廊走過來的聲音。他走進房間，當他看到五捲亞麻線時，說：

「啊，親愛的，」他說，「我看明天晚上你也會準備好五捲亞麻線，我想我不必殺你了，所以今晚我就在這裡吃晚餐吧。」於是有人端來了晚餐，還拿來另一張凳子，兩人坐了下來。

他才剛吃一口，就停下笑了起來。

「怎麼了？」她問。

「哎呀，」他說，「今天我出門打獵，來到森林裡一個我從沒到過的地方。那裡有個古老的白堊礦坑。我聽到嗡嗡的聲音，於是下了馬，悄悄地走到礦坑邊往下看。唉呀，那裡竟然有個黑黑的小傢伙，是你從沒見過的最最滑稽的東西，而它在做什麼呢？它居然有一架小紡車，而且轉得飛快，它用尾巴轉著紡車，邊紡邊唱：

　　你呀你呀猜不到，
　　我的名字叫湯姆‧提特‧塔特。

啊，女孩聽到這話，簡直高興得要跳起來了，但她什麼也沒說。

第二天那傢伙來拿亞麻，看起來充滿惡意。夜幕降臨時，她聽到敲窗玻璃的聲音。她打開窗子，那傢伙就在窗沿上。它笑得合不攏嘴，噢！它的尾巴轉得多快啊。

「我叫什麼名字？」那傢伙把線捲交給她時問道。

「是所羅門嗎？」她假裝害怕地說。

「不，不是。」那傢伙說，往房間裡面走。

「嗯，是西庇太嗎？」她又問。

「不，不是。」怪物說，接著大笑起來，飛快轉著尾巴，快到幾乎看不見。

「慢慢來，女人，」那傢伙說，「再猜一次，你就是我的了。」那傢伙朝她伸出兩隻黑黑的手。

她後退一兩步，看著它，哈哈大笑，指著它說：

你呀你呀猜不到，
你的名字叫湯姆·提特·塔特。

那傢伙聽到她說的話，發出可怕的尖叫，然後竄進黑暗中，從此以後她再也沒有見過它。

✦ 丈夫做家事 ✦
THE HUSBAND WHO WAS TO MIND THE HOUSE
✦ 挪威 ✦

　　從前有個脾氣暴躁又易怒的男人，他覺得妻子在家裡沒有一件事情做得對。一天傍晚在曬製乾草的時候他回到家，又開始罵罵咧咧大發雷霆。

　　「親愛的，別這麼生氣，這樣才是好男人，」他的好妻子說，「明天我們交換工作吧。我和割草工出去割草，你就在家照看家裡的事吧。」

　　好哇，丈夫認為這樣很好，說他很樂意。

　　於是第二天一早，妻子把鐮刀掛在脖子，跟割草工去乾草場割草了，而丈夫就留下來看家和做家事。

　　首先他想要攪拌奶油，但他攪拌了一會兒感到口渴，於是到地窖去接點麥酒喝。他把塞嘴敲進酒桶，正要插上龍頭，就聽到上方傳來豬走進廚房的聲音。他手拿龍頭，趕緊跑上地窖的臺階要去看住那隻豬，以免牠撞到攪乳桶，可是他上樓一看，豬已經撞翻攪乳桶了，正站在那裡呼嚕地拱著流滿地的乳脂。他氣瘋了，完全忘了麥酒桶，拚命地朝豬跑去。他在豬衝出門時抓住牠，狠狠踢牠一腳，豬當場死了。然後他突然想起手裡還拿著麥酒龍頭，等他走到地窖，桶裡的麥酒已一滴不剩了。

　　之後他去了乳品間，發現還剩下的乳脂足夠裝進攪乳桶裡，就這樣他又開始攪拌起來，因為他們晚飯一定要有奶油。當他攪拌一會兒後，才想起他們的奶牛還關在牛欄裡，整個早上沒吃沒喝，而太陽已經高掛天空了。他突然想，把牛牽到草地上實在

太遠了，乾脆讓牠上屋頂好了——要知道，這房子是用草皮蓋的頂，所以上頭長了一片很好的青草。他們的房子緊鄰著陡斜的高地，他想著要是把木板從高地搭到後面的草皮屋頂上，就能輕鬆地把牛趕上去。

可是他還不能離開攪乳桶，因為他的小寶寶還在地上爬來爬去。他想，如果我丟下攪乳桶，小寶寶一定會打翻它的。於是他揹起攪乳桶出去，但又想到，最好還是先讓母牛喝點水再把牠趕上屋頂，他就拿起水桶去井邊打水，可是他在井邊一彎下腰，攪乳桶裡所有的乳脂就流過他的肩膀進了井裡了。

現在已經接近晚飯時間，他卻連奶油都沒做好。他想他最好還是煮個粥吧，就盛了一鍋水，把鍋子吊在爐火上。做完這事，他想母牛可能會從屋頂上掉下來，摔斷腿或是摔斷脖子，於是爬上屋頂去栓牛，他把繩子的一頭牢牢地綁在牛的脖子上，另一頭往煙囪裡丟下去，然後綁在自己的大腿上，他得快一點做好，因為鍋裡的水開始滾了，他還得磨碎燕麥片呢。

所以他開始磨起燕麥片，在他起勁幹活的時候，母牛還是從屋頂上掉下來了，而牠掉下來時，繩子就把男人拖進了煙囪，他牢牢地卡在那裡面。至於那頭母牛，則懸在牆半腰，在天地之間盪來盪去，下不去也上不來。

這時候妻子已經等了好久好久，等她丈夫來叫他們回去吃晚飯，但他們始終等不到。最後她覺得她等得夠久了，就自己回家。她到了家，看到母牛被吊在這麼不倫不類的地方，趕忙上前用鐮刀砍斷繩子。她這麼一砍，她的丈夫也從煙囪裡掉了下來。因此當他老婆走進廚房，只見他頭下腳上地插在那鍋粥裡！

PART

4

好女孩和她們的困境

GOOD GIRLS AND WHERE
IT GETS THEM

→ 太陽的東邊，月亮的西邊 ←
EAST O' THE SUN AND WEST O' THE MOON
✦ 挪威 ✦

　　從前有個貧窮的農夫，他有很多個孩子，所以沒辦法給他們足夠的食物或衣服。他們都是漂亮的孩子，不過最漂亮的是最小的女兒，她漂亮得無法形容。

　　在一個深秋的星期四晚上，屋外的天氣非常惡劣，一片漆黑，風雨交加，小屋的牆都震動起來了。一家人坐在火爐邊忙這忙那，就在這時候，突然有什麼東西敲了窗玻璃三下，於是父親出門去看看究竟怎麼回事。他走出門，竟然看到一隻大白熊。

　　「晚安。」大白熊說。

　　「你也晚安。」男人說。

　　「你願意把你最小的女兒給我嗎？如果你願意，那你現在有多窮，我就讓你變得多富有。」白熊說。

　　男人一點也不會因為富有而遺憾，不過他還是認為應該先和小女兒談談。於是他走進去告訴他們，說外頭有一隻大白熊，許諾說只要能擁有最小的女兒，就會讓他們變得富有。

　　女孩直截了當地說：「不！」沒有什麼事能讓她改口，於是男人出去和白熊說，要牠下星期四晚上再來聽答覆。這段時間他跟女兒好好談了一番，不斷對女兒說他們可以得到怎樣的財富，以及她將會過得多麼富裕，所以到最後她改變了想法，把破衣服洗了也補了，讓自己盡可能整潔漂亮，然後準備出發。我得說，她收拾起行李一點兒都不麻煩。

　　下個星期四的晚上，白熊來接她，她拎著包袱騎上牠的背，

他們就離開了。上路後不久，白熊問：

「你害怕嗎？」

「不。」她不害怕。

「好！你小心一點，抓緊我毛茸茸的外套，就沒有什麼好怕的了。」白熊說。

她騎了很長一段路，直到他們來到一座陡斜的大山。白熊面對山壁敲了一下，一扇門打開了，他們進入一座城堡。城堡裡有許多燈火通明的房間，房間裡有金器銀器閃閃發光。餐桌已經擺好，豪華氣派極了。白熊給她一個銀鈴鐺，當她想要什麼的時候，只要搖一下就能立刻得到。

她吃飽喝足後，夜也漸漸深了，這趟旅途讓她覺得睏了想要睡覺，就搖了搖鈴。她剛拿起鈴鐺，人就進到臥室裡，那裡有一張鋪好的床，是任何人都想睡在上面的漂亮又雪白的床，有絲質的枕頭和帷幔，還有金色的流蘇。房裡的一切不是金就是銀。當她上床並熄燈後，一個男人過來躺在她身旁。那人就是白熊，夜裡他會拋開野獸的外形，不過她從來沒有看過他，因為他總在她熄燈後才來，天亮前起身離開。她就這樣愉快地生活了一陣子，但後來她變得沉默和悲傷，因為整天都獨自一人，她很想回家看看父母親和哥哥姊姊。因此有一天，白熊問她有沒有缺少什麼的時候，她說這裡很沉悶又很寂寞，她想回家探望父母親和哥哥姊姊，因為她沒辦法見到他們，所以她才如此悲傷難過。

「好吧，好吧！」白熊說，「也許有辦法解決，不過你得答應我一件事，那就是不要單獨跟你母親說話，只在旁邊有人可以聽到的時候才跟她交談，因為她會拉著你的手，想把你帶進房裡去。你要當心不要這樣做，否則你會給我們倆帶來厄運。」

一個星期天，白熊對她說，現在他們可以去看她的父母了。

他們上路，她坐在牠的背上，走了很遠也很久。終於他們來到一棟堂皇的大房子前，她的哥哥姊姊在屋外跑來跑去玩耍，一切都是那麼美麗，看了讓人歡喜。

「這是你父母親現在住的地方，」白熊說，「不過別忘了我對你說的話，否則你會讓我們倆不幸的。」

「不！我一定不會忘記的。」她說。她走到房屋前，然後白熊轉身離開了她。

她進屋看到父親母親時，一家人快樂極了。每個人都非常感激她為他們所做的。如今他們得到了想要的一切，而且好得不得了，於是他們也想知道她過得如何。

啊，她說，她住的地方很好，想要什麼就有什麼。此外她還說了些什麼我就不知道了，不過我想他們沒有人知道真正的情況，或是從她口裡問出什麼。下午吃過飯後，果然事情就像白熊說的一樣，她母親想單獨和她在臥房裡說話，但她記著白熊的話，不肯上樓。

「噢，我們要談的事待會兒再說吧。」她說道，暫時推託了她的母親。不過她母親還是說動了她，她不得不說出整個事情的經過。她說每晚上床睡覺後，熄了燈，就有個男人過來睡在她旁邊；她說從沒有看過他的樣子，因為他總在天亮前就起身離開；她說她是怎麼樣的傷心和難過，因為她很想看他，還說她整天孤單地走來走去，是多麼沉悶、無聊和寂寞。

「哎呀！」她母親說，「跟你一起睡的可能是個山怪！不過我來教你怎麼看到他。我給你一截蠟燭，你藏在懷裡帶回去。趁他睡著的時候把蠟燭點燃，不過要小心，別把蠟油滴到他身上。」

是了！她拿了蠟燭藏在懷裡。夜晚到來時，白熊來接她。

走了一段路後，白熊問他所預料的事有沒有發生。

啊，她不能說沒有。

「好吧，注意了，」他說，「如果你聽了你母親的建議，就會給我們倆帶來厄運，我們之間發生的一切都將化為烏有。」

「不，」她說，「我沒有聽母親的建議。」

她回到家，上了床，情形和先前一樣：一個男人走過來躺在她身邊，但是在深夜的時候，她聽到男人睡著了，於是起來點燃了蠟燭，讓光照到他，她這才看見眼前的人是世上最俊美的王子，當下便深深地愛上他，以至於她覺得如果沒給他一個吻，就活不下去了。她吻了他，可是就在這時候，她把三滴蠟油滴到他的襯衫上，他醒了。

「你做了什麼？」他叫道，「現在你給我們倆帶來厄運了。但只要你堅持撐過這一年，我就自由了。我有一個繼母，她對我施了魔法，使我白天變成白熊，晚上回復成人身。但是現在我們倆之間的連結斷了，我得離開你到她那裡去。她住在一座城堡裡，城堡在太陽的東邊、月亮的西邊，那裡還有個公主，她的鼻子有三厄爾[44]長，如今我必須娶她了。」

她哭了起來，非常地難過，但是也沒有補救的辦法了，他非走不可。

然後她問能不能跟他一起走。

不行，他說，她不能一起走。

「那麼告訴我到那裡要怎麼走，」她說，「我會找到你的，我應該可以這麼做吧。」

「是的，你可以這麼做，」他說，「但是沒有路可以到達那裡，那個地方在太陽的東邊、月亮的西邊，你永遠找不到路的。」

44 厄爾（ell），舊時英國的長度單位，最早大約等同成年人前臂的長度，後來定為45英寸（約11.4公分）。

第二天早晨她醒來時，王子和城堡都不見了，她躺在一小片綠草地上，周圍是陰森茂密的樹林，身邊放著從原來的家裡帶來的那一包破舊的衣服。

　　她揉揉眼睛，驅走睡意，一直哭到很累了，然後上路，她走了好多好多天，來到一處高聳的峭壁前。峭壁下坐著個醜老太婆，正用一顆金蘋果拋接著玩要。女孩問她知不知道去王子家的路，說王子跟他的繼母住在一座城堡裡，城堡在太陽的東邊、月亮的西邊，王子即將和一個鼻子三厄爾長的公主結婚了。

　　「你怎麼知道他的？」醜老太婆問，「難道你是那個應該擁有他的女孩？」

　　是的，她說。

　　「唉呀，原來是你呀，對吧？」老太婆說。「噢，我只知道他住在一座城堡裡，城堡在太陽的東邊、月亮的西邊，而且那個地方你永遠到不了或是很久才能到。不過我可以把我的馬借給你，騎去找我的下一個鄰居。也許她能告訴你。到了那裡，只要在馬的左耳下面擰一下，要牠自己回家就行了。你可以把這個金蘋果帶走。」

　　於是她上馬騎了很久很久，來到另一處峭壁前。峭壁下坐著另一個醜老太婆，拿著一把金紡梳。女孩問她知不知道怎麼去太陽的東邊、月亮的西邊那座城堡。但就像第一個老太婆一樣，她也說對於那裡一無所知，只知道它在太陽的東邊、月亮的西邊。

　　「那個地方是你永遠到不了或是很久才能到。不過我可以把我的馬借給你，騎去找我的下一個鄰居，也許她能告訴你所有的事情。到了那裡，只要在馬的左耳下面擰一下，要牠自己回家就行了。」

　　這個老太婆給了她金紡梳，說她也許用得著。女孩上馬騎了

很遠很遠，騎得筋疲力盡，來到另一處巨大的峭壁前，峭壁下面坐著另一個醜老太婆，正用一架金紡車紡紗。女孩也問她知不知道要怎麼找到王子，以及在太陽的東邊、月亮的西邊那座城堡在哪裡。結果仍是同樣的情形。

「也許你是那個本來應該擁有王子的人？」老太婆說。

是啊，她說。

可是這個老太婆也不比另外兩個知道的多。「太陽的東邊，月亮的西邊。」她只知道這個，但其他就一無所知了。

「那個地方你永遠到不了或是很久才能到。不過我可以把我的馬借給你，我想你最好騎到東風那裡去問問他，也許他知道那裡，能把你吹過去。到了他那邊，你只要在馬的左耳下面撟一下，牠就會自己跑回家了。」

老太婆也把金紡車給了她。

「也許你用得著。」老太婆說。

她騎了很多很多天，騎得筋疲力盡，才到東風的家，但她總算到了，於是她問東風能不能告訴她，要怎麼走才能找到住在太陽東邊、月亮西邊的王子。是的，東風經常聽說那個王子和城堡的事，但是他不能告訴她怎麼去，因為他從來沒有吹到那麼遠的地方。

「不過，如果你願意的話，我可以陪你去找我的哥哥西風，也許他知道，因為他更強壯。如果你願意坐在我背上，我可以帶你去那裡。」

於是她就到東風的背上，我想他們應該飛得非常快吧。

他們到了以後，進到西風的家，東風說他帶來的女孩本來應該擁有那個住在太陽東邊、月亮西邊的王子，所以就上路找尋他。他還跟西風說自己是如何和女孩一起來的，說她想問西風知

不知道要怎麼去城堡。

「不知道呢，」西風說，「我沒有吹到那麼遠的地方，但如果你願意，我可以陪你去找我的哥哥南風，因為他比我們倆都強壯，他飛過許多地方。也許他能告訴你。你可以坐在我的背上，我帶你去他那裡。」

於是她就到西風的背上，飛去南風那裡，我想他們一路上沒花多少時間。

到達以後，西風問南風可不可以告訴女孩要怎麼去太陽的東邊、月亮的西邊那個城堡，因為她應該擁有住在那裡的王子。

「你不說我也知道！就是她，對吧？」南風說。

「啊，我這一輩子吹過大部分的地方，但我從沒吹到那麼遠，如果你願意的話，我可以帶你去見我的哥哥北風，他是我們當中最年長也最強大的，如果連他都不知道城堡在哪裡，這世上再也沒有人能告訴你了。你可以坐在我的背上，我帶你去。」

於是女孩就到南風的背上，他快速地飛走了。這次她一路上也沒花多少時間。

他們到達北風的家時，北風非常狂野又暴躁，老遠就感覺到

他呼出的冷氣。

「你們兩個該死的傢伙，到底有什麼事？」北風遠遠地衝著他們咆哮，他們起了一陣冷顫。

「哎呀，」南風說，「你用不著這麼兇，我是你弟弟南風呀，這個女孩應該擁有那個住在太陽東邊、月亮西邊的王子。現在她想問你有沒有去過王子的城堡，能不能告訴她要怎麼走，因為她很想找到他。」

「是的，我很清楚城堡在哪裡，」北風說，「有一次我把一片白楊樹葉吹到那裡，但我太累了，累到之後好幾天我都吹不出一口氣。如果你真的很想去，也不怕跟我一起去，我願意讓你坐上我的背，看看能不能把你吹到那裡。」

「好的！」她全心全意地說。只要有辦法去到那裡，她一定要去也願意去；至於害怕這回事，不管北風有多狂暴，她都毫不畏懼。

「那很好，」北風說，「但是今晚你必須睡在這裡，因為我們要有一整天的時間才能到達那裡。」

第二天一早，北風叫醒她，然後把自己吹得鼓鼓的、大大的，讓自己又大又強壯，看了叫人害怕。就這樣，他們飛到高空中，彷彿他們要一直前進到世界的盡頭。

下方有一場駭人的暴風，颳倒了大片的樹林和許多房舍，暴風掃過大海時，上百艘船隻都被翻沉了。

他們就這樣不斷狂奔——沒有人相信他們飛了多遠——而他們仍然一直在海上飛，北風越來越累，幾乎無法從口中吹出氣來，他的翅膀一點一點地下垂，最後他越飛越低，以至於浪尖都打到他的腳跟了。

「你害怕嗎？」北風問。

「不！」她不怕。

不過他們離陸地不遠了，而北風還剩下不少力氣，所以他勉力把她拋到岸上，就在太陽東邊、月亮西邊的城堡窗下。但是這麼一來他太虛弱太疲憊了，不得不在那裡休息了好多天才能回家。

第二天，女孩坐在城堡的窗戶下把玩金蘋果。她看到的第一個人就是那個即將嫁給王子的長鼻子。

「女孩，你的金蘋果怎麼賣？」長鼻子問，一邊把窗子往上推。

「這是不賣的，給錢或給黃金都不賣。」女孩回答。

「如果不要錢或黃金，那要給你什麼才肯賣？你可以自己訂個價格。」公主說。

「噢，要是我能見到住在這裡的王子，今晚和他待在一起，這金蘋果就給你。」北風帶來的女孩說。

好的！可以！她同意了。於是公主得到金蘋果了。可是晚上女孩來到王子的臥房時，他睡得很沉，她又是叫他又是搖他、還不時痛哭，但無論怎麼做都叫不醒他。第二天一早，天一亮，長鼻子公主就來把她趕出去了。

於是白天她又坐在城堡的窗戶下，用金紡梳梳理棉花，同樣的事情又發生了。公主問她怎麼賣，她說給黃金或錢都不賣，不過要是公主准許她上去見王子，並且那天晚上和他待在一起，金紡梳就可以給公主。可是當她來到臥房，發現王子又沉沉地睡著了，不管她怎麼叫他搖他，或是哭泣、祈禱，都不能讓他醒來。而第一道曙光射進來時，長鼻子公主又進來把她趕走了。

於是白天女孩又坐在城堡的窗戶下，用金紡車紡紗，長鼻子公主也想要這樣東西，就把窗子往上推開，問她怎麼賣。女孩的回答跟前兩次一樣，她說給黃金或錢她都不賣，不過要是她能見到城堡裡的王子，並且那天晚上和他單獨待在一起，金紡車就可

以給公主。

好的！歡迎你，公主說。不過要知道，有一些基督徒被抓到了城堡，他們在王子隔壁的房間裡。這些基督徒聽到有個女人，一連兩個晚上在王子的房裡哭泣、祈禱，叫喚他，於是就把這件事告訴王子。

那天晚上公主拿來安眠的飲料，王子假裝喝下，實際上是把藥往肩後倒掉，因為他猜到那是讓他睡著的飲料。所以當女孩進來時看到王子清醒得很，然後她說了自己如何來到這裡的整個經過。

「啊，」王子說，「你來的正是時候，因為明天就是舉行婚禮的日子，但現在我不要那個長鼻子，世界上只有你能讓我自由。我會說，我想看看我的妻子能做些什麼，然後請她去洗那件有三滴蠟油的襯衫。她會答應，因為她不知道三滴油是你滴的；可是這工作只有基督徒能做，不是這幫山怪能辦到的，所以到時我會說，我只會和能洗去蠟油的女人結婚，然後我會要你來洗。」

於是兩人在無比的歡喜與愛中度過整個夜晚。第二天婚禮將要舉行的時候，王子說：

「首先，我要看看我的新娘能做些什麼。」

「好啊！」繼母全心全意地附和。

「是這樣的，」王子說，「我有一件質料很好的襯衫，想在婚禮上穿，但不知怎麼回事，上面滴了三滴蠟油，我必須把它洗乾淨。我發過誓，只娶能夠洗去蠟油的女人，如果她辦不到，就不配當我的新娘。」

喔，這不是什麼了不起的事，他們說，因此他們同意了。長鼻子女人用盡全力去洗，可是她刷洗得越用力，蠟油的汙點就越大。

「啊！」老太婆，也就是長鼻子的母親說，「你不會洗，我來試試。」

但是她把襯衫拿在手裡洗沒多久，情況變得更糟，她再怎麼揉搓、絞擰、刷洗，蠟油的污點只是變得更大更黑，襯衫也變得更黑更醜。

所有其他的山怪也來洗襯衫，洗的時間越久，這襯衫也就變得越黑越醜，到最後整件襯衫全黑了，像是從煙囪裡拿出來的一樣。

「啊！」王子說，「你們一點用處也沒有，全都不會洗衣服。瞧，外面坐著一個乞討的女孩，我敢說她比你們所有人都洗得好。進來吧，女孩！」他大聲叫道。

女孩走進來了。

「女孩，你能把這件襯衫洗乾淨嗎？」他問。

「我不知道，」她說，「不過我想我可以。」

幾乎在她接過襯衫並把它浸到水裡之前，它就已經變得雪白了，而且還更白。

「是的，你就是我要的女孩。」王子說。

聽到這話，老太婆勃然大怒，當場衝了出去。長鼻子公主隨著她出去了，之後整群山怪也跑了——至少從此以後我再也沒聽過關於他們的消息。

至於王子和王妃，他們釋放了被抓去並關在那裡的可憐的基督徒。然後兩人帶著所有的金銀遠走高飛，離開了在太陽的東邊、月亮的西邊那座城堡。

⟡好女孩和壞脾氣的女孩⟡
THE GOOD GIRL AND THE ORNERY GIRL
✦北美：歐扎克山區✦

　　從前有個老婦人，住在偏遠的樹林裡，她有兩個女兒，一個脾氣溫順，另一個脾氣很壞，不過老婦人偏愛壞脾氣的那個。所以她們要好女孩做所有的工作，還要她用鈍斧頭劈木材。這個壞脾氣的女孩成天躺著，什麼事情也不做。

　　好女孩出門去撿柴火，不久她看到一頭母牛。母牛說：「看在老天的份上，擠我的奶吧，我的乳房快脹破啦！」於是好女孩幫母牛擠了奶，不過她一點牛奶也沒喝。很快地她又看見一棵蘋果樹，樹說：「看在老天的份上，摘了這些蘋果吧，不然我就要被完全壓垮啦！」於是好女孩就摘了蘋果，不過她一個也沒吃。很快地她又看到一塊正在烘烤的玉米麵包，麵包說：「看在老天的份上，把我拿出來吧，我要烤焦啦！」於是好女孩就把麵包拿了出來，不過她連一點麵包屑都沒吃。就在這時候，一個小老頭走過來，朝她撒了一袋金幣，金幣黏在她身上。好女孩回到家，把滿身的金幣抖下來，就像鵝抖落身上的羽毛一樣。

　　第二天，壞脾氣的女孩出門去，也想得到一些金子。不久她看到一頭母牛。母牛說：「看在老天的份上，擠我的奶吧，我的乳房快脹破啦！」但是這壞脾氣的女孩只是踢母牛的肚子一腳，然後繼續往前走。很快地她又看見一棵蘋果樹，樹說：「看在老天的份上，摘了這些蘋果吧，不然我就要被完全壓垮啦！」但是壞脾氣的女孩只是哈哈大笑，又繼續往前走。很快地她看到一塊正在烘烤的玉米麵包，麵包說：「看在老天的份上，把我拿出來

✦172✦

吧，我要烤焦啦！」但是壞脾氣的女孩毫不理睬，繼續走她的路。就在這時候，一個小老頭走過來，朝她潑了一壺焦油，焦油黏在她身上。壞脾氣的女孩回到家，全身黑得老婦人都認不出她是誰。

　　人們用盡一切辦法，終於把大部分焦油去掉了，只是從此以後壞脾氣的女孩總是看起來有點醜，而且一點用處也沒有。這小賤人真是活該！

➤ 沒有手臂的少女 ➤
The Armless Maiden
✦ 俄羅斯 ✦

　　在某一個王國——不是在我們這片土地上——住了一個富有的商人，他有兩個孩子，一個兒子一個女兒。後來父母親都死了，哥哥對妹妹說：「妹妹，我們離開這個城鎮吧，我會租個店做生意，也給你找住的地方，我們一起生活。」他們去了另一個省。到了以後，哥哥去商人行會註冊，租了一間布店。哥哥決定結婚，於是娶了一個女巫做妻子。有一天，他要去店裡做生意，就對妹妹說：「把家裡照顧好，妹妹。」他對妹妹說這句話讓他的妻子很生氣，為了報復，她砸壞所有的家具，丈夫回來後她跟他說：「看看你有個什麼樣的妹妹！她把家裡所有家具都砸壞了。」「太糟了，不過我們可以買些新的。」丈夫說。

　　第二天他要去店裡的時候，跟妻子和妹妹道別，又對妹妹說：「小妹妹，請你照顧好家裡所有的東西。」妻子等待時機，來到馬廄裡，用馬刀把丈夫心愛的馬的腦袋砍了下來。然後她在門廊等他回來。「看看你有個什麼樣的妹妹！」她說，「她把你最喜歡的馬的腦袋砍下來了。」「啊，那就讓狗去吃牠們的食物吧。」丈夫回答。

　　第三天，丈夫又要去店裡，他道別後又對妹妹說：「請你照顧好我的妻子，別讓她傷害自己或是孩子，如果她碰巧要生產的話。」妻子生下孩子後，把他的頭砍了下來。丈夫回到家，看到她坐在那裡為她的孩子傷心哭泣。「看看你有個什麼樣的妹妹！我才生下我的孩子，她就用馬刀砍掉他的頭。」丈夫一句話也沒

說，只是流下痛苦的淚水，轉身離開。

　　夜幕降臨。午夜的鐘聲響起，他站起來說：「妹妹，準備一下，我們要去望彌撒。」她說：「我親愛的哥哥，今天不是節日呢。」「是的，妹妹，今天是節日。我們走吧。」「現在還太早呢，哥哥。」她說。「不早。」他答道，「少女們總是要花很長時間準備。」妹妹開始穿衣服，動作慢而且不情願。她哥哥說：「快點，妹妹，快把衣服穿好。」「求求你，」她說，「現在還很早，哥哥。」「不，妹妹，現在不早了，是該上路的時候了。」

　　妹妹準備好以後，他們就坐上馬車去望彌撒。馬車走了很久，也可能走了不久。最後他們來到一座樹林。妹妹問：「這是什麼樹林？」他回答：「這是教堂周圍的樹籬。」這時候馬車卡在灌木叢中。哥哥說：「妹妹，你下車，把纏住馬車的枝葉撥開。」「啊，我心愛的哥哥，我不能，那樣會弄髒衣服的。」「我會給你買件新的，比這件更好。」她下了馬車，開始撥開糾纏的枝葉，哥哥就把她的兩條手臂從肘部砍斷，然後揮鞭策馬，把馬車駕走了。

　　妹妹被獨自留下來，她傷心落淚，開始在樹林裡走。她走了

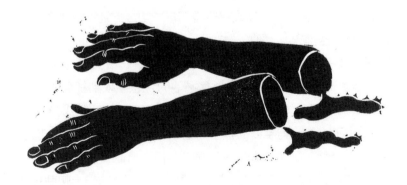

很久，也可能走了不久。她全身都被刮傷了，但是卻找不到一條走出樹林的路。過了好幾年，她終於找到一條小路，就這樣走到了一座有市集的城鎮，在最富有的商人家的窗下乞討。這個商人有個獨生子，是父親最疼愛的寶貝。他愛上這個乞丐女孩，就說：「親愛的爸爸媽媽，讓我結婚吧。」「我們應該讓你跟誰結婚呢？」「跟這個女乞丐。」「啊，我親愛的孩子，我們城裡的商人們難道沒有可愛的女兒嗎？」「請讓我跟她結婚，」他說，「不然我就要傷害自己。」他們很苦惱，因為他是他們的獨生子，是他們生命中的珍寶。於是他們召集所有的商人和神職人員，讓他們評斷應不應該讓兒子跟女乞丐結婚。神父說：「這一定是他的命運，上帝准許你的兒子和這個女乞丐結婚。」

於是商人的兒子和女孩生活了一年，然後又一年。第二年快結束的時候他去到另一個省，也就是她哥哥開店的那個地方。他出門前說：「親愛的爸爸媽媽，不要拋棄我的妻子。她一生下孩子，你們要立刻寫信給我。」兒子離開兩三個月後，妻子生下一個孩子，他的雙臂從手到手肘的部分都是金色的，身體兩側綴著星星，額頭上有一輪明月，心臟旁邊有一個閃亮的太陽。祖父母開心得不得了，立刻給心愛的兒子寫信，他們派一個老頭送信。與此同時，那個邪惡的嫂嫂已經得知這一切，於是她邀請老信差到她家：「請進來，老伯，」她說，「休息一下。」「不了，我沒有時間，我要送一份急件。」「請進，老伯，休息一下，吃點東西。」

她讓他坐下來吃飯，然後拿過他的包包，找到裡面的信，看完後撕成碎片，她寫了另一封信：「你的妻子，」信上這樣寫著，「生下一個半狗半熊的孩子，是她和森林裡的野獸在一起懷下的。」老信差到了商人兒子那裡，把信交給他，他看完大哭。他寫了回信，要他們不要傷害他的兒子，等他回家。「我回去以

後，」他說，「會看看他是什麼樣的孩子。」回程時女巫又邀請老信差到她家。「請進來坐一下，休息休息。」她說。她也再次用花言巧語迷惑他，偷了他帶的信，看完後撕成碎片，另外寫一封信，命令一收到信就把她的小姑趕出去。老信差把信送到，父母看了信都很傷心。「他為什麼給我們帶來這麼多麻煩？」他們說。「我們讓他跟這個女孩結婚，現在他又不要他的妻子了！」比起這個妻子，他們更是憐憫這個嬰兒。他們祝福了母子，把嬰兒綁在她的胸前，就送她走了。

女孩流著悲傷的眼淚離開了。她在空曠的野地裡走了很久，或者走了不久，到處都看不見樹林或是村莊。最後她來到一座山谷，感到非常口渴。她往右邊看，看到一口井，她想喝點井水，但是不敢彎身，怕孩子掉下去。然後她覺得井水似乎離她越來越近，她便彎身去喝水，此時孩子真的掉進井裡去了。她繞著井邊走，邊哭邊想要怎麼把孩子從井裡救起來。這時一個老人走過來對她說：「上帝的奴僕，你為什麼哭？」「我怎麼能不哭呢？我彎身要喝井水時，孩子掉進井裡去了。」「彎下腰把他抱上來啊。」「不，老伯，我不能啊，我沒有手臂，只有殘缺的胳膊。」「照我說的去做。把你的孩子抱上來。」她來到井邊，伸出半截手臂——蒙上帝保佑，突然間她的雙手變得完整了。她彎下腰，把孩子拉了上來，然後她不斷地感謝上帝，並向四面八方鞠躬致謝。

她祈禱完畢後繼續往前走，來到他哥哥和丈夫住著的房子，她請求讓她留宿。她丈夫說：「兄弟，讓這個女乞丐進來吧，女乞丐會說故事，還有她們親身經歷的真實的事情。」邪惡的嫂嫂說：「我們沒有地方給客人了，這麼多人太擁擠了。」「拜託了，兄弟，讓她來吧，我最喜歡聽女乞丐說故事了。」於是他們讓她進來了。她帶著嬰兒坐在爐灶上。女孩的丈夫說：「好，純潔的

人兒，跟我們說個故事吧，什麼故事都行。」

　　她說：「我什麼故事都不知道，但是會說真話。聽著，有一個真實的事情我可以說給你們聽。」於是她開始說了起來：「在某一個王國——不是在我們這片土地上——住了一個富有的商人，他有兩個孩子，一個兒子一個女兒。後來父母親都死了。哥哥對妹妹說：『妹妹，我們離開這個城鎮吧。我會租個店做生意，也給你找住的地方，我們一起生活。』他們去了另一個省。他們到了以後，哥哥就去商人行會註冊，租了一間布店。哥哥決定結婚，於是娶了一個女巫做妻子。」說到這裡，嫂嫂就嘟囔著說：「那個醜女人為什麼要用她的故事來煩我們呢？」但是女孩的丈夫說：「說下去，說下去，這位小媽媽，我最喜歡聽這樣的故事了！」

　　「於是，」女乞丐繼續講下去，「哥哥要去店裡做生意，就對妹妹說：『把家裡照顧好，妹妹。』他對自己的妹妹說這句話讓他的妻子很生氣，為了報復，她就把所有的家具砸壞了。」接著她繼續說到哥哥如何帶妹妹去參加彌撒，而砍斷她的手臂，以及她生了一個嬰兒，她的嫂嫂如何誘騙了老信差——這時嫂嫂再次打斷她的話，大喊：「她在胡說些什麼啊！」不過女孩的丈夫說：「兄弟，吩咐你的妻子不要吵，這是一個很好聽的故事，不是嗎？」

　　她說到丈夫寫信給父母，要他們不要傷害嬰兒，要等他回來，這時嫂嫂嘟囔著說：「胡說八道！」女孩繼續說自己如何以乞丐的身分來到他們家，這時嫂嫂又嘟囔著說：「這個老賤人在胡說些什麼啊！」女孩的丈夫說：「兄弟呀，吩咐她不要吵。她為什麼一直打斷人家的話呢？」最後女孩說到自己被允許進屋裡，說真實的事情而不是故事。然後她指著他們說：「這是我的

丈夫，這是我的哥哥，這是我的嫂嫂。」

她的丈夫跳向在坐在爐灶上的她，並說：「現在，我親愛的，給我看看孩子。讓我看看我父母親信上寫的事是不是事實。」他們把嬰兒抱過來，脫去他包著的外衣 ——室內都被照亮了！「所以這是真的，她不只是說了一個故事。這是我的妻子，這是我的兒子——他從手到手肘都是金色的——身體兩側綴著星星，額頭上有一輪明月，心臟旁邊有一個閃亮的太陽！」

這個哥哥從馬廄裡挑了一匹最好的母馬，把他的妻子綁在馬尾巴上，讓馬在空曠的田野上奔跑。馬把她拖在地上跑，最後馬只帶回她的辮子，其餘的部分全四散在田野裡了。之後他們給三匹馬套上馬具，回到了年輕丈夫的父母家，過著幸福富饒的日子。我也在場，還喝了蜂蜜酒和葡萄酒；酒順著我的鬍子流下來，卻沒有流進我的嘴裡。

→中國公主←
THE CHINESE PRINCESS
✦喀什米爾✦

在蒙兀兒皇帝沙迦罕統治時期，喀什米爾山谷的統治者是總督阿里馬丹汗。他很喜歡打獵。一天他在美麗的達爾湖附近的森林裡搜尋獵物，突然看到一頭公鹿。他丟下同伴追了上去。過了一會兒公鹿不見了，消失在一片樹叢裡。

阿里馬丹收緊韁繩等待，希望牠能從躲藏處出來，但是卻看不到一點影子。他又累又失望，正要回到同伴那裡，這時他忽然聽到有人在哭。他循著哭聲走去，發現一棵樹下坐著個美麗絕倫的少女，衣飾華麗，配戴著珠寶首飾。很明顯地她不是這個國家的人。

阿里馬丹被她的美貌迷住了。他下馬，問她是什麼人，為什麼哭。

「喔，大人，」她回答，「我是一個中國國王的女兒。我父親跟鄰省的統治者打仗時戰死了，我們很多貴族都被俘虜，但是我設法逃走了。從那之後我就四處流浪，最後來到了這裡。」

「美麗的姑娘，」阿里馬丹安慰她說，「你不用再流浪了。你不會受到傷害的，因為我是這個國家的統治者。」

中國公主聽到這話就哭了起來。

「喔，大人，」她說，「我為我父親哭，我為我母親哭，我為我的國家哭，我也為我自己哭。我會變成什麼樣子呢？沒有朋友也沒有家，我要怎麼活呢？」

「別哭了，可愛的人兒，」國王同情的說，「你就在我的宮裡

住下，你會很安全也很舒適的。」

「我很樂意這麼做，」女孩說著，但仍在哭泣，「如果你要我成為你的妻子，我應該也無法拒絕你。」

聽到這話，阿里馬丹臉上一亮。他握住女孩的手。

「來吧，我心愛的！我要娶你為妻。」他說，然後就把她帶到宮裡，他們很快就結婚了。

阿里馬丹和妻子快樂地過了一段時間，有一天她跟他說：

「為我在湖邊建一座宮殿吧，好讓我在陽臺上就可以看到我在水裡的倒影。」

於是阿里馬丹立刻下令建造新宮殿。成千上萬名工人和石匠參與工程，在最短的時間內，一座美麗的大理石宮殿矗立在達爾湖的岸邊，為這座湖增添美景。宮殿三面圍繞著花園，花園裡滿是芬芳的奇花異草，她和阿里馬丹就在湖邊的王宮裡快樂地生活著，而阿里馬丹對她的愛也日益加深。

但好景不常，一天早上阿里馬丹起床後感到身體不適。

「我的肚子痛。」他告訴他的中國妻子。

他不太擔心，但是疼痛持續了一整天，於是他的妻子派人找來御醫。御醫為他做檢查，給他一些藥，疼痛仍然沒有消減。於是阿里馬丹就關在房裡，由中國公主時時照料他的需求。許多天過去了，他的病還是不見好轉。

剛巧這時有一個瑜珈行者帶著一小罐水經過達爾湖畔。看到新的宮殿他很是驚訝。

「我從沒看過這裡有座宮殿，」他自言自語道，「不知道是誰造的？」

他感到很疲倦，天氣又熱，於是就走進宮殿旁的花園裡，坐在一棵樹下，置身花圃中讓他感到平靜，周遭鳥兒的歌聲又如此

甜美，很快地他睡著了。

這個時候，稍微感覺好一些的阿里馬丹正在花園裡散步。他在侍從的攙扶下緩緩走著。

阿里馬丹有一顆謙卑的心，對於聖潔之人一向十分尊敬，不論是哪種宗教，因此他沒有對闖入者生氣，反而笑了。

「不要打擾這位睡著的瑜珈行者，」他對侍從說，「把你們能找到最好的床拿來，再把這位聖人輕輕地放上去。」然後他看到了水罐，又說：

「也要好好照看它。」

兩小時後，瑜珈行者醒來，很驚訝自己躺在這麼舒適的床上。

一個侍從見他醒了，走過來說：「別擔心，你是喀什米爾總督阿里馬丹的客人，他想要見你。」

而後侍從注意到他在找什麼東西，就加上一句：

「你的水罐被我們安全保管著，請放心。」

於是他被領進總督的房間。他看到總督躺在床上。

「聖人，你休息得好嗎？」阿里馬丹溫和地問，「你是什麼人，從哪裡來？」

「大人，」瑜珈行者回答，「我是一位古魯[45]謙卑的弟子，古魯住在離此處有點距離的森林裡。古魯喜歡喝一處聖泉裡流出的泉水，隔段時間就會派我去拿水。上次我經過這裡時還沒有宮殿，所以今天見了頗為驚訝。不過我現在得離開了，我已經耽擱了，如果天黑前我還沒回去，古魯會很著急的。」

瑜珈行者謝過總督的好意，正要離開臥室，一陣疼痛襲向阿里馬丹。經過詢問，瑜珈行者得知總督患了神祕疾病，然後他離

---

45 Guru，古魯是大師的意思，通常用來指印度教或錫克教的宗教導師。

開了宮殿。

當天晚上瑜珈行者回到他的古魯那裡，向他講述當天的事情。他特別提到總督對他的熱情招待。古魯聽了很高興，然後弟子跟他說起總督生的怪病，到現在為止沒有醫生能治好。

「聽說他生病，我很難過，」大師說，「明天帶我去見他，我們看看能不能幫助他。」

第二天早晨，弟子就領著他的古魯去到王宮，並求見仍然關在臥室裡的總督。弟子把古魯介紹給阿里馬丹，並向他說明來訪的目的。

「噢，古魯，您的大駕光臨讓我感大莫大的榮幸，」阿里馬丹說，「如果您能治好我的病，我將終身感激您。」

「給我看你的身體。」古魯說。

他才剛解開衣服，古魯就問他：「你最近結婚了嗎？」

「是的。」阿里馬丹說，他簡短地告訴古魯他遇見中國公主並和她結婚的經過。

「正如我所料。」古魯說，然後他用嚴肅的語氣說：

「噢，總督呀！你真的病得很重，不過如果你照我說的去做，我可以治好你的病。」

總督很驚慌，向大師保證說他會照吩咐去做。

這天晚上，阿里馬丹按照大師的指示命人煮了兩種扁豆粥，一甜一鹹，然後兩種放在同一個盤子裡，鹹的在一邊，甜的在另一邊。當總督和他的中國妻子如往常一樣坐下來吃飯時，他把鹹的部分朝著她。她發現她的粥很鹹，但是看到丈夫吃得津津有味，她就沒有說話，安靜地吃著。

他們就寢的時間到了，阿里馬丹在古魯的指示下，已經命侍從把飲用水拿出臥室，並從外面把門鎖起來。

　　正如所料，半夜裡中國公主被渴醒了，但屋裡沒有水也出不了房間，她著急得不得了。她看看丈夫，確定他熟睡後就變成一條蛇，滑出窗子，到下面的湖裡解渴。幾分鐘後她用同樣方式回來，再度變成人形，躺回丈夫身邊。

　　阿里馬丹其實是在裝睡，而他被自己所看見的嚇壞了，之後就再也睡不著。第二天一大早他去找古魯，把夜裡發生的事告訴他。

　　「噢！總督，」古魯說，「正如你所見，你的妻子不是女人，而是拉彌亞[46]，是個蛇女。」然後他向阿里馬丹解釋道：

　　「如果一條蛇在一百年裡都沒有被人看到，牠的頭上會長出肉冠，而牠就成為蛇王；如果再過一百年還是沒有被人看到，牠就會變成龍；如果三百年都沒有人看過牠，牠就會成為拉彌亞。

46 Lamia，希臘神話中半人半蛇的女性怪物。

拉彌亞具有強大的法力，能夠隨意改變外形，而牠非常喜歡變成女人的樣子。這就是你的妻子啊，總督。」他說。

「太可怕了！」總督驚呼道，「難道沒有辦法擺脫這個怪物嗎？」

「有的，」古魯說，「只是我們必須小心進行，以免引起她的疑心，因為只要她有一絲懷疑祕密洩漏，她不僅會毀了你，也會毀了你的國家。所以你要完全照我告訴你的去做。」

於是古魯告訴總督他的計畫，總督立刻著手進行。總督在距離宮殿一段路的地方蓋了一間蟲膠[47]做的屋子，屋裡只有一間臥室和一間廚房，廚房裡有一座大烤爐，烤爐有牢固的爐門。

御醫勸阿里馬丹在這間房裡待四十天，在這段時間，除了妻子以外不讓任何人來看他。

他的妻子對於可以一人獨占他簡直太高興了。她高高興興照顧他，好幾天後，有一天阿里馬丹跟她說：

「醫生囑咐我要吃一種特別的麵包，麻煩你替我做。」

「我不喜歡烤爐。」她說。

「可是我的生命有危險，」總督說，「如果你真心愛我，就為我做吧，」

她沒有別的辦法，只能去烤麵包了。她去到廚房開始工作，而就在她彎身對著烤爐口，準備要翻動麵包時，阿里馬丹抓住這個機會，使盡全力把她推進烤爐，再牢牢關上爐門，讓她無法逃脫。然後他立刻衝了出去，依古魯的指示放火燒房子，因為房子是蟲膠做的，所以立刻燃起熊熊烈火。

「你做得很好，」剛好這時趕過來的古魯說，「現在你回王宮

---

47 是由紫膠介殼蟲吸取寄主樹的樹液後所分泌的樹脂。

去，休息兩天。第三天來這裡，我會給你看樣東西。」

總督照做了。兩天內他完全恢復了健康，就像他遇到假中國公主那天一樣的開朗和強壯。

第三天，阿里馬丹如約和大師來到蟲膠屋原先的所在處。這裡只剩下一堆灰燼。

「你仔細在這些灰燼裡面找，」師父說，「你會在裡面找到一顆小圓石。」

阿里馬丹找了幾分鐘。

「在這裡。」他終於說道。

「好，」大師說，「那麼，你要哪一個？石頭還是灰？」

「石頭。」國王回答。

「好，」古魯說，「那我就拿走灰吧。」

於是他小心翼翼地用袍子的下襬把灰燼包起來，就和他的弟子離開了。

阿里馬丹很快就發現了這顆石子的法力。原來它是點金石，一碰就能把所有的金屬都變成金子。不過那些灰燼的價值仍然是個祕密，因為阿里馬丹再也沒有見過古魯或他的弟子了。

✦貓女巫✦
THE CAT-WITCH
✦非裔美國人✦

　　這故事發生在奴隸制時代，在北卡羅萊納州。我聽我祖母說過太多次了。

　　我祖母是一戶奴隸主家裡的廚子和女傭──這家人一定是姓彼西特──因為她姓彼西特[48]。總之，這老爺家養綿羊，他會把剪下來的羊毛放在樓上。夫人指責廚子偷羊毛。「我的羊毛一天比一天少，有人偷走羊毛。」她知道除了女傭外沒有人能輕易地爬上去，於是就把她帶到外面，打她的背，老爺還用鞭子狠狠地抽她。

　　祖母上樓去打掃時，常常看到一隻貓臥在羊毛堆上，所以她想是這隻貓躺在那裡把羊毛壓實了，才會顯得少。於是她對自己說，要是再看到這隻貓，就用切肉刀砍下牠的頭。果然她又看到牠，於是她抓住貓的一隻前腳，一刀砍了下來。這貓跑下樓，逃出去了。

　　於是她拿起砍下來的貓腳看，貓腳變成一隻人手。這手的手指上有一枚金戒指，上面刻著一個名字的首字母。我祖母把手拿下樓給她的女主人看。我祖母不識字，但夫人是識字的，她看到戒指上的那個字母。於是大家起了一陣騷亂，他們開始談論它，就像鄰里街坊會做的事那樣，他們四處打探，想看看有誰斷了一隻手。結果他們發現是個富有的白種女人，她有蓄奴，不久前和

───────────────

48 早期美國黑奴只有名，沒有姓，之後有些黑奴以主人姓為姓。

一個年輕人結了婚。（女巫們不會在一個地方待很久，而是四處遊蕩。）第二天早上這個女人不肯起床為丈夫做早餐，因為她只有一隻手了。而當丈夫聽說了這件事，看到那隻手戴著她妻子的戒指，又看到她躺在床上少了一隻手，於是知道她就是貓女巫。他說他不要她了。

當時有殺死老巫婆的習俗。他們抓住她，把她綁在鐵柱子上，在她周圍潑焦油，再點火燒死她。

這女人學過巫術，她想要那些羊毛，而且能夠去任何地方，像風一樣，或像鬼魂一樣。她會在丈夫上床後溜出去，穿過鑰匙孔，必要時還能變成老鼠——她們會變身——去偷東西，帶回自己家。

我祖母說這事千真萬確。

✦芭芭雅嘉✦
The Baba Yaga
✦俄羅斯✦

　　從前有一對老夫妻，丈夫喪妻後再娶。他在第一次的婚姻中生了一個女兒，她年紀還很輕，卻不被邪惡的繼母喜歡，繼母經常打她，還想著要怎樣乾脆殺了她。有一天她父親外出去某個地方，繼母對女孩說：「你去我姊姊，也就是你的阿姨家，向她要一根針和線，好給你做件內衣。」

　　要知道這個阿姨是個芭芭雅嘉[49]，女孩也不是傻瓜，所以她先去到她真正的阿姨那裡，說：

　　「早安，阿姨！」

　　「早安，我親愛的！你來找我有什麼事呢？」

　　「媽媽要我去她姊姊那裡，向她要針線好給我做內衣。」

　　於是她的阿姨教她該怎麼做。「外甥女呀，那裡有一棵白樺樹，它會打到你的眼睛——你必須給它綁上一條緞帶；那裡有些門會吱嘎作響還會亂撞——你必須給絞鍊上油；那裡有一群狗，能把你撕成碎片——你必須把這些圓麵包扔給牠們；還有一隻貓，牠會把你的眼睛抓出來——你必須給牠一片培根。」

　　於是女孩離開了，她走啊走，終於來到那個地方。那裡有一間小屋，細腿[50]芭芭雅嘉正坐在裡面織布。

　　「早安，阿姨！」女孩說。

---

49 Baba Yaga，Baba 在斯拉夫語裡有祖母、婆婆的意思，也可譯成「雅嘉婆婆」。是斯拉夫民族傳說中的巫婆。

50 傳說中芭芭雅嘉有一雙細瘦的小腿。

「早安，我親愛的。」芭芭雅嘉回答。

「媽媽要我來向你要針線，好給我做內衣。」

「很好。你坐下，趁這時候織一點布吧。」

女孩就在織布機後面坐下，芭芭雅嘉走到屋外，跟她的女僕說：

「你去把洗澡水燒熱，要我的外甥女去洗澡。注意了，看緊她，我要把她當早餐吃掉。」

女孩坐在那裡嚇得半死。過了一會兒，她懇求女僕：

「我親愛的好阿姨，請把柴火浸濕，別讓它點著；也請用篩子去盛洗澡水。」她為她織了一條手帕當做禮物。

芭芭雅嘉等了一會兒，然後走到窗邊問：

「你在織布嗎，外甥女？你在織布嗎，我親愛的？」

「喔，是的，親愛的阿姨，我在織呢。」於是芭芭雅嘉又走開了。女孩給貓一片培根，問牠：

「沒有辦法逃出這裡嗎？」

「這把梳子和這條毛巾給你，」貓說，「你帶著它們走吧。芭芭雅嘉會去追你，你必須把一隻耳朵貼在地上，聽到她靠近的時候，先扔下毛巾。毛巾會變成一條很寬很寬的河。如果芭芭雅嘉過河來抓你，你必須再把耳朵貼在地上，聽到她靠近就扔下梳子，它就會變成濃密的森林，這片森林她怎麼樣都無法強行穿過的。」

女孩拿起毛巾和梳子逃走了。那群狗原本會撕咬她，但她把圓麵包丟給牠們，牠們就讓她走了；那些門本來會砰砰撞向她，但她往絞鍊上倒油，它們就讓她通過了；白樺樹本來會把她的眼睛戳出來，但她用緞帶繞著樹綁起來，樹就讓她走過去了。那隻貓坐在織布機前開始工作，沒織什麼布，反倒是胡弄瞎搞。芭芭

雅嘉走到窗前問：

「你在織布嗎，外甥女？你在織布嗎，我親愛的？」

「我在織呢，親愛的阿姨，我在織呢。」貓粗聲粗氣地回答。

芭芭雅嘉衝進小屋，看到女孩不見了，於是揍了貓一頓，罵牠沒有把女孩的眼睛抓出來。「從我服侍你以來，」貓說，「你連一根骨頭都沒有給過我，她卻給我培根吃呢。」芭芭雅嘉撲向狗、門、白樺樹和女僕，臭罵他們，還痛打他們一番。那幾隻狗對她說：「從我們服侍你以來，你連塊燒焦的麵包皮都沒有扔給我們，她卻給我們圓麵包吃呢。」門說：「從我服侍你以來，你連一滴水都沒有倒在我們的絞鍊上，她卻給我們的絞鍊上了油呢。」白樺樹說：「從我服侍你以來，你從沒有在我身上繫過一條線，她卻用緞帶綁在我身上呢。」女僕說：「從我們服侍你以來，你連一塊破布都沒有給過我，她卻送我一條手帕呢。」

細腿的芭芭雅嘉立刻跳進石臼，用搗杵駕著石臼飛起來，上路追趕女孩，並用掃帚把飛過的痕跡掃去。女孩把耳朵貼著地面，聽到芭芭雅嘉在追她，而且已經很近了，她扔下毛巾，毛巾

變成一條好寬好寬的大河！芭芭雅嘉追到了河邊，氣得咬牙切齒。她回家牽自己的牛群，把牠們趕到河邊，牛群把河水喝個精光，於是芭芭雅嘉再次上路追趕。女孩再次把耳朵貼著地面，當她聽到芭芭雅嘉靠近了，就扔下梳子，地上立刻冒出一片森林，而且茂密極了！芭芭雅嘉開始啃咬森林，但是不管她多麼用力，也沒辦法啃出一條路，所以她只好又回家了。

不過在這個時候，女孩的父親已經回到家，他問：

「我的女兒在哪裡？」

「她去她阿姨家了。」繼母回答。

不久後女孩跑回家來。「你去哪裡了？」她父親問。

「啊，父親！」她說，「母親要我去阿姨家要針線，好給我做內衣。可是阿姨是芭芭雅嘉，她要吃掉我！」

「那你是怎麼逃走的，女兒？」

「唉，是這樣，」女孩說，然後說明了整件事的經過。她父親聽完這一切後，對妻子大為憤怒，並且開槍殺了她。他和女兒繼續生活下去，過上了興旺的好日子，一切都很順利。

→板橋三娘子←
MRS NUMBER THREE
✦中國✦

　　唐代開封府西邊有家旅店名叫「板橋客棧」，店主是一個年約三十歲的女人。沒有人知道她是誰、從哪裡來，當地人叫她「三娘子」。她沒有子女，也沒有親人，應該是個寡婦。客棧舒適寬敞，店主家境富裕，養了許多上好的驢子。

　　除此之外，她的個性慷慨大方，如果旅客缺錢，她會算便宜，或是免費提供吃住，所以她的客棧常常客滿。

　　西元八〇六到八二〇年間，一個名叫趙季和的人要前往洛陽（當時的中國首都），他在板橋客棧過夜。客棧裡已經有六七位客人，在一間大臥房中各據一張床。趙季和最晚到，被分配在角落裡的一張床，貼著女店主臥室的牆。三娘子殷勤招待他，一如招待其他客人一樣。到了就寢時間，她為每個客人倒酒，自己也跟他們喝了一杯。只有趙季和沒喝，因為他不喝酒。夜深時，所有的客人都入睡後，女店主回房間，關上門，吹熄燭火。

　　不久後其他客人便響起和緩的鼾聲，但是趙季和卻感到焦躁不安。

　　大約半夜時，他聽到女店主在房裡搬動東西的聲音，就往牆上一個裂縫看去。只見她點一根蠟燭，從一個盒子裡拿出一頭牛、一個趕牛人和一套犁具，全都是六七吋高的木偶。她把它們放在爐灶旁邊的夯土地板上，嘴裡含著水，再噴向它們。它們立刻活了起來。趕牛人驅趕牛，牛也來回拉著犁，在一塊普通蓆子大小的地上犁出一道道溝。田地犁好後，她交給趕牛人一袋蕎麥

種子，他播了種，蕎麥種子立刻發芽，幾分鐘後開出花來，長出成熟的麥粒。趕牛人收集麥粒，脫好殼，交給三娘子。三娘子要他用一個小磨把蕎麥磨成粉然後她再把趕牛人、他的牛和犁——這些又再變回小小的木頭玩意了——放回盒子裡，然後用蕎麥粉做成燒餅。

雞鳴時分，客人們起身準備離開，但是女店主說：「你們一定要吃過早餐才能走。」並且把蕎麥餅放在他們面前。

趙季和十分不安，所以他謝了她，走出客棧。他回頭，看到那些客人一吃到餅就趴倒在地上，發出驢叫聲，每個人都變成一頭漂亮又強健的驢子，女店主立刻把驢趕進她的馬廄，拿走他們的財物。

趙季和沒有把他的經歷告訴任何人。但是一個月後，他在洛陽的事情辦完，回程又在板橋客棧停歇一晚。他身上帶了幾個新鮮的蕎麥餅，餅的大小和形狀，跟他上次來這裡時三娘子做的餅一樣。

客棧裡正好沒有別人，她的招待體貼周到。他上床前，她問他要不要吃點什麼。

「今晚不要，」他回答，「不過明早我想在出發前先吃點東西。」

「你會有一頓美味的餐點的。」女主人說。

夜裡，和之前一樣的種蕎麥戲法再次出現。第二天早上她把一盤蕎麥餅放在趙季和面前。她走開了一會兒，趙季和趁機從盤裡拿走一塊妖餅，換上一個他帶來的，然後坐等她回來。她回來後說：「你什麼都沒吃嘛。」

「我在等你，」他回答，「我有幾個餅。如果你不嘗嘗我的餅，我就不吃你給我的。」

「給我一個吧，」三娘子說。

趙季和把從盤子裡拿出來的妖餅遞給她，她的牙齒才剛碰到餅就趴倒在地上，發出驢叫聲，變成一頭漂亮又健壯的母驢。

趙季和給她套上挽具，騎她回家去，一併帶走那一盒木偶，但是他不知道咒語，沒辦法讓它們動起來，也沒辦法把人變成驢子。

三娘子是你能想像的最強壯也最有耐力的驢子，可以在任何路上一天走一百里。

四年後，趙季和騎著牠經過一座華山的寺廟，一個老人拍手大笑，說：「板橋三娘子，你這是怎麼啦？」然後他抓住韁繩，對趙季和說：「她曾經想害你，我承認，不過她已經贖夠她的罪孽了。現在讓我放她自由吧！」說完，他把籠頭摘下來，她立刻褪去驢皮變回人形，站了起來。她向老人行完禮便消失不見了。從那以後再也沒有人聽過她的消息。[51]

51 〈板橋三娘子〉故事自晚唐開始流傳，孫頠、薛漁思的著作裡都收有這個傳奇作品。

PART

6

不幸的家庭

UNHAPPY FAMILIES

✦趕走七個小夥子的女孩✦
THE GIRL WHO BANISHED SEVEN YOUTHS
✦摩洛哥✦

　　從前有個女人，她有七個兒子。每當她感到陣痛開始時，就說：「這次我會生個女兒。」但是每次都是生下男孩。

　　話說她又懷孕了，而她也快生了。產期接近時，丈夫的妹妹過來照顧她。她的七個兒子外出打獵了，但在出門前他們跟姑姑說：「如果我們的母親生了女孩，就把紡錘掛在門上，我們看見了就會回家來。如果她又生了男孩，你就掛一把鐮刀，我們看見了就會離開。」這個姑姑討厭她的姪子們，所以雖然生下的是個女孩，她還是把鐮刀掛在門上。七個小夥子看了就往沙漠去了。

　　這孩子被取名為「趕走蘇貝亞的烏黛亞」，意思是「趕走七個人的女孩」。她長大了，開始跟其他的女孩玩耍。有一天她跟朋友吵架，她們對她說：「如果你還有一點點好的地方，你的七個哥哥怎麼會在你出生那天離家去沙漠呢？」

　　烏黛亞跑回家找母親。「我有七個哥哥這事是真的嗎？」她問。「你有七個哥哥，」她母親說，「但是在你出生那天他們出去打獵，而——喔，叫人多麼傷心難過啊——從此我們再也沒他們的消息了。」「那我要去找他們。」女孩說。「你要怎麼找？我們這十五年都沒見過他們！」她母親問。「我要從世界的這頭找到世界的那頭，直到找到他們為止。」烏黛亞說。

　　於是她媽媽給她一頭駱駝當坐騎，還派給她一個男僕和一個女僕。他們出發不久，男僕說：「你下來，讓女僕騎。」「喔，我的媽媽！」烏黛亞叫了起來。她母親回答：「你為什麼叫我？」「男

僕要我從駱駝上下來。」烏黛亞說。她母親就要男僕讓烏黛亞騎，然後又往前走了一些路。男僕又想讓烏黛亞下來，她也再次喊「媽媽」，讓母親幫忙。然而到了第三次，她的母親就沒有回應她的叫喊了，因為已經走得太遠，聽不見了。男僕逼她下來，讓女僕騎上駱駝。烏黛亞光著腳走在地上，鮮血流了出來，因為她不習慣走這麼遠的路。

就這樣走了三天：女僕高高地騎在駱駝背上，烏黛亞走在下方，一邊哭一邊用布裹住自己的腳。第三天他們遇見一個商人的駱駝商隊。男僕說：「商隊的主人，你們有沒有看過七個男人在荒野裡打獵？」「你們中午前就會遇見他們了，他們的城堡就在這條路上。」

男僕在太陽下烘熱瀝青，把瀝青抹在烏黛亞身上，直到她的皮膚全變成黑色。他領著駱駝來到城堡大門，大聲喊道：「少爺們，好消息！我把您們的妹妹帶來囉！」七兄弟跑過去迎接父親的僕人，但他們說：「我們沒有妹妹。我們的母親生下的是兒子！」男僕讓駱駝跪下來，然後指著女僕說：「你們的母親生了個女孩，她在這裡。」七個哥哥從沒見過妹妹，他們怎麼知道呢？父親的僕人說這個女僕是他們的妹妹，而烏黛亞是他們妹妹的女奴，於是他們相信了。

第二天，哥哥們說：「今天我們要跟妹妹待在家裡，不出去打獵了。」大哥對黑女奴說：「你過來幫我找頭蝨。」烏黛亞讓哥哥的頭枕在她的膝頭，一邊梳他的頭髮一邊哭。一滴眼淚滴到她的手臂上。她哥哥搓了搓眼淚落下的地方，瀝青底下的白皮膚露了出來。「告訴我你的故事吧。」大哥說。烏黛亞抽泣著說出她的故事。她哥哥拿起劍進到城堡裡，砍下男僕和女僕的頭。他燒熱水，拿來肥皂，烏黛亞把自己洗到皮膚恢復成白色。她的哥哥

們說：「現在她看起來才像我們真正的妹妹。」他們親吻了她，當天和第二天都陪伴她，但是第三天他們說：「妹妹，把城堡門鎖上，因為我們要去打獵，七天以後才回來。把貓也關在家裡和你在一起，你要照顧牠，不管吃什麼都要分牠一份。」

烏黛亞和貓就在城堡裡等了七天，第八天她的哥哥們帶著獵物回來。他們問：「你害怕嗎？」「我怕什麼？」烏黛亞說。「我的房間有七扇門，六扇是木頭做的，一扇是鐵做的。」過了一段時間，哥哥們又要去打獵了。「沒有人敢接近我們的城堡，」他們告訴她，「你只要注意這隻貓。不管你吃什麼都要給牠一半。萬一發生什麼事，牠知道我們在哪裡打獵——牠和在窗臺上的那隻鴿子都知道。」

烏黛亞一邊打掃房間一邊等哥哥回來，看到地上有一粒蠶豆，就把它撿起來。「你在吃什麼？」貓問道。「沒什麼。我在掃攏的垃圾裡發現一顆蠶豆。」烏黛亞說。「你為什麼不給我一半？」貓問她。「我忘了。」烏黛亞說。「你看我怎麼報復你。」貓說。「只為了半顆豆子？」烏黛亞問。但是貓跑到廚房，在火上面撒尿，把火澆熄了。

現在沒有火可以燒飯了。烏黛亞站到城堡的牆上張望，看到遠處有亮光。她朝那個方向走去，走到那邊看到一個食屍鬼[52]坐在火邊。他的毛髮很長，長到一邊的鬍子成為身下的墊子，另一邊的鬍子成為蓋在身上毯子。「你好，食屍鬼伯伯。」烏黛亞說。食屍鬼回答：

奉阿拉之名，若不是你的問候，

52 Ghoul，流傳於阿拉伯世界的怪物，起源於伊斯蘭教傳播之前。食屍鬼具人形，但能改變形貌。

出現在說話的前頭，
此刻你周圍的山丘都會聽見
你年輕的骨頭被折斷、身體被撕裂！

「我需要火。」烏黛亞說。食屍鬼答道：

你要大塊火炭，必須給我皮膚一片
從最長的手指到你下巴下面。
你要小塊火炭，
從你的耳朵到你的拇指。

烏黛亞拿起那塊大火炭，開始走回家，鮮血從她的傷口流下來，一隻渡鴉跟在她後面，在每一處血跡上撒土，將它蓋住。她走到城堡門口，渡鴉飛到牆頭上。烏黛亞嚇了一跳，斥責牠：「願神讓你感到害怕，就像你嚇到我一樣。」「這就是善意的回報嗎？」渡鴉說。於是牠從牆頭上猛撲而下，在地上跑，扒開泥土讓原先蓋住的血跡露出來，從她家門口跑到食屍鬼的營地。

半夜食屍鬼醒來，跟著血跡走到七兄弟的城堡。他衝進城堡大門，但他發現女孩房間外的七扇門都是關著的──六扇門是木頭做的，第七扇是鐵做的。他說：

趕走蘇貝亞的烏黛亞，
你來的時候你的老父親在做什麼？

她回答：

在金色床架上安躺，
床罩是絲綢
床墊也一樣。

食屍鬼笑了起來，砸壞一扇木門，然後走了。但是後面幾個晚上都發生同樣的事情，直到他把六扇木門都打破了。只有第七扇門，那個鐵門，還留著。

烏黛亞害怕了。她在紙上寫了信息，找來哥哥們的鴿子，把紙用線綁在鴿子的脖子上。「喔，我哥哥們所喜愛的鴿子呀，」她說，「飛過我們上方的天空，把我的信帶給他們吧。」這隻溫順的鳥兒飛走了，一路沒停，直到落在大哥的腿上。大哥看著妹妹的信：

六扇門已被打破，唯有第七扇還在。
若還想再見到妹妹，就請趕快回來。

七個小夥子跳上馬鞍，下午還沒有過半就回到家中。城堡大門已經毀壞，妹妹房間的六扇木門都被砸成碎片。他們隔著第七扇鐵門大喊：「妹妹，妹妹，我們是你的哥哥，把你的門打開，告訴我們發生什麼事。」

她把經過講述一次，他們說：「願阿拉賜你智慧，我們沒有跟你說吃東西一定要給貓一份嗎？你怎麼能忘記呢？」接著他們為這食屍鬼的到來做準備。他們挖一個很深的坑，往裡面填木柴，點上火燒成炭，直到堆滿了熾熱的火炭，再用一塊地墊小心地遮住陷阱的開口，靜待食屍鬼。

食屍鬼來了，他說：

趕走蘇貝亞的烏黛亞，
你來的時候你的老父親在做什麼？

她隔著門回答：

他給騾子和驢子剝皮，
喝牠們的血，吃牠們的內臟。
蓬亂糾結的長頭髮
成為他躺臥的床。
喔，但願他掉落火堆
烘烤灼燒直到滅亡。

食屍鬼怒不可遏，大吼一聲，打壞第七扇門衝了進去。烏黛亞的哥哥們迎向他說：「來吧，鄰居，跟我們坐一會兒。」當食屍鬼兩腿一盤要坐在草墊上，就摔落到有火炭的大坑裡。七兄弟把木頭往他身上扔，越堆越高，直到他被燒個精光，連骨頭都不剩。他全身上下只剩下一片小指頭的指甲，這指甲跳到房子中間，就這麼待在那裡，後來烏黛亞彎腰用布擦地磚，指甲刺進她的手指，鑽到皮膚底下，就在這一刻，女孩倒在地上，沒了生命，也不會動了。

她的哥哥們發現她躺在那裡已經死了，全都放聲大哭。他們為她做棺材架，綁在父親的駱駝背上，對駱駝說：

喔，父親的駱駝啊，載著她，
載她回到母親身旁。
去的路上不要停留，

無論男人女人，都不要為他們止步，
只有為那個說「噓」[53]的人屈膝跪下。

　　駱駝站起身，遵照他們的命令，既不停歇也不奔跑，只在牠之前走過的路上往前走。走過一半路之後，三個男人看到牠像是無主的駱駝在荒野裡迷路。「我們把牠抓過來！」他們說，並且大喊要駱駝停下來，可是駱駝仍然繼續往前走。

　　突然其中一個人對他朋友喊道：「等等，讓我把鞋帶繫好！」駱駝一聽到「鞋」這個字，就放低身體，跪了下來。三人高興地跑過去抓住牠的韁繩。但是他們發現什麼？一個木頭棺材架，上面躺著一個沒有生命的女孩！「她的家人很有錢，」其中一人說，「你看她手上的戒指！」他腦中一出現這個念頭，就伸手去拔這枚閃亮的首飾。但在摘下戒指的同時，強盜把刺進烏黛亞皮膚裡食屍鬼的指甲給拔了出來。女孩坐起來，她又活了而且還有呼吸。「讓我起死回生的人，祝他長命百歲。」她說，然後讓駱駝調頭朝向她哥哥們的城堡。

　　這些小夥子歡迎他們失而復得的妹妹回來，全都喜極而泣，擁抱著她。「讓我們趁父母親健在的時候回去親吻他們的手吧。」大哥說。「你一向對我們而言就像父親一樣，」其餘的弟弟們說，「你的話就像父親的話。」於是七個人各自上馬，加上騎著駱駝的妹妹，一行八人出發回家了。

　　「噢，兒子們啊，是什麼讓你們離開了我生活的世界？」他們的父親在親吻他們並且歡迎他們之後說，「什麼事情讓我和你們的母親日夜為你們哀傷哭泣？」第一天、第二天和第三天，年

53 Shoo，趕走小動物發出的聲音，與後文情節提到的shoe（鞋）同音。

輕人只是休息，什麼都沒說。但在第四天他們吃完飯後，老大就道出他們的遭遇，從姑姑把他們騙到荒野一直到他們團圓。從這天起，他們全都生活在一起，而且十分幸福。

「趕走蘇貝亞的烏黛亞」的故事就說到這裡。

✦死人市集✦
The Market of the Dead
✦西非達荷美✦

　　從前有一個人有兩個妻子。第一個妻子生了一對雙胞胎，但是自己難產死了，所以孩子就由第二個妻子照顧。雙胞胎的哥哥叫輝斯，弟弟叫輝威。繼母搗穀子的時候，會把上面的細麵粉拿走，把不能吃的部份給他們。

　　有一天繼母給他們一人一個小葫蘆瓢，要他們去盛水。他們到溪邊取水，但回來的路上輝斯不小心跌倒，摔破了葫蘆瓢，弟弟說：「如果我們現在回家，她會放過我而去打輝斯，所以我要把我的瓢也砸了。」於是他把葫蘆瓢往地上扔，瓢就破了。

　　繼母看到這情形，拿鞭子抽了兩人一頓。

　　輝威說：「我要去買一顆珠子。」輝斯說：「對，我們每個人都買個珠子給庫[54]。我們要去找看守死者之門的人。也許他會讓我們看媽媽。」

> 墓很深，
> 很深，很深，
> 繼母買了葫蘆瓢，
> 輝斯摔破他的葫蘆瓢，
> 輝威也摔破他的瓢。
> 我們告訴了繼母，

54 Ku，達荷美神話中的死神。

她用鞭子抽打我們，
所以輝斯買了一顆珠子
輝威也買了一顆。

好。就這樣他們去見死者之門的守門人。他問他們：「你們
要做什麼？」

輝斯說：「昨天我們去盛水，我哥哥輝斯摔破了他的葫蘆瓢，
所以我也摔破我的瓢。我們的繼母打我們，一整天都不給我們吃
的，所以我們來求你讓我們進去。我們想看我們的媽媽。」

守門人聽了這話就打開門。

墓很深，
很深，很深，
繼母買了葫蘆瓢，
輝斯摔破他的葫蘆瓢，
輝威也摔破他的瓢。
我們告訴了繼母，
她用鞭子抽打我們，
所以輝斯買了一顆珠子
輝威也買了一顆。
我們把珠子給了守門人，
門就開了。

門裡面有兩個市集，一個是活人市集，一個是死人市集。

好。大家都問他們：「你們從哪裡來？你們從哪裡來？」活
人這麼問，死人也這麼問。兩個小孩說：「事情是這樣的，昨天

我們打破了繼母給的小葫蘆瓢，她打我們，不給我們吃的。我們求守門人讓我們進來看媽媽，好讓她再買兩個葫蘆。」

好。他們的媽媽來了，她在活人市集買了些阿卡撒[55]給他們，又轉身給一個活人錢，讓他在活人市集買兩個葫蘆給她的孩子。然後她去到死人市集，買了棕櫚果要給丈夫的另一個妻子，因為她知道那個女人非常喜歡棕櫚果。一旦那個女人吃了棕櫚果，一定會死。

好。媽媽對孩子們說：「好了，現在回家去，跟你們的繼母問好，謝謝她把你們照顧得很好。」

> 墓很深，
> 很深，很深，
> 繼母買了葫蘆瓢，
> 輝斯摔破他的葫蘆瓢，
> 輝威也摔破他的瓢。
> 我們告訴了繼母，
> 她用鞭子抽打我們，
> 所以輝斯買了一顆珠子
> 輝威也買了一顆。
> 我們把珠子給了守門人，
> 門就開了。
> 媽媽聽了我們的故事，
> 給我們買了兩個葫蘆，
> 好給我們的繼母。

55 Acasa是一種用玉米粉製成的糕點，包在香蕉葉裡。在達荷美、蘇利南等地，這種食物常用於宗教儀式中。

繼母去找這兩個男孩。她到處找，卻找不到他們去了哪裡。他們回家以後，她問他們：「你們去哪裡了？」

　　他們說：「我們去看我們的媽媽。」

　　但繼母罵他們，說：「不，你們撒謊。沒有人能見到死人。」

　　好。男孩們給她棕櫚果，他們說：「這些是我們的媽媽要給你的。」

　　另外這個妻子嘲笑他們，說：「所以你們找了一個死人來送我棕櫚果嗎？」

　　但是繼母吃了這些棕櫚果後就死了。

　　墓很深，

　　很深，很深，

　　繼母買了葫蘆瓢，

　　輝斯摔破他的葫蘆瓢，

　　輝威也摔破他的瓢。

　　我們告訴了繼母，

她用鞭子抽打我們，
所以輝斯買了一顆珠子
輝威也買了一顆。
我們把珠子給了守門人，
門就開了。
媽媽聽了我們的故事，
給我們買了兩個葫蘆，
好給我們的繼母。
在家裡我們的繼母想要贖命，
但是我們給了她
很多很多的果實。

　　在達荷美，人死以後，他的家人會去找占卜師，占卜師讓死者說話，你就能聽到他的聲音。當他們召喚死去的繼母時，繼母說：「告訴所有其他女人，我的死是由孤兒造成的。也告訴她們，瑪烏[56]說要是有好幾個妻子，其中一個妻子死了還留下孩子，其他人必須照顧死者的孩子。」

　　這就是為什麼，要是一個男人有兩個妻子，其中一個留下孩子死了，就要把孩子交給第二個妻子，而第二個妻子必須照顧死去女人的孩子，要照顧得比自己的孩子更好。而這就是為什麼絕對不能虐待孤兒的原因，因為一旦你虐待他們，你就會死。當天就會死。你甚至連病都沒有。我是知道的。因為我就是個孤兒。我父親從不讓我晚上獨自出門。每次我向他要什麼東西，他都會給我。

56 Mawu，達荷美神話中的造物女神。

✦娶兒媳的女人✦
THE WOMAN WHO MARRIED HER SON'S WIFE
✦因紐特族✦

　　從前有個老婦人，她想要兒子年輕貌美的妻子。她兒子是個獵人，時常一出門就是好幾天。有一次他不在時，老婦人坐下來，用海豹骨和海豹皮為自己做了一個陰莖，她把陰莖繫在腰間給她媳婦看，媳婦驚嘆道：「多好哇……」然後她們一起睡覺。不久後老婦人也開始像兒子一樣，駕著一艘大的皮製獨木舟出海捕獵。當她回來後，她會脫掉衣服，上下擺動乳房說：「跟我睡吧，親愛的小妻子。跟我睡吧……」

　　碰巧她的兒子打獵回來，看到母親獵的海豹堆在房子前面。「這些海豹是誰的？」他問妻子。

　　「不關你的事。」她回答。

　　丈夫懷疑妻子，於是就在屋後挖一個洞，躲在裡面。他認為是某個獵人趁他不在的時候霸占他的妻子。然而很快地，他看見他的母親划著獨木舟回來了，舟裡載著一隻很大的冠海豹。母子倆從來都只獵捕巨大的冠海豹。老婦人上了岸，脫掉衣服上下擺動乳房，說：「我可愛的小妻子，好心來幫我捉蝨子吧……」

　　兒子對母親的行為很不滿。他從躲藏處出來，狠狠地打老婦人，結果把她打死了。「好了，」他對妻子說，「你必須跟我一起離開這裡，因為我們家已經受到詛咒了。」

　　他妻子全身顫抖起來。「你打死了我親愛的丈夫！」她大喊，而且哭個不停。

✦小紅魚和金木屐✦

THE LITTLE RED FISH AND THE CLOG OF GOLD

✦伊拉克✦

在一個誰也不知道的地方，住了一個漁夫。他的妻子在大河裡淹死了，留給他一個還不到兩歲的漂亮小女孩。附近住著一個寡婦和她的女兒。寡婦開始到漁夫家照顧小女孩，幫她梳頭髮，每次她都會對女孩說：「我對你像不像母親呀？」她一直討好漁夫，但他總是說：「我絕不會再婚。繼母們都討厭丈夫的小孩，即使她們的對手都已經死了埋了。」他的女兒長大後，看到他自己洗衣服，很是同情他，開始跟他說：「父親，你怎麼不娶我們的鄰居呢？她不壞，而且她愛我像愛她自己的女兒一樣。」

人們都說水滴石穿。漁夫終於娶了寡婦，寡婦住進他家。結婚還不滿一週，她果然開始嫉妒丈夫的女兒了。她看到這個父親是多麼疼愛女兒並且寵愛她，而她也沒辦法不看見這孩子白皙又靈巧，自己的女兒卻又黃又瘦，而且笨手笨腳，連自己長裙的邊都不會縫。

女人一感覺到自己是這家的女主人，很快地就把所有的活都丟給女孩做。她不給繼女肥皂去洗頭髮和雙腳，只給她吃麵包皮和麵包屑。這一切女孩都耐心忍受下來，一個字也不說，因為她不希望父親傷心，而且她想：「是我自己把蠍子撿起來的，我要自己動腦筋救自己。」

除了各種工作外，漁夫的女兒還得每天到河邊把父親捕的漁獲拿回家，漁獲供他們吃，還能賣錢。有一天，籃裡三條鯰魚的下方突然有條小紅魚跟她說：

耐心受苦的孩子，

求你讓我不要死，

把我丟回水裡去，

從今往後做我的女兒。

　　女孩停下來聽，半是驚奇半是恐懼。然後她折回去，把魚丟進河裡，說：「走吧！人家說『做件好事，哪怕像把金子扔進海裡，在真主的眼裡也沒有丟失。』」小魚探出水面答道：

你的善良沒白費——

你有了個新媽媽。

傷心時來我這，

我會使你變快樂。

　　女孩回到家，把三條鯰魚給了她繼母。漁夫回到家，問起第四條魚，她告訴他：「爸爸，那條紅魚從籃子裡掉出來，可能掉進河裡了，因為我沒有找到。」「不要緊，」他說，「那是一條很小的魚。」但繼母開始罵她：「你沒告訴我有四條魚，你沒說你弄丟一條。現在就回去找，免得我詛咒你！」

　　已經過了日落時間，女孩必須摸黑走回河邊，她的眼睛都哭腫了，她站在水邊喊道：

紅魚啊，我的母親和保母，

快來幫我避開詛咒吧。

　　小紅魚在她腳邊出現，安慰她說：「雖然忍耐是苦的，但果

實是甜的。彎下腰來，拿走我嘴裡的金子，交給你的繼母，她就不會再對你說什麼了。」事情果然如此。

年復一年，漁夫家裡的生活像往常一樣繼續著。一切都沒有改變，除了兩個小女孩長成了年輕的女子。

有一天，一個大人物——商會會長——宣布說他的女兒要結婚了。依照習俗，女人們要在新娘的「海娜[57]彩繪日」聚集在新娘家，一邊看人用紅色的海娜染料裝飾女孩們的腳、手掌和手臂，一邊慶賀和唱歌。所以每個母親都會帶她未婚的女兒去讓有兒子的母親看。許多女孩的命運是在這一天決定的。

漁夫的妻子把女兒用力刷洗乾淨，給她穿上最好的衣裙，急忙把她送到商會會長家，和其他人一起。漁夫的女兒被留在家裡，要她在她們走後把水壺裝滿和掃地。

但這對母女才一走遠，漁夫的女兒就拎起裙子跑到河邊，向小紅魚訴說憂傷。「你要去參加新娘的彩繪儀式，坐在大廳中央

57 Henna，指甲花，常用來做皮膚、頭髮、指甲的染劑。

的墊子上。」小紅魚說。牠給女孩一個小包袱，說：「這裡有你所需要穿戴的一切，還有珍珠髮簪給你別在頭髮上，一雙金木屐給你穿。但你必須記住一件事：一定要在你繼母起身回家之前離開那裡。」

女孩解開包衣服的布，一件綠得像苜蓿一樣的絲綢禮服掉落出來。禮服是用金線和金色亮片縫製的，衣褶間散發出玫瑰精油的香氣。她趕快梳洗打扮好，把珍珠髮簪插到髮辮後面，穿上金木屐，輕快地去參加盛會。

城裡每一家的女人都到了。她們暫停交談，欣賞女孩的美貌和優雅的舉止，她們心想：「這一定是總督的女兒！」她們給她拿來雪酪和用杏仁與蜂蜜做的蛋糕，還要她坐在她們中間最尊貴的位子上。她四處張望，找她的繼母和她女兒，看到她們遠遠地坐在門旁邊，和農婦、織布工還有小販的妻子坐在一起。

繼母盯著她看，自言自語道：「噢，我們讚頌的阿拉，這位女士怎麼那麼像我丈夫的女兒啊！但人們不是常說『一團泥土捏出七個人』嗎？」繼母永遠不知道這位正是她丈夫的女兒呢！

我們別把故事拖長了。其他女人站起來之前，漁夫的女兒來到新娘的母親面前說：「阿姨，願這婚姻得到真主的祝福和恩寵！」說罷匆匆離開了。這時太陽已經下山，夜幕降臨。回家的路上女孩必須走過一座橋，橋下的小溪會流到國王的花園。因為命運和真主的旨意，她跑過橋的時候一隻金木屐掉了，落到下面的溪水裡。在暮色中下到水裡去找鞋，路太遠了，萬一繼母比她早回到家那可怎麼辦？於是女孩把另一隻鞋脫了，用斗篷裹住頭狂奔而去。

她回到家以後脫去身上美麗的衣服，把珍珠髮簪和那隻金木屐捲進裡面，藏在木柴堆底下。她往頭上、手上和腳上抹泥巴，

讓自己看起來髒兮兮，繼母看到她的時候，她正拿著掃帚站在那裡。繼母仔細看看她的臉，又檢查她的雙手雙腳，說：「太陽下山以後還在掃地？還是你希望把我們的命都掃掉？」

那隻金木屐怎麼樣了呢？水流把它帶到了國王的花園，它滾啊滾啊，最後進到一個水池裡，是國王的兒子牽馬喝水的地方。第二天王子牽馬來喝水的時候，看到馬每次低頭喝水時都會驚得後退。水池底會有什麼東西嚇到他的馬呢？王子叫來馬夫，馬夫從泥裡撈出一隻閃亮的金木屐遞給他。

當王子把這個美麗的小東西拿在手裡時，不禁開始想像那隻穿過它的美麗小腳。他走回王宮，內心騷亂，滿腦子都是那個擁有這麼珍貴鞋子的女孩。王后見他想得出神，就說：「願阿拉給我們好消息，為什麼這麼憂煩呢，我的兒子？」「母親，我想要您給我找個妻子！」王子說。「心思重重只為一個妻子而不是更多個嗎？」王后說，「如果你願意，我可以找一千個！但是告訴我，兒子呀，那個偷走你理智的女孩是誰？」「我要娶擁有這隻鞋的女孩。」王子回答，他告訴母親他是怎麼找到這鞋的。「你會得到她的，兒子，」王后說，「等明天天一亮我就開始找，沒找到她絕不會停。」

第二天王子的母親立刻開始行動，胳膊下夾著金木屐，從這戶人家到那戶人家。不管走到哪裡，只要看到年輕女子，就拿這鞋去比少女的腳底。王子坐在王宮大門口等她回來。「母親，有什麼消息嗎？」他問。而她說：「現在還沒有，兒子。耐心點，孩子，拿些雪抹在胸口，冷卻一下你的熱情。我會找到她的。」

於是搜尋繼續著。王后從這家大門進去，從那家大門出來，拜訪了貴族、商人和金匠的家。她看了工匠和店主的女兒們。她進到送水工和紡織工的小屋，在每戶人家都會停駐，最後只剩下

河岸邊漁夫們的茅屋。每天晚上王子探問消息時，她都說：「我會找到她，我會找到她的。」

漁夫們得知王后要到他們家的時候，漁夫詭計多端的妻子開始忙碌起來。她讓女兒好好洗了澡，給她穿上最好的衣服，再用海娜染她的頭髮、用眼墨塗眼眶，並且揉搓她的臉頰，讓臉頰泛紅光。不過當她站在漁夫女兒旁邊時，看起來仍然像陽光下的蠟燭。儘管這繼女挨餓、被虐待，但在阿拉的旨意和小紅魚的幫助下，她一天一天越長越美。不過現在她的繼母把她從房子裡拖到院子，接著把她推進烘烤窯，用攤麵團的圓陶盤蓋住烘烤窯的爐口，再用石磨上的轉石壓住圓盤。「在我來找你之前不許動！」繼母說。這個可憐女孩只好蹲在炭灰裡指望阿拉來救她，除此之外又能做些什麼呢？

王后來到，繼母把女兒推向前，說：「無知的孩子，快去親吻王子母親的手啊！」就和先前在其他人家裡做的一樣，王后要女孩到她旁邊，托起她的腳和金木屐比一比。就在這時候，鄰居的公雞飛進院子，啼叫了起來：

咕咕咕咕！
讓國王妻子知道
他們把醜的帶上場
把美的藏在別的地方！
咕咕咕咕！

牠又開始尖聲啼叫，繼母衝出去，揮動兩隻手臂要攆牠走。但是王后已經聽到了，就要僕人上上下下搜查。他們把窯口的蓋子推到一邊，發現了裡面的女孩——美麗得就像是爐灰中的月

亮。他們把她帶到王后面前，金木屐完全合腳，就好像是製作她腳的模子一樣。

王后很滿意，說：「從這一刻起，你的女兒已經跟我的兒子訂下婚約了。準備一下婚禮吧。希望一切順利，迎娶隊伍星期五會來接她。」她給繼母一個裝滿金子的錢包。

這個女人知道自己計畫失敗了，她丈夫的女兒要嫁給王子，而她自己的女兒還要留在家裡，她心中充滿憤怒和恨意。「我會讓他當晚還沒過完就把她趕回家！」她說。

她拿著裝金子的錢包去到調香師的店舖，要配一份瀉藥，這藥要強烈到能把腸子撕成碎片。看到金子，調香師在他的盤碟裡混合各種粉末。然後她還要了砒霜和石灰，這兩樣東西會損傷頭髮，使頭髮脫落。她還再加了一種聞起來像腐肉的油膏。

繼母開始為新娘做婚禮的準備。她用混入砒霜和石灰的海娜去染女孩的頭髮，再用腐臭的油膏塗在上面。之後她拎著女孩的耳朵，把瀉藥強行灌進她的喉嚨。不久後迎娶的隊伍來了，人們騎著馬打著鼓，鮮豔的衣服飄揚，一片歡聲笑語。他們把新娘抬上轎，接走她。她在音樂聲中來到王宮，接著是歌唱、吟詠和拍手聲。她走進臥室，王子掀起她的面紗，她光彩燦爛有如滿月。一陣琥珀和玫瑰的香氣使得王子把臉湊向她的頭髮。他用手指撫過她的頭髮，就像一個人在把玩著金絲布。這時新娘子開始感到肚子發沉，但是從她長裙下擺處掉落的是成千上萬枚金幣，直到把地毯和墊子都鋪滿了。

與此同時，繼母在家門口等待，說著：「現在他們會把她帶回來，讓她蒙羞。這下子她要又髒又禿地回來了。」可是她在門口一直站到黎明，都不見有人從王宮來。

王子他美麗妻子的消息開始傳遍全城，商會會長的兒子對他

母親說：「聽說王子的新娘有個妹妹，我想娶她為妻。」他母親去了漁夫的小屋，給漁夫妻子一個裝滿金子的錢包，並且說：「讓新娘準備好，如果神成全的話，我們星期五就來接她。」漁夫的妻子自言自語說：「如果我對我丈夫的女兒做的那些讓她的頭髮變成金絲，她的肚子變成金幣之泉，我難道不應該對我自己的女兒做同樣的事嗎？」於是她趕緊到調香師那裡，請他配同樣的粉末和藥物，只是藥性要比之前的更強。她為孩子做好準備，迎娶的隊伍來了。當商人兒子掀開新娘的面紗時，就像揭開墳墓的頂蓋一樣，臭味濃烈到他喘不過氣來，而她的頭髮在他的手中脫落了。於是他們把滿身污穢的可憐新娘包起來，把她送回去還給她的母親。

至於王子呢，她和漁夫的女兒過著幸福快樂的生活，神賜福他們，給了他們七個孩子，就像七隻金鳥一樣。

　　桑樹呀桑樹，
　　我的故事說到此。
　　如果我家不是這麼遠
　　我會帶給你一罐無花果和葡萄乾。

→壞心的繼母←
THE WICKED STEPMOTHER
◆西非：多哥◆

從前有個男人他有兩個妻子，第一個妻子生了一個男孩，另一個妻子沒有小孩。後來男孩的母親生病了，她知道自己時日不多後，就找來另一個妻子，把孩子託付給她，她說：「我就要走了，不得不離開我的兒子。你收留這孩子，照顧他，給他吃喝，就像他是你自己的孩子一樣。」另一個妻子答應了，沒過多久孩子的母親就死了。

但活著的那個妻子忘記自己的承諾，虐待起這個沒有母親的男孩，不給他吃穿，這可憐的孩子必須自己去尋找吃的和穿的。

一天，女人叫來男孩，要他跟她去叢林撿柴火。男孩聽她的話隨她一起去了。他們走出村子到很遠的地方，然後進到叢林裡去撿樹枝，男孩坐在一棵大樹的樹蔭下。不久他注意到從樹上掉下來很多果子，於是吃了起來，因為他餓極了，直到所有落地的果子都吃完了他的飢餓才止住。後來他睡著了，過一會兒他醒過來，發現自己又餓了。但地上已經沒有果子了，他個子太小，夠不到樹枝上的果子。於是他唱起歌來，而當他唱起一首讚美大樹的歌曲時，看啊！樹枝朝他彎了下來，讓他爬上去。他摘了足夠他吃的果子，還多摘了一些，用破舊的衣服兜起來準備帶回家。然後他一邊唱歌一邊爬下樹，等著繼母回來。不久後她回來了，於是兩人回了家。

幾天後，男孩坐在屋外吃著他摘回來的果子，女人看見了，問他那些是什麼，男孩告訴她。女人吃了一些，說味道很好，要

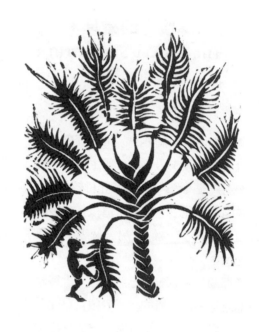

男孩跟她一起去找那棵樹，好再摘些新奇好吃的水果。

他們去了，走近那棵樹的時候，男孩又唱起歌來，樹順從地彎下樹枝，女人爬了上去，然後男孩停止唱歌，樹枝彈了起來，把女人帶到了樹上。女人呼喚男孩，但男孩回答說，尼阿美[58]給了他智慧，讓他知道該怎麼得到食物，因為她之前不照顧他，所以現在他也要丟下她。說完他就回到村子去了。

回到村裡，大家都問他女人去了哪裡，他回答說她去叢林裡撿柴火。夜晚到來，仍然沒見女人回來。村民聚集在村裡的樹下，又問了男孩，不過他的回答還是一樣。

第二天早上，人們再次聚集起來，求男孩告訴他們他把他的

---

58 Nyame，是加納—多哥地區阿坎人的至高神。

繼母留在哪裡了。他們求了很久，男孩終於同意了，帶他們進到叢林裡，人們看見女人待在樹頂上。他們問她是怎麼上到那裡去的，她告訴了他們。他們全都懇求男孩唱歌。他拒絕他們很久，但是他們也求了很久，所以最後他同意了，又唱起那首對大樹的讚頌之歌。樹枝立刻彎了下來，這女人也脫身了。

　　大家都回到村裡，把所見到的事情報告酋長。他立刻召集長老，並派人把女人叫來。他告訴女人，要是男孩不同意唱歌，她就不會得救。他要她講述她之前是怎麼對待這個沒有母親的孩子。女人承認她做錯了，酋長說：「現在要讓所有人都知道：當一個男人有很多妻子，每個孩子都應該被當作她們所有人的孩子。每個女人都應該把丈夫的兒子當作兒子，每個孩子都應該喊父親的每個妻子為母親。」

⇒塔格麗克和孫女⇐
TUGLIK AND HER GRANDDAUGHTER
✦ 因紐特族 ✦

　　從前有一場很大的獨角鯨獵捕活動，每個人都參加了，只有一個叫塔格麗克的老女人和她的孫女庫亞皮克沒有去。她們倆肚子都很餓了，可是不知道該怎麼打獵捕食。老塔格麗克知道幾個咒語，在一次恍惚中她念了出來，於是突然間她變成了男人，有海豹骨做的陰莖，和一團鯨皮做的睪丸。她的陰道變成了雪橇。她對孫女說：

　　「現在我可以去峽灣給我們弄些食物了。」

　　女孩答道：「但你沒有拉雪橇的狗啊？」

　　老婦人的法力很強，她用身上的蝨子變成一隊拉雪橇的狗，這些狗又吠又吼，準備要上路了，於是塔格麗克揮動鞭子，跟牠們向峽灣出發。一天又一天，她都是像這樣出門打獵，晚上總會帶回這樣那樣的獵物，哪怕只是一兩隻雷鳥。有一次，她在外頭捕獵時，一個男人來到她們的小屋。他四下看了看，說：

　　「小姑娘，這是誰的魚叉？」

　　「噢，」庫亞皮克說，「是我祖母的。」

　　「這獨木舟是誰的？」

　　「是我祖母的。」

　　「你好像懷孕了，你的丈夫是誰啊？」

　　「我的祖母是我的丈夫。」

　　「噢，我知道有一個人可以做你的好丈夫……」

　　老婦人回到家，雪橇上還丟著一頭海象。「庫亞皮克！」她

喊道，「庫亞皮克！」但是到處都看不見庫亞皮克。這女孩收拾所有的東西，跟她的新丈夫離開村子了。

塔格麗克覺得當個男人也沒有意義了——無論男人還是女人，只有自己一個人的時候，都是一樣的。於是她念了咒語，再次變成了一個滿臉皺紋的老太婆，雪橇又變回陰道。

✦杜松樹✦

THE JUNIPER TREE

✦德國✦

這一切發生在很久以前，很可能有兩千多年了吧。有一個富有的男人，他有一個美麗又虔誠的妻子，兩人十分相愛。他們沒有孩子，但是非常想要。日日夜夜妻子都祈求能有個孩子，但仍然沒有結果，還是和從前一樣。

他們家前面有一個院子，院子裡有一棵杜松樹。冬季裡有一天，妻子在樹下削蘋果，削著的時候割到了手指，鮮血滴到了雪地上。

「喔，」妻子長長嘆了一口氣。她看著眼前的血，難過了起來。「要是我有一個孩子，紅得像血，白得像雪，那有多好哇！」說完這話，她的心情改變了，變得相當愉悅，因為她感覺到或許會因此改變些什麼。然後她就回家了。

一個月後，雪消失了。兩個月後，萬物轉綠了。三個月後，花朵冒出地面。四個月後，樹林裡的樹木長得更粗壯了，綠色的枝條交錯纏繞。鳥兒開始歌唱，歌聲在林中迴響，花朵從樹上飄落。很快地第五個月過去了，妻子站在杜松樹下，樹的氣味如此香甜，使她的心也隨之歡喜雀躍。她是如此喜悅，不禁跪了下來。第六個月過去了，果實變大而且結實，她感到非常平靜。第七個月，她採了杜松果，狼吞虎嚥吃了起來，然後感到悲傷和噁心。第八個月過後，她把丈夫叫到身邊，哭了起來。

「如果我死了，」她說，「就把我埋在杜松樹下。」

之後她感到滿足和放心，第九個月過去了，她生下一個孩

子，白得像雪，紅得像血。她看到這個孩子時因為太過高興，以至於死了。

丈夫把她埋在杜松樹下，傷心痛哭。過了一段時間，他感覺好多了，但是仍然不時落淚。終於他不再哭了，又過了一段時間，他再娶了一個妻子，他和第二個妻子生了一個女兒——和第一個妻子生的是個男孩，紅得像血，白得像雪。這女人每當看到女兒心裡就充滿了疼愛，但只要看到那個男孩，她的心就被刺痛。她無法忘記這個孩子會永遠阻礙她，讓她的女兒無法繼承一切，然而那正是這個女人心心念念的。因此魔鬼控制了她，影響了她對男孩的感情，最後她變得對他非常殘酷：把他從這裡推到那裡、打他這裡敲他那裡，讓這可憐的孩子活在恐懼中。當他放學回到家，絕對得不到安寧。

有一次女人進到自己的房間，她的女兒跟在後面，說：「媽媽，給我一個蘋果。」

「好的，孩子。」女人說著，從箱子裡拿出一個漂亮的蘋果給她，這箱子有個又大又重的蓋子，上面有個尖銳的大鐵鎖。

「媽媽，」小女兒說，「哥哥不是應該也有一個嗎？」

這話讓女人很惱火，不過她說：「是啊，他放學回來就給他。」她往窗外看去，看到男孩正朝家裡走回來，魔鬼似乎占據了她，她一把奪過女兒手中的蘋果。

「你不應該比哥哥先吃。」說著她就把蘋果扔進箱子，關上箱蓋。

男孩走進屋裡，魔鬼強迫她和男孩友善地說話，她說：「你要不要一個蘋果呀，兒子？」而她卻惡狠狠地看著他。

「媽媽，」男孩說，「你看起來好兇啊！好的，給我一個蘋果。」

接下來她感覺自己必須哄哄男孩。

「過來這裡，」她掀起箱蓋說，「你拿一個蘋果。」

當男孩靠著箱子探頭進去時，魔鬼驅使了她，匡啷一聲，她重重關上箱蓋，因為力道太猛，男孩的頭飛了出去，落在蘋果裡。女人嚇到了，心想：我該怎麼擺脫罪責呢？她來到自己的房間，走到梳妝櫃，從抽屜裡拿出一條白方巾。她把男孩的頭接回脖子上，用這方巾繞著脖子綁好，這樣就什麼也看不出來了。她把男孩放在門前的椅子上，把蘋果塞在他手裡。

過了一會兒，小瑪琳走到廚房，來到媽媽面前，她媽媽正站在爐火前，不停地攪拌一鍋熱水。

「媽媽，」瑪琳說，「哥哥坐在門邊，看起來很蒼白。他手裡拿著一個蘋果，我要他把蘋果給我，可是他沒有回答，我好害怕。」

「你再去他那裡，」她媽媽說，「要是他不回答你，你就給他一記耳光。」

小瑪琳回到他面前說：「哥哥，把蘋果給我。」

他沒有回答，她就搧了他一耳光，於是他的頭掉了下來。小女孩被嚇壞了，嚎啕大哭起來，跑去跟媽媽說：「噢，媽媽，我把哥哥的頭打掉了！」說完她一直哭，無法安撫下來。

「瑪琳，」她媽媽說，「你做了什麼事啊！你不准張嘴說起這件事。我們不要讓任何人知道，而且現在我們也沒別的辦法了。那我們就把他燉了吧。」

母親拎起小男孩把他剁成小塊，放進鍋裡燉。瑪琳站在一旁哭著，直到所有的眼淚都流進鍋裡，鍋裡都不用加鹽了。

爸爸回家後坐在桌前，問：「我兒子在哪裡？」

妻子給他上了好大一份燉肉，瑪琳一直哭，停不下來。

「我兒子在哪裡？」爸爸又問了一遍。

「喔，」妻子說，「他到鄉下去探望他媽媽的叔公了，他打算在那裡待一陣子。」

「他在那裡做什麼？他都沒有跟我道別哩！」

「喔，他很想去，還問我他可不可以在那裡住六個星期。他們會好好照顧他的。」

「噢，這真讓我難過，」男人說，「這是不對的。他應該跟我道別的。」他吃了起來，然後說：「瑪琳，你哭什麼呢？你哥哥很快就會回來的。」緊接著又說：「唉呀，老婆啊，這東西真好吃！再給我一些！」他越吃就越想吃。「再給我一些，」他說，「我不跟你們分了，不知道為什麼我總覺得這些好像都是我的。」

他邊吃邊把骨頭扔到桌子底下，直到全部吃完。與此同時，瑪琳去她的衣櫃，從最底下的抽屜裡拿出她最好的絲巾，把桌子下面的骨頭收攏，用絲巾包好，拿到屋外。她流下痛苦的淚水，把骨頭放到杜松樹下。她一放好，突然感到如釋重負不再哭了。這時杜松樹開始動了起來。樹枝分開又合攏，像是歡樂地拍著

手。同時樹裡冒出濃煙，當中似乎有團火焰在燃燒，一隻美麗的小鳥從火中飛出來，唱起美妙的歌。牠衝向高空，消失之後，杜松樹又恢復之前的樣子。不過那條絲巾不見了。瑪琳高興極了，彷彿她的哥哥還活著一樣，她歡歡喜喜地回到家裡，坐到桌前吃飯。

此時，小鳥飛走了，停在一個金匠的屋頂上，開始唱著：

> 媽媽殺了我。
> 爸爸吃了我。
> 妹妹瑪琳把我的骨頭
> 收攏整齊，
> 整齊地包在絲巾裡，
> 放在杜松樹底。
> 啾啾，啾啾！我是多麼可愛的小鳥！

金匠正坐在自己的作坊裡，打造一條金鍊子。他聽到小鳥在他的屋頂上唱歌，覺得非常悅耳。他站起來，邁過門檻時掉了一隻便鞋，不過他還是繼續走，走到街道當中，只穿著一隻襪子和一隻便鞋。他繫著圍裙，一手握著金鍊子，另一手拿著鉗子。他走在街上，陽光明亮耀眼，然後他停下腳步，想要看看這隻鳥。

「小鳥，」他說，「你的歌聲真好聽！你再為我唱一遍吧。」

「不行，」小鳥說，「我從不白白唱兩遍的。你這條金鍊子給我，我就願意為你再唱一遍。」

「好，」金匠說，「這金鍊子給你，再唱一遍那首歌吧。」

小鳥俯衝下來，用右爪抓起金鍊子，飛到金匠面前唱了起來：

媽媽殺了我。

爸爸吃了我。

妹妹瑪琳把我的骨頭

收攏整齊，

整齊地包在絲巾裡，

放在杜松樹底。

啾啾，啾啾！我是多麼可愛的小鳥！

接著這隻鳥飛到一個鞋匠家，停在屋頂上唱著：

媽媽殺了我。

爸爸吃了我。

妹妹瑪琳把我的骨頭

收攏整齊，

整齊地包在絲巾裡，

放在杜松樹底。

啾啾，啾啾！我是隻可愛的小鳥！

鞋匠聽到歌聲，穿著襯衫就跑到門口，抬頭望著屋頂，一隻手罩在眼睛上方以免被明亮的陽光直射。

「小鳥，」他說。「你的歌聲真好聽！」他對著屋裡喊道：「老婆，快出來一下！上面有一隻鳥，你看。牠唱得多美妙啊！」他又叫來他的女兒和女兒的孩子們，還叫來雇工、學徒和女僕。他們全都跑到街上看這隻小鳥，看到牠多麼美麗。牠身上有鮮紅和鮮綠的羽毛，脖子像純金一樣閃耀，兩隻眼睛像星星一樣閃亮。

「小鳥，」鞋匠說，「你再為我唱一遍吧。」

「不行，」小鳥說，「我從不白白唱兩遍的。你必須送我一件禮物。」

「老婆，」這人說，「你到店裡。把架子頂層的那雙紅鞋拿給我。」

他的妻子拿了鞋子來。

「拿去吧，」男人說，「再唱一遍那首歌吧。」

小鳥俯衝下來，用左爪抓起鞋，飛回屋頂，唱了起來：

> 媽媽殺了我。
> 爸爸吃了我。
> 妹妹瑪琳把我的骨頭
> 收攏整齊，
> 整齊地包在絲巾裡，
> 放在杜松樹底。
> 啾啾，啾啾！我是多麼可愛的小鳥！

小鳥唱完後就飛走了。牠右爪抓著金鍊子，左爪抓著鞋子，飛了很遠的路，來到一座磨坊。磨坊發出喀提喀拉、喀提喀拉、喀提喀拉的聲響。磨坊主人有二十個工人坐在裡面，正在鑿一塊石頭。他們的鑿子發出喀哩喀拉、喀哩喀拉、喀哩喀拉的聲音。而磨坊也繼續發出喀提喀拉、喀提喀拉、喀提喀拉的聲響。小鳥從天空中俯衝下來，停在磨坊外的一棵椴樹上，唱著：

> 媽媽殺了我。

這時一個工人停下工作。

　　爸爸吃了我。

兩個人停下工作聆聽。

　　妹妹瑪琳把我⋯⋯

又有四個工人停了下來。

　　⋯⋯骨頭收攏整齊，
　　整齊地包在絲巾裡，

只有八個人還在繼續鑿石頭。

　　埋在⋯⋯

只剩下五個人了。

　　⋯⋯杜松樹底。

現在只剩下一個人了。

　　啾啾，啾啾！我是隻可愛的小鳥！

然後最後一個工人也停了下來，聽最後幾個字。

「小鳥，你的歌聲真美妙！讓我也聽聽，再為我唱一遍吧。」

「不行，」小鳥說，「我從不白白唱兩遍的。你把磨石給我，我就再唱一遍。」

「如果可以，我是願意的，」他說，「可是這磨石不是我一個人的。」

「如果牠再唱一遍，」其他人說，「就可以給牠。」

小鳥俯衝下來，二十個工人拿著長棍子去抬磨石。「嗨喲！嗨喲！嗨喲！」然後小鳥把脖子伸進磨石中間的洞，像戴項圈一樣地把磨石套在脖子上，然後飛回樹上唱著：

> 媽媽殺了我。
> 爸爸吃了我。
> 妹妹瑪琳把我的骨頭
> 收攏整齊，
> 整齊地包在絲巾裡，
> 放在杜松樹底。
> 啾啾，啾啾！我是多麼可愛的小鳥！

小鳥唱完之後張開翅膀飛走了，牠的右爪抓著金鍊子，左爪抓著鞋子，脖子上套著磨石，飛呀飛呀，飛到了父親家。

父親、母親和瑪琳正坐在客廳的桌邊，父親說：「喔，我多麼高興啊！感覺非常美好！」

「我可不是，」母親說，「我感到好害怕，好像暴風雨就要爆發了。」

這時候，瑪琳只是坐在那裡哭個不停。然後小鳥飛了過來，當牠停在屋頂時，父親說：「喔，我的心情真好。外面陽光這麼

明亮，我感覺好像要和老友重逢似的。」

「我可不是，」他的妻子說，「我害怕得牙齒都在打顫了。我感覺像是有火在我的血管裡流動。」

她拉開緊身胸衣。瑪琳坐在角落裡，仍然哭個不停。她拿著手帕搗住眼睛，一直哭到手帕浸滿了淚水。小鳥俯衝到杜松樹上，站在枝頭上唱了起來：

　　媽媽殺了我。

這母親蒙住耳朵，閉上眼睛，不想看也不想聽，但是她耳朵裡像是有狂風在怒吼，她的眼睛燃燒著，發出像閃電一樣的光芒。

　　爸爸吃了我。

「喔，孩子的媽，」男人說，「你聽那隻美麗的鳥兒唱得多好啊！太陽是這麼溫暖，空氣裡還有肉桂的味道。」

　　妹妹瑪琳把我……

瑪琳趴在膝蓋上，不停地哭著，但是男人說：「我要到外面去。我一定要就近看看這隻小鳥。」

「喔，別去！」妻子說，「我感到這整間房子都在搖晃，快要燒起來了！」

然而男人還是走出去看那隻小鳥。

　　……骨頭收攏整齊，

整齊地包在絲巾裡，
放在杜松樹底。
啾啾，啾啾！我是多麼可愛的小鳥！

唱完歌，小鳥丟下金鍊子，正好落在男人的脖子上，大小剛剛好。他回到屋子說：「你們瞧，那隻小鳥多好啊！牠送給我這條美麗的金鍊子，牠自己也和金鍊子同樣美麗！」

但是女人非常害怕，跌到了地上。帽子從頭上掉下來。小鳥又唱了：

媽媽殺了我。

「喔，我希望我在地底下一千英尺的地方，這樣就不用聽這個了！」

爸爸吃了我。

女人再次跌倒，像是死了一樣。

妹妹瑪琳把我……

「喔，」瑪琳說，「我也要去外面，看看小鳥會不會給我一些東西。」於是她走了出去。

……骨頭收攏整齊，
整齊地包在絲巾裡，

這時小鳥把鞋子丟給她。

　放在杜松樹底。
　啾啾，啾啾！我是多麼可愛的小鳥！

　瑪琳感到開心極了。她穿上新的紅鞋，蹦蹦跳跳回到屋裡。「噢，」她說，「我出去的時候是那麼難過，現在卻覺得非常快樂。那真的是一隻神奇的鳥兒。牠送我一雙紅鞋當禮物。」

　「我可不是。」妻子說，她跳了起來，頭髮像燃燒的火焰，「我感覺世界末日即將到來。也許到外面去會讓我感覺好些。」

　她剛走出門，啪一聲，小鳥把磨石扔到她頭上，把她砸死了。父親和瑪琳聽到巨響，走到屋外。磨石掉落的地方冒出濃煙和火焰，熊熊燃燒起來。燒完之後，只見小哥哥站在那裡。他牽著父親和瑪琳的手，三人都很高興。然後他們走進屋子，坐到餐桌邊吃飯。

✦諾麗哈蒂✦
NOURIE HADIG
✦ 亞美尼亞 ✦

　　從前有個有錢人，他有個美麗的妻子和一個美麗的女兒，女兒名叫諾麗哈蒂（意思是一小片石榴）。每個月，月亮出現在天空中時，妻子都會問：「新月呀，是我最美還是你最美？」月亮每個月都會回答：「你是最美的。」

　　但是當諾麗哈蒂長到十四歲，她已經比母親美麗得多了，使得月亮不得不改變答案。一天母親照例問月亮同樣的問題，月亮答道：「我不是最美的，你也不是。父親和母親唯一的孩子諾麗哈蒂，才是最美的。」諾麗哈蒂的名字取得太合適了，她的皮膚白皙，有玫瑰般的雙頰。要是你見過石榴，你就知道它有紅色的外皮，純白的裡，還有帶果肉的紅籽。

　　母親非常嫉妒，嫉妒得生了病躺在床上。諾麗哈蒂從學校回家後，她母親不肯看她，也不肯跟她說話。「我媽媽今天病得很重。」諾麗哈蒂自言自語道。當她父親回家後，她告訴他母親病了，不肯跟她說話。父親去探望妻子，溫和地問她：「你怎麼了，我的妻子？你什麼地方不舒服？」

　　「發生了一件事情，這事太重要了，我必須立刻告訴你。誰對你更重要，是你的孩子還是我？你不能兩個都選。」

　　「你怎能這樣說？」他問她，「你又不是繼母，怎麼能對親生骨肉說這種話？我怎麼能不要自己的孩子呢？」

　　「我不管你怎麼做，」女人說，「你必須除掉她，我永遠不要再見到她。殺死她，把沾血的上衣帶給我。」

「她是你的孩子，也是我的孩子，但要是你非要我殺她不可，我就這麼做。」父親傷心地回答。然後他走到女兒面前說：「來，諾麗哈蒂，我們要出門，你帶些衣服跟我走。」

他們倆走了很遠，直到天色暗了下來。「你在這裡等，我去溪邊取點水，吃飯的時候喝。」父親對女兒說。

諾麗哈蒂在那裡等啊等，等父親回來，但他並沒有回來。她不知道該怎麼辦，只好哭著穿過樹林，想找個棲身處。終於她看到遠處有亮光，走近之後發現她面對一幢大房子。「也許這些人今晚願意收留我。」她心想。但是她的手才碰到門，門就自己開了，進去之後身後的門立刻關上。她試著再把門打開，卻怎麼也開不了。

她在房子裡走來走去，看到許多寶物。有一個房間放滿金子，一個房間放滿銀子；一個房間滿是毛皮，一個房間滿是雞的羽毛，還有一間裝滿珍珠，一間擺滿地毯。她打開另一個房間的門，發現一個英俊的年輕人睡在裡面。她叫喚他，但他沒有回應。

突然她聽到一個說話的聲音，要她照顧這個年輕人，為他準備食物。她得把食物放在他床邊，然後離開；等她回來時，食物就會消失。她要這樣做上七年，因為年輕人被施了會持續七年的魔咒。於是她開始每天做飯，照顧這個年輕人。諾麗哈蒂離開後的第一個新月，她的母親問：「新月呀，是我最美還是你最美？」

「我不是最美的，你也不是。」新月回答，「父親和母親唯一的孩子諾麗哈蒂，才是最美的。」

「噢，這就表示我丈夫並沒有殺死她。」這個邪惡的女人自言自語道。她非常氣憤，於是躺到床上假裝生病。「你對我們美麗的孩子做了什麼？」她問丈夫，「你究竟做了什麼？」

「你要我除掉她，所以我除掉她了。你要我拿回她沾血的上

衣，我也拿了。」她丈夫回答。

「我跟你說這話的時候，我生病了，根本不知道我在說什麼。」他的妻子說，「現在我感到很抱歉，我打算把你這個殺死自己孩子的兇手交給官方。」

「我的妻子，你在說什麼啊？是你要我這麼做的呀，而現在你竟然要把我交給官方？」

「你必須告訴我，你把我們的孩子怎麼了！」這妻子大喊。丈夫不想告訴妻子他沒有殺死女兒，但他不得不說出來，好拯救自己。「我的妻子，我沒有殺死她。我殺了一隻鳥，把諾麗哈蒂的上衣沾了鳥血。」

「你得把她帶回來，否則你知道會有什麼後果。」妻子威脅道。

「我把她丟在森林裡了，不知道之後她怎麼樣了。」

「很好，那麼我會去找她。」妻子說。她前往遙遠的地方，但是都找不到諾麗哈蒂。每個新月她都問相同的問題，並確定諾麗哈蒂是最美麗的，所以她繼續尋找女兒。

諾麗哈蒂已經在這個被施了魔咒的房子裡度過四年，一天她看到窗外有一群吉普賽人在附近搭帳篷露營。她對他們喊道：「我在這上面很孤單，你們可不可以送來一個和我年紀差不多的漂亮女孩？」他們同意這麼做，她就跑到金房間抓了一把金幣，扔給吉普賽人，而吉普賽人把繩子的一頭扔給她，接著一個女孩拉著繩子的另一頭爬上來，很快地到了新主人的面前。

諾麗哈蒂和吉普賽女孩很快就成了好朋友，兩人決定分擔工作，一起照顧昏睡的年輕人。今天由這個人服侍他，明天再換另一個人，如此持續了三年。一個溫暖的夏日，吉普賽女孩正為年輕人搧風，他突然醒來了。他以為整整七年都是吉普賽女孩照顧他，於是對她說：「我是王子，你要做我的王妃，因為你照顧我

這麼久。」吉普賽女孩說，「你這麼說，那就這麼辦吧。」

諾麗哈蒂聽到兩人的談話，感到非常痛苦。在吉普女孩到來之前，她獨自在屋裡照顧了四年，之後和她的朋友一起照顧了三年，而要嫁給英俊的王子的，卻是另一個女孩。兩個女孩都沒有告訴王子她們倆之前的安排。

婚禮的一切都在準備了，王子計畫去城裡買新娘禮服。不過在他離開前，他跟諾麗哈蒂說：「你必定也服侍過我一段時間，告訴我，你想讓我帶什麼回來給你。」

「帶給我一塊堅忍之石吧。」諾麗哈蒂回答。

「你還要什麼呢？」他對這謙遜的要求感到驚訝，因而問道。

「你的幸福快樂。」

王子進城買了新娘禮服，接著去找石匠，要買一塊堅忍之石。

「這是要給誰的？」石匠問。

「給我的僕人。」王子回答。

「這是堅忍之石，」石匠說，「如果一個人把他的煩惱說給堅忍之石聽，石頭會發生變化。要是那個人的煩惱太大，大到堅忍之石無法承受這些悲傷，石頭會膨脹並且爆裂。如果一個人只是對自己小小的悲傷小題大作，那麼堅忍之石不會膨脹，說話的人倒是自己會腫脹起來，若沒有人來救，這個人就會爆開。所以你要在你僕人的門外聽著。不是每個人都知道堅忍之石的事，你的僕人很不尋常，必定有個重要的故事要講。如果她有這種危險，你要準備好隨時衝進去救她，以防她爆炸了。」

王子回到家，把禮服給了未婚妻，把堅忍之石給了諾麗哈蒂。這天晚上，王子在諾麗哈蒂的門外聆聽。這美麗的女孩把堅忍之石放在面前，開始講述自己的故事：

「堅忍之石啊，」她說，「我是一個富裕家庭的獨生女，我母

親非常美麗，但是我卻不幸生得比她更美。每到新月時，母親會問誰是世界上最美的人，而新月總是回答說我的母親是最美的。有一天我母親又問了，月亮告訴她諾麗哈蒂才是全世界最美的。母親非常嫉妒，要父親把我帶到外面殺了，再把我沾血的上衣拿回去給她。父親下不了手，讓我走了。」諾麗哈蒂說，「告訴我，堅忍之石，是我更堅忍還是你更堅忍？」

堅忍之石開始膨脹。

女孩繼續說：「父親離開我以後，我就一直走，直到我遠遠地看見這棟房子。我朝它走來，手一碰到門，門就神奇地自己打開了，而我一進屋，門就在我身後關上，關了七年。我在屋裡看到一個英俊的年輕人，一個聲音要我為他準備食物並照顧他。我就這麼日日夜夜做了四年，在陌生的地方獨自生活，沒有人聽我說話。堅忍之石，告訴我，是我更堅忍還是你更堅忍？」

堅忍之石又膨脹了一點。

「一天一群吉普賽人在我的窗下搭帳篷露營，我這些年都很寂寞，於是買了個吉普賽女孩，用繩子把她拉上來到我被關著的地方。我和她輪流照顧被施了魔咒的年輕人。她為他做今天的飯，我為他做明天的飯。三年後的一天，吉普賽女孩正為他搧涼時，年輕人醒了，看到她，以為這些年來都是她在照顧他，於是要和她結婚。這個我買下的吉普賽女孩，我把她當成朋友的人，竟然沒有對他提起我。堅忍之石，告訴我，是我更堅忍還是你更堅忍？」

堅忍之石不斷地膨脹、膨脹、膨脹。此時王子已經聽到了這個不尋常的故事，急忙衝進房裡，避免女孩爆炸。但就在他走進房間時，堅忍之石爆裂了。

「諾麗哈蒂，」王子說，「我選了吉普賽女孩做妻子而不是你，

這不是我的錯,我並不知道這整件事情的真相。你將成為我的妻子,而吉普賽女孩要做我們的僕人。」

「不,你已經跟她訂了婚,而且也做好婚禮的準備。你得和吉普賽女孩結婚。」諾麗哈蒂說。

「這不行。你必須做我的妻子和她的女主人。」於是諾麗哈蒂和王子結婚了。

與此同時,諾麗哈蒂的母親一直沒有停止尋找女兒。有一天她又問了新月:「新月呀,是我最美還是你最美?」

「我不是最美的,你也不是。阿達納的王妃才是最美的。」新月說。母親立刻知道諾麗哈蒂結婚了而且住在阿達納。她找人做了一枚非常漂亮的戒子,這戒指美得閃亮耀眼,沒有人能抗拒,但是她在戒指裡放了一種藥水,能使戴它的人昏迷。完成後,她找來一個騎掃帚飛行的女巫。「女巫啊,如果你把這枚戒指送去給阿達納的王妃,說是深愛她的母親送給她的禮物,事成後我會讓你得到你最想要的東西。」

就這樣母親把戒指交給女巫,女巫立刻啟程前往阿達納。女

巫到達時，王子不在家，所以她能單獨和諾麗哈蒂以及吉普賽女孩說話。女巫說：「王妃，這枚美麗的戒指是疼愛你的母親送你的禮物。你離家的時候她生病了，說了一些氣話，不過你父親不應該理會她的，因為她正承受著許多痛苦。」她留下戒指給諾麗哈蒂，然後離開了。

「我母親不希望我幸福，為什麼會給我這麼漂亮的戒指呢？」諾麗哈蒂問吉普賽女孩。

「一個戒指能做什麼壞事？」吉普賽女孩問。

諾麗哈蒂把戒指套進手指，才剛戴上，她就不省人事了。吉普賽女孩抱她躺在床上，但也沒辦法再多做什麼。

沒多久王子回到家，看到妻子沉沉地睡著。不管他們怎麼搖晃她，都沒辦法把她叫醒，然而她臉上卻掛著愉悅的笑容，任何人看到她都無法相信她處於昏迷中。她還在呼吸，但沒有張開眼睛，沒有人能喚醒她。

「諾麗哈蒂，這麼多年來都是你照顧我，」王子說，「現在我要來照顧你。我不會讓他們把你埋葬的。你會一直躺在這裡，吉普賽女孩夜裡守護你，我在白天守護你。」他說。於是王子白天陪伴她，吉普賽女孩夜裡陪伴她。三年裡諾麗哈蒂一次也沒有睜眼。醫生一個接著一個來，誰也幫不了這個美麗的女孩。

有一天王子又給諾麗哈蒂帶來一個醫生，雖然他一點忙也幫不上，卻又不想承認。當他跟這個被施了魔法的女孩單獨在一起的時候，他注意到那枚美麗的戒指。「她戴著這麼多戒指和項鍊，如果把這枚戒指拿給我的妻子，應該不會有人發現的。」他自言自語道。當他剛把戒指從她的手指上摘下來，她就張開眼睛坐了起來。醫生馬上把戒指戴回她的手指上。「啊哈！我知道祕密了！」

第二天他要王子承諾若是治好王妃的病，就給他許多財物。「只要你能治好我的妻子，你要什麼我都願意給你。」王子說。

醫生、王子和吉普賽女孩都來到諾麗哈蒂床邊。「這些項鍊和首飾是做什麼的？一個生病的女人穿戴這麼些華麗的飾物合適嗎？快！」他對吉普賽女孩說，「把這些都摘下來！」吉普賽女孩摘下所有的珠寶，除了那枚戒指。「那枚戒指也摘下來！」醫生命令道。

「可是這戒指是她母親送來的，是珍貴的紀念品。」吉普賽女孩說。

「你說什麼？她母親什麼時候給她一枚戒子？」王子問。吉普賽女孩還沒回答，醫生已經把戒指從諾麗哈蒂的手指上摘下來了。王妃立刻坐起來，並且開口說話。大家都很高興：醫生、王子、王妃和吉普賽女孩——吉普賽女孩現在是諾麗哈蒂真正的朋友了。

在這些年裡，每當母親問月亮那個永遠不變的問題時，月亮都回答：「你是最美的！」但是當諾麗哈蒂康復之後，月亮說：「我不是最美的，你也不是。父親和母親唯一的女兒，阿達納的王妃諾麗哈蒂，她才是最美的。」得知自己的女孩還活著，母親驚訝、憤怒到了極點，當場暴怒而死。

天上掉下來三個蘋果：一個給我，一個給說故事的人，一個給逗你開心的人。

❖美人和麻臉❖
BEAUTY AND POCK FACE
✦中國✦

從前有兩個姊妹，姊姊長得很漂亮，人人都叫她「美人」，妹妹則滿臉麻斑，所以大家都叫她「麻臉」。麻臉是第二個妻子生的，嬌生慣養，脾氣很差。美人很小的時候母親就去世了，死後她變成一頭黃牛，住在花園裡。美人很喜歡這頭黃牛，但牠過著悲慘的日子，因為繼母對牠很壞。

有一天，繼母帶醜女兒去看戲，把大女兒留在家裡。美人想跟她們一起去，但繼母說：「如果你整理好我屋裡那堆麻，明天就帶你去。」

美人在麻堆前坐下，過了很長時間，她只理好一半的麻。她哭哭啼啼地把這些麻拿到黃牛那裡，黃牛一口氣吞下整團麻，然後一點一點地吐出來，理得十分整齊。美人擦乾眼淚，繼母回到家後便拿給她，說：「媽媽，麻在這裡。我明天可以去看戲了吧？」

可是到了第二天，繼母又不帶她去了，她說：「你把芝麻和豆子分開就可以去了。」這可憐的姑娘只好一粒一粒挑揀，直到這累人的差事讓她眼睛發疼。她又去找黃牛，黃牛對她說：「你這傻丫頭，你得用扇子搧，好把它們分開。」這下美人明白了，芝麻和豆子很快地分好了。她把分好的種子拿去給繼母，繼母知道現在不能再阻止她去看戲了，但還是問她：「一個女僕怎麼這麼聰明？是誰幫了你？」美人只得承認是黃牛教她的，這讓繼母非常生氣。她二話不說把這頭黃牛宰掉吃了。美人很愛這頭牛，不忍心吃牠的肉，而是把牛骨頭收在一個瓦罐裡，藏到

自己的臥室。

　　一天過了一天，繼母還是沒有帶她去看戲。一天晚上，繼母又帶麻臉去了，美人氣得把屋裡所有的東西砸壞了，包括這個瓦罐。瓦罐一碎裂，從裂口裡冒出了一匹白馬、一件新衣和一雙繡花鞋。這些東西突然出現，她嚇了一大跳，但她馬上看出這些都是真的，便連忙穿上新衣新鞋，跳上馬背出了家門。

　　騎在路上時，她的一隻鞋掉進水溝裡。她想下馬去撿，卻又做不到，而她也不想把鞋留在那裡，正進退兩難時，一個魚販出現了。「魚販大哥！請你幫我撿鞋子。」他笑著回答說：「我很樂意，只要你肯嫁給我。」「誰會嫁給你啊？」她生氣地說，「魚販總是很臭。」眼看自己沒機會，魚販便繼續趕路了。接著是一個米店夥計經過，她對他說：「賣米的大哥，請把我的鞋子撿給我。」「沒問題，只要你願意嫁給我。」年輕人說。「嫁給賣米的！他們的身上滿是灰塵。」賣米的走了，很快地有個賣油的經過，她也請他幫忙撿起鞋子。「如果你同意嫁給我，我就撿起來。」他回答。「誰會想要嫁給你？」美人嘆口氣說道，「賣油的總是那麼油膩。」不久後有個書生走過，她也請他幫忙撿鞋。書生轉身看著她，說：「如果你答應嫁給我，我立刻就撿。」這個書生長相俊秀，因此她點頭同意了，他也就撿起鞋，幫她穿上。然後他領著她回自己家，並娶她為妻。

　　三天後，美人跟丈夫按照習俗回娘家拜見父母。繼母和妹妹態度大變，對待他們極為友好。到了晚上，她們想讓美人待下來，美人以為她們是出於好意，便同意多住幾天。第二天早上，妹妹拉著她的手，笑著對她說：「姊姊，你過來井裡看看。看看我們誰更漂亮。」美人沒有任何懷疑，走到井邊，俯身往下看，就在此時妹妹推了她一把，把她推到井裡，然後連忙用籃子蓋住

井口。可憐的美人失去知覺而淹死了。

　　過了十天，書生開始奇怪妻子怎麼還沒回來。他派人送信去問，繼母回信說他的妻子出了嚴重的天花，暫時不能回去了。書生信以為真，天天派人送來鹹蛋和病人吃的佳餚，而這些全進了醜妹妹的肚子裡。

　　兩個月後，繼母被書生不斷地送信給惹惱了，決定騙他一場，就把自己的女兒送回書生家，冒充他的妻子。書生見了大為驚駭，說：「天啊！你改變這麼多啊！你一定不是美人。我的妻子從來不是這樣的醜八怪！老天爺啊！」麻臉一臉嚴肅地說：「如果我不是美人，那你認為我是誰？你明知道我得了天花，病得很重，現在竟然不想要我了。那我去死！我去死吧！」她號啕大哭起來。心地善良的書生不忍見她哭泣，雖然心存懷疑，還是求她原諒，並且安撫她，她也就漸漸不哭了。

　　美人死後變成了一隻麻雀，麻臉梳頭時，牠就飛來唱著：「梳一下、吱吱，梳兩下、吱吱，梳三下、吱吱，梳到麻臉的脊椎骨。」這壞心的妻子回說：「梳一下，梳兩下，梳三下，梳到美人的脊椎骨。」書生對這番對話感到不解，於是問麻雀：「你為什麼這麼唱呢？難道你是我的妻子嗎？如果是，就叫三聲，我會把你放在金鳥籠裡養著。」麻雀叫了三聲，於是書生買來金鳥籠，把牠養在裡面。醜妹妹看到丈夫把麻雀養在籠裡，氣得要命，偷偷把麻雀殺了，扔到花園裡。麻雀又變成了竹子，長出許多竹筍。麻臉吃了竹筍，舌頭上生瘡，書生卻覺得竹筍美味極了。壞女人再次起了疑心，叫人把竹子砍了做成床。可是她躺在上面，就像有無數的針扎著她，書生卻覺得舒服極了。她十分光火，把床給扔了。

　　書生家隔壁住著個賣荷包的老婆婆。一天她回家時看到這

張床，心想：「沒人死在這裡，為什麼他們要把床扔掉呢？我拿進來吧。」於是她把床搬進屋裡，非常舒服地睡了一晚。第二天她看到廚房裡的飯菜都已經煮好了，她吃完飯，但有一點擔心，因為她不知道是誰做的。如此過了幾天，她發現一回到家就有飯吃，最後她抑制不住自己的焦慮，一天下午提早回家。她走進廚房，看到一個黑影正在洗米。她連忙跑上前去，一把摟住黑影的腰。「你是誰？」她問，「你為什麼給我做飯？」影子回答說：「我會告訴你一切。我是隔壁書生的妻子，我叫美人。我妹妹把我推到井裡淹死了，但是我的靈魂沒有散去。請你給我一個飯鍋當頭、一根棍子當手、一塊抹布做內臟、火叉當腳，然後我就可以回復原形了。」老婆婆照著她的要求給了她，眨眼間出現了一個美麗的姑娘，老婆婆見到這麼討人喜歡的姑娘很是開心，仔細地詢問她。她把一切都告訴老婆婆，然後說：「老婆婆，我有一個荷包，你一定要在書生家門外叫賣。要是他出來，一定要賣給他。」她交給老婆婆一個繡花荷包。

第二天，老婆婆站在書生家門外，高聲叫賣荷包。書生被吵得很惱火，出門問她賣什麼樣的荷包，她就拿美人的繡花荷包給他看。「你從哪裡得到的？」他問，「這是我送給妻子的。」於是

老婆婆就把整件事告訴書生，聽到妻子還活著，他非常高興。他和老婆婆安排好一切，把紅布鋪在地上，迎接美人回家。

　　麻臉看到姊姊回來了，一直不讓她好過。她抱怨說這女人是個鬼，只是假裝是美人。她提議二人比試一下，看看誰是真正的妻子。美人也不認輸，就說：「好，我們來比。」麻臉提議她們走在雞蛋上，誰踩破蛋殼誰就輸，但是她踩破了所有的蛋，美人一個蛋都沒踩破，她卻不肯認輸，堅持再比一回。這次她們要爬上用刀做成的梯子。美人先試，她爬上去又下來，沒受到一絲一毫的劃傷，但是麻臉還沒走兩階，雙腳就被割得見骨了。雖然她又輸了，還是堅持再比一回，這回是跳進熱油鍋裡。她巴望先跳的美人會被燙死，然而美人毫髮無傷地出了油鍋，而壞妹妹掉進去後再也沒有上來了。

　　美人把壞妹妹炸過的骨頭裝進盒子裡，叫一個說話結巴的老女僕送去給繼母，女僕應該說：「這是你女兒的肉。」但是繼母喜歡吃鯉魚，而聽成「鯉魚的肉」，還以為是女兒送了些鯉魚來，便興沖沖地打開盒子。當她看到盒子裡是女兒燒焦的骨頭時，慘叫了一聲，倒在地上死了。

❧ 老年 ❧
OLD AGE
✦ 因紐特族 ✦

有一個女人，她很老，瞎了眼，也不能走路。有一次她向女兒要杯水喝。女兒對老母親感到很厭煩，於是盛了一碗自己的尿給她。老婦人把尿全喝光了，然後說：「你是好人，女兒。告訴我，你喜歡哪個當你的情人，蝨子呢，還是海蠍？」

「噢，海蠍，」女兒笑著說，「因為我跟他睡的時候比較不容易被壓碎。」

於是老婦人從她的陰道裡拉出一隻又一隻的海蠍，直到最後她倒地身亡。

PART

7

道德故事

MORAL TALES

→ 小紅帽 ←
LITTLE RED RIDING HOOD
✦ 法國 ✦

從前有一個漂亮的小女孩，她的媽媽很疼愛她，她的奶奶更是疼愛她。這個好女人給她做了一頂紅色的兜帽，就像那些優雅的女士們騎馬時穿的。這頂兜帽好適合這孩子，很快地每個人都叫她「小紅帽」。

有一天，她母親用煎鍋烤了些蛋糕，對小紅帽說：

「你奶奶生病了，你去看看她。帶一塊蛋糕和一小罐奶油給她。」

於是小紅帽出門到鄰村探望奶奶。她穿過森林的時候，遇見一隻狼，狼想要吃她，但又不敢，因為附近有樵夫在工作。狼問她要去哪裡。這可憐的孩子不知道跟狼閒聊是多麼危險的事，還天真地說：

「我要去探望奶奶，把媽媽烤的這塊蛋糕和這小罐奶油給她。」

「你奶奶住得遠嗎？」狼問。

「喔，是呀，」小紅帽說，「你看到那邊那座磨坊嗎，再過去，那個村子的第一棟房子，她就住在那裡。」

「噢，那我也去看看她，」野狼說，「我走這條路，你走那條路，看誰先到。」

野狼抄近路跑過去，小紅帽走最遠的路，而且她一路遊蕩，採採堅果、追追蝴蝶，所以拖延了更多時間。

狼很快到了奶奶家。他叩叩叩地敲門。

「是誰呀？」

「你的孫女小紅帽。」野狼捏著嗓子說，「媽媽要我帶來一塊煎鍋上烤的蛋糕，還有一小罐奶油。」

奶奶因為身體不舒服躺在床上。她大聲叫道：

「拉開門閂，進來吧！」

狼拉開門栓，打開門。他已經三天沒吃東西了，便撲向這個好女人，把她吞了。然後他把門關上，躺在奶奶的床上等小紅帽。終於她來了，在門上叩叩叩地敲著。

「是誰呀？」

小紅帽聽到狼粗啞的聲音，以為奶奶一定是感冒了。她答道：

「我是你的孫女小紅帽呀。媽媽要我帶來一塊煎鍋上烤的蛋糕，還有一小罐奶油。」

狼捏著嗓子說：

「拉開門閂，進來吧。」

小紅帽拉開門栓，打開門。

狼看見她走進來，就藏在被單下，說：

「把蛋糕和奶油放到麵包箱裡，過來陪我躺著。」

小紅帽脫了衣服躺在床上。看到奶奶的樣子很奇怪，她感到很驚訝，就對奶奶說：

「奶奶，你的手臂好粗呀！」

「這樣才好抱住你呀，親愛的。」

「奶奶，你的腿好粗呀！」

「這樣才好跟你一起跑啊，親愛的。」

「奶奶，你的耳朵好大呀！」

「這樣才好聽你說話啊，親愛的。」

「奶奶，你的眼睛好大呀！」

「這樣看你才能更清楚啊，親愛的！」

「奶奶，你的牙齒好大呀！」

「這樣才好吃掉你啊！」

話說完，壞心的狼撲向小紅帽，也把她給吞了。

⇥洗腳水⇤
FEET WATER
✦愛爾蘭✦

　　很久以前，這個地方家家戶戶的人都會洗腳，就跟現在一樣，而且每當洗完腳，都應該把水倒到外頭，因為髒水絕對不能留在屋裡過一夜。老人家總是說，如果把洗腳水放在家裡不倒的話，就會有壞東西上門。他們也總是說，把水倒到外面的時候要喊「閃開！」，免得潑到哪個可憐人或鬼魂。不過這些都無關緊要，我得接著說我的故事了。

　　很久以前，利默里克郡東邊有個人煙稀少的地方，住著一個寡婦。一天晚上，她和女兒睡覺前都忘記倒洗腳水了。兩人才上床沒多久，就聽見有人敲門，外面有個聲音說：「鑰匙，讓我們進去！」

　　啊，寡婦什麼也沒說，她女兒也沒開口。

　　「鑰匙，讓我們進去。」那個聲音又喊了起來，天哪，鑰匙

竟然說話了：「我不能讓你們進來，我被綁在老女人的床柱上。」

「洗腳水，讓我們進去！」那聲音又說了，就在這時候，裝洗腳水的盆子裂開了，水流過廚房，接著門開了，走進三個男人和三個女人，男人拿著裝羊毛的袋子，女人帶著紡車。他們在爐火邊坐下，男人從袋子裡取出成堆的羊毛，三個小個子女人把羊毛紡成線，再由男人們把線裝回袋子裡。

這情形持續了兩三個小時，寡婦和女孩嚇得魂不附體。不過女孩還有一些腦筋，想起有一個聰明的女人住在不遠處，於是她走到廚房，拿起一個水桶。「你們忙完這些活兒，會想喝點茶的。」她大膽地說，然後走出門去。

他們沒有幫她也沒有攔她。

她走到聰明的女人那裡，講了這件事情。「這事很糟糕，幸好你來找我了。」聰明的女人說，「因為你很可能要走很遠才能找到一個能救你脫離他們的人。他們不屬於這個世界，不過我知道他們從哪裡來。你得這麼做……」她告訴女孩該怎麼做。

女孩回去，先在井邊打了一桶水，再回家。剛走上臺階，她碰地一聲扔下水桶，放聲叫喊：「仙子山[59]著火啦！」

一聽到這話，這些奇怪的男人女人立刻跑出門，往東朝著山的方向去了。

女孩進屋後趕快把破掉的洗腳盆扔出去，插好門栓。然後和母親回床上睡了。

沒有多久，她們聽到院子裡響起腳步聲，又有個聲音在外面喊：「鑰匙，讓我們進去！」鑰匙回答：「我沒辦法讓你們進來。我不是告訴你們說我被綁在老女人的床柱上了嗎？」「洗腳水，

---

59 Sliabh na mBan，愛爾蘭語，是仙子山或女人山的意思。仙子山位在愛爾蘭蒂珀雷里郡（Tipperary）。

讓我們進去！」這聲音又說。

「我怎麼有辦法呢？」洗腳水說，「我就在你們的腳下呢！」

他們憤怒地大吼大叫，卻無法進到屋子裡。他們白忙了。當洗腳水潑出去後，他們就沒辦法進去了。

我跟你說，寡婦或她女兒下次上床前忘記倒洗腳水和整理房子，那可是要很久很久以後了。

✦妻子們治好了吹牛病✦
WIVES CURE BOASTFULNESS
✦西非：達荷美✦

這個事情發生在很久以前。有一戶人家，一家之主早上把鴿子放出來的時候會把豆子和玉米混在一起，扔給牠們吃。鴿子吃完後，還有一罐水給牠們喝。

才剛吃飽喝足，這些鴿子就開始吹牛，惹得牠們的女伴很火大。牠們不停地說：「要是我看到某某，我就要跟牠打一架。要是我看到某某，我就要跟牠打一架。」公鴿子們老是這麼說。

母鴿子聚在一起，說：「我們的丈夫吃飽以後老是說：『要是我看到某某，我就要跟牠打一架。要是我看到某某，我就要跟牠打一架。』牠們真的這麼強壯嗎？」

母鴿子們去找禿鷹阿克拉蘇，跟牠說牠們的丈夫老是要找人打架。牠們說：「明天你過來一趟，牠們吃完飯你就去跟牠們打一架。但是不要打死牠們，嚇嚇牠們就好。」牠們又說了一遍：「但是不要打死牠們。」

禿鷹來了，待在附近一棵樹上。公鴿子們不知道牠在那裡，但是母鴿子們知道。像往常一樣，主人把鴿子放出來吃東西。日出時分，主人把玉米和豆子撒給牠們吃，吃完後牠們喝了水。

公鴿子們又開始說：「要是我看到某某，我就要跟牠打一架。要是我看到某某，我就要跟牠打一架。」話剛說完，禿鷹朝牠們撲過去，撕咬牠們，扯牠們的羽毛。

這時候母鴿子們在一旁觀戰。

公鴿子們大叫：「放過我們。我們說那些話只是要嚇唬那些

婆娘。放過我們吧。」禿鷹扯光牠們的羽毛，然後飛走了。

母鴿子們來到牠們丈夫身邊。這些公鴿子全沒了羽毛光禿禿的。母鴿子們嘲弄地重複說：「要是我們的丈夫看到某某，牠們就要跟牠打架。要是我們的丈夫看到某某，牠們就要跟牠打架。」

被打的公鴿子們把妻子推開，說：「你說什麼？你說什麼？」

所以今天鴿子總是說：「我不想打架。我不是來打架的。」

✦舌頭肉✦
TONGUE MEAT
✦史瓦希里✦

　　一個蘇丹和妻子住在王宮裡，可是他的妻子並不快樂。她一天比一天消瘦，一天比一天無精打采。在同一座城裡有個窮人，他的妻子健康、豐滿，而且很快樂。蘇丹聽說這事，就把窮人召進宮，問他有什麼祕訣。窮人說：「很簡單。我餵她舌頭肉。」蘇丹立即召來屠夫，要屠夫把城裡宰殺的所有動物的舌頭都只賣給他。屠夫鞠躬後告退，之後每天都把店裡所有動物的舌頭送到王宮。蘇丹要廚子烘烤、煎炒、炙燒、醃漬這些舌頭，把食譜裡每道舌頭菜都做出來。王后必須吃掉這些東西，每天吃三四次，卻不見成效，她變得更瘦弱，身體也更差。蘇丹命令窮人跟他交換妻子，窮人不甘願地答應了。他把瘦弱的王后帶回家，把自己的妻子送去王宮。唉呀，到了王宮她卻變得越來越瘦，儘管蘇丹給她美食佳餚。很顯然，在王宮裡她無法健康又活潑。

　　窮人晚上回家後會問候他的新（王室）妻子，跟她說些他看到的事情，尤其是好笑的事，然後跟她講故事，這些故事逗得她哈哈大笑。接著他會拿出斑鳩琴唱歌給她聽，他知道的歌可真多呢。他陪她玩耍到夜深，不斷地逗她開心。看啊！王后沒幾個星期就長胖了，變漂亮了，皮膚又亮又緊，像個少女似的。她整天笑嘻嘻，回想新丈夫告訴她的趣事。蘇丹召她回宮時她拒絕了，於是蘇丹去找她，發現她煥然一新，變得很快樂。他問她這個窮人對她做了些什麼，她便告訴他。蘇丹這時才明白「舌頭肉」是什麼意思。

⤙ 樵夫的有錢姊姊 ⤚
THE WOODCUTTER'S WEALTHY SISTER
✦ 敘利亞 ✦

從前有個男人，他有十個小孩，一家人住在山腳下。他每天到山頂撿木材，再拿到城裡去賣。太陽下山時，他飢餓的家人會等著，盼著他回來，而他會帶回一條麵包，也許加一個洋蔥或橄欖調味。他很窮，更糟的是他不但缺錢更缺腦子。

有一天，山頂的枯木幾乎都沒了，他決定去遠處另一座山試試，那個山上長滿了樹。黃昏他背著木材往家裡走，遇到一個衣著考究的女人，女人手上戴著的金手鐲發出匡噹的聲音，華麗的衣飾沙沙作響。「噢，我的弟弟，你不認得自己的姊姊了嗎？」她問，「我等你來找我，等了又等，都等不到，不是每個人都有好心腸啊。」「我沒有姊姊。」男人說。「什麼？你竟然完全不認我？但是，告訴我，弟弟，你在這裡做什麼？」「我幹活了一整天，正要回家。」樵夫嘆口氣。「你應該讓自己歇一歇，放下這些苦差事，讓我來照顧你，」女人說，「為什麼不來分享我的財富呢？帶上你的孩子和妻子，來跟我一起住在我的大房子裡。我有很多好東西，你想要什麼都會有。」「是嗎？」男人不知道該說些什麼，就這麼回答。「我會騙我的親弟弟嗎？」女人說，「你現在就跟我來，親眼看一看，這樣你明天就認得路了。」她拉起他的手帶他走。

她的房子多好啊！一袋又一袋的小麥、扁豆和乾鷹豆！一排排的罐子裡裝著橄欖油和奶油！女人請樵夫吃飯，還為他烤一隻小羊羔。「這難道沒有讓你想起以前的日子嗎？」她問他。這個

可憐的人像個乞丐一樣撲向食物，因為他已經好幾個月沒吃到肉了。「我從來沒看過她，可她不是我的姊姊還能是誰呢？」他尋思著，「還有誰會這麼歡迎我，還有誰會這麼熱誠的招待我呢？」他急忙回家告訴妻子，他跑得那麼快，沒有摔傷還真是個奇蹟哩！

　　但是樵夫的妻子可不相信。「如果我真有個大姑，我會沒聽說過嗎？」她問，「如果她不是我的大姑，她要我們和她住在一起，對她有什麼好處呢？」她想跟丈夫講道理，也試著勸他，可是到最後她不得不叫來十個孩子，用繩子牽著他們家瘦骨嶙峋的奶牛，跟著丈夫去了他姊姊家。

　　一場又一場的盛宴等著他們，整整一個月的時間，他們什麼也沒做，只是吃吃喝喝和躺在樹蔭下休息。孩子們原本削瘦如刀刃般的臉龐開始豐潤起來。樵夫笑著說：「所有的苦差事都要受到詛咒！願阿拉永遠不要喚回那些疲憊的日子，讓我們永遠這樣生活下去——像涼爽日子一樣的清爽舒暢。」

　　之後的一天晚上，樵夫一家人在樓下的房間裡睡覺，這姊姊悄悄地從頂樓走下來，邊試著開門邊咕噥著：

　　　　我所有的油脂和麵粉都被吃光，
　　　　不過現在他們已經長胖；我不需要等太長。

　　原來這是一個吃人肉的女食屍鬼。栓在門柱上的奶牛轉向這怪物，說：

　　　　我的眼睛能像火焰地燒你，
　　　　我的尾巴能把你抽成癱子，

我的角能撕裂你、刺戳你，讓你變成殘廢。

於是女食屍鬼只好原路返回。

第二天晚上，怪物又悄悄地下來，奶牛和昨晚一樣不讓她靠

近。但是第三個晚上，奶牛為
了阻擋食屍女鬼，蹄子踢到木
門，吵醒了樵夫的妻子。因此
女人聽到丈夫的姊姊說：

我所有的油脂和麵粉都被吃
光，
不過現在他們已經長胖；我
不需要等太長。

她也聽到了奶牛的回答：

我的眼睛能像火焰地燒你，
我的尾巴能把你抽成瘸子，
我的角能撕裂你、刺戳你，
讓你變成殘廢。

她搖搖丈夫，想把他叫
醒，可是他吃太多睡太沉，動
也不動一下。

早上妻子告訴樵夫她在夜裡聽到的一切，他說那一定是她在
做惡夢。到了中午，他的富姊姊過來跟他說：「我的弟弟呀，今

天我很想吃牛肉。你肯定不會捨不得把你那頭瘦骨嶙峋的畜生給我吧？」一個人怎麼能拒絕姊姊呢？於是他殺了這頭奶牛讓妻子煮肉。她把最美味的部分放在盤子裡，要大女兒端去給姑媽。當女孩往姑媽的房間裡看去，看到的不是姑媽而是一個惡魔，頭髮亂蓬蓬，眼睛紅通通，屋梁上掛著一具具男人和女人的屍體。她沒說話，躡手躡腳地往回走，但是匆忙間她在樓梯上絆了一下，把食物全撒到地上。母親過來責備她，女孩把剛剛見到的告訴母親。母親把這事再說給父親聽，但樵夫仍然說：「那是幼稚的說法。你應該感謝神，並為我們得到的福分禱告，怎麼會想把這麼舒適的生活給踢開呢？」

　　這天晚上再也沒有奶牛阻止女食屍鬼進房間了。樵夫的妻子看到惡魔摸摸床上每一個孩子，自言自語地重複說：

> 我所有的油脂和麵粉都被吃光，
> 不過現在他們已經長胖，我不需要等太長。

　　「大姑，你要做什麼？」樵夫的妻子喊道，她整夜都沒有闔眼。「我只是在給我的侄子侄女蓋被子，免得他們著涼。」女食屍鬼說完就上樓回到自己的床上。

　　第二天，樵夫的妻子煮了一鍋扁豆泥湯給孩子們吃，看著他們把湯汁潑灑出來弄髒了衣服，也不說一句話。然後她去找大姑，說：「我要去溪邊洗孩子們的衣服，把你的銅鍋借給我，這樣我就可以燒熱水，也給孩子們洗澡。」她去到河谷，生起火，把潮濕的木頭堆在火上，好讓火堆冒煙。接著又掛了幾條破布，讓風能吹動，再把孩子們叫到跟前。然後她禱告：「噢，阿拉的庇護大門，為我們打開吧！」她咬住長袍的底邊，牽著孩子們的

手，跑呀跑，離開了女食屍鬼的家，跑回山腳下自己的房子。

　　女食屍鬼不時走到屋外朝河谷望去。她看到濃煙升起，衣服在風中飄動，就說：「她在那裡，還在忙著洗呢！」但是當天色漸漸變暗，太陽開始西沉，她的客人們仍然沒有回來時，她急忙趕去看看究竟是什麼耽擱了他們。結果她發現那裡空無一人，母親和孩子們都不見了。她放聲怒吼，連周圍的山都在嗡嗡響。她哭喊道：

　　　　我為什麼要一直養胖他們？
　　　　明明我早就可以吃了他們！

　　正在門外葡萄樹下打盹的樵夫，聽到了她的號叫，現在開始驚慌了。他打量四周，想找個地方藏身。他聽見女食屍鬼走過來，也知道她的刀子這時已磨得又尖又利，只衝著他來，不為別人。嚇得他栽進一個垃圾堆裡，把全身都埋了進去。女食屍鬼像一陣暴風般衝進院子，咬著手指，呼呼地噴著鼻息。她從屋頂的鴿子籠到樓梯下面的雞舍，裡裡外外搜尋他。

　　最後女食屍鬼爬到垃圾堆上，想要看得更清楚。當她把身體重心移到樵夫躲著的地方時，樵夫打了個好大的嗝。「是你在嘆氣嗎，我的頭巾？」惡魔大喊，於是她把頭巾扯了下來。她踮著腳尖想盡量看遠，這時樵夫的肚子裡又是一陣咕嚕聲。「是你在抱怨嗎，我的袍子？」她說。於是她也把袍子丟了。這下她光著毛茸茸的身體站在那裡，分明就是一個兇惡的女食屍鬼，誰見了都會逃跑。她又聽到下面樵夫的聲音，便說：「是垃圾在發出聲音！我看看是為什麼。」她把垃圾一半往右推，一半往左推，把可憐的樵夫拉了出來。

「好了，」她說，「告訴我，我的弟弟，我的牙齒應該先咬哪裡？」

　　先吃我的兩隻耳朵
　　它們對我妻子的恐懼不聽勸說！

他哭了。「然後呢？」惡魔說。

　　然後吃我的兩條手臂
　　它們拖她進到這樣的慘悲。

「然後？」

　　最後吃我的雙腿
　　它們不往她懇求的地方回。

　　如此這般，直到她把他吃得一乾二淨，再也沒有什麼可以提問或回答的了。不過這就是懶人的下場：他們用自己的雙手挖坑，結果卻掉了進去。

　　我的故事已經盡力說好。
　　現在該你說一個作回報。

⇢ 慢慢逃走 ⇠
Escaping Slowly
✦ 牙買加 ✦

一隻山羊媽媽帶著兩隻小羊走在路上，想要找些甜美的青草，這時快要下雨了，等到雨真的下起來了，她跑到一塊突出的岩石下方避雨，卻不知道那裡正是獅子的家。獅子看到三隻山羊來了，發出雷鳴般的呼嚕聲。

這聲音讓山羊媽媽和小羊都很害怕，山羊媽媽說：「晚安啊，牧師。」獅子說：「晚安。」她說她正在找牧師給兩個孩子施洗，因為她想給他們取名字。獅子說他很樂意效勞：「這隻就叫『晚餐』，那隻叫『明天早餐』，而你就叫『明天晚餐』。」

聽到獅子吼出這些話，山羊們真是被嚇壞了，小羊的心臟砰砰砰地跳著。獅子問山羊媽媽這兩個孩子是怎麼回事，山羊媽媽說：「每次他們待在很熱的房間裡都會這樣。」然後她問獅子，既然小羊覺得不舒服，他們可不可以到外面呼吸一點涼爽的空氣。獅子同意了，說他們可以待在外面，但晚餐時間一定要回來。於是山羊媽媽低聲告訴兩個孩子，要他們盡量跑努力跑，直到天黑。

獅子見天色已晚，小羊還沒回來，又開始咆哮吼叫。山羊媽媽說她也在納悶為什麼孩子們在外面待那麼久，便問獅子她是不是應該出去一趟，趁天還沒有太黑之前把他們帶回來。獅子同意了。山羊媽媽一到外面就拔腿飛奔了。

女人比男人更懂得生存，尤其事關孩子們的時候。

→自然之道←
NATURE'S WAYS
✦亞美尼亞✦

從前有個國王，他只有一個女兒。他希望她永遠不要結婚，好讓他可以照顧她，看管她。他想要她對世事、對人生一無所知，除了他自己以外永遠不愛任何人。

經過深思後，他把顧問叫來，和他討論這件事。兩人規劃著在一座湖心島上建造一座美麗的宮殿，打算讓當時才七歲的女孩和女僕、一位女老師住在裡面。

國王執行他的計畫。他為女兒建造了一座美麗的宮殿，然後雇請幾位女僕和一位女老師。宮殿沒有窗戶，女孩沒法往外看。她父親會在星期日來看她三四個鐘頭，除了她父親外，沒有其他人來探望她。整個建築所有的門都上了鎖，只有國王才有大門鑰匙。

好多年過去，國王的女兒已經十八歲了。她學得了很多東西，不過她覺得她讀的書都很枯燥乏味，什麼也沒說。她開始有自己的思考。「這是什麼樣的生活？我的僕人全是女的，我的老師也是女的。如果這個世界只有女人，那我父親又是什麼呢？」如果她有更大的勇氣，本可以問她父親這個問題，但她卻只問了她的老師。

「我要問你一個問題，但是你必須說實話。我沒有母親，沒有姊妹，沒有朋友。你對我而言就是一切。請你像母親一樣地回答我吧。為什麼我獨自待在這座島上？我身邊的人都是女的，只有我父親不一樣。這是怎麼回事？」

老師已經被吩咐過了，甚至不准她跟學生耳語這些事情，所以她答道：「我不能說也不能想這些事，你也一樣。絕對不要讓你父親聽到你說這些話，否則我們的命就連一枚銅板也不值了。」

可是女孩堅持要問，還想要讀能夠解釋生命和這個世界的書籍。老師終於給她帶來這麼一本書，不過她要求女孩不要把讀書的事告訴任何人。

女孩開始思考自己的未來。「我要在這座監獄裡度過一輩子嗎？」她一次又一次地問自己。女孩已經學了不少魔法。一天，她請她的老師給她麵粉、雞蛋、奶油和牛奶，她要用這些做麵糰。揉好麵糰後，她就拿它捏了一個男人的人像。她畫上五官，還把它做得跟真人一般大。

她用盡所有的魔法來製作這具人像，然後向神祈禱，求神給這具人像一個人類的靈魂。「我用我的雙手創造他，我用我的心畫出他，而我含淚祈求這具人像能夠成為一個真人。」她說。她

一遍又一遍地重複這個祈禱，每次都請求神賜給人像一個靈魂。

終於神聽見了她的聲音，應允了她的懇求：人像有了靈魂。她的老師設法給這個男人帶來衣服。兩個年輕人墜入愛河，女孩很小心地把男孩藏起來，除了老師以外不讓別人看到──當然，老師幫了他們。

女孩知道父親每星期什麼時候來，所以很小心地不讓他發現她的祕密。但是一個星期天她睡過頭了，那個男人和老師也睡過頭了，她父親走進宮殿，正巧看到有個男人在她女兒身邊！他極為憤怒！為了阻止這件事，他費了多大的周折和金錢！國王把所有人──女兒、男人、老師和僕人──都關進監獄，並且下令立刻處死男孩和女孩。

「給我們一個辯護的機會吧。」女孩向父親求情。最後因為國王非常疼愛女兒，他同意聽聽她的說法。於是一個法庭組成了，這些有罪的人都被帶到法官面前。公主以主犯的身分第一個發言，她把這件事從頭到尾訴說一遍。

「我父親不想讓我結婚，所以他建造了一座牢獄，把我關在裡面。我所有的僕人和我的老師都是女人。然而我看得出來我父親是不同的，他每星期天會來看我。我想要生活，想要知道愛是什麼！我用我學會的魔法，拿麵粉、奶油、雞蛋和牛奶做了一個男人的人像。我用我的雙手做出這個人像，用我的意念畫出他的模樣，並且含淚向神祈求賜給他人類的靈魂。慈悲的神聽到我的聲音，應允我的願望。這個站在我身邊的男人是我自己造出來的。他沒有家人，沒有親友。如果你殺了我們，你將犯下最嚴重的罪行。我已經達成了我的心願：活過、愛過也被愛過。要是你殺了我，我也沒有遺憾。」

「這事情可能嗎？」大家彼此議論著。

「我會派人調查這件事。」國王說。調查的結果顯示公主說的都是實話，這男人沒有家人，也沒有他出生的證據。

「我的孩子，我犯下非常大的罪過。我將彌補我給你們造成的傷害和痛苦。我會為你們建造並布置一座美麗的宮殿。願你們永遠生活在平安之中。」國王對他的女兒和她的伴侶說道。

國王實現了承諾，為這對年輕人建了一座美麗的宮殿，從此他們過著幸福快樂的生活。

天上掉下來三個蘋果：一個給我，一個給說故事的人，一個給逗你開心的人。

所以你看到了：大自然幫助人們理解神的法則，也就是生命之道。這些自然法則，人們不能夠也不應該改變。

❧ 找到自由的兩個女人 ❧
THE TWO WOMEN WHO FOUND FREEDOM
✦ 因紐特族 ✦

　　從前有一個男人，他有兩個妻子。男人名叫伊可蘇瓦，他唯恐失去兩個妻子，所以把她們鎖在自己的小屋裡。如果她們不聽話，他就鞭打她們，或者去鞭打任何一個碰巧看到她們的人。他殺死一個叫安加古阿的男人，因為有人謠傳安加古阿跟他其中一個妻子睡覺。但安家古阿並沒有這樣做。伊可蘇瓦是個心胸有些狹窄的人。

　　終於這兩個女人有點厭倦她們的丈夫了。她們離開他，沿著海岸逃亡，直到兩人又累又餓。她們再也走不動的時候，看到了一個巨大的鯨魚屍體被沖上海灘。她們從鯨魚的嘴巴爬進去，躲在屍體裡面。那氣味非常難聞，但是惡臭總比一頓毒打要好。

　　伊可蘇瓦氣壞了。他四處尋找兩個妻子，問遍村裡每個人，還恐嚇了不少人，但似乎沒人知道這兩個失蹤女人的去向。最後男人去找當地的巫醫，巫醫告訴他：

「你必須到心形山的礁石上找一隻大鯨魚的屍體。」

於是伊可蘇瓦往心形山的礁石出發，一路上他唱著古老的戰鼓歌，因為他期待著能痛快地鞭打妻子們。他終於到達目的地，看到了這頭死掉的鯨魚。但是那臭味太可怕了，他根本無法走近。他一遍又一遍地呼喊他的女人，都沒人回應。也許她們已經不在這裡了。伊可蘇瓦在海灘上搭帳篷住了三天，然後回家去了，打定主意要去鞭打巫醫一頓。

與此同時，兩個妻子仍然住在鯨魚肚子裡。她們已經習慣了惡臭，不再覺得難受。她們有足夠的食物，不管食物有多麼腐爛，也有溫暖的地方可以睡覺。據說她們在新家過得非常幸福。

☆ 丈夫如何讓妻子戒掉故事癮 ☆
How a Husband Weaned His Wife from Fairy Tales
◆ 俄羅斯 ◆

　　從前有一個旅店老闆，他的妻子最愛聽精怪故事，所以只收能說故事的客人。丈夫當然因此遭受了營業上的損失，於是他盤算著要怎樣才能讓妻子不再喜歡故事。一個冬天，深夜的時候，有個凍得直發抖的老頭來投宿。丈夫跑出去問：「你會講故事嗎？我的妻子不准我讓任何不會講故事的人住進來。」老頭知道自己別無選擇，因為他幾乎要凍死了。他說：「我會講故事。」「你願意講很久嗎？」「我可以講一整晚。」

　　到目前為止都很順利。他們讓老人住進來。丈夫說：「老婆

啊，這個大叔答應講整晚的故事，但條件是你不要跟他爭辯也不要打斷他。」老人說：「是的，絕對不可以打斷我，否則我什麼故事都不說了。」他們吃過晚飯，上床去睡了。然後老人開始說：「一隻貓頭鷹飛進一座花園，坐在樹幹上，喝了一些水。一隻貓頭鷹飛進一座花園，坐在樹幹上，喝了一些水。」他一遍又一遍不停地說：「一隻貓頭鷹飛進一座花園，坐在樹幹上，喝了一些水。」妻子聽了又聽，然後說：「這是什麼故事啊？他不斷重複同樣的事情！」「你為什麼打斷我？我說過不要跟我爭辯！這只是剛開始，後面會有變化的。」丈夫一聽這話──這正是他想聽的──從床上跳下來，開始痛罵妻子：「就告訴你不要爭辯，現在你竟然不讓他說完他的故事！」他狠狠地打她，於是她開始討厭故事，從此以後再也不想聽了。

PART

8

堅強意志和卑劣手段

STRONG MINDS AND
LOW CUNNING

✦ 十二隻野鴨 ✦
THE TWELVE WILD DUCKS
✦ 挪威 ✦

　　從前有一個王后，在冬天新下雪的時候駕著雪橇出門，才剛走一小段路，她開始流鼻血，不得不從雪橇下來。她倚著籬笆站在那裡，看到白雪上鮮紅的血滴，想著她有十二個兒子，卻沒有一個女兒，於是她對自己說：

　　「要是我能有一個女兒，像雪一樣白，像血一樣紅，我不會在乎我所有的兒子會怎麼樣。」

　　話才剛出口，一個山怪老巫婆走到她面前。

　　「你將會有個女兒，」她說，「她將像雪一樣白，像血一樣紅；你的兒子們將會是我的，不過在女兒受洗之前兒子還是你的。」

　　時間到了，王后生了一個女兒，正如山怪所許諾的，她像雪一樣白，像血一樣紅，所以人們都叫她「雪白與玫瑰紅」。國王的宮中喜氣洋洋，王后更是開心得不得了，不過她想起對老巫婆的承諾，便派人找來銀匠，要他製作十二把銀湯匙，每個王子一把，然後又吩咐銀匠再多做一把，這把就給了雪白與玫瑰紅。可是公主一受洗，王子們就變成十二隻野鴨飛走了。此後人們再也沒有見過他們——他們離開後一直沒有回來。

　　公主長大了，長得高䠂美麗，不過她常常顯得疏離又憂傷，沒有人知道是什麼事困擾她。一天晚上，王后也很難過，因為一想到兒子們，她就心事重重。她對雪白與玫瑰紅說：「女兒，你為什麼這麼憂傷呢？你有沒有想要的東西？如果有，你只要開口就能得到。」

「喔，這裡好沉悶、孤獨啊，」雪白與玫瑰紅說，「別人都有兄弟姊妹，可是我卻孤孤單單，一個兄弟姊妹都沒有，所以我才這麼憂傷。」

「但是你是有過哥哥的，女兒，」皇后說，「我有十二個兒子，但是為了生你，我把他們送走了。」於是她把整件事告訴了她。

公主聽完後內心難以平靜，不管王后怎麼說怎麼做，不管怎麼哭泣、祈禱，這女孩都要去找她的哥哥們，因為她覺得都是她的錯。終於她獲准離開王宮。她走呀走，走進這寬廣的世界，到目前為止，你絕對想不到一個年輕女孩竟然有力量走這麼遠。

有一次當她穿過一座巨大的森林時，一天，她感到很疲倦，於是坐在一片青苔地上休息，結果睡著了。她夢到自己一步步走到樹林深處，一直來到一棟小木屋，在那裡找到了她的哥哥們。這時候她醒了，看到眼前綠色青苔中間有一條踩踏出來的小徑，小徑通往樹林深處，於是她沿著這條路走，走了很久，來到了一棟小木屋前，和夢中所見的一樣。

她走進屋子，沒有人在家，但是屋裡有十二張床、十二把椅子，和十二支湯匙——總之每樣東西都是一打的數量。看到這情形她真是高興極了，好多年她都沒有這麼開心，因為她立刻猜到她的哥哥們住在這裡，床、椅子和湯匙都是他們的。於是她開始生火、打掃、鋪床、做飯，盡可能把房子整理得整潔乾淨。她做好飯菜和所有活兒後，就自己吃了晚飯，然後爬到她最小的哥哥的床底下躺著，不過她把她的湯匙忘在桌上了。

她才剛躺下，就聽到空中有什麼東西在拍動和呼呼的聲音，十二隻野鴨飛了進來。牠們一飛過門檻就立刻變成了王子。

「喔，屋裡多麼溫暖舒適啊，」他們說，「上帝保佑生起爐火又為我們做了這頓美味晚餐的人。」

每個人都拿起各自的湯匙準備吃飯，可是每個人都拿了湯匙後，桌上還剩下一支，而這支湯匙和他們的太相像了，他們簡直分不出來。

　　「這是妹妹的湯匙，」他們說，「如果她的湯匙在這裡，那麼她就不會離得太遠。」

　　「如果這是妹妹的湯匙，而且她也在這裡的話，」大哥說，「那麼她就應該被殺死，因為我們遭受的苦難都是她造成的。」

　　她躺在床底下聽著這些話。

　　「不行，」最小的哥哥說，「為此殺她就太可恥了。我們受的苦與她無關；如果有人要受到責備的話，那就是我們自己的母親。」

　　他們開始上上下下地找她，察看所有的床底下，最後在小王子的床下找到她，把她拽了出來。最年長的王子又想殺她，不過她用可愛的模樣向他們求情。

　　「喔，慈悲的老天爺啊！不要殺我，因為這三年來我到處尋找你們，如果能讓你們自由，我願意丟掉性命。」

　　「噢，」他們說，「如果能讓我們自由，你可以保住性命；只要你選擇這樣做，就可以做到。」

　　「好的，」公主說，「只要告訴我要怎麼做，不管做什麼我都願意。」

　　「你必須去採薊絨，」王子們說，「然後梳理、紡絨、織成布，完成後把這些布裁剪好，做成十二件外套、十二件襯衫和十二條領巾，給我們每人一件。你做這些事的期間，絕對不能說話也不能哭和不能笑。如果你做到了，我們就自由了。」

　　「可是要做這麼多的領巾、襯衫和外套，要到哪裡才能採到足夠的薊絨呢？」雪白與玫瑰紅問道。

「我們立刻帶你去看。」王子說，於是他們帶著她去到一處廣闊的曠野，曠野中長滿大片的薊草，在微風中點著頭，陽光下，薊花的絨毛像蜘蛛絲一樣在空中飄浮著，閃閃發光。公主這輩子還從沒看過這麼多薊絨，她開始又快又俐落地採集了起來。晚上回到家她開始梳理這些絨毛、紡成絨線。就這樣子過了很久，她摘啊、梳啊、紡啊，還打理王子們的房子，做飯、收拾他們的床。晚上他們回到家裡，像野鴨一樣拍動翅膀呼呼地飛進來，整晚都是王子的模樣，到了早晨他們又會飛走，整個白天都是野鴨。

有一次，她在曠野採薊絨——如果我沒有弄錯的話，這是她最後一次需要去那裡——統治這片領土的年輕國王正好外出打獵，騎馬穿過這片曠野的時候看到了她。他停下來，想知道這個走在曠野裡採薊絨的可愛女子是誰。他問了她的名字，當他得不到回答後更是驚訝。最後他實在太喜歡她了，非要把她帶回去和她結婚不可。於是他命令僕人把她放上他的馬背。雪白與玫瑰紅扭動雙手，跟他們打手勢，並指著裝衣料的袋子。國王明白她想帶走這些，他讓手下拿起這些袋子。公主看見他們照做了，便逐漸回復平靜，因為國王既聰明又英俊，對待她溫柔又親切，像個醫生一樣。但是他們回到王宮後，老王后——她是國王的繼母——一見到雪白與玫瑰紅是那麼的可愛，非常生氣又嫉妒，對國王說：「難道你看不出來這個你隨便帶回來的東西、這個你要娶的人是個女巫嗎？唉呀，她甚至不會說話、不會哭、不會笑哩！」

不過國王對她的話一點也不在乎，堅持舉行婚禮，和雪白與玫瑰紅結婚，過著快樂而且尊貴的生活，不過她並沒有忘記繼續縫那些襯衫。

這一年快要過完的時候，雪白與玫瑰紅生下一個王子，老王后更加嫉妒和憤恨，於是在半夜，趁雪白與玫瑰紅熟睡時悄悄進

到她的房間，抱走孩子，扔進一個滿是蛇的坑洞。她用刀子割破雪白與玫瑰紅的手指，把血抹在女孩的嘴上，然後徑直去找國王。

「你來看看，」她說，「你娶了什麼樣的東西做王后！她竟然吃了自己的孩子！」

國王悲傷地幾乎哭出來，他說：「是的，這一定是真的，因為我親眼看到了。不過我相信她不會再這麼做了，所以這次我會饒了她的命。」

第二年還沒有過完，女孩又生了一個兒子，同樣的事情又發生了。老王后越來越嫉恨和惡毒，又趁著夜裡年輕皇后熟睡時悄悄溜進她的房間，抱走孩子，扔進蛇坑裡，再割破王后的手指，把血抹在她的嘴上，然後去告訴國王他的妻子又吃掉自己的孩子了。國王非常難過，你無法想像他是多麼悲傷，他說：「是的，這一定是真的，因為我親眼看到了。不過我相信她不會再這麼做了，所以這次我也會饒了她的命。」

就這樣，又一年還沒過完，雪白與玫瑰紅生下一個女兒，老王后仍舊趁年輕王后熟睡時把孩子抱走，並扔進那個滿是蛇的坑洞。然後她又割破王后的手指，把血抹在她的嘴上，然後又去到國王面前說：「現在你可以過來看看是不是像我說的一樣，她是個邪惡的女巫，她把第三個孩子也吃掉了。」

國王傷心不已，因為這次無法再饒恕她了，只得下令把她活活燒死在柴堆上。不過就在柴堆熊熊燃燒，她即將被架上去的時候，她向旁人比了手勢，要他們拿來十二塊木板，把木板繞著火堆擺放，然後她把為哥哥們做的領巾、襯衫和外套一一放在木板上，不過最小的哥哥襯衫還缺了左邊的袖子，因為她沒來得及縫完。她剛做完這些，人們就聽到空中傳來撲翅聲和飛行的呼呼聲，十二隻野鴨從森林上方飛了下來，每一隻都叼起各自的衣服

飛走。

「你看！」老王后跟國王說，「早跟你說過她是個女巫，我說對了不是嗎？快點燒死她吧，趁火勢還沒弱下來！」

「喔！」國王說，「我們有充裕的木柴可用，所以我要等一會兒，我想看看這一切的結局會是什麼。」

在他說話的時候，十二位王子騎著馬過來了，個個都是最健壯俊美的男子，只是小王子的左手臂還是野鴨的翅膀。

「這是怎麼回事？」王子問。

「我的王后要被燒死了，」國王說，「因為她是女巫，她吃了自己的孩子。」

「她根本沒有吃掉小孩，」王子說，「開口說話啊，妹妹。你讓我們獲得自由，救了我們，現在救救你自己呀。」

於是雪白與玫瑰紅開口說出整個故事：她每次生產後，老王后也就是國王的繼母，就會在夜裡悄悄進到她的房裡抱走孩子，然後割破她的小指，把血抹在她的嘴上。接著王子們帶國王去看那個蛇坑，只見三個娃娃正在那裡和一堆蜈蚣和蟾蜍玩耍，再也沒有比他們更可愛的孩子了。

國王命人立刻把孩子們抱出來，然後去找繼母，問她，如果一個女人背叛了一個無辜的王后和三個如此可愛的小寶貝，應該受到怎樣的處罰。

　　「她應該被牢牢綁在十二匹野馬中間，讓每匹馬都能分到她的一部分。」老王后說。

　　「你說出了自己命運，」國王說，「你將立刻受到這個懲罰。」

　　於是邪惡的老王后被十二匹野馬分屍了，每匹馬都得到她的一部分。國王領著雪白與玫瑰紅還有他們的三個孩子，以及十二個王子，去見他們的父親和母親，並講述了他們遭遇的一切事情，於是舉國歡騰，因為公主得救並被釋放了，而且她讓十二個哥哥獲得自由。

→老福斯特←
OLD FOSTER
✦ 美國：山區 ✦

　　從前有個老頭，一個人住在遙遠的森林裡，他抓女人放在火上煮了吃，以此維生。我媽告訴我，他會到村子裡跟女人說東說西，騙她們走出村子後抓住她們，然後煮了她們的乳房。她是這麼說的，不過也有人說他直接吃了她們。啊，有一個漂亮強壯的女人，是他最喜歡的（我和你媽媽就很對他的胃口）所以他每天都去這個女人家，要她到他家看看。「嘿，福斯特先生，我找不到路呢。」「能的，你能找到的。我會從口袋裡拿一捲紅絲線，把線纏在灌木叢上，這條線可以帶你到我家。」於是她答應他有一天會去的。

　　一天，她吃完晚餐就出發了。她跟著紅線到了他家。到了那裡，屋裡有個可憐的小男孩坐在火邊煮肉。他說：「天啊，阿姨！」她是他的阿姨。「你在這裡做什麼？福斯特會殺掉每個來這兒的女人，你趕快離開吧！」

　　她立刻衝出大門，卻看到福斯特腋下各夾著一個年輕女人走來，於是她跑回去，說：「傑克，親愛的，我要怎麼辦？我看到他回來了！」「跳進樓梯下面的那個舊櫥子裡，我會把你鎖起來。」傑克說。

　　她跳了進去，傑克把她鎖在裡面。福斯特走進來，跟這兩個姑娘有說有笑，講了許多謊話還說第二天要帶她們剝玉米。福斯特說：「進來跟我一起吃飯吧。」傑克端來一些水煮肉和水，他們只有這些。姑娘們一進屋看到裡面的情景，知道自己快要

✦ 290 ✦

死了，都大驚失色。福斯特說：「你們最好進來吃點東西，這也許是你們最後的機會了。」兩個姑娘跳起來開始往外跑。福斯特馬上跳起來抓住她們，拿起他的戰斧把她們往樓上拖。樓梯搖搖欲墜吱嘎作響，上去的時候其中一個姑娘手伸向後面拉住一級臺階，福斯特掄起戰斧把她的手砍斷，這手掉到女人躲著的地方。她繼續待在那裡，直到第二天福斯特出門後，傑克才把她放出去。

她找到了剝玉米的地方。她到那裡時福斯特已經到了。她不知道要怎麼除掉福斯特。人們以為那些失蹤的人是進到森林裡被野獸抓走了。於是她說：「昨晚我做了一個很可怕的夢。夢到我住在福斯特家附近，他總是要我到他家。」

福斯特說：「啊，不是這樣的，不應該是這樣的，上帝絕對不會准許這樣的。」

她繼續說下去：「我夢到他栓了一條紅線，我跟著這條線來到他家，傑克在爐火前煮女人的乳房。」

福斯特說：「啊，不是這樣的，不應該是這樣的，上帝絕對不會准許這樣的。」

她繼續說下去：「然後他說，『你在這裡做什麼？福斯特殺死每個來這兒的女人。』」

福斯特說：「啊，不是這樣的，不應該是這樣的，上帝絕對不會准許這樣的。」

她繼續說下去：「我看見福斯特帶著兩個姑娘來了。到了以後姑娘們嚇壞了，福斯特抓住她們，還拿了戰斧，把她們拖上樓。」

福斯特說，「啊，不是這樣的，不應該是這樣的，上帝絕對不會准許這樣的。」

她繼續說下去：「樓梯搖搖欲墜又吱嘎作響，當她們往上爬

時，其中一個姑娘手伸向後面拉住一級臺階，福斯特掄起戰斧把她的一隻手砍了下來。」

福斯特說：「啊，不是這樣的，不應該是這樣的，上帝絕對不會准許這樣的。」

她說：「就是這樣的，也應該是這樣的，我有這隻手說明真相。」

於是人們知道兩個姑娘失蹤了，知道事實就是這樣，所以他們私刑處死了福斯特，然後找到傑克，把他救出來。

➹ 沙辛 ➹
ŠĀHĪN
✦ 巴勒斯坦阿拉伯 ✦

從前有個國王（除了屬於阿拉的王，沒有別的王，願阿拉受讚頌與尊崇！），有一個獨生女，此外沒有其他孩子了，他很以她為傲。有一天，當她在閒逛的時候，大臣的女兒來找她，她們一起坐著，感到非常無聊。

「我們坐在這裡好無聊，」大臣的女兒說，「出去外面玩一玩吧，你覺得怎樣？」

「好啊。」公主說。

國王的女兒派人叫來達官貴人們的女兒，她們走到國王的果園裡透透氣，各走各的。

大臣的女兒在四處漫步的時候，踩到一個鐵環。她抓住鐵環，一拉，看哪！一扇門開了，有條通往地下的走道，她走進通道。這時候其他的女孩們都各自忙著讓自己開心的事哩。進了走道，大臣的女兒遇見一個捲著袖子的年輕人。哇！他的面前堆著鹿、鷓鴣和兔子，他正忙著拔毛和剝皮。

他還沒有注意到，她已經向他問好了，「祝你平安！」

「也祝你平安！」他驚訝地回答她。他問：「這位姊妹，你是人還是精靈？」

「是人，」她回答，「是人類中的上等人。你在這裡做什麼？」

「奉阿拉之名，」他說，「我們有四十個年輕人，都是兄弟。我的兄弟們每天早上出門打獵，晚上回來。我就在家裡為他們準備吃的。」

「那很好呢，」她插嘴說，「你們有四十個年輕人，而我們有四十個少女。我願意做你的妻子，國王的女兒就嫁給你的大哥，其他的女孩就配給你其餘的兄弟吧。」她把女孩和男孩配成了對。

噢！聽到這話他有多麼開心啊！

「你叫什麼名字？」

「沙辛。」他答道。

「歡迎，沙辛。」

他去拿了一把椅子，放在她面前。她在他身旁坐下，兩人聊起天來。他烤了些肉拿給她，她就吃了。她陪著他說話，直到他把飯菜都準備好。

「沙辛，」飯做好後她說，「你家裡不會剛好有種子和堅果吧？」

「有呢，奉阿拉之名，我們有的。」

「那你拿一些來吧，讓我們打發打發時間。」

他們家裡的種子和堅果放在一個高高的架子上。他站起來拿了一個梯子，爬到架子上。他把種子和堅果裝滿他的手帕，正要下來時，她說：「來，我幫你拿。遞給我吧！」她接過裝滿種子和堅果的手帕，把梯子拉開扔到地上，把他困在上面。

然後她拿來幾個大碗，準備了一個巨大的托盤，把所有的飯菜堆放在上面，立刻帶著食物離開，並把身後走道的門關上。她把吃的放在樹下，叫喚其他女孩：「來吃吧，女孩們！」

「咦？這些是從哪裡來的？」她們圍過來，問。

「你們只管吃，別多嘴，」她回答，「你們還想要什麼？吃就是了！」

這些食物是為四十個小夥子準備的，而這裡有四十個女孩子，於是她們就起勁地把飯菜吃個精光。

「現在大家都走吧！」大臣的女兒命令道，「從哪裡來回哪裡去。散開吧！」

她讓她們解散了，於是她們各自走開。她等到她們各忙各的事了，就把托盤送回去放在原處，再從地道出來。過一會兒，女孩們也都回家了。

現在我們再回去，回去哪？回到沙辛那兒吧。他的兄弟們晚上回來時找不到他。

「喔，沙辛，」他們喊道，「沙辛！」

看哪！他從架子上回應他們。

「嘿！你在那上面做什麼？」大哥問他。

「奉阿拉之名，大哥，」沙辛回答，「我做完飯就搬梯子過來要取一些種子和堅果，好打發時間。結果梯子倒了，我就被困在上面了。」

「好吧，」他們說，於是幫他搬來梯子。他下來以後，大哥說：「好了，你把吃的端過來，我們吃晚餐吧。」他們把這天打獵的獵物堆在一處，然後坐了下來。

沙辛到廚房去拿飯菜，但是他一丁點也沒找到。

「兄弟們，」回來後他說，「食物一定是被貓吃了。」

「好吧，」大哥說。「你能做出什麼就給我們吃什麼吧。」

於是他用獵物的零星部位東拼西湊做了晚餐，大家吃完就去睡了。

第二天早上他們起床後準備出發去打獵。「兄弟呀，」他們故意挖苦他，「今晚千萬要讓我們沒飯吃喔，讓貓把它都吃光吧！」

「不會的，兄弟們，」他說，「別擔心。」

他們才剛離開，他就捲起袖子，開始給瞪羚、兔子和鷓鴣剝

皮和拔毛。時候一到，大臣的女兒又出現了。她去找了國王的女兒也把其他女孩找來，等到她們各自開心地玩耍時，她就過來找沙辛。

「你好！」

「祝你平安！」他回答，「歡迎這位把飯菜偷走還把我困在架子上，讓我在兄弟面前出醜的人！」

「你說的是事實，」她回答，「對我的心上人，我可能還會做得更過分呢。」

「對我來說，」他喃喃說道，「你的行為比蜜還甜呢。」

他拿了把椅子讓她坐下，又拿了些種子和堅果。兩人坐下來有說有笑，她一直逗他開心，直到發現飯菜都做好了。

「沙辛，」她說，「你們家有廁所吧？」

「是的，有呢。」他回答。

「我很急，必須去廁所。在哪裡呢？」

「在那邊。」他回答。

「噢，那你帶我去看。」

「就是這裡。」他說，指給她看。

她走進去，而──故事是這麼說的──做出一副不知道怎麼使用的樣子。

「來教教我怎麼使用這個東西。」她喊道。

我不知道她還說了什麼，但他過去了，教她──比方說──怎麼樣坐在馬桶上。這時她揪住他，把他推下去，讓他頭下腳上栽進馬桶裡。她關上門走了。她進到廚房，把飯菜放到托盤上，然後走出去了。她把吃的放在樹下，叫喚她的朋友們：「過來吃吧！」

「你從哪裡拿來這些啊？」

「你們只管吃就是了。」她回答。

她們吃完就散開來，各做各的事。她悄悄地把托盤還回去。

這一天結束時，這群兄弟回到家，卻沒看到弟弟的影子。「沙辛，沙辛！」他們大聲喊叫，「沙辛啊！」但是沒有人回答。他們到架子上找，去這裡去那裡找，都找不到。

「你們知道吧，」大哥說，「我說沙辛的舉止有點怪。我懷疑他有女朋友了。你們幾個去廚房找些吃的，端出來開飯吧。沙辛肯定過會兒就出現了」

他們進到廚房，什麼也沒找到。「沒有吃的。」他們報告說，「全都沒了，這下我們可以肯定沙辛有女朋友了，而且把所有吃的都給了她。我們隨便弄點什麼吃吧。」他們很快做了飯菜，吃過晚餐也感到滿足了。他們準備睡下，但其中一人（我對聽者致上敬意！）內急，需要去解放一下。他去到廁所，看哪！沙辛頭下腳上插在裡面呢！

「嘿，兄弟們！」他大喊，「沙辛在這裡，他跌進馬桶裡啦！」

大家衝上前把他抬了起來。他可真是狼狽啊！於是他們給他洗了個澡。

「你告訴我，」大哥說，「這是怎麼回事？」

「奉阿拉之名，哥哥，」沙辛回答，「我做完飯，就去解手，然後跌倒了。」

「很好，」大哥回他，「可是飯菜呢，在哪裡？」

「奉阿拉之名，就我所知都在廚房裡，但我怎麼知道有沒有被貓吃了呢？」

「噢，好吧！」說完他們就回去睡了。

第二天早上要出門時，他們又挖苦他：「今天晚上你會讓我們沒飯吃吧？」

「不會的，兄弟們！」他說，「別擔心。」

他們集結起來出發了。時候一到，大臣的女兒又去找國王的女兒，並且集合了其他人，她們來到果園，又各自散開。她等到大家都忙著自己的事，就溜去找沙辛。聽著，兄弟們！她在他家裡找到他。

「你好！」

「祝你平安！」他出言諷刺，「歡迎！第一天你把我留在架子上，拿走吃的；第二天你把我推進馬桶，偷走吃的，害我在兄弟面前丟臉！」

「至於我呢，」她說，「對我的心上人，我可能還會做得更過份呢。」

「對我來說，這比蜜還甜呢。」他回答，並且拿一把椅子給她。她坐下來，他又去拿了些種子和堅果，兩人開心地消磨時間。她跟他聊個不停，直到飯菜全部做好了。

「沙辛。」她說。

「什麼事？」

「你有沒有什麼飲料可以讓我們享用一下？這裡有肉，還有種子和堅果，我們可以邊吃邊喝。」

「是的，」他回答，「我們有。」

「那你就拿一些出來吧？」她催促他。

他拿一瓶酒放在她面前。她倒了好幾杯酒遞給他。「這杯是祝我健康，」她一直勸酒，「這杯也是為我。」直到他醉倒在地，彷彿四下無人一樣。她拿了些糖去煮，做成脫毛用的糖漿。她把沙辛臉上、身上的毛脫得乾乾淨淨，而且，兄弟呀，她讓他看起來像個美若天仙的女孩呢。她又拿了件女裝給他穿上，再用頭巾包住他的頭，讓他躺到床上睡覺。她往他臉上撲粉，又把頭巾巧

妙地圍著臉，給他蓋上被子，然後就離開了。女孩們吃了飯菜，托盤又再放回去。

兄弟們晚上回家後沒有找到沙辛。

「噢，沙辛！沙辛！沙辛！」

沒有人回答。「我們去廁所找。」他們彼此說著。但是他不在裡面。他們也找了架子，也不見他的人影。

「我不是跟你們說沙辛有女朋友嗎？」大哥說，「要我說，沙辛有個女朋友，他跟她約會去了。你們幾個去看看吃的還在不在。」他們去了，什麼也沒看到。

他們只好再次吃了一頓簡單的內臟晚餐。睡覺時間到了，各自上了床，而大哥看到我們這位心滿意足的朋友伸開四肢躺在床上。他跑回弟弟們那裡。「我告訴過你們沙辛有個女朋友，可是你們不相信。你們過來看看！沙辛的新娘在這裡，快來看！快來看！」

他叫喚弟弟們，他們全都過來了，嚷著：「沙辛的新娘呢！」他們摘下頭巾，仔細端詳，啊！男人的五官是很難看不出來的。他們認出他了。「唉呀，這是沙辛啊！」他們大喊。於是拿水潑到他臉上，把他潑醒。他上上下下打量自己，結果看到了什麼？他們拿來一面鏡子，他看著鏡中的自己多滑稽啊——抹了胭脂塗了粉，打扮得漂漂亮亮的。

「現在，」他們問他，「你有什麼話要說？」

「奉阿拉之名，兄弟，」沙辛回答，「聽著，我會告訴你們真相。每天中午左右，有一個長得如此這般的女孩會來找我。她說：『我們有四十個年輕女孩。國王的女兒配你的大哥，我是你的，其他的女孩配給你其他的兄弟。』每天捉弄我的人就是她。」

「是這樣嗎？」

「是的。」

「好。明天你們都去打獵，」大哥提議，「我跟沙辛留下來。我來對付她！」

於是他抽出他的劍（故事是這麼說的），準備好了就坐下來等。奉阿拉之名，兄弟呀，果真時候一到她就來了。她像往常一樣把女孩集合起來，大家都來到果園裡。等到她們各自有了吸引她們的事情後，她溜去找沙辛。他還沒注意到她來，她就已經向他問好了。

「你好！」

「祝你平安！」他回答，「第一次在架子上，我說沒關係；第二次在廁所，我也說沒關係；但是第三次你居然把我裝扮成新娘了！」

「然而對我的心上人，我可能還會做得更過份呢。」

她話還沒說完，大哥就站起來衝向她，劍都已經準備出鞘了。

「聽著，」她跟他講道理，「你們有四十個，我們有四十個。國王的女兒要做你的妻子，我要做沙辛的妻子。而我們的這一個就配你們的那一個，如此這般。」她讓他冷靜下來。

「你說的是真的嗎？」他問。

「當然是真的。」她回答。

「誰能代表這些女孩說話？」

「我能。」

「你能代表她們說話？」

「是的。」

（這段時間沙辛在一旁聽著，因為他經驗豐富，心想他哥哥已經上鉤了。）

「同意。」大哥說，「過來這裡，我把這四十個女孩的聘金給

你。我們要到哪裡跟你們會面？」

「先把聘金給我，」她回答，「明天你們出錢去為我們定某某公共浴池，然後在門口守衛，當我們進去的時候，你們可以一個一個地數，我們共有四十個人。我們會到浴池去洗浴，我們出來後你們就可以各自牽著新娘的手回家了。」

「就這樣嗎？」他有點疑惑。

「當然啦。」她向他保證。

他拿出一張毯子，她把它攤開，他數呀數，為每個女孩數一百枚鄂圖曼金幣。數完後，她拿了就走。她叫朋友們過來，說：「坐下來！坐在這棵樹下！每個人張開手收下自己的聘金。」

「唉呀！」她們抗議道，「某某人！你是不是敗壞自己的名聲了？」

「沒有人可以說什麼，」她回答，「你們每個人安靜地拿走自己的聘金。」她把錢分給她們，然後說：「走，我們回家吧。」

她離開後，沙辛對哥哥說：「哥哥，她耍了我，但只是拿走吃的。可是她耍了你，拿走了我們的錢。」

「誰？我？」大哥正色說，「耍了我？明天你就知道了。」

第二天，這群兄弟都待在家。他們花了自己的錢去訂了浴池，大哥站在門口把守，等女孩們到來。與此同時，大臣的女兒第二天起床後就聚集所有的女孩，包括國王的女兒，領著她們，跟她們一起去洗浴。看哪！我們的那位先生正守在門口呢。女孩們進去時，他一一數著，數啊數，數完所有人——正好四十個。

女孩們進入浴池，開心享受沐浴，沐浴完穿上衣服後，這個聰明的女孩給了她們建議：「你們每個人在浴盆裡拉屎，我們再把所有的浴盆排成一排。」於是每個人都在自己的浴盆裡拉了屎，把四十個浴盆整整齊齊地排成一排。這個浴池還有一扇遠離入口

的門。「跟我往這邊走。」大臣的女兒催促道，她們就匆忙離開了。

大哥等了一個鐘頭、兩個鐘頭、三個鐘頭，然後是第四個鐘頭，但女孩們卻還是沒有出來。「啊，」他說，「她們花了好長時間呢。」

「大哥啊，」沙辛說，「她們走了。」

「聽著！」他回答道，「她們可能去哪裡呢？她們是一起進浴池的呀。」「好吧，」沙辛說，「我們進去看看。」

進到浴池後，兄弟呀，只有浴池老闆在裡面。

「進來浴池的那些女孩們上哪兒去了？」

「噢，叔叔！」老闆回答，「她們已經走很久了。」

「她們怎麼可能離開呢？」大哥問。

「她們是從那扇門走的。」浴室老闆回答。經驗豐富的沙辛往洗浴的地方看了看，看到浴盆排成一排。

「大哥！」他喊道。

「啊，什麼事啊？」

「你過來看，」他回答，「四十個都在這裡！好好看清楚！看到她讓她們排得多整齊嗎？」

最後兄弟倆回到家，想著：「現在我們該怎麼辦呢？」

「把她們交給我！」沙辛自告奮勇，「我來對付她們。」

第二天，沙辛把自己裝扮成老婦人，穿上老女人的衣服，脖子上戴一串念珠，朝城裡走去。這時侯，大臣的女兒聚集了女孩子們，和她們一起坐在俯瞰街道的房間裡。沙辛從遠處走來時，她一眼就認出他了。她朝朋友們眨了眨眼，說：「我去叫他上來，你們要跟著唱和說：『我們的阿姨來了！歡迎我們的阿姨！』」她一看沙辛走近，就把門打開，跑出去說：「歡迎，歡迎，歡迎我們的阿姨！歡迎阿姨！」她抓住他一隻手，把他拉進大家所在的

房間裡。「歡迎我們的阿姨！」她們吵吵嚷嚷地說，並把門鎖上，「歡迎我們的阿姨！」

「現在，女孩們，把你們的衣服脫了，」大臣的女兒催促著，「脫下衣服。我們的阿姨好久沒有親手洗我們的衣服了。讓她洗我們的衣服吧！」

「阿拉作證，我很累啊，」沙辛抗議道，「奉阿拉之名，我不能洗啊。」

「奉阿拉之名，你一定要洗，阿姨，」她們堅持，「我們的阿姨好久沒有親手洗我們的衣服了。」

她讓四十個女孩都脫下衣服，脫到只剩下足以遮住私處的內衣，然後把衣服遞給他。他一直洗到中午。

「來吧，女孩們，」大臣的女兒說，「奉阿拉之名，我們的阿姨好久沒有親自給我們洗澡了。讓她給我們洗澡吧！」

於是她們每個人都披著罩袍坐下，他就走來走去輪流幫她們洗澡。等他幫每個人都洗好，看起來多麼狼狽啊！他累得筋疲力盡了。

他每洗完一個女孩，女孩就站起身穿上衣服。大臣的女兒會向她眨眨眼，小聲要她把罩袍對摺後扭轉，在一端打個結，像是鞭子一樣。

四十個女孩都洗完後，領頭的那個說：「啊，阿姨！嘿，女孩們，阿姨剛剛幫我們洗澡，我們也得幫她洗澡當作回報。」

「不了，外甥女！」他抗議道，「我不需要洗澡，看在……」

「這是不行的，阿姨！」大臣的女兒堅持，「奉阿拉之名，這是不行的。啊！你幫我們每個人都洗了澡，我們怎能不幫你洗澡呢。來吧，女孩們！」

她眨眨眼，她們不顧他的意願全都撲向他，她們有四十個

人，他能怎麼辦呢？她們捉住他，脫掉他的衣服，看哪！原來他是個男人。

「啊！」她們驚呼道，「這不是我們的阿姨，是個男人！打他呀，女孩們！」

這些女孩已經把她們的罩袍編結成鞭子了，現在她們揮著鞭子把沙辛圍在中間，抽他赤裸的身體。她們打他這裡、打他那裡，打來打去！而他就在當中蹦來蹦去，扯著嗓子大喊。她認為他受夠教訓了，就對其他人眨眨眼，要她們讓開一條路。他一看見出路，就奪門狂奔而出，身上只穿著真主賜給他的皮膚。

他的兄弟們都在家，他們還沒有留意，沙辛就光溜溜地出現了。那副樣子多麼狼狽啊！他們全跳了起來，像是中魔一樣。「嘿！你出了什麼事啦？」他們問，「過來！過來！你被什麼打啦？」

「等等，」他回答，「是這樣那樣的事。」

「那麼現在，」他們彼此問道，「我們該怎麼辦？」

「現在，奉阿拉之名，」沙辛回答說，「我們沒有別的辦法，只能各自去向女孩父親求親了。至於我，我會去向她求婚。但是她一到這裡，我就要殺了她。其他懲罰都不夠。我要讓她知道！」

他們都同意各自去向新娘的父親求親，而這些父親也都同意了。

大臣的女兒是個不好對付的人。她請求父親說，如果有人來求婚，要先告訴她一聲。當沙辛來求婚時，她父親說：「我得先跟女兒商量一下。」於是父親就去和女兒商量，女兒說：「好，你答應他，但是有個條件，要等待一個月，這樣新郎才能有足夠的時間去買結婚的衣服和處理其他的細節。」

求婚的事完成後，大臣的女兒等父親出門就去穿上父親的服

裝，用圍巾圍住口鼻，帶上一根鞭子去到木匠作坊。

「木匠！」

「是的，大人！」

「過一會兒我會派一個妾來這裡。你要觀察她的身高，做一個可以把她裝進去的箱子，明天以前做好，否則我要砍掉你的腦袋。別讓她在這裡待太久！」

「不，大人。我不會的。」

她抽了他兩下就走了——走去哪裡？走去賣哈爾瓦酥糖的店舖裡。「做酥糖的！」

「是的。」

「我馬上派一個妾到你這裡。你要觀察她，看清她的身形和身高。你要替我做一個跟她一模一樣的哈爾瓦酥糖人偶。你不准把她留在這裡太久，否則我會讓你短命！」

「是，大人，您的命令我會遵守。」店主說。

她用鞭子抽了他兩下就走了。她換回平常穿的衣服，到木匠作坊裡待了一會兒，又去哈爾瓦酥糖店裡站了一陣子，然後直接回家，再換回父親的服裝，拿著皮鞭去找木匠。

「木匠！」

「是的，我的大臣大人！」

「你真該死！」女孩回答，「我派我的妾到你這裡，你卻讓她在這裡待了好久！」

她揮著鞭子把他渾身打了個遍。

「求求您，先生！」他向她求情，「那只是因為我要確定箱子大小剛好。」

她放過他，到哈爾瓦酥糖店。她也抽了他幾下，接著回家去了。第二天她叫來自己的奴隸，對他說：「你去把木匠作坊裡的

木箱抬到哈爾瓦酥糖店。把哈爾瓦酥糖人偶放進箱子裡，鎖好，送到我這裡。」

「是的，遵命。」他回答。

木箱送過來時，她把木箱搬進屋裡，對她母親說：「聽我說，母親！我要把這個箱子交給你保管。到了送我出門並抬運嫁妝的時候，你一定要讓這個木箱跟著嫁妝一起走，並且放在我住的房間裡。」

「可是，親愛的女兒！」她母親抗議道，「別人會怎麼說？大臣的女兒帶了個木頭箱子放嫁妝！你會變成笑柄的。」我不知道她還說了什麼，不過都沒有用。

「這和你無關，」女兒堅持，「我就是要這樣做。」

新郎家來迎娶時，新娘已經準備好了，木箱也隨著嫁妝一起運走了。人們按照她的指示把木箱放在她住的房間裡。她走進房間，箱子一送到，她把所有的女人趕走。「走吧！」她說，「你們每個人現在都回家去。」

打發所有人離開後，她鎖上門。然後，親愛的各位啊，她搬出箱子裡的酥糖人偶，脫下自己的衣服給它穿上，把金飾戴在它的脖子上。接著她把人偶放在新娘的座位，在它的脖子上繫一條線，打開門鎖，躲到床底下。

這段時間，她的丈夫可是不慌不忙呢。他在外面待了一兩個鐘頭才進房。你們想他進來時是什麼樣的心情？他的心情惡劣，一手拿著劍，準備殺了她，好像他從一開始就不想娶她一樣。他跨過門階朝裡面看，看到她坐在新娘座位上。

「好啊，好啊！」他責罵她，「第一次你把我丟在架子上不管我，然後拿走吃的，我跟自己說沒有關係。第二次你把我丟進馬桶，拿走吃的，我也說沒關係。第三次你脫去我身上的毛，讓我

看起來像個新娘子，又把吃的拿走，即便是那時，我還是對自己說沒關係。在這之後你還是不滿足。你耍了我們所有人，拿走四十個女孩的聘金，在浴盆裡留給我們一人一坨大便。」

與此同時，他每數落一項，她就拉拉繩子，讓人偶點頭。

「這一切你覺得還不夠，」沙辛繼續說，「你非要再加上那齣阿姨的好戲。『歡迎，歡迎，阿姨！我們好久沒有看到我們的阿姨了。我們的阿姨好久沒有洗我們的衣服了！』你們讓我洗了一整天的衣服。然後你堅持說：『我們得幫阿姨洗澡。』奉阿拉之名，我要把你所有的姑姑和阿姨的心臟都燒了！」

人偶點頭表示同意，沙辛見狀大喊：「你是說你不害怕？而且你也不要道歉？」他握劍劈了下去，女孩的頭滾落了下來。一小塊哈爾瓦酥糖（如果講故事的人沒騙人的話！）飛進他嘴裡。糖在嘴裡轉了一圈，他發現很甜。

「唉呀，妹妹啊！」他叫了起來，「你死了都這麼甜，要是你還活著，會是什麼樣啊？」

她一聽到這話，立刻從床底下跳起來衝向他，從他身後抱住他。

「噢，哥哥呀！我在這裡呢！」她喊道，「我還活著！」

他們倆圓了房，幸福地生活在一起。

這是我的故事，我講完了；我把故事交到你的手裡囉。

☆狗鼻子人☆
THE DOG'S SNOUT PEOPLE
✦拉脫維亞✦

　　很久以前，某個森林國家裡住著兩種人，狗鼻子人和好人。前者是獵人，後者耕田維生。有一次狗鼻子人打獵的時候抓到一個好人家的姑娘，她不是鄰村的人，而是來自一個遠方的村莊。狗鼻子人把姑娘帶回家，餵她堅果和甜牛奶，過了一段時間，他們想看看她長得如何了，就拿一根長針刺進她的額頭，然後舔針上的血，就像熊舔蜂窩的蜂蜜一樣。他們餵養姑娘，直到她長得合乎他們的要求。「她會是一頓美味的食物！」他們告訴他們的媽媽，趁他們去森林打獵的時候把她給烤了。烤爐已經加熱了兩天。這些人的媽媽派女孩到隔壁農場借把鏟子，好將這個可憐的人鏟起來丟進烤爐裡。不過碰巧女孩是到一座好人的農場。她到了那裡，對那家的媽媽說：「阿姨，借給我們這個狗鼻子女人一把鏟子吧。」「她為什麼需要鏟子？」「我不知道。」「真是個傻丫頭。」好人家的媽媽說，「你不知道那烤爐是為你熱的嗎？你拿鏟子回去就是在幫自己找死，不過我會教你怎麼做，小丫頭。你把鏟子拿回去，狗鼻子女人對你說『躺在鏟子上！』的時候，你就橫著躺上去。當她說『躺好一點』的時候，你就請她做給你看，一旦她直躺在鏟子上，你就趕快把她扔進烤爐，緊緊關上爐門，讓她打不開。做完後你在周圍撒些爐灰，脫下你的麻鞋再反著穿，讓鞋尖變成鞋跟，鞋跟變成鞋尖，然後拚命逃跑，他們就不會從你的腳印找到你！當心，不要落到狗鼻子人手裡，不然你就完蛋了！」

　　姑娘帶著鏟子回去了，狗鼻子女人對她說：「躺到鏟子上！」
姑娘就橫著躺上去。狗鼻子女人說：「要直著躺，那樣比較好。」
「我不明白，」姑娘說，「你做給我看。」她們爭論了很久，最後
狗鼻子女人躺在鏟子上。姑娘立刻抓住鏟子，迅速地把女人推進
烤爐，緊緊關上爐門。然後按照好人媽媽的指示，反穿鞋子逃走。
狗鼻子男人們回到家，怎麼都找不到他們的媽媽，其中一個就對
另一個說：「也許她去鄰居家了。那我們來看看肉烤好了沒有！」

✦和溪流唱反調的老太婆✦
THE OLD WOMAN AGAINST THE STREAM
✦挪威✦

　　從前有一個男人，他有個年邁的妻子，她脾氣暴躁又事事唱反調，人們很難跟她相處。事實上這個男人根本和她處不來。不管他想要做什麼，她總是唱反調。一個夏末的星期天，男人和妻子去看莊稼長得怎麼樣了。他們走到河對岸的田裡，男人說：「啊，都成熟了，明天我們就得開始收割了。」

　　「是呀，明天我們就可以開始剪了。」老太婆說。

　　「你說什麼？我們要用剪的嗎？難道現在我們連用割的都不行嗎？」男人說。

　　不行，得用剪的，老太婆堅持。

　　「沒有什麼比知識淺薄更糟糕，」男人說，「但這次你肯定弄丟了僅剩的那點腦子。你幾時看過有人剪莊稼？」

　　「我知道的不多，我也不想知道，」老太婆說，「不過這件事我很確定：這些莊稼要用剪的，不是用鐮刀割！」沒什麼好說的了。莊稼得用剪的，事情就是這樣。

　　於是他們一邊往回走一邊爭吵，走到了河上的一座橋，旁邊有個深水潭。

　　「有句老話，」男人說，「好工具能做好活兒。我敢說用羊毛剪來剪莊稼會很奇怪！」他說，「難道現在我們不能割莊稼嗎？」

　　「不行，不行！剪，剪，剪！」老太婆尖叫著，跳上竄下，用手指剪男人的鼻子。但是在盛怒下她沒看路，於是被橋上的一根柱子絆倒了，掉進河裡。

「舊習難改，」男人心想，「不過如果我能對一次就好了——舊習難改啊。」

他涉水走到水潭裡，老太婆的頭剛露出水面，他抓住她的髮髻。「怎麼樣，我們要不要割莊稼啊？」他說。

「剪，剪，剪！」老太婆尖叫道。

「我來教你怎麼剪，等著瞧。」男人心想，於是把她的頭按了下去，可是沒有用，他剛讓她浮出水面，她就說要用剪的。

「我只能相信這個老太婆瘋了！」男人自言自語道，「很多人自己瘋了都不知道，很多人沒瘋也蠻不講理。不過現在我還是要再試一次。」不過他剛把她往下按，她就把手伸出水面，開始用手指像剪刀一樣剪東西。

男人火大了，把她用力按到水裡泡上好一會兒。但老太婆的手沉到了水裡，她突然變得很沉重，他只好鬆手。

「要是你現在想把我一起拖下水，你就躺在那裡吧，你這個山怪！」男人說。就這樣，老太婆就待在水裡了。

過了一會兒，男人想著，她躺在水裡而沒能進行基督徒的葬禮，也是可憐，於是他沿著河往下游走，搜尋她。可是他不管怎麼找都找不著。他帶著農場的人和附近的人，大家在河的下游又是挖又是撈，都沒有發現老太婆。

「不，」男人說，「那根本沒有用。這個老太婆有自己的想法。」他說，「她活著的時候事事跟人作對，現在也不可能改變。我們得往上游找，到瀑布上面看看。也許她把自己漂到上游去了。」

就這樣他們逆流而上一路搜尋，並且來到瀑布的上方。老太婆果真躺在那裡！

真是個和溪流唱反調的老太婆，她就是！

→信的詭計←
THE LETTER TRICK
✦ 蘇利南 ✦

　　從前有個女人，她有一個丈夫，嗯，然後丈夫在叢林裡的時候，她還有另一個男人。當她丈夫回城裡時，另一個男人對她說：「如果你愛我，你一定要讓我去你家睡覺。」她就對這個男人說：「好，我丈夫在城裡，但我讓你過來。我要你穿上我的裙子和上衣，然後跟我丈夫說你是我種植園裡的姊妹。」於是她給男人穿上女裝，當晚他就去了她家。女人跟丈夫說那人是她的姐妹。

　　晚上他們去睡了，但是早上女人去了市集，因為她是賣東西的。男人還在樓上躺著。女人的丈夫看到她沒有下樓，就上去看看，結果看到一個男人。丈夫大怒，掄起一根棍子衝到市集找女人。女人看到他來了，就拿起一張紙邊念邊哭。男人到了以後問：「你在做什麼？」她就編了一番話：「唉呀！我剛剛收到一封信，說我在種植園上的姐妹都變成男人了。」男人說：「他們沒騙人，因為昨晚跟你一起睡的那個，她也變成男人了。」這個男人不識字，所以女人才用這個詭計欺騙他。

☀ 羅蘭多和布魯妮爾 ☀
ROLANDO AND BRUNILDE
✦ 義大利：托斯卡尼 ✦

　　一對母女住在一個村莊裡。女兒很快樂，因為她和同村的一個樵夫訂婚了，幾個星期後就要結婚。因此這段時間她都幫母親的忙，在田裡幹點活，再撿些柴火，空閒時就坐在窗前紡紗唱歌。她邊紡邊唱，等未婚夫從森林裡回來。

　　有一天，一個巫師從鎮上經過，聽到姑娘優美的歌聲。他回頭看到了窗邊的姑娘。看到她並愛上她對巫師來說是同一件事。於是他找了……找了一個人去問姑娘願不願意嫁給他。這個公……這個姑娘說：「不能，因為我已經訂婚了。我有一個未婚夫，我非常喜歡他。」她說，「幾個星期後我們就要結婚了，」她說，「所以我不需要巫師或這些財富。」她這樣說，是因為他說她很窮，他能讓她成為富有的女士。

　　巫師對她的拒絕很氣憤，派了隻鷹去綁架這個叫做布魯妮爾的女孩，牠把她送到他的城堡，他向她展示了他所有的財富，城堡、金子、錢，但是她並不在意這些，她說：「我要嫁給羅蘭多，我要羅蘭多。」巫師告訴她：「如果你不嫁給我，就永遠別想離開這座城堡。」他真的把她關了起來……關在靠近他臥房的房間裡。巫師晚上睡得很沉，還會打鼾，他怕有人偷走她，要人做了一個和他一樣大的人偶，在上面掛了一千個小鈴鐺，這樣要是有人撞到人偶，他就會被吵醒。

　　因為姑娘沒有回家，她的母親和羅蘭多非常擔心，她的未婚夫想要去殺掉巫師，不過她母親說：「不，等等，我們等一等。」

她說，「如果不等一等，他也會傷害你。我們等一等。」一天晚上他們想要進入巫師的花園，但是他已經蓋了一堵牆圍住了花園，牆非常高，根本進不去。姑娘的母親整天坐在那裡哭。

終於有一天，她在森林裡遇到了一個仙女，仙女化身為一個老婦人，對她說：「告訴我，你為什麼哭得這麼傷心呢？」姑娘的母親對老婦人訴說布魯妮爾的事，還有她如何被抓走。「聽著，」仙女說，「聽我說，在這件事情上我沒有多少的法力，因為巫師比我強大，我什麼都做不了。」她說，「不過我可以幫你。」她告訴她，他把姑娘關在一個房間裡，並且讓人照他的樣子做了一個人偶。她說：「你不能去那裡，因為要是弄響了一個鈴鐺，他就會醒來。」她說，「聽好了你應該這樣做。現在正是棉花從樹上掉落的季節。你要每天去拾棉花裝滿一個袋子。晚上羅蘭多從森林回來後，你就讓他把棉花帶到城堡去，我幫你從一個洞裡爬進去。」她說，「我把袋子弄到花園裡，然後你要進到宮殿……進到城堡裡去。在城堡裡你必須每晚用棉花塞到幾個鈴鐺裡。直到把所有的鈴鐺都塞住，它們就不會響了，到時候我們再看看可以做什麼。」這可憐的女人說：「當然，我會照做。這需要時間，不過我很願意照做。」

於是她們跟小夥子說了這事。白天他外出幹活的時候，母親就去拾棉花，晚上他們把棉花帶進城堡，母親就用棉花塞住鈴鐺。直到有一晚，所有的鈴鐺都被棉花塞住了。她回到森林裡跟老婦人說，就在這一晚，最後一個鈴鐺也用棉花塞實了。然後老婦人說：「帶羅蘭多一起去。」吩咐小夥子走進塞棉花的那扇門。老婦人給了他一把劍，告訴他靠得夠近時就把巫師的左耳砍下來。巫師所有的法力都藏在他的左耳，她說……他們進了城堡去救姑娘，小夥子砍下巫師的耳朵。當他砍下耳朵後──所有法力

✦ 綠鳥 ✦
THE GREENISH BIRD
✦ 墨西哥 ✦

從前有三個女孩，她們都是孤兒，露易莎做很多縫紉的活兒。另外兩個說她們不想過露易莎那種生活。她們喜歡酒館之類的地方。總之她們是那種愛尋歡作樂的女人。所以露易莎都待在家裡。她在窗臺上放了一壺水，她縫啊、縫啊、縫個不停。

然後他來了，綠鳥，一個被施了魔法的王子。當然了，他非常喜歡露易莎，所以飛下來停在窗臺上，說：「露易莎，抬頭看看我的眼睛，你的煩惱就會消失。」但是她不肯。

另一個晚上他來了，對她說：「露易莎，從你的小壺裡倒點水給我吧。」但她不肯去看說這話的是人還是鳥還是別的什麼，她不知道他會喝還是不喝，結果一抬眼她看到那是個男人，於是她給了他一些水。後來他又來了，向她求婚，兩人彼此相愛。小鳥會到屋裡去，躺在她的床上，就在床頭板上面。他為她建了一座花園，裡面有許多果樹和其他植物，還有一個信差一個女僕，所以女孩過得很氣派。

偏偏她的姊妹們發現了這件事。「你看看露易莎，看她一夜之間爬得多高。而我們呢。」她的一個姊妹說，「看看我們過的日子。我們暗中盯著她，看看是誰進到屋裡。」她們監視她，看到進屋的是一隻鳥，於是她們拿來很多刀子放在窗臺上，小鳥從屋裡出來的時候被割得渾身是傷。

他說：「露易莎，如果你想跟隨我，我住在梅林平原的水晶塔裡。我現在受了重傷。」

於是她買了一雙鐵鞋，帶了幾件衣服——能隨身攜帶的衣服——和一把吉他，就追著綠鳥上路了。她走到太陽的母親住的屋子。她是個金髮的老婦人，長得十分醜陋。她到了那裡，敲了門，門開了。老婦人說：「你到這裡做什麼？如果我兒子太陽看到你，他會吞了你。」

「我在找綠鳥。」她說。

「他來過這裡。聽著，他受了重傷，在那裡留下一灘血，才剛走沒多久。」

她說：「好，那麼，我要走了。」

「別急，」她說，「你去藏起來，看看我兒子能不能告訴你些什麼。他的光是照亮整個世界的。」

於是他走進來了，非常憤怒：

呼！呼！
我聞到人肉的味道。呼——呼！
要是我吃不著，就要把你吃掉。

他對他的母親說。

「你要我怎麼辦呢，兒子？這裡沒有人。」她把他安撫下來，又給他食物吃，然後把事情一點一點地告訴他。

「這女孩在哪裡。」他說，「叫她出來，我要看看她。」於是露易莎走出來，問他綠鳥的事。他說：「我呀，我不知道。我沒聽說過他。我不知道去哪裡找他。我也沒看過像這樣的事。也許月亮的母親或月亮本人會知道。」他說。

那麼，「好吧，我現在就走了。」她一口飯都沒吃，太陽要她先吃了再走，就這樣他們給她一些吃的，然後她離開了。

好了，她到了月亮的母親住的地方。「你到這裡做什麼？如果我女兒月亮看到你，她會吞了你。」我不知道老婦人還跟她說了多少別的事情。

「那麼，我就走吧。我只是想問她有沒有看到綠鳥經過這裡。」

「他來過。你看，那裡有血，他受了重傷。」她說。

好吧，於是她準備離開，但是月亮說：「人哪，別走。先來吃點東西再走。」於是她們也給她吃的。她們剛把吃的給她，她就離開了。「你怎麼不去風的母親住的地方等風回家呢？風會走到每個地方，沒有一個地方是他沒去過的。」

風的母親說：「好的。」又說，「不過你得藏起來，因為要是我兒子風看到你，那就要祈求老天救我們了。」

「好的。」她說。

風回來了，氣呼呼地全身冒著氣，他的母親要他乖一點，坐下來，吃點東西。於是他安靜下來。然後女孩告訴他說她在尋找綠鳥。

但是不行，「關於這件事，我什麼都沒法告訴你。我什麼也沒看見。」他說。

於是女孩再次出發了，不過他們先給她吃了早飯什麼的。是這樣的，她之前沒有發現她的鐵鞋已經磨壞了。碰巧遠處住了一個老隱士，他照顧所有的鳥兒。他吹哨叫喚牠們，牠們就會立刻過來，各種各樣的動物也會過來。於是她去了他那裡。他問她來這荒郊野地裡做什麼，以及這樣那樣的事。她告訴隱士：「我在找綠鳥，你知道他住在哪裡嗎？」

「不知道，」他說，「不過我知道他來過這裡，而且受了重傷。讓我把我的鳥兒都叫來，也許牠們知道或是聽說過他在哪裡之類的。」

但是，不行。所有的鳥兒都叫來了，只有年邁的老鷹沒來。這隻老鷹吃牛肚正吃得開心呢。王子就要結婚了，但是他向神祈求患上麻瘋病，有點像長瘡那樣的，於是他就生瘡了。他希望露易莎能趕到。可是人們已經準備好要讓他結婚了。新娘是一個非常富有的公主，但他不愛她。他要等他的露易莎。啊，總之，年邁的老鷹不見了，於是這個老人，也就是隱士，他不斷地吹哨，直到老鷹飛過來。

「人啊，你要什麼？我正在那裡安穩地吃著肚子，你非要那樣吹哨吹個沒完！」

「等等，別那麼苛薄。」他說，「這裡有個可憐的女孩要找綠鳥。她說她是他心愛的人，她要嫁給她呢。」

「她在找綠鳥？綠鳥快要結婚了。之所以還沒結婚是因為他生了瘡。嗯，是的。不過婚宴正在進行，新娘的母親也在場。但是，不管怎麼樣，如果她想去，也是可以的。我才從那裡來，我在那裡吃肚子、內臟和他們扔掉的那些東西。如果她想去，只要給我宰頭牛就行了，然後我們就可以上路囉。」

女孩聽了非常高興，即使聽說他要結婚什麼的。隱士叫她出來，她看到了各種鳥兒。他說：「年邁的老鷹說要是你宰頭牛給牠，牠會一路帶你去到那座宮殿。」

好的，她說她願意。她身上帶了足夠的錢，綠鳥從一開始就讓她過得很富有。他當時本可以和她結婚的，要不是她那兩個頑劣的姊妹搞鬼。好，他們真的出發了。她殺了牛，老鷹就把她和牛揹在背上飛。牠飛得很高很高，然後漸漸往下飛。

「給我一條腿。」牠這麼說，然後把肉吃掉。所以這就是為什麼我們叫討肉吃的人是「老鷹」。她把肉拿給牠吃，問：「你看到什麼？」

　　「什麼也沒看到。」牠總是這麼說,「現在你還看不到。那是
一座非常美麗的宮殿,全是玻璃做的,在陽光下會閃閃發亮。」
又說,「我還沒有看到任何東西。」牠繼續前進,筆直地往前飛,
天知道飛了多遠呢。然後牠會再往上、往上、往上飛。

　　「你看到什麼?」

　　「呃,一個閃亮的像是山峰的東西。不過那在很遠的地方。」

　　「是的,很遠。」

　　整頭牛都吃完了,他們還沒有到達。牠說牠還要吃肉,露易
莎說:「來,把刀拿去。割掉我一條腿,不然我自己割。」露易
莎跟老鷹這樣說。不過她當然不是真心真意的,不可能啦。

　　總之,老鷹說:「不用,不用。我這麼說只是要考驗你。我
會把你放在宮殿外面,因為那周圍有太多警衛之類的人在守門。
你向這些警衛請求讓你進去,跟他們說讓女士們知道你要進去做
飯。別跟他們要求其他的。」又說,「去找個廚子的差事,然後

後我們再看看情況會如何。」

好，於是牠把露易莎放在庭院門口後就離開了。這是個寬闊的院子，用純金或天知道什麼東西做成的，美麗得不得了。她請守衛讓她進去。「你為什麼要進去？你要做什麼？」

她說：「我很窮，我走了好遠的路來到這裡。我想找個工作。只要能吃上飯，我什麼事都可以做，哪怕在廚房幹活也行。」她帶著一把金梳子，和綠鳥給她的那些東西，還有吉他。

「我去問問夫人。」他說，「看他們要不要雇個廚房幫手。」於是他去跟夫人說：「有個女人要找工作。」天知道他還說了什麼。

「是什麼樣子的女人？」

「呃，她長得像這樣像那樣，如此這般。」

「好，叫她進來，讓她繞那條路過來，這樣就不會穿過宮殿。」她說。她不想讓女孩直接穿過房子。

於是她去了那裡。每個人對她都很親切。這時候的綠鳥已經是人的樣子了，不過他長滿痲瘋的瘡，病得很重。宮裡有個把他帶大的小老太婆，是她在照顧王子的。他們讓她在這裡當僕人。當初她為他的父母工作時撫養了這個孩子。後來她搬到了這裡，來到新娘的家。老太婆剛來的時候，公主還不是新娘，但是公主後來愛上王子，只是王子愛的是露易莎。

啊，婚宴正如火如荼地進行著，你可以這麼說，而他開始感覺好多了，因為他聽到有人在彈吉他，他問老太婆為什麼大家沒有告訴他屋裡有陌生人。

當他聽到吉他聲時，他問這個來照顧他的女人：「是誰在彈琴唱歌啊？」

「喔，我忘了告訴你。這裡來了個女孩，穿著一雙磨破的鐵鞋，帶著一把吉他和一把梳子。」

「梳子上有什麼嗎？」

「嗯，我不知道。」這個老太婆跟我一樣不識字。

「我不知道上面有什麼，看起來像小花環或字母什麼的，我不知道是什麼。」

「你要她借給你，然後把它拿過來。」他一聽說吉他的事，一聽到吉他的彈奏等等，就開始好起來了。身體好多了。不過公主的父母親和其他人都沒有來看他。

他獨自和照顧他的女人在一起，因為他看起來很醜陋。老太婆去告訴即將做他岳母的王后，說：「你應該去看看這位綠鳥王子好了多少。他現在身體很不錯呢。」

於是他們都來看他，但是這讓他更生氣，因為他好了他們才來看他。女孩很富有，又是公主，而露易莎卻只是個可憐的小東西。他說：「你去向她借梳子，再把梳子拿過來。」

老太婆去向她借梳子，假裝要梳自己的頭，然後她回到他那裡。他沒有說話，只是盯著梳子。

「你怎麼說？」

「沒什麼，」他說，「明天或今天下午送飯給我的時候，要她送。畢竟她在這裡工作。」他說。

到了給王子送飯的時候，老太婆說：「露易莎呀，去給王子送晚飯吧。我現在很累，我老啦。」露易莎假意說不想去，裝作猶猶豫豫的樣子，最後還是去了。

噢，他們倆見到面也問候了彼此，這些都不在話下啦。她說：「唉呀，你已經訂婚，就要結婚了。」又說，「而你不能拒絕國王和王后任何事的。」

「不過我聽到吉他聲就有了主意了。」小夥子說。

「是什麼？」

「每個人都要來做巧克力，我喝了誰做的那杯，就娶誰。」

她說：「可是我根本不知道怎麼做巧克力呢。」

照顧他的老太婆說她可以替她做，因為露易莎跟她說了這件事。「想想看王子要什麼。他要我們所有人，不管是不是廚子，這裡所有的女人和公主們都算。我們每個人都得做一杯巧克力，他喝下哪一杯，他就要和做它的人結婚。」她說，「我不知道怎麼……」

「好啦，好啦，」老太婆說，「別操心這事。我會替你做的，你再拿給他。」

好了，最先進來的都是那些大人物，事情一向如此。先是新娘，然後是岳母、岳父、小姨子等等。而他只說：「我不喜歡。我不喜歡。」

岳母說：「現在我想知道他到底要娶誰。」然後又說，「我想知道他到底要娶誰。」

啊……沒有人。接著照顧他的老太婆進來了，也一樣不行。廚子進來了。露易莎是最後一個。他告訴他們，露易莎是他想娶的，說她從很遠的地方來找他，他要跟她結婚。他喝完露易莎那杯巧克力，苦不苦他都不在意。然後他和她結婚。珊瑚刺桐紅通通〔60〕，故事說到終。

60 這句話通常用在故事的最後表示故事結束，沒有特別意義。

✦ 耍詭計的女人 ✦
THE CRAFTY WOMAN
✦ 立陶宛 ✦

　　有個男人和年輕的妻子住在村子裡，兩人情投意合，彼此都不出惡言，只是互相愛撫和親吻。整整六個月，魔鬼竭盡全力要讓這對夫妻爭吵，但最後，由於持續失敗而惱怒不已，他從喉嚨裡發出不快的呼呼聲表達憤怒，然後準備離開。一個四處遊蕩的老太婆遇見他，問：「你為什麼惱火？」魔鬼解釋了，由於她得知可以收到幾雙麻鞋和一雙靴子，便努力要讓這對夫妻不睦。丈夫到田裡幹活的時候，她來到妻子跟前乞求施捨些東西，然後說：「啊，親愛的！你是多麼美麗善良呀！你的丈夫應該是從靈魂深處愛著你。我知道你們生活得比世上任何夫妻都要和樂，但是，我的女兒呀！我會教你怎麼變得更幸福。你丈夫的頭頂上有幾根白頭髮，你得把它們剃掉，要小心，別讓他注意到你在做什麼。」

　　「可是我要怎麼做到呢？」

　　「你給丈夫吃完飯後要他躺下來，頭枕在你的腿上，等他一睡著，你就從口袋裡掏出剃刀，把這些白頭髮剃掉。」年輕的妻子謝過為她出主意的人，並給她一份禮物。

　　老太婆立刻去田裡警告丈夫，說他即將面臨不幸，因為他親切和氣的妻子不僅背叛他，而且打算當天下午殺死他，然後嫁給一個比他更有錢的人。到了中午，妻子來了，丈夫吃完飯後她要他把頭枕在她的膝頭上，他假裝睡著了。她從口袋掏出剃刀，要除掉他的白頭髮。這時候被激怒的男人立刻跳了起來，揪住妻子

的頭髮，開始又罵又打。魔鬼看到這一切，簡直不敢相信自己的
眼睛。他很快拿來一根長桿，一頭鬆鬆地繫著他答應的麻鞋和靴
子，也不走近，就這麼把它們遞給老太婆。「我無論如何都不會
靠近你。」他說，「免得你用什麼招數整到我，你確實比我更奸
詐狡猾！」送出麻鞋和靴子後，魔鬼飛快地消失了，就像子彈從
槍裡發射出來一樣。

PART
9

有所圖謀——巫術和卑劣手段

UP TO SOMETHING –
BLACK ARTS AND
DIRTY TRICKS

→漂亮姑娘依布蓉卡←
PRETTY MAID IBRONKA
✦匈牙利✦

　　村裡有一位美麗的女孩，大家都叫她「漂亮姑娘依布蓉卡」。但是那又怎樣呢？其他的女孩們——她們一大幫人，常常聚在一起紡紗——各自都有情人，獨獨她沒有？有好一陣子她耐心地等待，盤算自己的機會，但後來有個念頭占據了她的腦海：「我希望上帝賜給我一個心上人，哪怕是魔鬼也好。」

　　這天晚上，年輕人都聚在紡紗間時，一個小夥子走了進來，他身披羊皮披風，戴著有鸛鳥羽毛的帽子。他和其他人打了招呼，就在漂亮姑娘依布蓉卡身邊坐下。

　　嗯，按照年輕人的習慣，他們彼此交談，聊聊這個，聊聊那個，交換新鮮事。依布蓉卡手裡的紡錘滑掉了，她馬上伸手去撿，小夥子也彎身要撿，然而當她伸下去的手碰觸到他的腳時，她感覺到那是個偶蹄[61]。哎呀，當她撿起紡錘時，她是多麼地驚訝啊！

　　這天晚上的紡紗是在依布蓉卡家進行，結束後她送眾人離開。分手前他們說了些話，然後道別。按照年輕人的習慣，他們擁抱作別，就在這時她感覺她的手伸進他的腰部，直接穿進肉裡，這讓她更加驚訝而縮了回來。

　　村裡有個老婦人。她去找這婦人，她說：「老媽媽啊，請幫我弄明白這件事吧。你或許知道，長久以來，村裡的人都議論紛

---

61 在西方傳說中，偶蹄是魔鬼的特徵。

紛，說全村的女孩子當中，只有『漂亮姑娘依布蓉卡』沒有情人，而我也一直在等這麼樣一個人，然後我腦海裡就浮現一個願望：上帝賜給我一個心上人吧，哪怕是魔鬼也好。就在那天晚上，一個小夥子出現了。他披著羊皮披風，戴著有鸛鳥羽毛的帽子。他直直走向我，就在我身邊坐下。啊，我們開始交談，這是年輕人的習慣，聊聊這個，聊聊那個。我一定是沒留神我的工作，讓紡錘從我手裡滑掉了，我立刻伸手去撿，他也是，可是我伸手下去正巧碰到他的腳，我感覺到那是個偶蹄，這好奇怪，讓我顫抖。老媽媽，請告訴我吧，我該怎麼辦？」

「這個嘛，」她說，「你換個別的地方紡紗，從這裡換到那裡，這樣你就知道他是不是還能找到你。」

她照著做了，她試了村子裡的每一間紡紗屋，但是她不管去哪裡，小夥子都會跟過去。她又去找老婦人：「喔，老媽媽，我走到哪裡他就跟到哪裡，是不是這樣？看來我永遠也甩不掉他了，真不敢想像這一切會有什麼後果。我不知道他是誰，也不知道他從哪裡來，要問他又覺得尷尬。」

「唔，我給你一個建議。村裡有些小女孩剛開始學紡紗，她們會把線纏成線球當作練習。你去找來這樣一個線球，等大家又聚在你家紡紗，到了要離開的時候你就在門口送她們，當你跟那個小夥子道別的時候，你故意弄出些動靜，想辦法把線頭繞著他羊皮披風上的一撮羊毛打結綁住。等他離開你家走他的路時，你就把線團的線鬆開。當你感覺到線不再拉動了，就一邊把線捲成線團，一邊跟著往前走。」

女孩們到她家紡紗了，線團她也準備好了。她的心上人卻沒來，讓她久等。其他女孩就笑她：「你的心上人要讓你失望啦，依布蓉卡！」

「肯定不會的。他一定會來，只是有事情一時耽擱了。」

她們聽到開門聲，全都停下話安靜下來，滿是期待。是誰會打開門？是依布蓉卡的心上人！他向大家問好，然後在她身邊坐下。按照年輕人的習慣，他們聊了開來，彼此都有話要跟對方說，時間就在這樣的閒談中度過了。

「我們回家吧，現在應該快午夜了。」

大家沒有耽擱，很快起身，收拾起自己的東西。

「大家晚安！」

於是女孩們一個一個地離開。到屋外眾人還要最後一次道別，然後才各自上路回家。

小夥子和依布蓉卡越靠越近，說著這些話那些話。她就把線頭繫在他羊皮披風的一撮羊毛上。他們沒有聊很久，已經感到夜晚的寒意。「你最好進屋去吧，親愛的，」他對依布蓉卡說，「不然你會著涼的。等天氣暖和一點，我們可以更隨心所欲地談天。」

他們互相擁抱。「晚安。」他說。

「晚安。」她對他說。

於是他走了。她在他離開後就鬆開線團，線跟著小夥子鬆動得很快，她心裡猜想這線還要放多長，但是才剛起這念頭，線就停止不動了。她再等了一會兒，線仍然沒動。然後她開始一邊把線捲成線球，一邊勇敢地跟著線走。她手裡的線團越來越大了，她想應該不用再走很遠，只是這線會帶她到哪裡呢？線把她直接帶到教堂！

「噢，」她心想，「他一定是走過這裡。」

但是線帶著她繼續往前，直接來到了教堂墓室。她走到墓室門前，墓室裡面的燈光透過鑰匙孔照射出來，她彎下腰，透過鑰匙孔往裡面窺視，她看到誰在那裡？正是她的心上人！她緊盯著

他，想知道他在做什麼。呃，他正忙著鋸一顆死人的頭。她看到他把頭鋸成兩半，就像我們把瓜剖成兩半一樣。然後她看到他大吃特吃剖開頭顱裡的腦子。看到這幕，她更加害怕了，於是她把線扯斷，急忙回家。

她的心上人一定看到她了，立刻出來追她。她疲憊不堪地回到家，剛把門從裡面穩當的閂上，她的心上人就在窗外叫她了：「漂亮姑娘依布蓉卡，你從鑰匙孔裡看到什麼？」

她回答：「我什麼也沒看到。」

「你一定要告訴我你看到什麼，不然你姊姊會死掉。」

「我什麼也沒看到。如果她死了，我們會埋葬她。」

然後她的心上人離開了。

第二天早上，她第一件事就去找老婦人。她非常激動地求她，因為她的姊姊死了。「喔，老媽媽，我需要你的建議。」

「什麼事呢？」

「噢，我照你吩咐的去做了。」

「然後發生什麼事？」

「你想想我跟著線走到哪裡了。直接到了教堂墓室。」

「喔，他在那裡做什麼？」

「哎呀，你能想像嗎？他把一個死人的頭鋸成兩半，就像我們切瓜一樣。我就待在那裡盯著他看，看他接著要做什麼。他開始大口吃那頭顱裡的腦子。我太害怕了，就把線扯斷，急忙跑回家。不過他一定看到我了，因為我才剛把門閂好，他就從窗外叫我：『漂亮姑娘依布蓉卡，你從鑰匙孔裡看到什麼？』『我什麼也沒看到。』『你一定要告訴我你看到什麼，不然你姊姊會死掉。』然後我說，『如果她死了，我們會埋葬她，但是我從鑰匙孔裡什麼也沒看到。』」

「現在，你聽著，」老婦人說，「照我說的做，把你姊姊安放在外頭的小屋裡。」

第二天晚上，她不敢跟朋友們去紡紗，不過她的心上人又在窗外叫她：「漂亮姑娘依布蓉卡，你從鑰匙孔裡看到什麼？」

「我什麼也沒看到。」

「你一定要告訴我你看到什麼，」他說，「不然你母親會死掉。」

「如果她死了，我們會埋葬她，但是我從鑰匙孔裡什麼也沒看到。」

他轉身離開窗外。依布蓉卡就去睡了。第二天早上她醒來，發現母親死了。她去找老婦人：「喔，老媽媽，這一切會變成什麼樣？我母親——她也死了。」

「別擔心，但你得把她的遺體安放在外頭的小屋。」

到晚上，她的心上人又來了。他在窗外叫她：「漂亮姑娘依布蓉卡，告訴我，你從鑰匙孔裡看到什麼？」

「我什麼也沒看到。」

「你一定要告訴我你看到什麼，」他說，「不然你父親會死掉。」

「如果他死了，我們會埋葬他，但是我從鑰匙孔裡什麼也沒看到。」

她的情人從窗外轉身離開，她也就休息了。但是她禁不住去思索自己的命運：這一切會有怎樣的結果？她繼續揣測猜想，直到她很困倦且慢慢放鬆，但是她無法安心太久，很快地她又很清醒地躺著，沉思她的命運。「不知道有什麼樣的未來在等我？」天亮時她發現父親死了。「現在只剩我一個人了。」

她把父親的遺體送到外頭的小屋裡，然後以最快的速度跑去老婦人那裡。「喔，老媽媽，老媽媽啊！我很痛苦，需要你的安慰，接下來我會發生什麼事？」

「你知道你會發生什麼事嗎？我可以告訴你。你會死。現在去找你的朋友，請他們在你死的時候能夠在場。等你死了以後——你一定會死的——她們把棺木抬去墓園時不可以從門或是窗戶走過。」

「那要怎麼做？」

「她們必須在牆上挖一個洞，把棺木從洞裡推出去。她們抬棺時不能走大路，而要穿過花園和小路。她們也不能把棺木埋進墓地，而要埋在墓園旁的水溝裡。」

於是她回家了。然後她請人傳話給她的朋友們，也就是村裡的女孩子們，她們應她的召喚都來了。

晚上她的心上人又來到她窗外：「漂亮姑娘依布蓉卡，你從鑰匙孔裡看到什麼？」

「我什麼也沒看到。」

「你一定要馬上告訴我，」他說，「不然你會死掉。」

「如果我死了，她們會埋葬我，但是我從鑰匙孔裡什麼也沒看到。」

他從窗外轉身離開。

她和朋友們繼續交談了一會兒，對於她將死掉這事，大家半信半疑。她們累了就去睡了，但是她們醒來後，發現依布蓉卡死了。沒多久她們取來一具棺木，在牆上挖了一個洞，還在墓園旁的水溝挖了一個墓穴。她們把棺木從牆洞推出去，抬著它離開。她們沒有走大路，而是迂迴穿過花園和小路。到了墓園，她們將她下葬。之後她們回到依布蓉卡家，把牆洞填回去。因為依布蓉卡在死前曾叮嚀她們要照顧這房子，等待之後發生的事情。

不久，從依布蓉卡的墓上面長出一朵美麗的玫瑰花。這墓離路不遠，有一個王子正好坐在馬車裡經過，他看見這朵花，被它

的美麗深深吸引，於是叫住他的馬車夫：「嘿！停下來，幫我去摘墳墓上那朵玫瑰。快點兒。」

馬車夫立刻停住馬車，跳下車要去摘這朵花。但是當他要折玫瑰花莖時，卻怎樣也沒辦法折斷。他用更大力氣拉扯，還是拔不出來。他用盡全力去扯玫瑰，卻都沒有用。

「喔，你怎麼那麼蠢？連摘朵玫瑰的腦子都沒有？你過來，回馬車上，我自己去摘。」

馬車夫回到他的座位上，王子把剛剛替他拿著的韁繩遞給他。王子跳下馬車，走到墓旁。他才剛握住玫瑰，玫瑰就從枝上折斷，落在他手裡。

「你看，你這傻瓜，你在那裡又拉又扯，都沒辦法摘下這朵玫瑰給我，而我才碰它一下，花就掉到我手裡了。」

他們駕車離開，以飛快的速度返家，王子把玫瑰花用針別在胸前。到家裡，他把花放在餐廳的鏡子前面，這樣就算吃飯時他也可以看到它。

玫瑰就留在那裡了。一天晚上，晚餐後有一些剩菜還留在桌上，這是王子留下來的。「我也許過些時候再吃。」

這種事情不時發生。有一次僕人問王子：「剩菜是王子陛下吃了嗎？」

「我沒有，」王子說，「我還猜是你把剩菜吃完的。」

「沒有，我沒有吃。」他說。

「嗯，那這有點可疑喔。」

僕人說：「我要找出來是誰——是貓，還是哪個人？」

王子和僕人都沒想到吃了剩菜的竟然是這朵玫瑰花。

「這樣吧，」王子說，「我們留下更多吃的在桌上。你就躲在那裡，看是誰來把它吃光。」

他們在桌上留下許多食物。僕人埋伏在一旁，但他一點兒也沒有懷疑到玫瑰。那朵玫瑰花從鏡子前面待著的地方落下來，甩甩身體，立刻變成了一個美麗無比的少女，你在全匈牙利，不，全世界都找不到能跟她媲美的姑娘了。她在餐桌前的椅子上坐下，吃了好多盤菜。她甚至還找了一杯水結束晚餐。然後她輕輕甩動身體，回到鏡子前面的位置，又變成了玫瑰花。

僕人焦急地等到天亮，然後跑去跟王子報告：「我找出來了，陛下，是玫瑰花。」

「今天晚上你必須把餐桌布置妥當，在上面留下很多食物。我要親眼看看你說的是不是實話。」

王子和僕人埋伏等待，看到玫瑰從它待的位置下來。它輕輕動了一下，再甩甩身體，立刻就變成一位亭亭玉立的少女。她拿了把椅子坐在桌前，吃了好多盤菜。王子坐在鏡子下面望著她。當她吃完晚餐，給自己倒了一杯水，正要甩動身體再次變回玫瑰花的時候，王子緊緊地摟住她，抱她坐在他自己的腿上。

「我美麗的愛人啊，你是我的，我也永遠屬於你，除非死了，沒有什麼能把我們分開。」

「喔，這可不行。」依布蓉卡說。

「當然可以。」他說，「為什麼不行呢？」

「事情遠比你想的複雜。」

啊，我剛想到這個故事有一個地方我漏講了。是這樣的，在她下葬的那天，她的心上人像往常一樣出現在她窗外。他叫喚她，但是沒有人回答，於是他走到門外，把門踢開。「告訴我，門啊，她們從你這邊把棺木抬出去的嗎？」

「不，不是的。」

接著他走到窗前。「告訴我，窗子啊，她們是從你這邊把棺

木抬出去的嗎？」

「不，不是的。」

他走到路上。「告訴我，路啊，她們抬棺木走的是這條路嗎？」

「不，不是的。」

他走到墓園。「告訴我，墓園啊，她們把漂亮姑娘依布蓉卡埋在你的墓地裡嗎？」

「不，不是的。」

噢，我漏說了這些。

王子現在熱切地追求她，想要讓她答應婚事，不過她卻總是閃躲。最後她列出了條件：「只要你永遠不要逼我去教堂，我才願意嫁給你。」

王子說：「那好吧，你不去教堂我們也可以過得很好。雖然我有時候會去教堂，但我絕不會強迫你跟我一起去。」

前面我忘了按照順序還漏講了一段。由於沒有從路和墓園那裡得知任何事，依布蓉卡之前的心上人就告訴自己：「啊，看來我必須給自己弄一雙鐵鞋和一根鐵杖，我不會停止的，直到我找到你，漂亮姑娘依布蓉卡，即使我把鞋子磨穿。」

依布蓉卡懷孕了。這對夫妻過著快樂的生活，只是她從沒有跟王子一起去教堂。日子一天一天過去，時間一年一年溜走。她又懷孕了。他們已經有兩個小孩，而且也不是小嬰兒了，他們是一個五歲和一個六歲的男孩。他們都讓父親帶著上教堂。說實在的，他也覺得其他人都和妻子一起出現，只有他是跟孩子們一起去，這樣真夠奇怪的。他也知道大家會拿這件事責怪他，說：「陛下您怎麼不帶王后一起來？」

他說：「噢，這是我們的習慣。」

但是在這樣的責難之後，他還是很難堪，因此下一個週日，

當他準備好和孩子們去教堂的時候，他對妻子說：「夫人啊，你何不跟我們一起去呢？」

她回答：「丈夫啊，你難道不記得自己的承諾嗎？」

「那又怎樣？我們非得永遠堅持下去嗎？我聽人們的嘲諷已經夠久了。而孩子們要我跟他們一起去，我怎麼能夠不去教堂呢？不管我們當時說了什麼，我們現在把它忘了吧。」

「好吧，就如你所願吧，不過這會給我們帶來麻煩的。但既然你已經打定主意，那我就跟你一起去。我們現在換衣服去教堂吧。」

於是他們去了，人們看到他們一起出現都很歡喜。「這樣做才對，陛下，」他們說，「跟您妻子一起上教堂。」

彌撒接近尾聲。結束之後，一個男人走向這對夫妻，他穿著一雙磨出洞的鐵鞋，手裡拿著一根鐵杖。他大聲喊道：「依布蓉卡，我發誓要穿上鐵鞋、拿著鐵杖出發去找你，即使要把鞋子磨穿。但是鞋子還沒有完全磨穿我就找到你了，今晚我會來找你。」

說完他就不見了。回家的路上，國王問妻子：「那個男人威脅你是什麼意思？」

「你等著看，就會知道結果怎麼樣了。」

就這樣，他們焦慮地等待夜晚到來。白日將盡，突然有人在窗外喊著：「漂亮姑娘依布蓉卡，你從鑰匙孔裡看到什麼？」

美女依布蓉卡開始說了：「我是村裡最漂亮的姑娘──但我正在跟死人而不是活人說話──別的姑娘都有情人──但我正在跟死人而不是活人說話。有一次我說了，我向上主祈求賜給我一個情人，哪怕他是魔鬼也好。我說的話一定有什麼力量，因為就在那天晚上，當我們一起紡紗的時候，有一個年輕小夥子出現了，他披著羊皮披風，頭上戴著有鸛鳥羽毛的帽子。他向我們大家問好後就在我身邊拿了張椅子坐下，我們交談起來，這是年輕

人的習慣。然後——但我正在跟死人而不是活人說話——我的紡錘從手裡滑落，我彎腰去撿，我的心上人也要去撿，而我的手碰到他的腳時，我立刻感覺到——但我正在跟死人而不是活人說話——那是隻偶蹄。我非常害怕，因為上帝竟然給了我一個魔鬼做我的心上人——但我正在跟死人而不是活人說話。」

他扯著喉嚨在窗外大喊：「漂亮姑娘依布蓉卡，你從鑰匙孔裡看到什麼？」

「但是在我們分手道別時，照著年輕人的習慣，我們互相擁抱，而我的手卻直接穿過他的身體，這讓我更加害怕。村裡有一個女人，我去問她的建議，而她讓我明白了——但我正在跟死人而不是活人說話。」

他仍然在窗外喊叫：「漂亮姑娘依布蓉卡，你從鑰匙孔裡看到什麼？」

「然後我的心上人離開了。我希望他永遠不要再來——但我正在跟死人而不是活人說話。那個女人要我去別的地方紡紗，一次到這裡，一次到那裡，這樣他可能就找不到我了。但不管我去哪裡，他都會到。於是我再去問那女人的建議——但我正在跟死人而不是活人說話。」

他還在窗外喊叫：「漂亮姑娘依布蓉卡，你從鑰匙孔裡看到什麼？」

「那個女人要我弄來一個線團，要我把線綁在他的羊皮披風上。當他問我，而我說，『我什麼也沒看到』，他就說，『立刻告訴我，不然你姊姊會死掉。』『如果她死了，我們會埋葬她，但是我從鑰匙孔裡什麼也沒看到。』第二天晚上他又來了，又問我從鑰匙孔裡看到什麼——但我正在跟死人而不是活人說話。」

自始至終，他在窗外的叫喊一直沒停過。

「我姊姊就死了。第二天晚上他又來了，在窗外對我大喊——不過現在我正對著一個死人說話。『告訴我你看到什麼，不然你母親會死掉。』『如果她死了，我們會埋葬她。』第二天晚上，他又對我喊，『漂亮姑娘依布蓉卡，你從鑰匙孔裡看到什麼？』——但我正在跟死人而不是活人說話。『告訴我你看到什麼，不然你父親會死掉。』『如果他死了，我們會埋葬他，但是我從鑰匙孔裡什麼也沒看到。』那一天我傳話給我的朋友們，她們來我家，我們安排好了，當我死了以後，她們不會把我的棺木從門或是窗子抬出去，也不會走大路或是埋在墓園裡。」

他還是在窗外叫囂：「漂亮姑娘依布蓉卡，你從鑰匙孔裡看到什麼？」

「我的朋友們在牆上挖了洞，從洞裡把我抬上路，再送我到墓園，把我埋在水溝裡——但我正在跟死人而不是活人說話。」

這時他在窗外倒下。他發出一聲喊叫，聲音震到連城堡的底部都晃動了，這時候他死了。她的母親、父親和姊姊也都從長眠中醒來。這事就這樣結束了。

⊹ 男魔法師和女魔法師 ⊹
ENCHANTER AND ENCHANTRESS
✦ 摩爾多瓦 ✦

　　一個魔法師娶了一個女魔法師為妻。一天，魔法師出門去市集，而他的妻子就叫來她的情人一起吃飯喝酒。晚上丈夫很晚才從市集回到家，他從窗子往裡面看，看到妻子和情人吃吃喝喝。這情人瞥見丈夫，就對女人說：「剛剛是誰在窗外看？」

　　「我知道。」女人說。她拿了一根小皮鞭走出去，用鞭子抽打丈夫，還說：「不要再做人了，變成一隻黃狗吧！」於是農夫變成一隻黃狗了。黃狗日漸長大，其他狗看到黃狗就去撕咬他，他在路上狂奔，飛快跑著，看到一些牧羊人正在讓他們的羊群吃草，就跑到他們那邊。牧羊人很高興黃狗加入，就給他食物和水。黃狗看顧羊群看顧得很好，讓牧羊人沒事可做。他們看到黃狗表現這麼好，漸漸地很少去牧場了。

　　有一次，黃狗正在看顧羊群，牧羊人都在酒館裡。這時一個商人走進酒館說：「有個小偷纏上我，他每天晚上都來。」「那你應該要有我們的狗！」牧羊人說道，他們說了黃狗做到的事。商人出價要買黃狗，雖然這些牧羊人不想賣，但還是被錢打動了。商人買下黃狗，帶他回家。夜晚時分，黃狗的魔法師妻子來這裡偷東西。她進到商人的屋裡，開始搬商人的錢箱。黃狗撲向妻子，把錢箱搶回來，然後趴在箱子上。到了早上，商人醒來看到錢箱不見了，他推推黃狗，說道：「我白買一隻狗了，小偷還是偷走了我的錢。」商人才剛推開狗就看到了自己的錢箱。黃狗在商人家睡了三個晚上，每一晚都沒讓妻子偷到錢。於是妻子不再去商

人家偷東西了。

　　話說當時王后生了兩個兒子，都在夜裡失蹤了，偷走他們的正是黃狗的妻子。當王后又要再生小孩的時候，國王聽說了黃狗的事就去跟商人要來這隻狗。王后剛生下一個兒子，黃狗的妻子在夜裡來了，想要偷走嬰兒。然而，黃狗的妻子才剛進寢宮抓住第三個小王子，黃狗就衝過來，把嬰兒從她手裡搶走。第二天早晨，人們發現嬰兒安全地躺在一片田野中間，黃狗在一旁保護著。國王接走了孩子，對黃狗說：「如果你是人，我願意給你我一半的王國。」

　　黃狗在國王那兒過得很好，不過他很想念妻子。他離開國王，奔回自己的家。他從窗子往屋裡看，發現他的妻子又在跟情人喝酒。這情人看到黃狗，就說：「有人在窗外看。」「我知道他。」女人回答。她走出去，用皮鞭抽打黃狗，把他變成一隻麻雀。有很長的時間，他以麻雀的模樣飛來飛去。

　　後來這妻子想念起丈夫了。她來到森林裡，在事先做好的籠子裡放了一些小米，希望能捕捉到麻雀。她丈夫此時是隻麻雀，正四處流浪，也很餓。他飛進森林，發現籠子，就走進去啄米，然後被抓到了。妻子來取籠子，把丈夫從籠裡抓出來，再變回人。她說：「回家吧，把國王頭兩個孩子從地窖帶出來，還給國王吧。」農夫陪妻子回到家，把國王的孩子從地窖帶出來，還給國王。國王看到他的兒子時，真是開心極了，賞賜給農夫許多禮物。

　　農夫拿了錢，回家說：「老婆啊，我們現在有足夠的錢了！」「來吧，老頭，」他妻子回答，「我們蓋一間石頭房子，來賣木材吧。」但是農夫可沒忘記妻子給他的苦難，他說：「老婆啊，變成一匹栗色母馬，我要用你載石頭和木材。」魔法師農夫才剛說完，妻子就變成了一匹栗色母馬。他給她套上馬具，讓她拖運石

頭，蓋好了一間石頭房子。房子建成後，他又給母馬套上馬具，開始載送木材，那可是好多木材呢。這下院子裡堆滿了木材，老人說：「老婆，再變回女人吧。」於是母馬立刻變回了女人。女人給農夫上了一課，農夫也給女人上了一課。現在妻子總是煎餅給丈夫吃，丈夫則賣木材，兩人過得很好。

✦洩密的丁香花叢✦
THE TELLTALE LILAC BUSH
✦美國：鄉間✦

　　從前有一對老夫妻獨自住在泰加特谷河畔，他們之間多年來都有問題。沒有什麼人會去拜訪他們家，所以當妻子不明原因失蹤時，這事也沒有立刻被發現。人們懷疑老頭兒殺了妻子，但是始終沒能找到她的屍體，這個疑團就被擱下了。

　　妻子失蹤之後，老頭兒過著開心的生活，直到有一天晚上，一群年輕人坐在他家門廊上，聊起老頭兒開過的那些派對。他們在說話的時候，長在附近一叢好大的丁香花拍打著窗玻璃，還向他們點頭，像是要告訴他們什麼事。如果當時有颶風的話，不會有人多想，但當時外面並沒有風，連一絲微風也沒有。

　　年輕人不顧老頭兒的抗議，就去挖那叢丁香花。當他們發現樹根從一個女人的手心裡長出來，全都嚇呆了。

　　老頭兒大叫一聲跑下山，直奔河邊，從此再也沒有人看過他。

✦破兜帽✦
TATTERHOOD
✦ 挪威 ✦

　　從前有一個國王和一個王后，他們沒有孩子，這讓王后很哀傷。她很少有一刻是快樂的，總是哀嘆和抱怨，說王宮裡好無聊好寂寞。

　　「如果我們有孩子，這裡就會有生氣了。」她說。

　　不論她走到王國的哪個地方，她都能看到上帝的恩賜——即便在最破爛的小屋裡也都有孩子的身影。而不管她到哪裡，都會聽到好人們在責罵孩子，說他們是怎麼樣把這件事或那件事做錯了。王后聽到這一切，她想如果她也能像其他女人那樣做，該有多好啊。終於國王和王后把一個陌生的小女孩領進王宮撫養，這樣就可以一直和她在一起，如果她乖就寵愛她，如果她做錯事就訓斥她，就像對待自己的女兒一樣。

　　有一天，他們收養的女兒跑到王宮的院子，拿著一顆金蘋果玩。這時候一個老乞丐婆經過，她身邊還帶著一個小女孩。沒有多久，國王的養女就和乞丐小女孩成了好朋友，兩人一起玩，互相丟擲金蘋果。坐在王宮窗前的王后看到了這情景，她敲敲窗戶玻璃，要養女過去。養女馬上跑過去，乞丐小女孩也一起跟著。她們兩個手牽手進了王后的寢宮。王后責備養女：「你怎麼跑來跑去，還跟一個破爛的乞丐小女孩玩，太不成體統了。」說著便要把乞丐小女孩趕下樓。

　　「要是王后知道我母親的法力，就不會趕我出去了。」乞丐小女孩說。王后要她把話說得更清楚一點，於是她說只要她母親

願意，她母親可以讓王后有小孩。王后不相信，但是小女孩很堅持自己說的每句話都是真的，還力勸王后讓她母親試試看，於是王后要小女孩下去把母親叫上來。

「你知道你女兒說了什麼嗎？」老婦人一進房間，王后就問她。

不知，乞丐婆一無所知。

「她說如果你願意，你可以讓我有孩子。」王后說。

「王后不應該聽信乞丐丫頭說的愚蠢故事。」老婦人說完，大步走出房間。

王后生氣了，要再次把小女孩趕出去，但是小女孩堅持她說的每個字都是真的。

「只要王后給我母親一點酒喝就行了。」小女孩說，「她一高興很快就能想出辦法幫你。」

王后準備試試，於是乞丐婆再次被召喚上去，並且讓她盡情暢飲葡萄酒和蜂蜜酒，沒過多久，她就變得嘮叨多話起來。於是王后又問了之前的那個問題。

「我知道一個方法，也許可以幫您。」乞丐婆說，「哪天晚上睡覺之前，陛下您叫人拿兩桶水進來。您在每個桶裡都洗洗身體，洗完就把水倒在床底下。第二天早上您往床下看，會有兩朵花長出來，一朵花很美，一朵花很醜。您必須吃掉美麗的花，讓不好看的花留在那裡。千萬別忘了最後這一點。」

乞丐婆是這樣說的。

是的，王后照乞丐婆的建議去做了。她叫人提來兩桶水，在桶裡洗了身體，再把水倒在床底下。看哪！當她第二天早晨往床底下看的時候，果真有兩朵花立在那兒，一朵又醜又髒，長著黑色葉子，另一朵卻鮮艷又美麗，她從沒看過這麼美的花，於是立刻把它吃下去了。但是這朵美麗的花吃起來太甜美了，她忍不住

把另一朵也吃了，她心想：「反正吃或不吃，也不會有太大的差別。」

過了一段時間，王后果然懷孕生產了。她生下一個手拿木勺、騎著一頭山羊的女孩，長相醜陋又不討喜。女孩剛一生下就大喊一聲「媽媽」。

「如果我是你媽媽，」王后說，「求上帝賜給我恩典，讓我改過自新吧。」

「噢，不要難過，」騎在山羊背上的女孩說，「還有一個比我好看的人很快就會跟在後面出來啦。」

過了一會兒，王后又生了一個女兒，她長得十分甜美，從來沒有人看過這麼可愛的孩子，你可以想像王后有多麼開心。人們管這對雙胞胎的姊姊叫「破兜帽」，因為她這麼醜又總是穿得破破爛爛，而且兩耳上還頂著一個破布縫的兜帽。王后幾乎不想正眼看她，保母們想把她單獨關在房間裡，但是沒有用，她的雙胞胎妹妹在哪兒，她就非要跟到哪兒，沒有人能把她們倆分開。

在她們快要長大成人的某個聖誕節前夕，王后寢宮外的長廊裡突然響起一陣嚇人的吵雜喧鬧聲，破兜帽就問，在走廊上的碰撞聲是怎麼一回事。

「哦！」王后說，「這事不值得問。」

但是破兜帽可不肯罷休，堅持要弄清楚，於是王后告訴她，那是一群山怪和巫婆，他們到這裡來過聖誕節。破兜帽說她要出去把他們趕走，不管大家怎麼說，也不管怎麼懇求拜託她不要招惹山怪，她都非要出去把巫婆們趕走不可。不過她請王后留意，把所有的門都緊緊關上，每一扇門都不能留有空隙。說完，她就帶著她的木勺出去追打、驅趕那些巫婆山怪。長廊上一片騷亂，沒有人聽過那樣的聲音。整座王宮吱嘎作響、哀鳴呻吟，彷彿每

個接合處和每根橫梁都要被扯開了。

　　現在具體的情形到底怎麼樣，我肯定說不上來，不過不知怎的，竟然有一扇門開了一點點縫，原來是她的雙胞胎妹妹偷偷往外看破兜帽怎麼樣了，她才剛剛把頭探出門外，啪的一聲，一個老巫婆過來把她的頭砍了下來，把一個牛頭安到她肩上替代。公主四腳著地跑回房裡，開始像小牛一樣哞哞叫著。當破兜帽回來看到妹妹的模樣，把眾人痛罵了一頓，她氣壞了，因為他們沒有看顧好。她責問他們，現在她妹妹變成了小牛，他們該怎麼看待自己的疏忽。

　　「不過我還是要想辦法看看能不能解救她。」她說。

　　於是她向國王要一艘各項用品儲備充足的船，不過她不需要船長和水手。不用，她要單獨帶著妹妹駕船出發。眼看根本攔不住她，最後大家只得照她的要求去辦了。

　　破兜帽出發了。她把船駛向巫婆們住的陸地，當她到達岸邊，她要妹妹待在船上，自己騎著山羊去巫婆的城堡。到了那裡，長廊上有一扇窗子開著，她看到妹妹的頭就掛在窗框上，於是她要山羊從窗子跳進長廊，一把奪下妹妹的頭就跑。巫婆們在後面追，想把頭搶回來，她們層層包圍，多到像是成群的蜜蜂或一窩窩的螞蟻。但是山羊噴著響鼻、呼出大氣，還用角去刺敵人，破兜帽也用她的木勺擊打她們，這群巫婆只得放棄了。破兜帽回到船上，把妹妹的牛頭摘下，把她自己的頭安放回去，於是妹妹又變回原來的小女孩了。然後破兜帽駕船駛了很遠很遠的路，來到一個陌生國王的國度。

　　這片土地上的國王是個鰥夫，有一個獨生子。國王看到陌生的船帆，就派信使到岸邊，要去打探船是從哪裡來、又是誰所有的。不過當國王的侍從到了那裡，卻看到船上除了破兜帽之外連

個人影也沒有，她騎著山羊飛快地在甲板上繞著一圈又一圈，直到她那頭纏結的亂髮在風中飄蕩。國王的人見到這幕情景大感驚奇，就問船上還有沒有別人。有的，船上還有人，她還有個妹妹也在，破兜帽說。那大家也想看看她，但是破兜帽說「不行」。

「誰都別想看她，除非國王親自來。」她說，然後她又開始騎著山羊來回飛奔，直到甲板再次轟隆作響。

侍從們回到王宮，說了他們在船上看到和聽到的事，國王立刻動身，去看看那個騎山羊的女孩。到了船上，破兜帽把妹妹帶出來，而她是那麼的美麗溫柔，國王當場深深愛上了她。他把兩姊妹帶回王宮，想要妹妹做他的王后，但是破兜帽卻說「不行」，國王無論如何都不能娶她，除非國王的兒子願意娶破兜帽為妻。你可以想像，像破兜帽這麼一個醜陋的野女孩，王子有多麼不情願。不過最後國王和宮裡的人還是說服了他，他只能聽從，答應娶破兜帽做王妃，不過這根本是違心之舉，王子變得鬱鬱寡歡。

現在他們要張羅婚禮了，又是釀酒，又是烘焙。一切就緒之後，他們就要去教堂了，但王子心想，他一輩子都沒像這次那麼討厭參加教堂活動。首先，國王和他的新娘乘車出發，新娘是那麼秀麗又尊貴，所有人都停下來目送，一路盯著她看，直到她遠離他們的視線。而在國王之後就是騎馬走在破兜帽旁邊的王子，破兜帽騎著山羊小跑著跟在一旁，手裡還握著木勺。你看看他，簡直不像是要去自己的婚禮，活像是要去參加葬禮，而且還是他自己的葬禮，他滿面哀容，一句話都不說。

「你為什麼不說話？」他們騎了一會兒之後，破兜帽問。

「哎呀，我要說些什麼呢？」王子回答。

「啊，你至少可以問我為什麼要騎這頭醜陋的山羊！」破兜帽說。

「你為什麼要騎這頭醜陋的山羊？」王子問。

「牠是醜陋的山羊嗎？嘿，牠是新娘能騎上的最氣派的馬兒呢。」破兜帽回答。於是山羊一瞬間變成一匹馬，這匹馬是王子見過最俊美的馬。

然後他們又騎了一段路，王子還是跟之前一樣的愁苦，說不出一句話。於是破兜帽又問他為什麼不說話，當王子回說他不知道要說什麼時，她說：「至少你可以問我，為什麼我騎著羊的時候要拿這根醜陋的木勺。」

「為什麼你騎羊的時候要拿那根醜木勺？」王子問。

「它是根醜木勺嗎？嘿，它可是一個新娘能握著的最漂亮的銀杖呢。」破兜帽說，一瞬間它就變成了一根銀杖，明亮耀眼，散發閃亮的光芒。

於是他們又騎了一段路，王子還是一樣難過，仍然不發一

語。過了一會兒，破兜帽又問他為什麼不說話，並要他問她，為什麼頭上要戴那頂醜陋的灰色兜帽。

「你頭上為什麼要戴那頂醜陋的灰色兜帽？」王子問。

「它是醜陋的兜帽嗎？嘿，這是一個新娘能戴的最明亮的金冠呢。」破兜帽回答，而它當場就變成一頂金冠。

接下來他們又騎了好一段時間，王子實在太頹喪了，坐在馬上既沒聲響也不發一語，就跟之前一樣。於是他的新娘又問他為什麼不說話，並要他問為什麼她的臉這麼醜，像死灰一樣。

「啊！」王子問，「為什麼你的臉這麼醜又像死灰？」

「我醜？」新娘說，「你以為我妹妹很漂亮，可是我比她要漂亮十倍呢。」看哪！當王子看著她時，她變得那麼美麗，他心想全世界再也沒有這樣美麗的女子了。然後也沒什麼好奇怪的，王子又能開口說話了，騎馬時也不再垂頭喪氣。

於是他們喝著濃情密意的喜酒，之後，王子和國王帶著他們的新娘回到公主們父親的王宮，在那裡又舉辦了一場婚宴，也再次深情地喝著喜酒。當場的歡樂沒有止境，如果你現在趕快跑去國王的王宮，我敢說還剩一點婚宴麥酒等著你噢。

⇒ 女巫球 ⇐

THE WITCHBALL

✦ 美國：鄉間 ✦

　　從前有個貧窮的小夥子，他想娶一個姑娘，但是姑娘的父母親不准。他的祖母是一個女巫，她說她可以想辦法解決。她用馬毛做了一個女巫球，把它放在姑娘家門口的臺階下。姑娘到屋外，從女巫球上走過，然後回到屋裡。她才剛要跟媽媽說話，就開始放屁，她每說一個字，屁就跟著出來。她媽媽要她快別這樣，否則要揍她。後來媽媽有事出門，等回到家，每次一開口就放屁。爸爸進屋後也是一樣。

　　爸爸認為事情不妙，就請來醫生，醫生走過門口臺階後，他一開口說話就拉屎，於是他們全都一邊說話一邊拉屎和放屁。這時老巫婆走進屋，跟他們說這也許是上帝對他們的詛咒，因為他們不准女兒嫁給那個窮小子。他們請她快去把那個小夥子找來，只要上帝能解除這個詛咒，他可以馬上娶他們家姑娘。老巫婆去找來了小夥子，她出去的時候偷偷把女巫球從臺階下取走。於是小夥子和姑娘結婚了，從此過著幸福的日子。

✦狐精✦
THE WEREFOX
✦中國✦

很多年以前，有一個叫智玄的和尚，他過著聖潔且自律甚嚴的生活。他從不穿絲綢，從一個城鎮徒步到另一個城鎮，晚上露宿在外。一個月夜，在距離山西某城十里路遠的地方，他正準備在一座墳墓邊的矮林裡睡下。月光下，他看到一隻野狐把一個人的頭骨和一些枯骨放在頭上，做了幾個神祕的動作，再用青草和樹葉打扮自己。沒多久，狐狸變成了一個衣著樸素的美婦。她走出林子到一旁的大路上，當西北方傳來有人騎馬的馬蹄聲時，那女子開始嚎啕大哭，姿態和動作都顯得非常哀傷。一個騎馬的男人走近，勒馬跳了下來。

「娘子，」他叫道，「什麼事情讓你深夜一個人來到這裡？我能幫你什麼嗎？」

女子止住哭泣，訴說起自己的故事：「我是某某人的寡妻，我丈夫去年突然過世，留下我身無分文，我的父母親住在很遠的地方。我不認得路，沒有人可以幫我回家。」

騎馬的男人聽說她父母親住的地方，便說道：「我就是從那裡來的，現在正要回去。如果你不介意路上巔簸，你可以騎我的馬，我在一旁步行。」

女人十分感激地接受了好意，還發誓絕不會忘記這人的大恩。她正要上馬，智玄和尚從林子中走出來，對著騎馬的男人大喊：「小心！她不是人，是隻狐狸。如果你不相信我，等一等我會讓她原形畢露。」

於是他用手指結了一個手印，再念了一段咒語，大喊：「還

不快快現出原形？」

　　女人立刻倒下，變成一隻老狐狸，死了。她的肉和血像溪水一樣流走，地上只剩下死狐狸、一顆頭骨、幾根枯骨，和一些樹葉及青草。

　　騎馬的男人徹底相信了，他向和尚叩了幾個頭拜謝，滿心驚訝地離開了。

✦女巫們的風笛手✦
THE WITCHES' PIPER
✦匈牙利✦

我哥哥在某個地方為別人吹風笛，而另一個來自艾泰什的人則在同一棟房子裡為孩童們吹奏。事情一定是在聖灰日[62]的前一天發生的。十一點左右，孩童們都被接回家了，一直為他們吹奏的那位馬泰叔叔拿到了吹風笛的酬勞，就跟我哥哥道別回家。

返家的路上，有三個女人走到他面前，說：「馬泰叔叔，你來！我們想請你替我們吹奏。我們去那邊那棟房子，就在街尾。別擔心，我們會付錢給你的。」

進了屋子以後，她們抓住他的兩條手臂（對了，這人現在還住在村子裡），要他站在靠牆的長椅上。他就在那裡為她們吹奏風笛，錢像下雨般撒在他腳邊。「哇，我幹得可真不賴嘛！」他自言自語說。

大約到了午夜時分，突然傳來一陣巨大的撞擊聲，轉瞬間他發現自己站在村底的白楊樹頂上。

「該死！我要怎麼從這樹上下來啊？」

恰好有一輛運貨馬車從路上駛過來，快接近這棵樹的時候，他朝下面喊：「兄弟，請救救我！」但那人沒注意到馬泰叔叔，繼續駕車往前走了。不久另一輛馬車也朝著這棵樹過來了。車上坐著彼得·巴塔，他是卡蘭薩地方的人。「嘿，兄弟，停下你的馬，救我下來吧。」那人勒住馬，說：「是你嗎，馬泰叔叔？」

---

62 聖灰日，又稱為聖灰星期三（Ash Wednesday），是基督教大齋期（四旬期）的起始日。

「該死啦，當然是我。」

「你在樹上幹嘛？」

「唉呀，兄弟，有三個女人在我回家的路上攔住我，要我跟她們去街尾的一棟房子裡。進去以後，她們要我站在一張長椅上吹風笛給她們聽。她們還給了我好多錢。」

這人把馬泰叔叔從樹上弄了下來，馬泰叔叔開始找他塞在斗篷下擺裡的錢。可是那裡面沒有錢，只有許多碎陶片和玻璃渣。

這種怪事有時候還會發生。

✦ 美麗的瓦希麗莎 ✦

VASILISSA THE FAIR

✦ 俄羅斯 ✦

　　在某個國家有一位商人和妻子，他們有一個獨生女：美麗的瓦希麗莎。這孩子八歲的時候，她母親得了重病，但在臨終之前，她把瓦希麗莎叫到身旁，給了她一個小玩偶娃娃，並且說：「聽著，乖女兒！要記住我最後的話。我快要死了，我要把做父母的祝福連同這娃娃留給你。你要一直把它帶在身邊，但別給任何人看到。無論什麼時候你遇到麻煩，你就給娃娃吃一點東西，然後問它的意見。」母親親吻了女兒，深深嘆了口氣就過世了。

　　妻子死後商人哀傷了很久，然後他開始考慮是不是應該再婚。他長得很英俊，要再找個新娘一點也不難，而且他特別中意一個小寡婦。這寡婦不年輕了，有兩個和瓦希麗莎差不多年紀的女兒。

　　這個寡婦一向以擅長做家務和好媽媽聞名，但是商人娶了她之後，很快就發現她對他的女兒並不好。瓦希麗莎是村裡最漂亮的女孩，就因為這一點被她繼母和繼姊們嫉妒。她們總是挑她毛病，又用艱難的工作折磨她，於是這可憐的女孩因嚴苛的工作吃盡了苦頭，被風吹日曬變得黝黑。瓦希麗莎忍受這一切，卻一天比一天更漂亮，而她那袖手旁觀、懶散坐在一旁的繼母和繼姊們卻變得消瘦，她們嫉恨得幾乎發狂。是什麼支撐著瓦希麗莎呢？是這個：她得到娃娃的協助，否則她沒法克服每天的困難。

　　瓦希麗莎總會替她的娃娃備好一小口吃的，等到晚上所有人都睡了以後，她就偷偷到櫥櫃去款待她的娃娃，說：「親愛的，

你吃點東西，聽聽我的悲傷事吧！雖然我住在我爸爸的家，我的生活卻一點都不快樂，壞心的繼母讓我過得痛苦不堪。請指引我的生活，告訴我該怎麼做。」

娃娃吃了食物，就會給這難過的孩子建議，到第二天早上還會分擔她的工作，好讓瓦希麗莎可以在樹蔭下休息或是摘花，轉眼間花壇裡的雜草已經除好了，包心菜也澆了水；水挑完了，爐子也升好火。瓦希麗莎跟她的娃娃在一起生活真是不錯。

幾年過去，瓦希麗莎長大了，鎮上的年輕人都想和她結婚，卻從不看繼母的那對女兒一眼。繼母比以前更生氣了，她這麼回覆那些瓦希麗莎的追求者們：「我不會讓我的小女兒比她的姊姊們先出嫁。」她趕走追求者，然後對瓦希麗莎又打又罵，把怒氣出在她身上。

正巧有次商人為了生意不得不前往鄰國，與此同時，繼母搬去住在茂密森林旁的一棟房子。森林裡有一片空地，空地有間小屋，小屋裡住著巫婆芭芭雅嘉，她不准任何人進到她的小屋，而且吃人就像吃雞肉一樣。搬進新家以後，商人的妻子就不斷找藉口，要她討厭的瓦希麗莎到森林裡，不過這女孩總能安全且毫髮無傷地回到家，因為娃娃會指引她，也會注意不讓她走進芭芭雅嘉的小屋。

春天到了，繼母給三個女孩分派晚上的工作，她讓一個女兒做蕾絲花邊、一個女兒織襪子，要瓦希麗莎紡紗。一天晚上，繼母把屋裡所有的燈都滅了，只在屋裡女孩們工作的地方點一根蠟燭，然後就去睡了。過不久蠟燭需要打理，繼母的一個女兒拿起燭剪要剪燭芯，她故意不小心地把蠟燭滅了。

「現在我們要怎麼辦？」女孩們說，「整間屋子都沒有燈光，而我們的工作還沒有做完，非得有人去向芭芭雅嘉借火才行。」

「我能看得到我的針，」做蕾絲花邊的女兒說，「我不去。」

「我也不去，」織襪子的女兒說，「我的織針很亮。」

「你得去借火，去芭芭雅嘉那裡。」她們兩人都喊道，把瓦希麗莎從房裡推出去。

瓦希麗莎到她的櫃櫥前，放了一些準備好的晚飯給娃娃，然後說：「小娃娃，你吃點東西，聽聽我的問題。她們要我到芭芭雅嘉家借火，她會吃了我啊。」

「不要害怕！」娃娃回答她，「去做你的事，但是把我帶上。有我在旁邊你不會受到傷害。」瓦希麗莎把娃娃放進口袋，畫了十字，就走進茂密的森林裡，但是她怕得全身顫抖。

突然一個騎士快馬飛馳而過，他全身雪白，穿一身白衣服，他的馬是白色的，馬鞍和韁繩也是白色的。這時曙光出來了。

女孩繼續往森林裡走，這時另一個騎士騎馬經過，他全身紅色，穿一身紅衣服，他的馬也是紅色的。這時太陽升起了。

瓦希麗莎走了一夜又一天，第二天晚上她來到森林裡的一片空地，這裡就是芭芭雅嘉的小屋所在。小屋周圍是人骨做成的圍籬，圍籬上安著帶有眼睛的骷髏頭。門的柱子是人腿做的，門栓是人手，門鎖是一張有著利牙的人嘴。瓦希麗莎嚇得臉色蒼白，呆在那裡一動也不動。突然間又一個騎士騎馬過來，他全身黑色，穿著一身黑衣服，騎在一匹黑馬上。他一躍而起，跳過芭芭雅嘉的大門後就消失不見了，彷彿被扔進了地裡。夜晚降臨。但是黑暗並沒有持續很久，圍籬上所有骷髏頭裡的眼睛都亮了起來，整片空地立刻明亮地有如正午。瓦希麗莎嚇得發抖，不知道要往哪裡跑，動也不動地待在原地。

突然她聽到一陣好大的嘈雜聲，樹木發出吱嘎聲，乾樹葉沙沙作響，芭芭雅嘉從森林裡出現了。她坐在一個搗臼裡，用一根

搗杵駕著臼前進，再用一把掃帚把她走過的痕跡掃去。她到了門口停下來，四處嗅聞，接著大叫：「呼，呼，我聞到一個俄羅斯人的味道！誰在這裡？」

瓦希麗莎膽怯地走近老婦人，深深一鞠躬，然後說：「是我，婆婆！我的繼姊姊們要我來向您借火。」

「很好，」芭芭雅嘉說，「我知道她們。如果你先跟我住一陣子，幫我做點事，我就給你火。如果你不肯，我就要吃了你。」然後她轉身向大門喊道：「結實的門栓，快打開；寬敞的大門，快打開！」大門開了，芭芭雅嘉吹著口哨走了進去，瓦希麗莎跟在後頭，所有的門又都關上了。

進到屋子裡，巫婆伸伸懶腰，對瓦希麗莎說：「把烤爐裡的東西全端給我，我餓了。」瓦希麗莎用圍籬上的骷髏頭點著火燭，再從烤爐裡拿出食物給巫婆。這頓飯菜足夠十個人吃，瓦希麗莎還從地窖裡拿出克瓦斯[63]、蜂蜜、啤酒和葡萄酒。老婆婆幾乎把所有東西吃乾喝淨，只留下一點菜渣、麵包皮和一點點的乳豬肉給瓦希麗莎。芭芭雅嘉要去睡了，她說：「明天我出門以後，你要清理院子、打掃屋子、煮好晚飯、鋪好床。然後你去穀倉裡拿四分之一的小麥，把麥子的雜質挑出來。把這些事都做完，不然我要吃了你。」

芭芭雅嘉下了這些命令以後就開始打呼。瓦希麗莎把老婆婆吃剩的飯菜放在她的娃娃前面，痛哭流涕地說：「小娃娃，你吃點東西，聽聽我的悲傷事。芭芭雅嘉給我非常困難的工作，她威脅說如果我做不到就要吃了我，你救救我啊！」

娃娃回答：「不要害怕，美麗的瓦希麗莎！吃你的晚飯，做

---

63 kvass，俄羅斯、烏克蘭等地區流行的一種低酒精飲品。

你的祈禱，然後躺下睡覺。早晨比夜晚聰明。」

第二天瓦希麗莎起得很早，而芭芭雅嘉已經起床正往窗外看。突然骷髏頭眼睛發出來的光滅了，一個白色的騎士飛馳而過，然後天色大亮。芭芭雅嘉走到屋外，吹了口哨，她的面前出現一個搗臼，還有一根搗杵和一把壁爐掃帚。這時一個紅色騎士快馬經過，太陽升了起來。芭芭雅嘉在臼裡坐好就出發了，她用搗杵駕著臼，再用掃帚把她經過的痕跡掃去。

瓦伊麗莎獨自一人，她望著芭芭雅嘉的屋子，驚嘆於她的財富。她不知道要從哪個工作開始，但她再定睛一看，發現工作都做好了；娃娃已經把麥子的雜質全挑出來了。

「喔，我親愛的救命恩人，」瓦希麗莎對娃娃說，「你救我脫離了不幸！」

「你只要做晚飯就好了。」娃娃說，一邊爬進瓦希麗莎的口袋，「上帝保佑你煮好晚飯，然後好好休息！」

快到晚上時，瓦希麗莎擺好桌子，等芭芭雅嘉回來。薄暮時分，一個黑色騎士從大門前飛馳而過，天色完全暗了。那些骷髏頭裡的眼睛都亮了起來，樹木發出吱嘎聲，樹葉也沙沙作響。芭芭雅嘉回來了，瓦希麗莎迎了上去。「事情全做完了嗎？」巫婆問。「婆婆您自己看吧！」

芭芭雅嘉檢查了每件事，她找不到生氣的理由而感到有些惱火，於是她說：

「我真正的僕人，我的知心朋友，把我的麥子磨好吧！」頓時出現了三雙手，抓起麥子拿了出去。

芭芭雅嘉飽餐一頓，準備睡覺，她再次給瓦希麗莎下命令：「明天你再重複今天的工作，另外還要把穀倉裡的罌粟籽拿出來，一粒一粒除掉上面的土。你看，有人惡毒地把泥土摻了進去！」

說完，老婆婆就面向牆壁打起呼來了。

瓦希麗莎餵娃娃吃東西，娃娃說了跟前一天同樣的話：「向上帝祈禱再去睡吧。早晨比夜晚聰明。一切都會完成的，親愛的瓦希麗莎！」

早晨芭芭雅嘉又駕著她的臼出門了，瓦希麗莎和娃娃也立刻開始工作。老婆婆回家後查看了一切，叫喊道：「我忠心的僕人、我親密的朋友啊，把這些罌粟籽拿去榨油吧！」於是三雙手又出來把罌粟籽拿走。芭芭雅嘉坐下來吃飯，瓦希麗莎默默地站著。

「你為什麼不說話？」巫婆問，「你站在那裡，像個啞吧。」

瓦希麗莎怯懦地說：「如果您容許我說，我想問您一個問題。」

「問吧，但要記住，不是每個問題都會帶來好結果。你將會學到很多；很快你就會變老。」

「我只想問您，」女孩說，「關於我看到的事。我到您這裡的時候，有一個穿白色衣服、騎白馬的白騎士越過我面前。他是誰？」

「他是我明亮的白天。」芭芭雅嘉回答。

「然後，另一個紅騎士，穿紅衣、騎紅馬，他也越過了我。他是誰？」

「他是我的小小紅太陽！」這是她的回答。

「可是在大門外騎馬經過我的那個黑騎士，他又是誰呢，婆婆？」

「他是我的黑夜。他們三人都是我忠實的僕人。」

瓦希麗莎想起那三雙手，不過她沒有吭聲。「你沒有別的要問嗎？」芭芭雅嘉說。

「我有，不過婆婆您說過當我長大就會知道更多。」

「很好，」這巫婆說，「你只問屋子外面的事，沒有問屋裡面

的事！我不喜歡我屋裡的事往外傳，我會吃了那些好奇心太重的人！現在我問你一件事，你是怎麼完成我派給你的那些工作？」

「是我母親的祝福幫助了我。」瓦希麗莎回答。

「你走吧，受寵的女兒！我不需要得到祝福的人。」芭芭雅嘉把瓦希麗莎拖出房間，推出大門，再從圍籬摘下一個雙眼冒火的骷髏頭，把它插在一根棍子上遞給女孩，說：「把這火拿給你的繼姊姊們。她們派你來這裡取火的。」

瓦希麗莎跑著離開，一路上骷髏頭為她照明，它的火光直到早晨才熄掉。第二天晚上，她終於回到家。走近大門時，她本來打算把骷髏頭扔了，因為她想著家裡應該不需要火了。這時她忽然聽到骷髏頭傳來一個空洞、低沉的聲音，說：「不要把我丟掉，帶我到你的繼母那裡。」她看了一眼屋子，沒有看到任何一扇窗子裡有亮光，於是決定帶著骷髏頭進去。

她的繼母和兩個繼姊又是擁抱又是親吻地迎接她，說自從她離開後，她們一直陷在黑暗裡，怎麼點火都點不著。要是有人從鄰居那裡借了火來，只要一進到屋子，火就馬上熄滅。「也許你的火可以維持下去。」繼母說。她們把骷髏頭拿進屋裡時，它那雙眼睛熊熊亮了起來，死死地盯著繼母和她的兩個女兒。不管她們怎麼躲都沒有用，她們跑到哪裡，那目光就追到哪裡，天沒亮，她們都被燒成了灰燼，但瓦希麗莎卻毫髮無傷。

到了早上，瓦希麗莎把骷髏頭埋在地下，鎖上房子，來到鎮上。她央求一個無親無依的老婦人收留她。她在這裡安靜地過日子，一邊等她的父親回來。有一天她對老婦人說：「一直閒坐著讓我很厭煩呢，婆婆！您去幫我買一些上好的亞麻，我來紡紗吧。」

老婦人買了亞麻，瓦希麗莎就坐在那裡紡紗。工作進行得十分迅速，紡好的線如髮絲般細滑。紡線成堆地放著，該開始織布了，但是到處都找不到合適的紡梳來梳理瓦希麗莎的細線，也沒有人會做這樣的梳子。於是她又向她的娃娃求助，娃娃說：「你去拿把織工用過的舊梳子，一個舊紡梭和一些馬鬃給我，我會幫你做好所有的事。」瓦希麗莎拿到一切所需的東西，然後上床睡覺。娃娃在一夜間就完成了一架頂尖的織布機。冬天快結束時，她織出了纖柔無比的亞麻布，甚至能從針眼裡穿過。

到了春天，亞麻布漂好了，瓦希麗莎對老婦人說：「把亞麻布賣了，婆婆，賣得的錢您留著。」

老婦人看了一眼她的布，嘆口氣說道：「啊！我的孩子，除了沙皇沒有人會穿這樣的亞麻布。我把它送去皇宮吧。」

她來到皇室的住處，在窗前走來走去。沙皇看到她就問：「老太太，你想要什麼？」

「陛下，」她回答說，「我帶了一些上好的布料，我只想給皇上您一個人過目。」

沙皇命人讓她進來，看到這布料時他讚嘆不已。「你想要賣多少錢？」他問。

「這些不賣的，沙皇陛下！這是我帶來送給您的禮物。」沙皇謝了她，賞賜她一些東西讓她回去了。

這塊亞麻布被剪成好幾片要縫製沙皇的襯衫，但卻到處找不到能夠完成的裁縫，最後沙皇召來老婦人，對她說：「你既然能紡紗並且織出這塊亞麻布，你應該也能用它縫幾件襯衫吧。」

「皇上，紡成紗又織出亞麻布的人不是我，是一位美麗的姑娘。」

「噢，那就讓她去縫吧！」

老婦人回到家，告訴瓦希麗莎一切。女孩回答：「我就知道這工作離不開我的雙手。」她把自己關在房間裡開始工作，雙手沒有休息，很快就完成了十二件襯衫。

老婦人把衣服帶到沙皇面前，而瓦希麗莎漱洗、梳髮、換好衣服，然後坐在窗邊等待。她看到一個皇家侍者來到老婦人家。他進屋之後說：「沙皇陛下要召見為他縫製襯衫的巧手工匠，而且要親自獎賞她。」

瓦希麗莎來到沙皇面前，她讓他非常心喜，因此說：「我無法忍受離開你，做我的妻子吧！」沙皇握住她白皙的雙手，要她坐到自己身旁，然後舉行了婚禮。

瓦希麗莎的父親趕了回來，為女兒的好運感到開心，也和她住在一起。瓦希麗莎把老婦人接到皇宮裡，並且與她放在口袋裡的小娃娃永不分離。

⋗ 接生婆和青蛙 ⋖

THE MIDWIFE AND THE FROG
✦ 匈牙利 ✦

　　我奶奶的媽媽是個接生婆，我們從前都說那是「女王的接生婆」，因為她跟教區領取酬勞，而教區在我們眼裡就相當於全國。

　　一天晚上她被找去幫忙助產，那時大約是午夜。路上漆黑一片，而且還下著雨。產婦生下小寶寶後——上帝保佑她順利生產——我的曾祖母就往家裡去了。在路上她遇到一隻很大的青蛙，在她前面跳著前進。我的曾祖母一向非常怕青蛙，就嚇得大喊：「別擋我的路，你這個醜東西！你幹嘛在我旁邊跳來跳去？難道你要找接生婆嗎？」

　　她就這樣子一邊往前走一邊跟青蛙說話，而青蛙越跳越靠近

她。有一次牠正好跳到她腳下，被她一腳踩下去。青蛙發出尖銳的叫聲，把我曾祖母嚇得差點沒從鞋子裡跳出來。好啦，然後她丟下青蛙回家，青蛙也跳回自己住的什麼地方。

回家以後，我曾祖母就去睡了。突然她聽到有馬車駛進院子裡，她以為又有人要生產，需要她去幫忙。不久她看到門開了，有兩個男人走進來，兩個人皮膚都很黑，身材都很瘦長，兩條腿像是細長的棍子，腦袋大得像籮筐。他們跟她打招呼。「晚安，」然後說，「我們要載你走，老媽媽，你一定要來幫忙接生。」

她說：「是哪一位呢？」這是接生婆的習慣，她會先問要去哪裡幫忙。

其中一個男人說：「你在路上答應過我妻子，等她要生的時候會去幫她接生。」

這話可讓我曾祖母好好思索了一番，因為她在回家路上除了那隻青蛙，一個人也沒遇到。「沒錯，」她心想，「可是我只是開玩笑的問牠『你在找接生婆嗎？說不定我可以幫你。』」

兩個男人對她說：「不要再耽擱了，老媽媽。」

但是她對他們說：「我不要跟你們去，我路上可沒有遇到人類，我也沒有答應任何事。」

不過他們一直堅持她應該信守承諾，於是最後她說：「好吧，既然你們這麼想要帶我去，我就跟你們去一趟吧。」

她心想，不管怎樣，她都要帶上她的念珠，不論她被這兩個男人帶到什麼地方，只要她祈禱，上帝就不會拋下她。那兩人暫時離開一下，她穿上整齊的衣著，準備好了就問他們：「這趟路很遠嗎？我要不要多穿些暖和的衣服？」

「我們不會走很遠，差不多一個半小時就回來了。不過請快一點，因為我離開時我妻子的狀況不很好。」

她穿好衣服，跟兩人走出去。他們讓她坐上他們的黑色馬車，很快就來到一座大山。這座山是離蘇恰瓦河不遠的馬札爾山。馬車往前走的時候，突然山壁在他們面前打開，他們的馬車直接駛進裂縫，進到山的中心。車在一間屋子前面停下，其中一人幫曾祖母開門。

　　「好，你進去找她吧，」他說，「你會看到我妻子，她躺在地上。」

　　她走進門裡，看到一個嬌小的女人躺在地上，她也有一個像籮筐那麼大的腦袋。她看起來有病容，正痛苦呻吟。

　　我的曾祖母跟她說：「你的情況很糟呢，孩子，不是嗎？不過別怕，上帝會解救你脫離你的負擔，你會好起來的。」

　　女人就對我曾祖母說：「別說上帝會幫助我，千萬別讓我丈夫聽到你這麼說。」

　　這位接生婆問：「不然我還能說什麼？」

　　「要說『傑瓦克（一種魔鬼）』會幫助你。」

　　然後我曾祖母——這可是她親口說的——感覺那些字眼就像在她嘴唇上凍住了一樣，她想起自己被帶到什麼地方就十分驚恐。她剛想到這裡，嬰兒就生下來了。這是個細長的嬰兒，兩條腿像棍子一樣細，還有個像燉鍋一樣大的腦袋。我曾祖母心想：「我被帶到這裡，現在我要怎麼回去呢？」於是她轉頭跟產婦說：「嗯，你的男人把我帶到你們家，現在我要怎麼回去？外頭漆黑一片。我自己一個人沒辦法找到回家的路。」

　　身體不適的女人說：「別擔心，我丈夫會送你回到他最初去接你的地方。」然後她問我曾祖母：「老媽媽，你知道我是誰嗎？」

　　「我不能說我知道。我問過你丈夫關於你的問題，但是他什麼也沒告訴我。他叫我跟他們走，到時我就會知道你是誰了。」

「喔，你知道我是誰嗎？我就是在路上被你踢了又踩在腳下的那隻青蛙。這件事應該可以給你一個教訓，如果你在午夜或是午夜一點的時候正好遇到像我這樣的動物，不要跟牠說話，也不要注意你看到了什麼，只管繼續走路就好。你看，你停下來跟我說話，又對我做了承諾，所以你才會被帶來這裡，因為我就是你在路上遇到的那隻青蛙。」

曾祖母說：「我在這裡的工作做完了，現在送我回家吧。」

然後男人走進來問她：「那麼，你要我給你點什麼當作酬勞呢？」

老接生婆說：「我不要你們付我任何東西，只要馬上把我送回去你們接我的地方。」

男人說：「別擔心，我們還有半小時左右的時間可以送你回去。讓我帶你去我們的食物儲藏室看看吧，你可以親眼看到我們過得很好，不用擔心我們沒有錢付給你。」

我曾祖母就跟著他去了食物儲藏室。她看到儲藏室裡的層架上堆放著各種各樣的食物，這邊有麵粉，有培根和一桶桶的豬油，那邊有一條條長麵包和奶油，還有其它許多東西，全都整整齊齊擺放著，更別說還有成堆的金子和銀子。

「你自己看看這裡的東西有多充足吧。有錢人和富農因為貪心而不肯給窮人的東西，都會變成我們的，進到我們的儲藏室。」他轉向我的曾祖母說，「來吧，老媽媽，我們快點吧。我們沒剩多少時間送你回家了。你拿這些金子放到圍裙兜裡，我看到你穿了一條禮拜天的圍裙。」

他堅持要給她一圍裙的金子，而且除非她把兜起來的圍裙裝滿金子，否則不讓她離開儲藏室。

她把金子裝在圍裙兜裡後，就乘坐她來時的馬車被載到馬札

爾山的山頂。這時天將破曉，不久公雞發出第一聲啼鳴。兩個男人把她從黑色馬車上推出去——儘管他們很接近山頂了——並對她說：「快去吧，老媽媽，你從這裡就可以找到回家的路。」

曾祖母望了一眼圍裙，想看看是否真的拿到金子，但她的圍裙都裡什麼也沒有，那堆金子憑空消失啦。

這就是全部的故事，你可以相信我的話。

PART
10
美麗的人們

BEAUTIFUL PEOPLE

✦ 菲兒、波朗恩和川波琳 ✦
FAIR, BROWN AND TREMBLING
✦ 愛爾蘭 ✦

艾德‧庫魯查國王住在特科諾，有三個女兒，分別叫做菲兒、波朗恩和川波琳。

菲兒和波朗恩有很多新衣裙，每個禮拜天都會去教堂。川波琳卻被留在家裡燒飯和工作。她們根本不准她出家門，因為她比兩個姊姊都漂亮，她們怕她會比她們先嫁人。

這樣子過了七年，第七年快過完時，歐曼亞國王的兒子愛上了大姊。

一個禮拜天早晨，兩個姊姊去教堂了，年長的養雞婦走進廚房跟川波琳說：「今天你應該在教堂，而不是在家裡工作。」

「我怎麼能去呢？」川波琳說，「我沒有像樣的衣服穿去教堂。而且要是姊姊們在那裡看到我，會因為我擅自出門而殺了我。」

養雞婦說：「我會給你美麗的衣服，比她們見過的還要漂亮，你告訴我，你想要穿什麼樣的衣服？」

川波琳說：「我想要像雪一樣白的衣裙，還有一雙綠色的鞋。」

養雞婦披上一件黑色長斗篷，從女孩穿過的衣服上剪下一片布，然後祈求能有世上最白、最美麗的禮服，和一雙綠色鞋子。

瞬間她就有了禮服和鞋子，她拿去給川波琳穿上。川波琳穿戴妥當後，養雞婦說：「我把這隻小蜂鳥放在你的右肩上，再把這根蜂蜜棒放在你的左肩上。門口有一匹乳白色的母馬，還有金色的馬鞍，讓你騎在上面，還有一條金色韁繩讓你握在手裡。」

於是川波琳坐上金色馬鞍，準備好要出發。養雞婦說：「你不可以進教堂的門，彌撒結束大家一起身，你就要用最快的速度騎馬回家。」

川波琳來到教堂門口時，從裡面看到她的人都想盡辦法要知道她是誰，他們看到她在彌撒結束時匆忙離開，都衝出教堂去追她，但是他們怎麼跑也沒有用，她沒等任何人靠近就已經跑遠了。她一口氣從教堂奔回家，追上了前面的風，又把風甩到身後。

川波琳在門口下馬，走進屋裡，看到養雞婦已經把飯菜準備好了。她脫下白色禮服，眨眼間換上平常的舊衣。

兩個姊姊回來時，養雞婦問：「今天在教堂有沒有什麼新鮮事呀？」

「我們有大消息噢，」她們說，「我們在教堂門口看到一位美麗又尊貴的女士。她穿的禮服我們從沒看人穿過。跟她的一身穿著相比，根本沒人在意我們的穿著了。教堂裡所有人——從國王到乞丐——全都緊盯著她，想知道她是誰。」

兩姊妹若是沒弄到一套類似陌生女士的禮服，她們是不肯干休的，但沒能找到小蜂鳥和蜂蜜棒。

下個禮拜天，兩個姊姊又去教堂，留下妹妹在家做飯。

她們走了以後，養雞婦進來問：「你今天會去教堂嗎？」

「我要去，」川波琳說，「如果我能去得了。」

「你要穿什麼禮服？」養雞婦問。

「世上最好的黑綢緞禮服，還要一雙紅鞋。」

「你想要什麼顏色的馬？」

「我要的馬又黑又亮，可以照出我的人影。」

養雞婦披上黑色長斗篷，祈求能有這樣的禮服和黑馬。瞬間她就得到了。當川波琳著好裝，養雞婦把小蜂鳥放在她右肩上，

把蜂蜜棒放在她左肩上。黑馬背上的馬鞍是銀色的，馬韁繩也是銀色的。

　　川波琳坐在馬鞍上準備出發，養雞婦嚴令她不要進教堂的門，而且要在彌撒結束、大家都起身的時候趕快離開，在任何人能攔下她之前騎馬回家。

　　這個禮拜天，人們比之前更驚訝了，朝她注視也比第一次更久，大家一心只想知道她是誰。不過他們根本沒有機會，彌撒結束人們一站起來，她就從教堂溜走，跳上銀色馬鞍騎回家，根本不等任何人攔下她或跟她說話。

　　養雞婦已經準備好飯菜。川波琳脫下絲緞禮服，在兩個姊姊回家前換回了自己的舊衣服。

　　「你們今天有什麼新鮮事？」養雞婦見兩個姊姊從教堂回來時問道。

　　「喔，我們又看到那個尊貴的陌生女士了！看了她穿的那身禮服之後，沒有人理睬我們的衣裳了！教堂裡每個人，從地位高到地位低的，全都張著嘴巴盯著她，沒有人要看我們一眼。」

　　兩個姊姊吵吵嚷嚷，直到她們也要到了類似陌生女士穿的衣服才罷休。當然這些衣服沒有那麼好，因為全愛爾蘭也找不到那樣的禮服。

　　到了第三個禮拜天，菲兒和波朗恩穿著黑絲綢的衣服去教堂。她們留下川波琳在廚房幹活，要她務必在她們回家時把飯菜準備好。

　　她們走遠後，養雞婦來到廚房說：「啊，親愛的，今天要去教堂嗎？」

　　「如果我有新衣裙可穿我就去。」

　　「你要的任何衣服我都可以給你，你想要什麼樣的呢？」養

雞婦問。

「腰部以下要像玫瑰一樣的紅，上身要像雪一樣白；肩膀上有一件綠色披風；頭上有一頂插著紅、白、綠色羽毛的帽子；鞋子的前段是紅色，中段是白色，後段和鞋跟是綠色。」

養雞婦披上黑色長斗篷，祈求這些出現，瞬間就得到了。川波琳穿戴好，養雞婦把小蜂鳥放在她的右肩上，把蜂蜜棒放在她的左肩上，拿剪刀從她的一綹頭髮中剪下幾根，再從另一綹頭髮中剪下幾根，一瞬間，最最美麗的金髮垂散在女孩的肩上。養雞婦問她想要騎什麼樣的馬，她說要白色的馬，馬的全身都是藍色和金色的菱形斑點，馬背上有一具金色的馬鞍，馬轡上有金色的韁繩。

馬兒站在門口，一隻小鳥停在馬的兩耳之間，川波琳一坐到馬鞍上，小鳥就開始唱個不停，一直唱到她從教堂回家。

這個美麗的陌生女士的名聲已經傳遍世上，這個禮拜天所有的王室貴族和大人物都來到教堂，每個人都希望彌撒後自己能把她帶回家。

歐曼亞國王的兒子完全把大姊忘了，他待在教堂外面，想在陌生女士趕回家之前攔住她。

教堂比之前還要擁擠，門外的人比教堂內的多出三倍。教堂門口人太多太擠，川波琳只能進到大門裡面。

彌撒結束眾人一站起來，這位女士迅速衝出大門，閃電般坐上了金色的馬鞍，比風還快地疾馳而去。即便這樣，因為歐曼亞王子就在她旁邊，他立刻抓住她的腳，跟著馬跑了三十桿[64]，始終不肯放手，直到把她腳上的鞋扯了下來，他才被甩在後面，手

64 perch，長度單位，一桿大約五碼半。

裡還拿著這隻鞋。白馬拚命快跑，把她送回家，而她卻一直在想她掉了一隻鞋，養雞婦會殺了她。

老婦人看到她很煩惱，神情也不一樣，就問：「你現在又有什麼麻煩啦？」

「噢！我掉了一隻鞋。」川波琳說。

「別在意，別煩惱，」養雞婦說，「也許這是發生在你身上最好的事喔！」

於是川波琳把她穿戴的所有東西交還養雞婦，換上舊衣服，去廚房幹活了。兩個姊姊回來後，養雞婦問：「你們有從教堂帶回什麼新鮮事嗎？」

「的確有，」她們說，「我們今天看到最尊貴的景象了。那位陌生女士又來了，裝扮比之前更氣派。她身上穿的衣服和騎的馬都是世界上最優雅的顏色，馬的兩耳間停了一隻鳥，從她抵達到她離開，一刻不停地唱著歌。這女士是全愛爾蘭所有男人見過最美麗的女人。」

川波琳從教堂離開後，歐曼亞國王的兒子對其他國王的兒子說：「我要擁有這位女士。」

其他人都說：「你不能只憑著脫下她的一隻鞋就贏走她，你必須靠著劍尖去贏取她。你必須跟我們決鬥，然後才能說她是你的人。」

「這個嘛，」歐曼亞國王的兒子說，「當我找到能穿上這隻鞋的女士，我會為她而戰的，放心吧，我不會把她留給你們的。」

所有國王的兒子們都很不安，也都急著想知道掉了一隻鞋的女子是誰，於是他們開始走遍全愛爾蘭，看看能不能找到她。歐曼亞王子和其他人浩浩蕩蕩一起出發，在愛爾蘭各地到處探詢。他們去過每個地方──北邊、南邊、東邊和西邊。只要有女人的

地方，他們都去拜訪，他們搜遍王國裡的每一間房子，只為找到能穿下這隻鞋的女人，不管她富有或窮困，地位高或低。

歐曼亞王子一直帶著這隻鞋。年輕姑娘看到它，總是懷抱很大的希望，因為它就像一般的尺寸，不大也不小，但誰也不知道它是用什麼材質做的。有姑娘以為，只要自己把大拇趾切掉一點點，這鞋就能合腳；還有姑娘因為腳太小，就在襪子的前端塞東西，但是都沒有用。這樣做只是把她們的腳弄傷，後來還花了好幾個月治療。

菲兒和波朗恩這兩個姊姊聽說全世界的王子走遍愛爾蘭，要找能穿得下這隻鞋子的女人，所以每天都在談論試穿的事。一天川波琳跟她們說：「也許這鞋子能合我的腳。」

「噢，斷了你的狗腳吧！你每個禮拜天都待在家裡，憑什麼這麼說？」

她們就這樣一邊等待一邊辱罵她們的妹妹，直到王子們來到她們附近。他們要來的那天，兩個姊姊把川波琳關在櫥子裡，還把櫥子門鎖上。大批人馬來到她們家時，歐曼亞王子把鞋拿給兩個姊姊，她們無論怎麼試穿，兩個人的腳都不合。

「這屋裡還有其他姑娘嗎？」王子問。

「有，」櫥子裡的川波琳喊道，「我在這裡。」

「噢！她只不過是幫我們打掃的。」兩個姊姊說。

但是王子和其他人非要看到她才肯離開，兩個姊姊只好打開櫥門。川波琳出來之後，他們把鞋子遞給她，她一穿完全合腳！

歐曼亞王子端詳著她，然後說：「你是這隻鞋的主人，我就是從你這兒拿到鞋子的。」

川波琳說：「請你們在這裡稍待，等我回來。」

然後她去養雞婦住的屋子。老婦人披上黑色長斗篷，為她拿

到她在第一個禮拜天去教堂時穿戴的一切，再照著當時的情形騎上白馬。然後川波琳沿著路騎馬回到家門口。所有第一次看過她的人都說：「這就是我們在教堂看到的女士。」

她再次離開，穿上養雞婦給她的第二套禮服、騎著黑馬再次回來，所有在第二個禮拜天看到她的人都說：「這就是我們在教堂看到的女士。」

她第三次請求暫時離開，沒多久，穿著第三套禮服騎著第三匹馬再次回來。所有在第三個禮拜天看到她的人都說：「這就是我們在教堂看到的女士。」每個人都滿意了，知道她就是大家要找的人。

這時所有的王子貴人們都開口了，對歐曼亞國王的兒子說：「你得先跟我們一決勝負，我們才會讓她跟你走。」

「我就在你們面前，已經準備好要決鬥了。」

於是洛克林[65]國王的兒子走上前。決鬥開始。這是一場激烈的決鬥，兩人打了九個小時，洛克林國王的兒子停下，放棄要求，離開戰場。第二天，西班牙國王的兒子打了六小時，也放棄了。第三天，奈爾佛伊國王的兒子打了八小時，也叫停了。第四天，希臘國王的兒子打了六小時，停了。第五天，再沒有外國的王子想要決鬥。愛爾蘭所有國王的兒子都說，他們不願意和同屬自己土地上的人交手，其他的外地人也都嘗試過了，既然再沒有其他人來爭這個女子，她理當屬於歐曼亞國王的兒子。

結婚日子訂了，請柬也都寄出。這場婚禮持續了一年又一天。婚禮結束後，國王的兒子把新娘帶回家，過了一段時間，他們生了一個兒子。這位少婦派人請大姊菲兒前來陪伴照顧她。一

---

65 Lochlin，亦即維京人之地，可能是位於挪威的王國。

天，當川波琳身體好了，她丈夫在外面打獵時，這兩姊妹出去散步。她們走到海邊，大姊把她的小妹推到海裡，剛好一隻大鯨魚游過來，把她吞進肚子。

大姊獨自回去，丈夫問：「你的姊妹呢？」

「她回去巴利仙農的父親家了。現在我身體康復了，不再需要她了。」

「唔，」這丈夫注視著她說，「我擔心走的是我的妻子。」

「噢！不是，」她說，「走掉的是我姊姊菲兒啦。」

因為兩姊妹長得很像，王子也很疑惑。這天晚上他把他的劍放在兩人中間，說：「如果你是我的妻子，這把劍會變熱；如果不是，劍就一直是冰冷的。」

第二天早上他起床，這把劍還是和他放在床上時一樣的冰冷。

就這麼巧，話說當兩姊妹在海邊散步的時候，有個牧童也在水邊照顧牛隻，他看到菲兒把川波琳推到海裡。第二天漲潮的時候，他看到鯨魚游過來，把川波琳吐到沙灘上。她在沙灘上對牧童說：「等你晚上趕牛回家後，告訴你的主人說，昨天我姊姊菲兒把我推到海裡，一隻鯨魚吞了我，然後又把我吐出來；等下次漲潮時，牠會再游過來把我吞掉，然後隨著潮水游走。第二天漲

潮時牠會再游過來，再把我吐到岸上。鯨魚會把我吐出來三次。我中了這隻鯨魚的魔法，沒有辦法離開岸邊或是逃走。除非我丈夫能在我第四次被吞下之前把我救出來，否則我就再也回不來了。他必須在鯨魚翻身的時候用銀子彈把牠打死。鯨魚胸鰭的下面有一個紅棕色的點。我丈夫必須射中那個點，只有這樣才能殺死牠。」

牧童回到家，川波琳大姊給他喝了一杯遺忘藥，於是他沒能說出真相。

第二天牧童又去海邊，鯨魚游過來，又把川波琳吐到岸上。她問男孩：「你有沒有跟主人說我要你說的那些話？」

「沒有，」他說，「我忘了。」

「你怎麼會忘了？」她問。

「房子裡那個女人給了我一杯喝的，我就忘掉了。」

「那麼今天晚上不要忘了告訴主人。如果那個女人要給你喝的，你就不要接受。」

牧童一回到家，川波琳的大姊要給他喝的，他不肯接過去，直到傳達了信息，把一切都告訴了主人。第三天，王子來到岸邊，帶著裝了一發銀子彈的槍。沒多久，鯨魚來了，像前兩天一樣把川波琳吐到岸上。在她丈夫殺死鯨魚之前，她無權和丈夫說話。鯨魚游出去翻了個身，短暫露出紅棕色的點，王子立刻開槍。他只有一次機會，而且瞬間即逝，但他抓住機會，擊中了紅棕色的點，鯨魚痛得發狂，鮮血染紅了周遭的海水，然後死掉了。

就在此刻，川波琳能開口說話了，她跟丈夫一起回家。她丈夫派人傳話給她父親，訴說大姊的所作所為。她父親來了，對王子說可以任由他處置，用什麼方式處死她都可以。王子說，他會把大姊的生死交給父親自己決定。於是這父親派人把大女兒裝進

木桶丟到海上，桶子裡裝了可以過七年的口糧。

　　過了一段時間，川波琳生了第二個孩子，是個女兒。她和王子送牧童去學校，把他當成自己的孩子來培養，並且說：「如果我們現在生的小女孩能活下來，那麼世上只有你可以娶她。」

　　牧童和王子的女兒漸漸長大，直到兩人結婚。川波琳對丈夫說：「要不是這個牧童，你不可能把我從鯨魚那裡救出來。因為這緣故，我心甘情願把女兒嫁給他。」

　　歐曼亞國王的兒子和川波琳共生了十四個孩子，兩人過著幸福快樂的生活。他們倆都活到高齡才去世。

→荻拉薇和她的亂倫哥哥←

DIIRAWIC AND HER INCESTUOUS BROTHER

✦蘇丹：丁卡族✦

　　有一個女孩名叫荻拉薇，長得非常美麗，族裡所有女孩都聽她的話。年長的女人也聽她的話，小孩子也聽她的話，甚至年長的男人也都聽她的話。一個名叫提恩的男人想要娶她，但是她哥哥——他也叫做提恩——拒絕了。很多男人都願意出一百頭牛當聘禮，但是她哥哥都不肯。有一天提恩跟他母親說：「我想娶我妹妹荻拉薇。」

　　他母親說：「我從沒聽說過這種事情。你應該去問你父親。」

　　他去找他父親，說：「爸爸，我想娶我妹妹。」

　　他父親說：「我的兒啊，我從沒聽過這種事情。一個男人娶自己妹妹我連說都說不出口。你最好去問你舅舅。」

　　他去找他舅舅，說：「舅舅，我想娶我妹妹。」

　　他舅舅驚叫道：「我的老天！有人跟自己的妹妹結婚嗎？你是不是因為這樣才總是反對她的婚事？是不是因為你自己一心想要跟她結婚？我從沒聽過這種事情！你母親對這件事怎麼說？」

　　「我母親要我去問父親，我說好，就去找我父親。我父親說他從沒聽說過這種事情，要我來找你。」

　　「如果你要問我的意見，」他舅舅說，「我想你應該去問你的姑姑。」

　　就像這樣，他問遍了他所有的親戚。每個人都表示驚訝，而提議他去問別人。然後他去找他的阿姨，說：「阿姨，我想娶我妹妹。」

她說：「我的孩子，如果你不讓你妹妹結婚是因為你自己要她，我能說什麼？如果你真的想娶她，那就娶她吧。她是你妹妹喔。」

荻拉薇不知道這件事。有一天她叫來所有女孩說：「我們去抓魚吧。」每個人都聽她的話，她要求任何事，每個人也都會聽從。所以每個女孩都去了，包括小孩子。他們出發去抓魚了。

與此同時，她哥哥提恩牽出他最喜歡的公牛米約克，殺了牠準備一場盛宴。他得到允許可以娶自己妹妹讓他很高興。大家都來赴盛宴了。

雖然荻拉薇不知道哥哥的計畫，但是她的小妹無意間聽到那番對話，知道發生了什麼事，但是她卻不吭聲，什麼也沒說。

一面風箏飛下來，捲起提恩的公牛米約克的尾巴，再飛到荻拉薇抓魚的河邊，把它丟到她腿上。她看著尾巴，認出它了。「這看起來像是我哥哥的公牛米約克的尾巴，」她說，「為什麼殺了牠？我離開牠的時候牠還拴著繩子，還活得好好的呀！」

女孩們想安慰她，說：「荻拉薇，尾巴都是一個樣子，可是如果這是米約克的尾巴，那可能是有什麼重要的客人來了。也許是有人想要跟你結婚，而提恩用他最喜歡的公牛表示心意。沒有發生什麼不好的事啦。」

荻拉薇仍然很困惑。她中斷了抓魚，提議大家回去弄清楚她哥哥的公牛發生什麼事。

於是他們就回家去了。到家的時候，荻拉薇的小妹跑過去抱住她說：「我親愛的荻拉薇姊姊，你知道發生什麼事了嗎？」

「不知道。」荻拉薇說。

「那我要告訴你一個祕密，」她妹妹說，「但是拜託不要跟任何人說，就連我們的媽媽也不要說。」

「好啦，妹妹，告訴我。」荻拉薇說。

「提恩一直阻止你結婚，因為她想跟你結婚，」她妹妹說，「他殺了他的公牛米約克，好慶祝跟你訂婚。米約克死了。」

荻拉薇哭了起來，並說：「所以這就是天神讓風箏帶著米約克的尾巴飛過來丟在我腿上的原因。就這樣吧，我什麼事也不能做啊！」

「姊姊，」她的小妹說，「讓我繼續說完我必須告訴你的事。當你的哥哥困擾你，忘了你是她妹妹時，你要怎麼做？我幫你找了一把刀子。他會要你跟他去小屋子裡睡覺。你把刀子藏在床旁邊，到了晚上等他熟睡，你就割下他的睪丸。他就會死掉，這樣他就無法對你做任何事了。」

「妹妹，」荻拉薇說，「你給了我一個好主意。」

荻拉薇守住這個祕密，沒有告訴其他女孩發生了什麼事，但是每當她獨自一人時都會哭泣。

她去給母牛擠奶，眾人都喝了牛奶，但是當別人遞牛奶給提恩時，他卻不喝；人家給他食物，他也不吃。他一心只想要妹妹，所有的心思都在這上面。

到了睡覺時間，他說：「我想睡在那間小屋裡，荻拉薇，妹妹，我們一起睡那裡吧。」

荻拉薇說：「沒什麼不好，哥哥。我們可以一起睡在那裡。」

他們去了。他們的小妹也堅持要跟他們一起睡在小屋裡，於是她睡在小屋裡的另一頭。到了半夜，提恩起身，要做男人要做的事！就在這時，一隻蜥蜴說話了：「別這樣，提恩，你真的變成一個傻子了嗎？你怎麼能對你妹妹做這種事呢？」

他感到很慚愧，於是躺下了。他等了一會兒，然後又起身，正當他想要做男人要做的事時，茅草屋頂上的草說話了：「真是

個傻瓜呀！你怎麼能忘記她是你妹妹呢？」

　　他再次感到慚愧而冷靜下來。這次他等了更久，然後他的欲望又升了起來，於是他再度起身。這次屋頂上的橡木說話了：「噢，這人真的變傻瓜了！你怎麼能想著自己母親的女兒的身體？你已經變成一個無藥可救的白痴了嗎？」

　　他冷靜下來。這次他安靜了很長一段時間，可是後來他的心思又回到那件事。

　　這個情形一直持續到天快破曉，他終於到了無法控制自己的地步。於是牆壁說話了：「你這人模人樣的猴子，你在做什麼？」屋裡的器具痛罵他，屋裡的老鼠也嘲笑他。每樣東西都開始對他大聲吼叫：「提恩，白癡，你在對你妹妹做什麼？」

　　這一刻，他又慚愧又疲累地躺下，然後沉沉睡去了。

　　小妹妹起來，把她姊姊搖醒，說：「你這個傻瓜，你沒看到他現在睡著了嗎？這是割掉他睪丸的時候了。」

　　荻拉薇起身割掉他的睪丸，提恩死了。

　　然後這兩個女孩起來擊鼓，用鼓聲通知大家將有一場特別為女孩開的舞會，男人不能參加，已婚婦女和小孩子也不能參加。於是所有的女孩都從她們的茅屋裡跑出來參加舞會。

　　荻拉薇跟她們說：「姐妹們，我把你們叫來是要告訴大家，我要到荒野裡去了。」接著向她們解釋了整件事的經過，末了她說道：「我不想要偷偷離開你們，所以在離開前想找個機會跟你們道別。」

　　所有的女孩都決定不留下來。

　　「如果你哥哥對你做出這種事，」她們表明，「誰能保證我們的哥哥也不會這樣對我們？我們必須一起走！」

　　於是族裡的女孩們都決定要走，只有很小的女孩待下來。她

們離開時，荻拉薇的小妹說：「我要跟你們一起走。」

但是她們不讓她走。「你太小了，」她們說，「你必須留下來。」

「如果這樣，」她說，「那我要大喊，告訴大家你們的計畫！」於是她開始大喊。

「噓，噓，」女孩們說。然後她們轉向荻拉薇說：「讓她跟我們走吧，她是個好心的女孩子。她已經站在我們這邊了，如果要死，我們跟她一起死！」

荻拉薇同意了，於是她們走了。她們走呀走呀走呀，最後走到人類世界與獅子世界的邊境。她們帶著斧頭和長矛，所有需要的東西，她們全都帶上了。

她們分工合作，有的人砍木頭做屋橡和柱子，其他人割草做屋頂。她們替自己蓋了一棟好大的房子，房子甚至比牛棚還要大。女孩們人數眾多，她們在屋裡給自己搭床，還做一扇很堅固的門，確保她們的安全。

她們唯一的問題是沒有食物，不過她們找到一個很大的蟻丘，裡面滿是乾肉、穀物和其他她們需要的食物。她們不知道這些是從哪裡來的，但是荻拉薇向她們解釋：「姐妹們，我們是女人，是女人生養了人類。也許天神看到了我們的困境，不希望我們滅亡，所以供應了我們這一切。我們欣然接受吧！」

她們取走了這些食物。有的人去找柴火，有的人去取水，她們燒了飯菜並且吃了。每天她們都開心地跳著女人的舞蹈，然後去睡覺。

一天晚上，一頭獅子過來要找蟲子吃，看到她們在跳舞。看到這麼多女孩，牠嚇得離開了。她們的人數實在太多，誰見了都會嚇到。

然後獅子想到牠可以變成一隻狗，混進她們的院子。於是牠

變成了狗，去女孩那裡找掉在地上的食物。有些女孩打牠，還把牠趕走。還有人說：「別打死牠，牠是狗，狗是人的朋友！」

但是心存懷疑的人說：「什麼樣的狗會在這麼偏僻的地方？你們覺得牠是從哪裡來的？」

其他女孩說：「也許牠跟著我們一路從牛營區過來！也許他以為整個牛營區要搬走，所以在後面跟著我們！」

荻拉薇的妹妹很怕這隻狗。她沒看到有狗跟著她們，而且距離這麼遠，狗沒有辦法獨自走那麼遠的路。她很擔心，但是她什麼話也沒說。她無法入睡，其他人都睡著的時候她還醒著。

一天晚上，獅子來敲門。牠曾經聽到幾個比較大的女孩的名字，其中一個是荻拉薇。牠敲了幾下門，說：「荻拉薇，請為我開門。」醒著的小妹妹就唱歌回答：

> 亞可兒睡了，
> 阿島歐睡了，
> 奈恩琪亞睡了，
> 荻拉薇也睡了，
> 女孩們都睡了！

獅子聽了，問：「小姑娘，你怎麼啦，這麼晚還沒睡？」

她回答說：「親愛的先生，因為口渴。我渴得難受。」

「為什麼？」獅子問，「女孩們不是會從河裡取水嗎？」

「是啊，」小女孩回答，「她們會取水，可是自從我生下來，我從來不喝水罐或是水瓢裡的水，我只喝蘆葦編成的容器裡的水。」

「她們不用這種容器裝水給你嗎？」獅子問。

「不用，」她說，「他們只用水罐和水瓢裝水，雖然房裡就有蘆葦做的容器。」

「那個容器在哪裡？」獅子問。

「在屋外的平臺上！」她回答。

於是牠拿了就去幫她裝水。

蘆葦做的容器裝不了水，獅子費了很多時間用泥土補上，但是牠一裝水，水就把泥土沖掉了。獅子一遍一遍地試，直到拂曉，然後牠帶著蘆葦容器回來，把它放回原處，趁著女孩們還沒起來，趕緊跑回叢林。

這種事情持續了好幾晚，小女孩只能在白天睡覺。大家為這件事責怪她：「你為什麼白天睡覺？你不能在晚上睡嗎？你晚上去哪裡了？」

她沒有告訴她們任何事，卻又非常擔心。她瘦了很多，變成了皮包骨。

一天荻拉薇對妹妹說：「妮雅娜桂，我媽媽的女兒呀，什麼事情讓你變得這麼瘦？我告訴過你要待在家裡。這樣的生活對你這個年紀的孩子來說太辛苦了！你是不是想媽媽？我不會容許你讓其他的女孩子難過。如果有必要，我媽媽的女兒啊，我會殺了你。」

但是荻拉薇的妹妹不肯說出實情，其他女孩子們繼續責罵她，但她就是不願告訴大家她知道的事。

有一天她崩潰了，她哭著說：「我親愛的姊姊荻拉薇，我有吃東西，你也看到的。事實上，我有很多東西吃，多到我都吃不完。不過就算我拿到的食物不夠多，我也有一顆善於忍耐的心，也許比你們在這裡的任何人都還能忍耐。現在讓我受苦的是你們誰都沒有見過的事。有一隻獅子每天晚上都帶給我很大的折磨，

只是我不愛把事情說出來。你們以為是狗的那隻動物，其實是獅子。我晚上要醒著保護我們所有人，白天我才能睡覺。獅子會來敲門，然後叫你們的名字，要你們開門。我唱歌回牠說你們都睡了。當牠猜疑我為什麼還醒著，我告訴牠因為我很渴，我解釋說我只喝蘆葦容器裡的水，而其他女孩們都是用水罐和水瓢裝水。然後牠去幫我裝水，等牠看到沒辦法不讓水從容器裡流掉，會在天快亮時回來，接著才離開，第二天晚上又會再來。所以這就是折磨著我的事情，我的姊姊，你怪我也沒有用。」

「我要告訴你，」荻拉薇說，「你保持鎮定，牠再來的時候，你不要回應。我會跟你一起醒著。」

她們說好了。荻拉薇拿來一支祖先留傳下來的長矛，警醒地守在門邊。獅子在老時間來到了門口，卻不知怎地害怕起來，門也沒敲就跑走了。牠感覺到出了什麼事。

牠離開後等了一陣子，天快亮時又回到門口。牠說：「荻拉薇，幫我開門！」屋裡一片寂靜。牠再次請求，還是沒有聲音。牠說：「啊，每次都會回答我的小姑娘終於死了！」

牠開始撞門要闖進去，當牠把頭伸進屋裡時，荻拉薇用長矛刺牠，把牠逼回院子。

「求求你，荻拉薇，」牠向她求情，「不要殺我。」

「為什麼不殺你？」荻拉薇問，「你為什麼來這裡？」

「我只是來找一個睡覺的地方！」

「好，我殺了你好讓你安息。」荻拉薇說。

「請你讓我做你的哥哥，」獅子繼續懇求，「我以後絕對不會再傷害任何人。如果你不希望我在這裡，我就走。求求你！」

於是荻拉薇放了牠，牠走了。但牠還沒走遠又回來，對那些聚集在屋外的女孩們說：「我走了，不過兩天後我會帶著我所有

長角的牛回來這裡。」

然後牠消失了。兩天後，果然如牠所承諾的，牠帶著所有長角的牛回來了，對女孩們說：「我來了。沒錯，我是獅子。我要你們殺了群牛裡的那頭大公牛，用牠的肉來馴服我。要是我沒被馴服就跟你們住在一起，晚上我很可能會變成野獸攻擊你們，那樣就糟了。所以殺那頭牛，用牠的肉來逗我，把我馴服吧。」

女孩們同意了。於是她們撲向獅子，拚命打牠，打得牠背上的毛像暴風雪似的亂飛。

他們殺了公牛，烤了牠的肉。她們把一片肥美的肉湊近獅子嘴邊，再拿開。一隻小狗從獅子流下的口水中蹦出來，她們給小狗的腦袋致命的一擊。然後她們繼續打獅子一頓，接著拿一片肥肉湊近獅子的嘴邊再拿開，又一隻小狗從滴落的口水中蹦出來，她們又再次猛擊小狗的腦袋，再打獅子一頓。一共出現了四隻小狗，四隻小狗都被打死了。

可是獅子的嘴裡還淌著野獸的口水，於是女孩們拿來一大盆冒著熱氣的肉湯，灌進獅子喉嚨，要沖走剩餘的口水。獅子痛得張大了嘴，沒辦法吃任何東西，只能餵牠喝牛奶，而且要倒進牠的喉嚨，這時她們放獅子走了。有四個月的時間，牠被當作病人照顧，這段時間牠的喉嚨一直很痛，後來牠痊癒了。

女孩們又待了一年。她們離家到現在已經五年了。

獅子問女孩們為什麼要離家，女孩們要他去問荻拉薇，因為她是她們的領袖。於是他去問荻拉薇相同的問題。

「我哥哥要我做他的妻子，」荻拉薇解釋，「我因為這事殺了他。我不想待在我殺了自己哥哥的地方，所以我離開。我不在乎自己的生命。我也預計到會遇上你這類的危險。如果你吃了我，那也不出乎我的意料。」

「啊，我現在已經成為你們所有人的哥哥了，」獅子說，「身為一個哥哥，我想我應該帶你們回家。我的牛隻已經大量繁衍，牠們都是你們的。如果你們發現你們家鄉的牛隻數量減少，這些可以替補。不然牠們也可以壯大原有的牛隻數目，因為我已經成為你們家的成員了。既然你唯一的哥哥死了，讓我替代你的哥哥提恩吧。冷靜下來，回家去吧。」

他求了荻拉薇將近三個月，她終於同意了，不過她哭了很久。女孩們看到她哭，也都跟著哭了。她們哭了又哭，因為她們的領袖荻拉薇哭了。

獅子殺了一頭公牛，要她們停止哭泣。她們吃了公牛的肉，然後獅子對她們說：「我們再等三天，然後就離開！」

她們返鄉時殺了許多公牛做為獻祭，保佑她們路程中經過的土地，無論走到哪裡，她們都會拋撒肉塊。她們一邊這麼做一邊祈禱：「這些肉要給動物和鳥兒，牠們幫助我們在這段時間身體健康，讓我們免受生病或死亡侵擾。願天神引導你們分享這些肉。」

她們還把一頭公牛帶到她們的大房子裡，鎖上房門，並且祈禱說：「我們親愛的房子，我們送給你這頭牛。牛啊，如果你能掙脫繩子跑出去，就是這房子給你的恩典。如果你留在裡面，那麼我們就把這房子送給你。」然後她們走了。

這麼長的時間裡，她們家鄉的人都在哀悼她們。荻拉薇的父親再也沒剪過頭髮，頂著哀悼時的蓬亂頭髮，不在意自己的外表。她母親也是同樣的情形。她把灰塗遍全身，讓自己看起來淒慘灰白。其餘的家長也為女孩們守喪，不過大家尤其為荻拉薇難過，他們對自己女兒的哀悼還不如對荻拉薇的哀悼。

許許多多曾經想娶荻拉薇的男人也沉浸在悼念中。年輕男女

只戴兩顆珠子，而老一點的人和孩童連一顆珠子也沒戴。

所有的女孩們都回來了，她們把牲口繫在離村子一段距離的地方。她們看起來都很美麗，之前還沒有成熟的也都長大成人了。年紀比較大的現在正值年輕和美貌的巔峰，像花朵般綻放，也變得更聰明，更能說善道。

荻拉薇最小的弟弟當年還是個孩子，現在也長大了。荻拉薇和母親長得很像，她母親年輕時也非常漂亮，即使現在年紀大了仍然很美，和女兒也有幾分相像。

小男孩對自己的姊姊並不熟悉，這些女孩們離開時他還太小，但是當他在新的牛營裡看到荻拉薇時，覺得她和母親長得很像。他知道自己的兩個姊姊和營地裡其他女孩們之前失蹤了，於是他回去說：「媽媽，我看到營地有個女孩，看起來很像是我的姊姊，雖然我已經不記得了。」

「孩子，你不覺得慚愧嗎？你怎麼可能認得你出生不久就離開的人？你怎麼能想起一個早就死掉的人？這是邪惡的魔法！這是邪靈搞的鬼！」她哭了起來，其他女人也跟著她一起哭了。

各個年齡群[66]的人從不同的營地跑來，紛紛對她表示同情。大家說話安慰她，也都一起哭了。

荻拉薇領著女孩們來了，她說：「親愛的夫人，請容我剪掉你哀悼的頭髮吧。還有你們大家，讓我們剪掉你們表示哀悼的頭髮吧！」

她們被荻拉薇的話嚇了一跳，說：「發生了什麼事，為什麼我們要剪掉哀悼的頭髮？」

荻拉薇問她們為什麼要守喪。正說著，老婦人就哭了起來，

66 丁卡人在十六歲到十八歲時會加入屬於自己的「年齡群」，同一群人也會隨著年齡增長扮演不同的社會角色。

對她說：「親愛的姑娘呀，我失去了一個像你一樣的女兒。她是五年前死的，五年是很長的時間。如果她只是在兩年或三年前死的，我也許還敢說你是我的女兒。事到如今，我就辦不到了。可是看到你，我親愛的女兒呀，已經能讓我的心平靜了。」

荻拉薇又說：「親愛的媽媽，每個孩子都是人家的女兒。我現在站在你面前，感覺我好像就是你的女兒一樣。我們全都聽說過你和你的好名聲。因為你，我們從一個很遠很遠的地方來。請你准許我們修剪你的頭髮，我願意為這請求送給你五頭牛。」

「女兒啊，」女人說，「我會同意你的請求，但並不是因為牛的關係——牲口我用不到。我日日夜夜只想著我失去的孩子荻拉薇。跟我失去的荻拉薇比起來，你看到的這個孩子對我來說是無足輕重的。我傷心的是，天神不肯應允我的祈禱。我召喚我的部族神靈、召喚我的祖先，但是他們都不理會。我恨的是這個。我會聽你的話，女兒。單單天神把你帶過來，又讓我說出這番話，就足夠讓我信服了。」

於是老婦人剪了頭髮。荻拉薇送給她皮裙，這些裙子是用她們在路上宰殺的動物毛皮做的，可不是牛皮、羊皮或山羊皮。她用美麗的珠子裝飾裙邊，用珠子在裙子上拼出牛的圖樣，裙子內面保留了美麗天然的動物軟毛。

老婦人哭了起來，荻拉薇懇求她穿上這件裙子。她又和女孩們去自己的牲口處取來牛奶，做了一頓盛宴。荻拉薇的父親也迎接守喪期的結束，不過她母親看著這些歡慶的宴席仍然哭個不停。

於是荻拉薇過去跟她說：「媽媽，冷靜一點。我就是荻拉薇。」

老婦人放聲尖叫，喜極而泣。每個人都哭了——老婦人、小女孩，每個人。就連瞎眼的女人也從她們的小屋裡出來，用拐杖一路摸索著走，她們也在哭呢。有些人哭著哭著就死了。鼓也被

抬了出來，連著七天，人們歡喜地跳著舞。男人們從遙遠的村子過來，每個人都帶了七頭公牛，要為荻拉薇獻祭。其他女孩幾乎像是被拋棄了一樣。人人都關心荻拉薇。

大家不停地跳舞，他們說：「荻拉薇，如果天神把你帶回來了，那就再沒有不好的事情了。這正是我們想要的。」

荻拉薇說：「我回來了，但我是和這個將要取代我哥哥提恩的人一起回來的。」

「很好，」眾人都贊同，「這樣就沒有什麼好擔心的了。」

村裡還有兩個叫提恩的人，他們都是酋長的兒子，兩人都走上前向荻拉薇求婚。大家決定讓兩人來一場比賽：先建兩個大牛欄，然後各自把自己的牛趕進去並裝滿牛欄。兩個牛欄建好了，他們開始趕牛，一個提恩的牛欄沒能裝滿，另一個提恩把他的牛欄塞得滿滿的，甚至還有一些牛在外面進不去呢。

荻拉薇說：「在我嫁人之前，必須先找到四個女孩給我的新哥哥當妻子。只有這樣我才會接受我的族人替我選定的男人。」

眾人聽了她的話，問她這人怎麼會變成她的哥哥，於是她就把事情從頭到尾說給他們聽。

族人同意了她的看法，替她的新哥哥挑了四個最好的女孩，荻拉薇也接受了那個在比賽中獲勝的男人，和他結了婚，也一直把獅人當成親哥哥對待。她生了個兒子，然後生了一個女兒。她總共生了十二個孩子。但是第十三個孩子出生的時候，身上有獅子的特徵。她的獅子哥哥把全家帶到她的村莊，這孩子出生時他也住在那裡。荻拉薇的田地和哥哥的田地相鄰，兩家的孩子都在一起玩。他們玩兒的時候，這個小小的獅子孩子——那時候還是個小娃娃——會穿上皮裙唱歌。荻拉薇回家後，孩子們告訴她這件事，但是她不理會：「你們騙人。這麼小的孩子怎麼可能這

樣做？」

　　孩子們向她解釋，說小獅人會搯他們，把指甲刺進他們皮膚，再吸他們傷口的血。他們的母親只把他們的抱怨當成謊話，不去理會。

　　不過獅子哥哥開始懷疑這個孩子，他說：「剛生不久的人類小孩會做出像這個小孩的行為嗎？」荻拉薇試圖消除他的疑慮。

　　但是有一天她哥哥躲在一旁，看到這孩子又跳舞又唱歌，那種模樣讓他深信他不是人而是獅子，於是他去找妹妹，說道：「你

生的是頭獅子！我們該怎麼辦？」

妹妹說：「你這話是什麼意思？他是我生的，應該被當做我的孩子來對待。」

「我想我們應該殺了他。」獅子哥哥說。

「不可能的，」她說，「我怎麼可能容許自己的孩子被殺？他會慢慢習慣人的生活方式，不會再具有攻擊性的。」

「不行，」獅子繼續說，「如果你想要溫和一點，那我們毒死他吧。」

「你在說什麼啊？」他妹妹回嘴，「你忘了你自己從前是獅子，後來被馴服才成為人類嗎？難道人一老就會喪失記憶，這是真的嗎？」

男孩跟著其他孩子一起長大，但是他長到可以看顧牲口的年紀時，他會輪流把其他孩子放血，然後吸他們的血。他不許他們說出去，要是他們敢對大人說起，他會把他們殺了吃掉。孩子們帶著傷回家，若是有人問，就說是被帶刺的樹刮傷。

獅子不相信他們的話，他要孩子們不要說謊，要說實話，但他們不肯照做。

有一天他趕在孩子們前頭躲在一棵樹上。這些孩子白天通常都待在這棵樹下玩耍。他看到這個獅子小孩給孩子們放血，然後吸他們的血。這時，他用長矛刺了過去，孩子死了。

獅子轉向孩子們，問他們為什麼要隱瞞真相這麼久，孩子們說出他們如何被獅子小孩威脅。然後獅子去跟妹妹荻拉薇解釋自己所做的事。

⟡ 鏡子 ⟡
THE MIRROR
✦ 日本 ✦

有一個美麗的日本故事，說一個小農替年輕的妻子買了一面鏡子。妻子很驚訝也很高興這鏡子可以照出自己的面容，所有的財物中她最珍愛這面鏡子。她生下一個女兒，然後年紀輕輕就去世了。農夫把鏡子收藏在衣櫥裡，一放就是許多年。

女兒長大了，長相簡直就和母親一模一樣。當她快要成年時，有一天，父親把她拉到一邊，跟她說起她母親，還有那面曾照出母親美麗容貌的鏡子。女兒心中充滿好奇，於是從舊衣櫥裡找出鏡子，往鏡子裡看。

「爸爸！」她喊道，「你看，這是媽媽的臉！」

她看到的是自己的臉，但是父親什麼也沒說。

淚水順著他的臉頰流下來，他哽咽地說不出話。

✦ 青蛙姑娘 ✦
The Frog Maiden
✦ 緬甸 ✦

有一對老夫妻沒有小孩，夫妻兩人都渴望能有個孩子，因此當妻子發現自己懷孕的時候，他們都好開心。但是讓他們大失所望的是，妻子生下的不是小孩，而是一隻小小的母青蛙。不過這隻小青蛙會說話，行為舉止都像人類的小孩，所以不只她的父母親，連鄰居們也都漸漸愛上她，親暱地叫她「小青蛙姑娘」。

幾年後，妻子去世了，男人決定再婚，他選中的女人是個寡婦，她有兩個醜女兒，這兩個女兒非常嫉妒小青蛙姑娘在鄰居間的好人緣，母女三人都以虐待小青蛙為樂。

一天，國王四個兒子中最小的一個宣布，他要在某天舉行洗頭儀式，邀請所有的年輕女士參加，並會在儀式結束時從中挑選一位做他的王妃。

在指定的那天早上，兩個醜姊姊穿上華麗的衣服，滿懷被王子選中的期望，出發前往王宮。小青蛙姑娘追上她們，懇求道：「姊姊，請讓我跟你們一起去。」

姊姊們笑了起來，嘲諷地說：「什麼？小青蛙也要去？請帖是發給年輕女士，可不是年輕青蛙呀。」小青蛙姑娘跟著她們朝王宮走，一路請求她們准許她一起去，但兩個姊姊很強硬，到了王宮門口就把她丟下了。小青蛙跟守衛甜言蜜語一番，守衛就放她進去了。小青蛙姑娘看見花園裡好幾百位年輕女孩圍在種滿睡蓮的水池旁，她在人群中找個位置坐下，等候王子。

王子出現了，他在水池裡洗了頭髮，女孩們也都把頭髮放

下，加入這場儀式。結束後，王子說女孩們都很美麗，他不知道要選誰，所以他要把一束茉莉花拋到空中，花束落到誰的頭上，誰就是他的王妃。王子往空中拋出花束，所有在場的女孩們都期待地往上看，這花束竟然落到了小青蛙姑娘的頭上，這讓在場的女孩們都很懊惱，尤其是那兩個繼姊姊。王子也很失望，不過他認為自己應該信守諾言，於是小青蛙姑娘嫁給了王子，成為小青蛙王妃。

過了一段時間，老國王把四個兒子叫來說：「兒子啊，我已經老得沒辦法統治這個國家了，我想要退隱森林當個隱士，所以我必須指派你們其中一個做我的繼承人。我對你們的愛是同等的，因此我要給你們一個任務，誰能達成任務，誰就可以繼承我的王位。這個任務是，七天之後的日出時，帶一頭金鹿來見我。」

最小的王子回家後告訴小青蛙王妃這件任務。「什麼，只要一頭金鹿？」小青蛙王妃叫道，「我的王子，你就照常吃喝，到了指定的那天，我會給你一頭金鹿的。」

於是最小的王子待在家裡，其他三個年長的王子都到森林裡去找鹿了。

第七天日出之前，小青蛙王妃叫醒丈夫說：「王子，你去王宮吧，你的金鹿在這裡。」

王子一看，然後揉揉眼睛，又再看了看。一點也沒錯，小青蛙王妃手裡牽著的確實是一頭純金的鹿。他去了王宮，哥哥們只帶回尋常的鹿，看著國王宣布小王子成為繼承人，這讓哥哥們十分惱火。這幾位年長的王子請求國王給他們第二次機會，國王不情願地答應了。

「那就去完成第二個任務吧，」國王說，「七天之後的日出時，你們必須帶給我永遠不會陳腐的米和永遠新鮮的肉。」

　　最小的王子回到家，把新的任務告訴小青蛙王妃。「你不要擔心，親愛的王子，」小青蛙王妃說，「你照常吃，照常睡，到了指定的那天，我會給你米和肉的。」

　　於是最小的王子待在家裡，其他三個年長的王子出去找米和肉了。

　　第七天日出時，小青蛙王妃叫醒丈夫，說道：「殿下，你快去王宮吧，你要的米和肉在這裡。」

　　最小的王子拿了米和肉去了王宮，三個哥哥只帶來煮好的米和肉，小王子再次被宣布為繼承人，這又讓那些哥哥們十分氣惱。大王子跟二王子又請求國王再給一次機會，國王說：「這絕對是最後一次了，七天後的日出時，你們把世上最美麗的女人帶來。」

　　「呵呵！」三個王子哥哥非常開心地對彼此說：「我們的妻子

都非常漂亮，我們把她們帶來。我們當中一定有一個會被宣布為繼承人，那個一無是處的弟弟這次可沒有他的份了。」

最小的王子無意中聽到他們的話，心裡很憂傷，因為他的妻子是隻醜陋的青蛙。他回到家就跟妻子說：「親愛的王妃，我必須出門去找世上最美麗的女人了。我的哥哥們會帶上他們的妻子，她們真的很漂亮，我得去找一個比她們更漂亮的人。」

「別煩惱，我的王子，」青蛙王妃回答，「你照常吃，照常睡，在指定的那天你可以帶我去王宮，國王一定會宣布我是最美麗的女人。」

最小的王子驚訝地看著王妃，不過他不想傷她的心，於是溫柔地說：「好的，王妃，我會在指定的那天帶你一起去。」

第七天拂曉前，小青蛙王妃叫醒王子說：「殿下，我必須把自己打扮漂亮，請到外面等我，等快要出門時再叫我。」王子照她的要求離開房間。過了一會兒，王子在房間外面喊：「王妃，我們該走囉。」

「請等一等，殿下」王妃答道，「我還要幫臉擦粉。」

又過了一會兒，王子在房間外面喊：「王妃，我們該走囉。」

「好了，殿下。」王妃回答，「請幫我開門。」

王子心想：「她之前都能弄來金線還有神奇的米和肉，也許這次她能把自己變漂亮。」他滿懷期待地打開門，卻失望地看到小青蛙王妃還是一隻青蛙，仍然和之前一樣醜。不過為了不傷她的心，王子什麼也沒說，就帶著她去王宮。當王子和他的青蛙王妃走進謁見廳時，三位王子哥哥已經和他們的妻子在那裡了。國王驚訝地看著小王子，問道：「你的美麗女子在哪裡呢？」

「我的國王，讓我替王子回答吧。」青蛙王妃說，「我就是他的美麗女子。」她褪去她的青蛙外皮，變成了一位穿著絲綢衣裳

的美人。國王宣布她是世上最美麗的女子，並選定小王子繼承他的王位。

　　王子要他的王妃再也別穿醜陋的蛙皮了，小青蛙王妃答應了他的請求，把蛙皮扔進了火裡。

✦睡王子✦

THE SLEEPING PRINCE

✦蘇利南✦

有一個父親，他有一個女兒，女兒喜愛父親種的草地勝過一切。她只愛這片草地。每天早上她的保母都會帶她去看這片草地。有一天早上她們去的時候，看到馬兒正在吃草，然後馬彼此打起架來，血流到了草地上。女孩說：「保母，你看這些馬先是吃我的草，然後打了起來。可是你看紅色在地上多麼好看啊。」

立刻有一個聲音回答她說：「你看紅色在地上多好看。唉呀，要是你看到睡王子那才更好呢！但是剛剛說話人一定要在八天內來到這裡，這樣就能見到睡王子。她會看到一把扇子，她得為王子搧扇子，直到他醒來。接著她得親吻王子。她還會看到一瓶水，她要用水灑在所有看得到的棍子上。」

女孩帶著衣服走了，她還有一個黑娃娃和一把破損的剃刀，她也把這些一起帶走。然後她見到王子了，就為王子搧扇子，她一直扇一直扇，直到……一個老太婆坐到她旁邊。這女人是個巫婆，她問女孩一直搧扇子會不會厭煩，她說：「不會，不會。」

沒過多久，老太婆又回來，問她：「你不想去尿尿嗎？」女孩立刻起身去尿尿。

老太婆拿起扇子搧了起來，女孩還沒回來王子就醒了。老太婆親吻王子，現在她必須和王子結婚了，因為有規定誰親吻王子，誰就應該跟他結婚。

他們結婚以後，那女人要女孩去照顧雞鴨。女孩很難過，因為在她爸爸的國家，她可是個公主呢，而在這裡她卻得照顧雞

鴨。他們給她蓋了一棟挺舒適的小屋子，晚上做完工作回到家，
她就穿上她的好衣裳，打開會唱歌的盒子放音樂。放完音樂，她
拿起黑娃娃和剃刀，問：「我的黑娃娃，我的黑娃娃，告訴我這
世上有沒有公道，否則我就要割斷你的脖子。」然後她把它們放
回去，自己去睡了。

　　一天晚上，有個士兵從小屋旁走過，聽到會唱歌的盒子裡
傳出甜美的聲音。他躲在屋子旁邊，聽到了女孩問黑娃娃的每句
話。於是士兵去告訴國王，照顧雞隻的女孩做了這件事。

　　國王得知後當晚也去聽了。就在女孩問黑娃娃這世上有沒

有公道時，國王敲門，女孩立刻把門打開。國王看到女孩，當場昏了過去，因為他不知道這女孩是公主，此時她又穿著華麗的衣裳。國王醒來後把女孩叫來，說他會召集群眾，讓她當眾解釋為什麼要問黑娃娃那個問題。

　　他們來到群眾面前，她當著所有重要人物說：「是的，在我父親的國家，我是個公主，而在這裡我卻得照顧雞鴨。」然後訴說了她和老太婆之間發生的事情，說老太婆怎麼對待她，好讓她（巫婆）和王子結婚。眾人認為女孩是對的，於是殺死了老太婆。

　　他們用老太婆的骨頭做成一把梯子，讓女孩爬到床上。女孩用老太婆的皮做成地毯鋪在地上，把她的頭做成臉盆來洗臉。

　　女孩後來和王子結了婚。這就是她的命運。

→孤兒←

THE ORPHAN

◆ 非洲：馬拉威 ◆

　　很久以前有一個男人結婚了。他的妻子生了一個女孩，他們給她取名叫狄敏加。狄敏加的母親過世後，她父親再婚，新妻子又給他生了幾個孩子。

　　雖然狄敏加的父親要繼母照顧她，但是繼母卻常咒罵她，不肯把她當自己的孩子對待。她不給她洗澡，只給她吃米糠，還要她睡在畜欄裡，因此狄敏加看起來就是個骯髒又可憐的小姑娘，像是穿破衣爛衫的枯骨。她唯一渴望的事就是死掉，這樣才能和親生母親團圓。

　　一天晚上狄敏加夢到她母親在叫她：「狄敏加！狄敏加我的孩子！你不用挨餓了，」這聲音說，「明天中午，當你給牛群吃草的時候，帶著你那頭大母牛欽其亞，讓牠做我請牠做的事。」

　　第二天，狄敏加像往常一樣趕著牛群到田野，中午時當她最飢餓難耐的時候，她想起做過的夢，就到欽其亞旁邊，拍拍牠的背說：「欽其亞，照我媽媽告訴你的去做。」

　　話才剛說完，她的面前出現了許多盤食物，有米飯、牛肉、雞肉、茶和好好多東西。狄敏加大吃特吃到好飽，還剩了許多。她讓多餘的食物消失之後再回家。這天她吃得太滿足了，以至於晚上讓繼母非常吃驚，因為迪敏加竟然不吃給她當晚飯的米糠。「你自己吃吧。」她說。

　　這樣的事情發生了許多次，每天欽其亞單獨跟她在牧場的時候都會變出食物。狄敏加漸漸胖起來了，她的繼母也越發起疑，

她問：「你在家裡都不吃東西，為什麼會長胖？你都吃了什麼？」

狄敏加不願說出祕密，最後繼母堅持要她自己的女兒第二天跟著狄敏加去給牛群吃草。狄敏加不想帶她去，但是沒有別的選擇。中午到了吃飯時間，她要她的繼妹別把待會兒看到的事情說出去。

小姑娘看著狄敏加把欽其亞牽到一旁，跟牠說話。突然間到處都擺滿了吃的，讓她十分驚異。她口水直流，吃遍所有的菜餚，然後在狄敏加把吃剩的菜餚變不見之前，將每樣菜都偷偷挖一點藏在指甲縫裡。

這天晚上，狄敏加睡覺以後，女兒要她媽媽去拿盤子，盤子拿來後，她就把先前藏起來的食物堆在上面，並且說：「這些食物是從那頭牛欽其亞那兒來的。狄敏加一跟牠說話，牠就變出好多好吃的菜餚。」

老太婆簡直驚呆了。她狼吞虎嚥地吃光，然後開始盤算，怎樣把牛肚子裡剩下的東西弄到手。幾天後，她告訴丈夫她身體不舒服。為了這個緣故，他們舉行了一場傳統的舞蹈儀式，在儀式中，繼母像是通了靈，大叫著：「神靈要我們拿母牛欽其亞獻祭。」

狄敏加非常生氣，她不肯讓人殺牛。繼母向丈夫哀求：「就因為你女兒迷戀一頭母牛，我就應該死嗎？」

她丈夫去求女兒，但是狄敏加打定主意，不讓他們殺欽其亞。一天晚上睡覺的時候，她又聽到母親的聲音了。她說：「我的女兒狄敏加，讓他們殺了欽其亞吧，但是你不要吃牠的肉。你把牛肚拿去埋在一個島上。你會看到後面發生的事。」

於是狄敏加同意進行獻祭。繼母大為失望地發現母牛肚子裡連一粒米也沒有，牠的肉也沒有味道。狄敏加為欽其亞的死傷心哭泣，不過她遵照母親的指示，把牛肚種在一個島上。

牛肚種下的地方長出一棵金樹，樹葉是一鎊一鎊的紙鈔，結的果實是硬幣，有便士、先令、六便士和兩先令。這棵樹閃閃發光，任何敢直視它的人都會被它的炫光刺痛眼睛。

　　一天，有艘船經過這座島，船主看到這棵金樹，下令要他的手下上岸去摘錢。他們搖晃樹幹，想要把錢摘下來，但是都無法讓它動一下。船主要當地的酋長去搖樹，又讓他的每一個村民輪流嘗試，可是仍然沒有人能採收這棵樹的金錢果實。

　　船主是個歐洲人，他問酋長：「有沒有人還沒搖過這棵樹？你去你的村子裡搜一下，免得漏掉任何人。」

　　於是搜尋開始了，唯一還沒有嘗試搖樹的人也找到了──一個眼神哀傷、衣衫襤褸的髒姑娘，她就是狄敏加。她被帶到樹前，每個人都大笑起來。「我們都失敗了，這個可憐的姑娘能成功嗎？」

　　「讓她試試。」歐洲人說。

　　狄敏加走近時，這樹搖晃了起來，她一碰到樹，樹身便開始晃動，當她抱著樹的時後，硬幣和紙鈔像下雨般落在地上，一大堆一大堆，足夠裝滿好幾個袋子。

　　於是狄敏加和這個歐洲人立刻結了婚，兩人住在歐洲人的房子裡。她洗了澡、穿上新衣服、灑上香水，現在她美麗得讓人認不出來了。她對她的新生活非常歡喜。

　　過了一段時間，狄敏加帶著僕人回她的家，她帶去一箱箱的衣服、食物和金錢給家人。他們都熱情地歡迎她，尤其看到她的禮物時。她的父親也很高興女兒的苦難都結束了。

　　但是她的繼母滿心妒忌，再次盤算著要害狄敏加。於是就在狄敏加和家人坐在一起時，她那個獨眼的繼妹手裡拿著一根針走了過去，說：「姊姊，我幫你找一下頭蝨。」

「我沒有頭蝨啊。」狄敏加說。

但是在繼母的堅持下，繼妹開始找起頭蝨來了，突然間她把針刺進狄敏加的頭顱，狄敏加身體一陣抖動，變成一隻小鳥飛走了。

老太婆讓她的女兒穿上狄敏加的衣服，再戴上面紗，還告訴狄敏加的僕人說他們的女主人生病了。他們把這個「狄敏加」送回家，並告訴主人他妻子生了病。只要他想拿下她的面紗，他的「妻子」就會說：「你不可以動它，因為我身體不舒服。」

有一天他的僕人古奧去河邊洗衣服，看到樹上有隻鮮艷美麗的小鳥，小鳥唱起歌來：

古奧，古奧，古奧
曼紐爾主人
和獨眼妻在家嗎？
這可怕的獨眼妻。

古奧傾聽著，歌聲讓他著迷了，他的好奇心也被挑起。每天他都會看到這隻小鳥，聽牠唱歌。終於，他帶主人去親眼看看這件怪事。主人用陷阱抓了這隻小鳥帶回家，把牠當寵物養。他注意到，每當他碰到小鳥的頭，牠就會顫抖，他仔細查看，發現有一根針。當他把針拔出來時，小鳥變成了一個美麗的女人，正是他的妻子狄敏加。

狄敏加把自己受的苦告訴丈夫後，他跑去掀開他「生病的妻子」的面紗，然後開槍射殺了她。他命僕人把屍體切碎、曬乾，再混入米飯，裝進幾個袋子裡。這幾袋食物被送去給狄敏加的繼母，還附上一段話：「狄敏加已經安全抵達，並送來這份禮物。」

　　聽到這個消息，老太婆很滿意，就跟家人分享了食物。直到她往最後一袋裡面看時，才明白自己遭到了懲罰。袋子裡是顆人頭，一隻可怕的眼睛正死死地盯著她。

PART

11

母與女

MOTHERS AND
DAUGHTERS

✦ 阿秋和她的野獸媽媽 ✦
ACHOL AND HER WILD MOTHER
✦ 蘇丹：丁卡族 ✦

　　阿秋、蘭其喬（盲獸）和阿達欽吉尼（特別勇敢的人）跟他們母親住在一起。他們的母親會去撿柴火。她撿了很多木柴，然後把兩手放在背後說：「天啊，誰要幫我把這麼重的東西抬起來呢？」

　　一頭獅子經過，說：「如果我幫你抬起來，你要給我什麼？」

　　「我可以給你一隻手。」她說。

　　於是她給獅子一隻手，獅子幫她抬起木柴。她回到家，女兒阿秋問：「媽媽，你的手怎麼變成這樣？」

　　「女兒啊，這沒什麼。」她回答。

　　然後她又出門撿柴火。她撿了很多木柴，然後把一隻手放在背後說：「天啊，現在誰要幫我把這麼重的東西抬起來呢？」

　　獅子走過來說：「如果我幫你抬起來，你要給我什麼？」

　　「我可以給你我另一隻手！」於是她把另一隻手也給了獅子。獅子把木頭抬到她頭上，她一隻手都沒有了，就這樣回到家。

　　女兒看到她，說：「媽媽，你的兩隻手怎麼啦？你不應該再去撿柴火了！必須停下來！」

　　但是母親堅持說這沒什麼不對勁，還是去撿柴火了。這次她仍然撿了很多木柴，然後把胳膊伸到背後說：「現在誰要幫我把這麼重的東西抬起來呢？」

　　獅子再次過來說：「如果我幫你抬起來，你要給我什麼？」

　　她說：「我可以給你一隻腳！」

於是她給了獅子一隻腳，獅子幫了她，然後她回家了。

女兒說：「媽媽，這次我堅持不讓你再去撿柴火了！為什麼會發生這種事？為什麼你的兩隻手和一隻腳變成這樣？」

「女兒呀，這沒什麼好擔心的，」她說，「我的個性就是這樣。」

於是她又去森林撿柴火，之後把兩條胳膊放在背後，又說了：「現在誰要幫我把這麼重的東西抬起來呢？」

獅子過來說：「這次你要給我什麼？」

她說：「我可以給你我的另一隻腳！」

於是她把另一隻腳也給了獅子，獅子幫她抬木頭，她就回家去了。

這次她野性大發，變成了一頭母獅子，不肯吃煮熟的肉，只要吃生肉。

阿秋的兩個哥哥和母親的親戚去了牲口營，家裡只有阿秋和母親。當母親變成野獸時，就會到森林裡去，留下阿秋一個人，而母親只在晚上回來一會兒找東西吃。阿秋會替她準備好食物，放在院子的平臺上。母親總在夜裡到來，與阿秋唱歌問答：

「阿秋，阿秋，你的爸爸在哪裡？」
「我爸爸還在牲口營裡！」
「蘭其喬在哪裡？」
「蘭其喬還在牲口營裡！」
「阿達欽吉尼在哪裡？」
「阿達欽吉尼還在牲口營裡！」
「食物在哪裡？」
「媽媽，刮一刮我們老葫蘆裡的東西吧。」

母親吃完就離開了。第二天晚上，她會再回來唱，阿秋會回答她，等母親吃完東西還會再回到森林裡，就這樣持續了很長一段時間。

　　有次蘭其喬從牲口營回來探望母親和姊妹。他回到家，看到母親不在家，而爐火上架著一個很大的鍋子。他很納悶，問阿秋：「媽媽去哪裡了？還有，你為什麼用這麼大的鍋子煮東西？」

　　她回答：「我用這麼大的鍋子煮東西，是因為我們的媽媽已經變成野獸跑到森林裡，不過晚上她會回來吃東西。」

　　「把鍋子從爐子上拿開。」他說。

　　「不行，」她回答，「我得煮東西給她吃。」

　　他由著她去。她煮好食物，把它放在平臺上，然後才去睡覺。他們的母親夜裡回來，唱著歌，阿秋如往常一樣地唱著回答，母親吃完後就走了。阿秋的哥哥很害怕，第二天早上他大完便就離開家了。

　　後來阿秋的父親也回家看看妻子和女兒。他發現爐火上有個大鍋子，而妻子不在家。他問阿秋，她跟他說了所有發生的事情。他也要她把鍋子從爐火上拿下來，但她不肯。她把食物放在平臺上，然後他們就去睡了。阿秋的父親跟她說，這件事讓他來處理吧。阿秋同意了。母親到了，如往常一樣地唱著歌，阿秋唱出回答，然後母親吃了東西。可是她父親太過害怕，就回牲口營去了。

　　接著，阿達欽吉尼（特別勇敢的人）回來了，他隨身帶了一條非常結實的繩子。他回到家，發現阿秋用大鍋子煮東西。阿秋跟他說了母親的情況後，他要她把鍋子從爐火上拿開，但她不肯，他就讓她去做往常做的事情，而他自己則把繩子做成圈套放在食物旁邊，好讓母親吃東西的時候被套住。他把繩子的另一頭綁在自己的腳上。

　　他們的母親來了，如往常一樣地唱著。阿秋也應答了。母親
往食物走去，阿達欽吉尼收起繩子，塞住她的嘴，把她綁在一根
柱子上。他用一截繩子抽打母親。把她打了又打，打了又打，然
後給她一片生肉，她吃了肉，他又開始抽打她。打了又打，打了
又打，然後他給她兩片肉，一片是生的，一片是烤過的。母親不
肯吃生肉，接過烤肉，說：「兒子啊，現在我變回人了，請別再
打我了。」

　　於是他們全家團圓，從此過著幸福的生活。

✦咚嘎，咚嘎✦
TUNJUR, TUNJUR
✦巴勒斯坦阿拉伯✦

說故事的人：請見證真主是唯一！
聽眾：萬物非主，唯有真主。

從前有個女人沒有辦法懷孕。有一天她突然很想要孩子。「噢，主啊！」她哭喊著說，「為什麼所有女人當中偏偏只有我是這樣？但願我能懷孕生子，請阿拉賜給我一個女孩，哪怕她是口鍋子也好啊！」

有一天她懷孕了，一天一天過去。看啊，她準備要分娩了。她開始陣痛，於是生了，生下一口鍋子！這可憐的女人怎麼辦？她把鍋子洗乾淨了，蓋上蓋子，放到櫥架上。

有一天，這鍋子說話了。「媽媽，」她說，「把我從架子上拿下來！」

「唉呀，女兒！」媽媽回答說，「那我要把你放在哪裡呢？」

「你不用擔心，」女兒說，「只管把我拿下來，我會讓你世世代代都很富有喔。」

她媽媽就把她拿下來。「現在把我的蓋子蓋上。」鍋子說，「把我放到門外。」媽媽把蓋子蓋上，把鍋子放在門外。

鍋子滾了起來，一邊滾一邊唱著：「咚嘎、咚嘎、喀鈴、喀鈴、喔喔我的媽媽！」她滾呀滾呀，滾到一個常常有人聚集的地方。不久，有個人從她旁邊經過。一個男人走上前來，發現這鍋子穩穩地擺在那裡。「唉呀！」他驚叫，「是誰把這口鍋子放在路中間

呀？哎哟！這是個多漂亮的鍋子啊！搞不好是銀子做的呢。」他仔細端詳它。「嗨，各位！」他叫道，「這鍋子是誰的？」沒有人回應。「奉阿拉之名！」他說，「我要把它帶回家。」

回家的路上，他經過賣蜂蜜的店家，於是把鍋子裝滿了蜂蜜，帶回家給他的妻子。「你看，老婆，」他說，「這口鍋子多漂亮啊！」全家人都很高興有這口鍋子。

過兩三天，他們家請客，他們想用蜂蜜招待客人。女主人從架子上取下鍋子，她要打開鍋蓋，但又是推又是拉，就是沒辦法打開！她把丈夫叫來，他也是又拉又推，還是打不開。他的客人們也來幫忙。男人把鍋子舉起來往地上摔，用槌子和鑿子砸它，試盡每個方法，但是都沒有用。

他們去找鐵匠來，鐵匠試了又試，也沒有用，這個男人能怎麼辦？

「你的主人真該死！」他詛咒鍋子，「你以為你能讓我們變有錢嗎？」於是他拿起鍋子，從窗戶丟了出去。

等他們轉身看不到鍋子的時候，鍋子滾了起來，邊滾邊唱：

咚嘎、咚嘎，喔喔我的媽媽，
我的嘴裡裝了蜂蜜回來。
喀鈴、喀鈴，喔喔我的媽媽。
我的嘴裡裝了蜂蜜回來。

「把我拿上樓梯！」鍋子滾到家的時候對她媽媽說。

「咦！」媽媽驚叫道，「我還以為你失蹤了，我以為有人把你帶走了。」

「把我端起來！」鍋子女兒說。

媽媽把鍋子端起來，天哪，她掀開蓋子，發現鍋子裡有滿滿的蜂蜜。喔！她有多開心啊！

「把裡面的東西倒出來！」鍋子說。

於是媽媽把蜂蜜倒進一個罐子，再把鍋子放回櫥架上。

「媽媽，」第二天女兒說，「把我拿下來！」

母親把她從架子上拿下來。

「媽媽，把我放到門外！」

媽媽把她放到門外，她滾動了起來——咚嘎、咚嘎、喀鈴、喀鈴——直滾到一個常常有人聚集的地方，然後停了下來。一個經過的路人看見它。

「啊！呃！」他心想，「這是個什麼鍋子？」他查看了一下，發現它多漂亮呀！「這是誰的呢？」他問，「嘿，各位！這個鍋子的主人是誰？」他等著，但沒有人來認領，於是他說：「奉阿拉之名，我要把它帶走。」

他拿起鍋子，回家的路上在肉店停下，往鍋子裡裝滿了肉。他把鍋子帶回家，跟妻子說：「你看，老婆，我發現這個鍋子多漂亮啊！奉阿拉之名，它真討人喜歡，所以我買了肉裝滿鍋子帶回來。」

「耶！」他們都很高興地說，「我們多幸運呀！這個鍋子多漂亮呀！」他們便把它收好。

傍晚時，他們想要燒肉，但無論妻子怎麼扯怎麼拉鍋蓋，都打不開！這女人能怎麼辦？她把丈夫和孩子們叫來。抬起來、往下摔、敲打——都沒有用。他們把鍋子送去鐵匠那裡，但只是白忙一場。

丈夫生氣了。「真主詛咒你的主人！」他咒罵這口鍋子，「你究竟是個什麼東西？」便用盡氣力把鍋子扔得遠遠的。

而他才一轉身，鍋子滾動了起來，唱著歌：

咚嘎、咚嘎，喔喔我的媽媽，
我的嘴裡裝了肉回來。
咚嘎、咚嘎，喔喔我的媽媽，
我的嘴裡裝了肉回來。

她反覆唱著，一路唱回家。

「把我端起來！」她對她媽媽說。媽媽把它端起來，拿出肉，洗好鍋子，再把它放回櫥架上。

「把我拿到屋外！」第二天女兒說。媽媽把它拿到屋外，她邊說「咚嘎、咚嘎、喀鈴、喀鈴」邊滾動，一路滾到了國王他家附近才停下來。據說國王的兒子早上正要出門。看哪！有一口鍋子正好端端地在那裡呢。

「咦！這是什麼？這是誰的鍋子？」沒有人回答。「奉阿拉之名，」他說，「我要把它帶走啦。」他把鍋子帶回家，叫來他的妻子。

「夫人，」他說，「把這口鍋拿去！我把它帶回來給你。它是最漂亮的鍋子！」

妻子接過這口鍋。「哎！它多漂亮啊！奉阿拉之名，我要把我的珠寶放進去。」於是她把所有的珠寶首飾，甚至身上配戴的，全都放進鍋子裡。她拿來家裡所有的金子和錢塞了進去，塞得滿滿地，然後她蓋上蓋子，把鍋放到衣櫃裡。

兩三天過去了，這天是她弟弟結婚的日子。她穿上天鵝絨禮服，端出鍋子準備配戴珠寶。但她又拉又扯，就是打不開鍋蓋。她叫來丈夫，丈夫也打不開。在場的人都試著要弄開，把它舉起來往下摔。後來他們把鍋子帶去給鐵匠，鐵匠也試了，仍然沒有

辦法打開。

丈夫沒轍了。「真主詛咒你的主人！」他罵這口鍋子，「你對我們有什麼用處？」他拿起鍋子，扔出窗外。當然他不是那麼急著想把它丟掉，所以他從屋子旁邊跑出去想接住它。但他才剛轉身，鍋子滾了起來：

咚嘎、咚嘎，喔喔我的媽媽，
我的嘴裡裝了財寶回來。
咚嘎、咚嘎，喔喔我的媽媽，
我的嘴裡裝了財寶回來。

「把我端起來！」她到家時對她媽媽說。媽媽把它端起來，打開蓋子。

「哎呀！願你的名聲敗壞！」她喊了出來，「你從哪裡弄來這些？這究竟是什麼？」這下子她媽媽很有錢了，變得非常非常快樂。

「現在夠了，」她拿出珠寶對女兒說，「你不要再出去了，別人會認出你的。」

「不，不！」女兒乞求，「讓我再出去最後一次。」

第二天，天哪，她又出去了，一邊唱著「咚嘎、咚嘎，喔喔我的媽媽，」第一次撿到它的那個男人又看到它了。

「呃！這到底是什麼東西？」他驚訝地說，「它總是戲弄人，一定是有些妖術。真主詛咒它的主人吧！奉偉大阿拉之名，我要坐在上面拉屎。」他真做了，天哪，他真的往裡面拉屎。正拉著，鍋子闔上蓋子，滾走了：

咚嘎、咚嘎，喔喔我的媽媽，
我的嘴裡裝了便便回來。
咚嘎、咚嘎，喔喔我的媽媽，
我的嘴裡裝了便便回來。

「把我端起來！」她回到家對媽媽說，媽媽就把鍋子端起來。

「你這個頑皮的東西啊！」媽媽說，「我早叫你別再出去了，別人會認出你來的。這下你鬧夠了吧？」

媽媽用肥皂洗了鍋子，往裡面灑香水，再把它放回櫥架上。

這就是我的故事，我說完了，現在交到你手裡囉。

→有五頭母牛的小老婆婆←
THE LITTLE OLD WOMAN WITH FIVE COWS
✦雅庫特族✦

　　一天早上，一位小老婆婆起床後，去了她飼養五頭母牛的牧地。她從地上拔了一株有五支嫩芽的香草，根和細枝都很完整。老太婆把它帶回家，用毯子包起來，放在枕頭上。

　　然後她又出門，坐下來給母牛擠奶。突然她聽到鈴鼓叮鈴叮鈴響和剪刀落地的聲音，她心裡一驚打翻了牛奶。她跑回家查看，那株香草好好的沒有受損。她再次出門擠牛奶，又聽到鈴鼓叮鈴叮鈴響和剪刀的聲音，她又把牛奶打翻了。她回到家朝臥室看，只見裡面坐著一個少女，眼睛像玉髓，嘴唇如同暗黑的石頭，臉色像淺色的石頭，兩道眉毛像兩隻互相伸出前爪的黑貂。透過她的衣服可以看到她的身體，透過她的身體可以看到她的骨頭，而透過她的骨頭，可以看到像水銀一樣四處蔓延的神經。原來那株香草已經變成一個美麗得難以形容的少女。

　　不久，英明的卡拉可汗之子卡吉特一柏根進入這片暗黑的森林。他看到養了五頭母牛的老婆婆家旁邊有一隻灰松鼠坐在彎曲的樹枝上，他朝牠射箭，可是太陽快下山了，光線不佳，他沒能射中，這時候他的一支箭落到了煙囪裡。

　　「老婆婆！把箭拿出來給我！」他高喊，卻沒有人回答。他的臉頰和額頭氣得漲紅，一股傲慢之氣從他的頸背冒出來，他衝進了屋子。

　　他進屋一看到少女就昏了過去，等甦醒過來，發現自己墜入了愛河。他走出屋子跳上馬，快馬奔回家。「父親母親！」他說，

「那個有五頭母牛的老婆婆家裡，有個好美麗的姑娘！把她找來給我吧！」

他父親派了九名僕人，一起快馬來到有五頭母牛的老婆婆家，這些僕人一看到少女的美貌，也都昏了過去。他們醒來後，全都跑了，只有其中最好的一個留下來。

「老婆婆，把這個姑娘送給英明的卡拉可汗的兒子吧！」

「我願意送給他。」老婆婆回答。

他們也跟少女說了。「我願意去。」少女答應。

「好，至於新郎的聘禮，」老婆婆說，「你們把牲口趕過來，用馬匹和長角的牛填滿我的牧場吧！」

老婆婆才剛提出要求，婚禮也還沒有安排，這人就下令聚集牲口，並把牠們趕了過來，當作新郎的聘禮。

牛群馬群如約送來了，老婆婆說：「你就帶這位姑娘離開吧！」

人們很快地幫少女梳妝打扮好，熟練地牽來一匹會說話的斑點花馬。他們給馬套上銀籠頭，鋪了上下兩層銀鞍褥，褥子上面裝上銀馬鞍，掛上一支小小的銀馬鞭。女婿牽著馬鞭，把新娘從她母親身邊領過來，跨上馬帶著新娘回家。

他們走在路上，年輕人說：「森林深處有個抓狐狸的陷阱，我去一下那裡。你順著這條路往前，然後會分成兩條岔路。往東邊的路上掛著一張黑貂皮，往西邊的路上應該有一張連爪帶頭的公熊皮，脖子那裡有白毛。你得走掛著黑貂皮的那條路。」他指好路後就離開了。

女孩走到岔路，卻偏偏忘了方向，走到了掛著熊皮的路，來到一間小小的鐵屋。突然魔鬼的女兒從小屋裡走出來，她穿著一件及膝的鐵衫，只有一條腿，腿還歪歪扭扭的；她只有一隻彎

曲的手，從胸口下方伸出來；她的額頭中央有一隻露出兇光的眼睛。她吐出一根五十英尺長的鐵舌頭到女孩胸前，把她拉下馬摔到地上，再撕下她臉上的皮，貼到自己的臉上。她扯下女孩全部的精美服飾，穿戴到自己身上，然後騎上馬走了。

魔鬼的女兒來到卡拉可汗的住處，丈夫前去迎接。九個小夥子和八個姑娘上去牽馬籠頭，把馬接過去。據說魔鬼的女兒錯把馬栓在柳樹下，那裡原本是賽米雅克辛的老寡婦常常栓斑點公牛的地方。見此情形，迎接新娘的大多數人沮喪極了，其餘的人也很失望，大家壟罩在憂愁裡。

所有見到新娘的人都討厭她，就連黃鼠狼也跑開了，可見她多麼令人嫌惡啊。通往她屋子的走道上撒了許多青草，新郎牽著新娘的手把她領進屋裡。進屋後，她在爐火裡添了三棵小落葉松的樹尖。眾人把新娘藏在一片布簾後面，然後暢飲、玩樂、嬉鬧，好不開心啊。

婚宴終究還是結束了，人們回復到平常的生活。有五頭母牛的老婆婆去牧地找她的母牛時，發現那株有五根細枝的植物長得比往常更好。她把它連根挖起帶回家，把它包起來放在她的枕頭上。然後她回去給母牛擠奶，但是鈴鼓聲又開始叮鈴響，她也聽到剪刀落地聲。老婆婆回到屋裡，發現那可愛的少女坐在那裡，看起來比以前更美麗。

「媽媽，」她說，「我的丈夫把我從這裡帶走。然後我親愛的丈夫說，『我有事要先離開。』他離開前說，『你要走掛著黑貂皮的路，不要走掛著熊皮的那條路。』我忘記了，走到第二條路，來到一間小小的鐵屋子。魔鬼的女兒把我的臉皮撕下來，貼在她自己的臉上。她扒下我全身的精美服飾，穿戴在她自己的身上，然後這個魔鬼的女兒騎上我的馬走了。她把我的皮和骨頭扔掉，

一隻灰狗叼走了我的肺和心，把它們帶到曠野。我在這裡長成一株植物，因為按照天意我不會死透，也許命中註定今後我會生兒育女。魔鬼的女兒破壞了我的命運，她跟我的丈夫結婚，玷汙了他的血肉，吸取了他的血肉。我什麼時候才能見到我的丈夫？」

英明的卡拉可汗來到有五頭母牛的老婆婆的牧地。會說人話的斑點花馬知道牠的女主人復活了，於是開口說話了。

牠這麼向卡拉可汗抱怨：「魔鬼的女兒害死了我的女主人，把她的臉皮撕下來，貼在自己的臉上，她還扯下我女主人的精美衣飾，自己穿戴上。魔鬼的女兒去跟卡拉可汗的兒子住在一起，成為他的新娘。但是我的女主人死而復生，現在還活著。如果你的兒子不娶這位美麗的姑娘，那麼我要去有銀色水波、金色浮冰和銀色黑色冰塊的湖邊，向坐在白石寶座上的白色天神告狀；而我要粉碎你的房屋，滅了你的火，讓你沒辦法過日子。神聖之人不能娶魔鬼的女兒。你要把魔鬼女兒假扮的新娘綁在野馬的腿上。讓溪流湍急的溪水沖刷你的兒子，洗滌他整整三十天，讓蠕蟲和爬蟲吸走他被汙染的血液。然後把他從水裡拉出來，掛在樹上，讓風吹颳整整三十個晚上，讓北方和南方的風穿透他的心和肝，淨化他被玷汙的血肉。當他徹底洗淨之後，再讓他去說服姑娘重新娶她為妻！」

可汗聽懂馬的話。據說他拭去兩眼的淚水，然後快馬回家去。新娘見到可汗，臉色大變。

「兒子！」卡拉可汗說，「你是從哪裡、從誰的手裡帶回來的妻子？」

「她是有五頭母牛的小老婆婆的女兒。」

「你接她回來時她騎的馬是什麼模樣？你帶回來的是什麼樣的女人？你知道她的來歷嗎？」

兒子對這些問題是這樣回答的：「在三重天的上界有張白石寶座，上面坐著白色天神。祂的弟弟收集所有候鳥，把牠們集合成一個群體。祂的七個女兒化身為七隻鶴來到地面，盡情吃喝，然後進到一片圓形的田野，開始跳舞。這時一位女仙師來到她們中間，叫來七個鶴女中最好的一個說，『你的任務是去到人間，在這片中土做一個雅庫特人，你不可以嫌棄這片不純潔的中土！你被指定嫁給英明的卡拉可汗的兒子，你要穿上八隻黑貂做的皮裘。因為他，你將變成人類，生兒育女，並將他們撫養成人。』說完，她剪掉鶴女的翅膀。女孩哭了。『變成一株馬尾草，然後生長！』然後仙師說，『一個有五頭奶牛的老婆婆會發現這株草，把它變成少女，將她許配給卡拉可汗的兒子。』我照著這項指示娶了仙師描述的姑娘，但是我接納的卻是個奇怪的人，在我看來，我其實什麼也沒有得到！」

　　聽完兒子的回答，可汗說：「我是親眼見過、親耳聽到才過來這裡。會說話的斑點花馬向我抱怨了。當你帶走妻子的時候，你跟她提到一條岔路。你說，『東邊的路掛著黑貂皮，西邊的路掛著熊皮。』你說，『不要走有熊皮的路，要走有黑貂皮的路！』但是她忘記了，走到有熊皮的路。她走到那間鐵屋，魔鬼的女兒跳到她面前，把她從馬上拉下來，推到地上，把她的臉皮撕下來，貼到自己的臉上。魔鬼的女兒穿上姑娘的精美衣裙，戴上銀飾，冒充新娘騎馬來到這裡。她把馬繫在老柳樹上，就這已經露出破綻了。『要把魔鬼的女兒綁在野馬的腿上！』斑點花馬跟我說，『還要把你的兒子在湍急的溪流中沖洗整整三十天；讓蠕蟲和爬蟲吸乾他被汙染的血肉。再把他掛在樹上吹風整整三十個晚上。讓北方和南風吹遍他的身體，穿透他的心和肝！』斑點花馬還說，『讓他去說服妻子並重新娶她！但是要離開那個女人！別

讓她再出現！她會吃掉人和牲口。如果你不除掉她，我就要向白色天神告狀。』」

聽完這番話，兒子非常慚愧，一個名叫伯洛魯克的工匠抓住坐在簾幕後的新娘，拉她的腿拖她出來，再把她綁到一匹野馬的腿上，馬把魔鬼的女兒踢死，踏成碎塊。她的屍體和血散落在地上被蠕蟲和爬蟲吞噬，成了蠕蟲和爬蟲的一部份，直到現在仍在各處爬行。可汗的兒子被放入一條湍急的溪流中，再被掛到一棵樹上，好讓北方和南方吹來的春風穿透他全身。他被汙染的身體和血液淨化了，當他被帶回家的時候身體已經徹底乾枯，幾乎沒了氣息，只剩他的皮膚和骨頭。

他像之前一樣騎著馬到他送聘禮的地方，他在岳母家前下馬，拴好馬。有五頭母牛的老婆婆歡歡喜喜地跑出來，高興得就像是人死而復生、東西失而復得一樣。她在拴馬的地方和帳篷之間撒滿了青草，在大床上鋪了一片帶著蹄子的白馬皮。她宰了一頭母牛和一匹肥碩的母馬，做好一頓婚宴大餐。

姑娘流著淚走近丈夫。「你來找我做什麼？」她問，「你灑了我的血，你深深割進我的皮膚。你把我當成狗食和鴨食丟棄。你把我送給了八腳魔鬼的女兒。經過這一切，你怎麼還敢來這裡找妻子？姑娘的數目比鱸魚還多，女人的數目比河鱒還多。我的心受了傷，我的情緒激動。我不去！」

「我沒有把你送去八腳魔鬼的女兒那裡，當我有重要的事情得離開時，我指出你的路。我不是有意把你指向一個危險的地方，當我對你說『去迎接你的命運吧』的時候，我也不知道會發生什麼事。是女仙師兼守護神、造物女神選中了你，把你指定給我，你才會復活。」他說，「不管發生什麼事，無論是好或壞，我都一定要娶你！」

有五頭母牛的老婆婆拭去眼裡的淚水，坐到這兩個孩子中間。「怎麼會這樣？你們見了面，卻不為死後復生、失而復得而高興？你們二人都不許違逆我的心願！」

姑娘答應了，不過她說「我同意」說得並不情願。小夥子一躍而起，又舞又跳，又抱又親，大口吸氣。夫妻倆嬉戲歡笑，說個不停。他們在屋外把會說話的斑點花馬繫上繩子，在牠背上鋪上銀鞍褥，裝上銀馬鞍，套上銀籠頭，掛上銀鞍囊，吊上一隻小小的銀馬鞭。

老婆婆把姑娘打扮妥當、穿戴好一切，送她出家門。她和丈夫出發上路，見到降下細雪知道是冬天了，見到落雨知道是夏天了，見到濃霧知道是秋天了。

卡拉可汗九處屋子的僕人、八處屋子的家僕和七處屋子的房間侍者，以及像九隻鶴一樣走出來的九位貴族的兒子，他們都在想：新娘會怎麼抵達？是大步走來還是悠閒走來？黑貂會從她的腳邊竄出來嗎？

他們一邊這麼想，一邊做箭，他們太過用力，手上的皮膚都磨掉了；他們太過專注手上的工作，眼睛都花了。還有長得像鶴一樣的七位同時出生的成年姑娘，用長腳纏繞著線，膝蓋都脫皮了，她們說：「如果新娘到時大聲擤鼻子，就會生下很多可愛的小國王！」

大汗的兒子跟新娘一起到來，兩個姑娘在拴馬索旁牽住他們的馬。大汗的兒子和新娘下了馬，新娘擤了鼻子，所以她以後會生下可愛的小國王！婦女們立刻開始織衣裳，新娘向前走著，黑貂從新娘的腳下竄出來，一些小夥子連忙追著衝進暗黑森林裡去射殺牠們。

人們在拴馬樁到帳篷之間鋪上青草。新娘抵達後用三根落葉

松的樹枝點上爐火，然後大家把她藏在布簾後。他們把一條帶子拉直並分成九段，將九十匹白色斑點花馬駒繫在上面。他們在屋子右邊插上九根柱子，在柱子上栓了九匹白馬駒，然後讓九個喝馬奶酒的友善巫師騎在上面。他們在屋子的左邊豎起了八根柱子。

慶賀新娘進家門的婚宴慶開始了，勇士雲集，高手齊聚。據說有九位先祖的靈魂從天降下，還有十二位先祖的靈魂從地底升起。又據說有九個部落從地底下鑽出來，揮著乾木頭做的鞭子，策馬急馳。踩鐵馬鐙的騎士擠在一起，踩銅馬鐙的騎士騎得東倒西歪。

外來部落和居住在游牧村落帳篷裡的人都來了，有唱歌的、

有跳舞的、有說故事的；有單腳跳的、有跳著走的；有拿著五戈比[67]硬幣的人群，也有無事閒逛的人。之後那些上界的靈魂飛往上方，下界的居民沉入地底，住在中間區域，也就是地上的，就各自散開回去了。婚宴的垃圾一直留到第三天，但在第二天以前，大部分的零星垃圾已經收走，動物也關回圍欄裡，孩童們在這片土地玩耍嬉戲。據說，他們的後代至今還活著呢。

67 俄羅斯的貨幣，一百戈比等於一盧布。

✦ 阿秋和她的獅子養母 ✦

ACHOL AND HER ADOPTIVE LIONESS-MOTHER
✦ 蘇丹：丁卡族 ✦

阿薔生了兩個孩子，梅波和阿秋，他們有三個同母異父的兄弟。阿秋被許配給一個名叫柯爾的人。他們全家要搬遷到獅子的領域，阿秋還小，所以她哥哥揹著她走。

他們同母異父的兄弟們嫉妒阿秋的好運，因為她小小年紀就訂了親。他們密謀了一個計畫，要把阿秋和梅波丟在曠野裡。一天晚上，他們暗中在牛奶裡下藥，於是阿秋和梅波沉沉睡去了。當天夜裡，他們把一葫蘆的牛奶放在兄妹旁邊，然後領著牲口營繼續遷移，丟下他們倆。

第二天早上，阿秋先醒過來，看到自己跟哥哥被拋下了，於是哭了起來，吵醒哥哥。「梅波，牲口營走了，我們被拋棄了！」

梅波醒來，四下看了看，說：「所以我們自己的兄弟們不要我們了！沒關係，你喝牛奶吧。」

他們喝了些牛奶，然後搬到一個大象挖的凹溝裡，這凹溝可以遮蔽保護他們。他們就睡在裡面。

一頭母獅子過來找營地殘餘的食物，她看到凹溝就往裡頭看，發現了兩個孩子。他們哭喊著：「喔，父親啊，我們要死了——我們要被吃掉了！」

母獅子說：「我的孩子們，不要哭。我不會吃你們。你們是人類的小孩嗎？」

「是的。」他們說。

「你們為什麼在這裡？」牠問。

「我們被同母異父的兄弟們拋棄了。」梅波說。

「你們跟我來吧，」母獅子說，「我會把你們當親生孩子來照顧，我自己沒有小孩。」

他們同意了，就跟著她走。路上，梅波逃回了家裡，而阿秋仍然待在母獅子身邊，一起回到母獅子家。母獅子扶養阿秋，直到長成一個大姑娘。

與此同時，阿秋的親人都為失去她而哀悼。同母異父的兄弟們否認他們的惡毒詭計，但是梅波說他和妹妹是被兄弟們拋下的，然後被一頭母獅子發現，他就是從母獅子那裡逃出來的。

幾年後，牲口營再次移到了獅子的領域。此時梅波已長大成人。一天，他和同齡夥伴牧牛時走到了母獅子家。梅波沒有認出這個村子。母獅子出去打獵了，只有阿秋在家。但梅波也沒認出她來。

一個同齡夥伴問阿秋說：「姑娘，可不可以請你給我們一點水喝？」

阿秋說：「這可不是討水喝的地方。我看得出你們都是人類，這裡對你們來說很危險！」

「我們很渴，」他們解釋道，「拜託，讓我們喝點水。」

阿秋拿水給他們，他們喝完就離開了。阿秋的獅子媽媽帶回了一隻獵物。牠把獵物扔在地上，唱著：

> 阿秋，阿秋，
> 走出小屋，
> 我讓女兒長大豐衣足食，
> 別人還在撿拾野生穀子，
> 我的女兒從來不須煩惱。
> 女兒，出來，我在這兒。

被人類遺棄的小寶貝，

毫髮無傷被我發現的小寶貝，

我一手養大的小寶貝，

阿秋，我心愛的，

來吧，女兒，過來見我。

她們相見、擁抱，然後煮飯、用餐。阿秋的媽媽對她說：「女兒啊，如果有人類來到，不要逃避，要善待他們，這樣你才能結婚。」

梅波被阿秋吸引了，當晚他帶一個朋友回來向她求愛。阿秋的媽媽給她一棟單獨的小屋，讓她可以招待同年齡的朋友。因此當梅波和他朋友過來並請求留宿時，她讓他們住進這間小屋。她替他們在屋裡的一頭鋪床，她自己睡在屋子的另一頭。

到了夜裡，梅波對阿秋的渴望越來越強，他想挪到姑娘那邊，但他剛要動彈，牆上一隻蜥蜴說話了：「這男人要去侵犯自己的妹妹啦！」梅波打住了。當他又想要挪動時，天花板上的一根橡木也說話了：「這男人要去侵犯自己的妹妹啦！」當他又再次挪動時，地上的草也說出同樣的話。

梅波的朋友醒來，問：「誰在說話？他們在說什麼？」梅波說：「我不知道，我也不明白他們說的『妹妹』是什麼意思。」

於是他們請姑娘告訴他們更多關於自己的事，於是阿秋說了她跟哥哥如何被拋下，以及母獅子又如何發現她。

「真的嗎？」梅波激動地說。

「是啊。」阿秋說。

「那麼我們回家吧。你就是我的妹妹。」

阿秋抱住他，哭了又哭。當她平靜下來後，她告訴梅波和他

的朋友說，她不能離開母獅子，因為母獅子一直盡心地照顧她，但他們最終說服她和他們一起走。第二天早上他們遷移了營地，以免遇到母獅子。

這天早上，母獅子很早就出門打獵。晚上她回到家，像往常一樣地對阿秋唱歌，但阿秋沒有回答。牠唱了好幾遍，阿秋仍然沒有回應。牠進到屋裡，發現阿秋走了，她哭了又哭，哭了又哭：「我女兒去哪裡了？是獅子吃了她，還是人類把她從我身邊帶走了？」

然後她奔跑起來，一路追著牲口營。她跑了又跑，跑了又跑。

牲口營回到了村子，阿秋被藏起來了。

母獅子繼續跑呀跑，一直跑到了村子邊。牠停在村子外面，唱起往日的那首歌。

阿秋聽到她的聲音，就從躲藏的地方跳出來。她們奔向彼此，擁抱在一起。

阿秋的父親牽出一頭公牛宰了，款待母獅子。母獅子說她不回森林了，寧願跟著女兒阿秋和人類住在一起。

阿秋結婚了，被家人託付給了她的丈夫，她的獅子媽媽跟她一起住在婚後的家裡，一家人過著幸福的生活。

PART
12
已婚女子

MARRIED WOMEN

✦鳥女的故事✦
STORY OF A BIRD WOMAN
✦西伯利亞部落：楚科奇✦

　　一個年輕人來到曠野的湖邊，看到很多禽鳥，有鵝，有鷗鳥，鵝和鷗鳥都把衣服留在岸上。年輕人抓起這些衣服，於是所有的鵝和鷗鳥都說：「把衣服放回去。」

　　他歸還了所有鵝女的衣服，但是留下某個鷗女的衣服，並娶她做妻子。鷗女生下兩個孩子，是真正的人類小孩。女人們去採集樹葉時，鷗鳥妻子也跟她們一起去到原野，不過她不太會採集，她的婆婆因此責罵她。禽鳥們都要飛走了，這個妻子渴望回到自己的家園，當鵝群飛過時，她帶著孩子們來到帳篷後面。

　　「我要怎麼做才能帶走我的孩子呢？」她說。鵝群拔下自己翅膀上的羽毛，插到孩子們的袖子上，然後妻子和孩子們一起飛走了。

　　丈夫回家找不到妻子，因為她已經走了。他打聽不到妻子的任何消息，於是對母親說：「你幫我做十雙上好的靴子。」然後他前往鳥的國度，路途上遇到一隻老鷹，老鷹對他說：「到海邊去，你會在那裡看到一個砍柴的老人。他的背後是惡魔，所以不要從那個方向靠近他，他會吃了你。你要朝他的正面走過去。」

　　老人問：「你從哪裡來，要到哪裡去？」

　　年輕人回答：「我娶了一個鷗女，她為我生下兩個孩子，可是現在他們一起失蹤了。我正在尋找她。」

　　「你要用什麼方式走這趟路？」

　　「我有十雙靴子。」年輕人回答。

老人說：「我幫你做一艘獨木舟。」於是他造了一艘漂亮的獨木舟，上面有個鼻煙盒似的頂蓋。年輕人坐了進去，老人說：「如果你想往右，就對獨木舟說『喔，喔』，然後動動你的右腳。等會兒要是你想往左，就說『喔，喔』，然後動動你的左腳。」

獨木舟像鳥一樣敏捷。老人繼續說：「當你到了岸邊，想要上岸的時候，就說『開』，再用手把頂蓋推開！」

年輕人靠近岸邊，推開頂蓋，獨木舟靠了岸。他看見許多鳥孩子在地上玩耍。這裡就是鳥的國度。他找到他的孩子們，他們也認出爸爸了：「爸爸來了！」

他說：「去告訴你們媽媽說我來了。」

孩子們很快就回來了，妻子的兄弟也一起來了，他走近年輕人說：「你的妻子被我們的首領帶回去做妻子了，他是一隻大海鳥。」

年輕人進了妻子的家門。鳥首領親吻妻子的臉頰，對年輕人說：「你來這裡做什麼？我不會把你的妻子還給你的。」

大舅子在帳棚裡坐下。年輕人和大海鳥扭打起來，他抓住對手的脖子把他甩出去。鳥首領回去了自己的國家大聲抱怨，然後許多的鳥朝這裡飛過來，包括各種不同種類的鷗鳥。

年輕人正和妻子睡覺，妻子突然大聲喊道：「數不清的戰士來了，你快點起來！」

可是年輕人還在睡，這時屋子周圍傳來吶喊的喧鬧聲，她驚恐極了。很快地這些鳥兒拔下羽毛，像箭一樣拿著準備射出去，但年輕人走到外面，抓起一根木棍四處揮舞，打中了一隻鳥的翅膀、另一隻鳥的脖子，還有另一隻鳥的背，然後所有的鳥都逃走了。第二天，兩倍的鳥兒飛來了，像一群蚊子一樣多。但年輕人在一個盆裡裝滿水，灑向鳥群。牠們當場被凍在原地飛不起來。

之後再也沒有鳥類來襲了。

　　年輕人帶著妻子和孩子要回自己族人那裡。他在獨木舟裡坐好，再把頂蓋像之前一樣蓋上，回到岸邊，找到那個老人。

　　「怎麼樣了？」老人問。

　　「我把他們帶回來了！」年輕人回答。

　　「那你離開吧！你的靴子在這兒，帶著它們出發吧。」

　　過了一段時間，他們丟下了獨木舟，看到那隻老鷹還在原來的地方。他們都累壞了。老鷹說：「穿上我的衣服吧。」年輕人就穿上老鷹的衣服飛回家。臨走前老鷹對他說：「你可以穿我的衣服，但是不要把它帶進屋裡，把它放在離家稍遠一點的田野！」

　　於是年輕人把衣服留在地上，衣服飛回老鷹那裡。他們回到家，年輕人踢了踢倒在地上的木頭，木頭變成了一大群牛羊。他驅趕牛羊，把血抹在妻子身上並娶了她。她不再是鳥了，變成了人，也把自己穿戴得像個女人。

✦風流爹娘✦
FATHER AND MOTHER BOTH 'FAST'
✦ 美國：山區 ✦

　　啊，是這麼回事。一個小夥子和一個姑娘在一塊兒，過段時間後小夥子跟他爹爹說：「爹，我要跟那個姑娘結婚。」他爹說：「約翰，我跟你說——我年輕的時候很風流，那個姑娘是你妹妹。」

　　唉呀，小夥子感覺很糟，於是和姑娘分手。過了一段時間，他認識了另一個姑娘，跟她在一起一段時間後，他又去跟他爹爹說：「爹，我要跟那個姑娘結婚。」他爹說：「約翰呀，我年輕的時候很風流——那個姑娘是你妹妹。」

　　小夥子感覺真是太糟了，一天他垂頭喪氣坐在爐子旁邊生火，他娘問他：「約翰，出了什麼事啊？」「沒事。」娘說：「明明有事，我要知道你為什麼離開第一個交往的姑娘，然後你又離開了第二個姑娘？」「是這樣的，」他說，「爹跟我說他年輕的時候很風流，那兩個姑娘都是我妹妹。」娘說：「約翰呀，我要告訴你一件事，我年輕的時候也很風流，你爹根本不是你爹。」

✦打老婆的理由✦
REASON TO BEAT YOUR WIFE
✦埃及✦

　　兩個朋友見了面，第一個人對第二個人說：「你好嗎，某某某？我們好久沒見面了。想當年啊！你現在過得怎麼樣？」

　　第二個人回答說：「這個嗎，老天為證，我結婚了，我老婆是好人家的女兒，這正是每個男人最想要的老婆。」

　　第一個問：「你打過她嗎？還是沒打過？」

　　「沒有，老天為證，我沒有理由打她，她每件事都遵照我的意思去做。」

　　「你至少要打她一次，這樣她才知道誰是一家之主！」

　　「老天為證，對呀！你說的沒錯！」

　　過了一個星期，他們又見面了。第一個人問第二個：「嘿，你做了什麼？你打她了嗎？」

　　「沒有！我找不到什麼理由！」

　　「我給你一個理由。你去買魚，買很多魚，拿去給她，說，『把魚煮了，我們請了客人來吃晚飯。』然後就離開家。等你晚一點回家後，不管她魚怎麼煮，你就說你要的是另外的煮法！」

　　男人說：「好。」他就買了一些鯰魚回家。他在門口把魚塞給妻子，並且說：「把魚煮了，我們會有客人來。」然後就跑了。

　　女人自言自語：「天呀，我要拿這麼多魚怎麼辦呢？他也沒告訴我要怎麼做呀。」她想了又想，最後說：「我就炸幾條、烤幾條，再拿幾條跟洋蔥和番茄做個砂鍋燉菜吧。」

　　她打掃房子，準備一切。晚餐時間逐漸接近，她的小男嬰卻

在他們要盤腿坐在地上吃飯的桌子旁拉了一坨屎，弄得一團亂。她正要去清理，她丈夫和朋友已經敲門了。為了不要讓人看到那些髒污，她先用手裡拿著的一個盤子蓋住，然後跑去開門。

他們走進來，坐到桌子旁邊的地上，丈夫對她說：「孩子的媽，把菜拿上來。」

她先端出炸魚。丈夫說：「炸的！我是要吃烤的！」她立刻端出烤魚。他又大吼：「不是烤魚，我是說要吃燉的！」她又立刻端出砂鍋。他又洩氣又困惑，說：「我要——我要——」

她問：「你要什麼？」

他茫然地回答：「我要吃屎啦！」

她立刻掀開地上的盤子，說：「在這兒呢！」

→三個情人←
THE THREE LOVERS
✦ 美國：新墨西哥 ✦

　　從前有個住在城裡的女人，嫁給一個叫荷西・波姆切諾的人。這人養羊，不得不到鄉下照顧生意。只要他出城，他的妻子就不放過背叛他的機會，情況變得很糟，以至於她有了三個情人。

　　有天晚上丈夫不在家，三個情人都要來。女人是這麼安排的。第一個情人到了。不久，第二個情人也到了，他敲敲門。這妻子就對第一個情人說：「是我丈夫。」

　　「我要躲在哪裡？」

　　「躲在那個衣櫥裡。」

　　於是這男人就躲進了衣櫥。第二個男人進來了。過了一會兒，第三個情人也到了，他敲敲門。女人對第二個情人說：「是我丈夫。」

　　「不，」他說，「如果是你的丈夫，就讓把我殺了吧。我高興怎麼做就怎麼做，我相信外面那個不是你的丈夫，你在耍我們幾個吧。」

　　女人知道他不信，就想把第三個打發走，於是她叫他離開，說今天就到此為止，要他改天再來。

　　這時屋外那個人對她說：「既然你做不了什麼，至少給我一個吻吧？」

　　「可以，」跟她在一起的男人告訴她，「不要緊，讓他到窗邊來。」

　　屋外的男人來到窗邊，屋內的男人已經撅起屁股等著了，屋

外的男人就這麼親了上去。

　　等他發現自己親了別人的屁股，感覺真是糟透了，他想找機會報復，於是大聲說他很喜歡，要他再來窗邊。屋裡那人第二次來到窗邊，外面那人可沒像先前那樣親上去，而是劃根火柴把他點燃了。

　　屋裡那人感到火燒屁股，立刻離開窗邊，在房裡又跳又喊：「火啊！火啊！火啊！」

　　這時被關在衣櫥裡的人回答：「太太，快把你的家具扔出去啊。」

　　荷西‧波姆切諾他妻子的故事就講到這裡。

✦ 七次發酵 ✦
THE SEVEN LEAVENINGS
✦ 巴勒斯坦阿拉伯 ✦

　　很久以前有個老婦人，獨自住在小屋裡，沒有任何親人。有一天，天氣很好，她說：「啊，好極了！奉阿拉之名，今天出太陽，天氣很好，我要去海邊透透氣，不過我先揉個麵糰吧。」

　　放了酵母，揉好麵糰後，她穿上最好的衣服，說：「奉阿拉之名，我必須出門去海邊透透氣了。」到了海邊，她坐下來休息，看啊！這裡有艘船，船上擠滿了人。

　　「嘿，大叔！」她對船主說，「阿拉保佑！你要去哪裡呀？」

　　「奉阿拉之名，我們要去貝魯特。」

　　「好的，弟兄。帶我一起去。」

　　「別煩我，老太婆，」他說，「船已經滿了，沒有你的位子。」

　　「好，」老婦人說，「你們走吧。不過你們如果不帶我去，願你的船走不動，沉到海裡！」

　　沒有人理她，船就駛離了，不過他們的船才走不到二十公尺就開始下沉。「哎呀！」他們驚喊道，「看來那個老太婆的詛咒被上天聽到了。」於是船掉頭回來，他們叫老婦人上去，帶她一起走了。

　　到了貝魯特，她不認識任何人，什麼也不知道。太陽馬上要下山了，船上的乘客上了岸，她也下船靠著牆坐了一會兒，不然她還能做什麼呢？人們來來往往從她身邊走過，時間已經很晚了。不久有個男人路過，看到所有人都已經回家了，而婦人還靠著牆坐著。

「你在這裡做什麼呀，大姊？」他問。

「奉阿拉之名，兄弟呀，」她回答，「我沒在做什麼事。我是外地人，沒有人可以投靠。我揉好麵糰加了酵母讓它醒一醒，然後出來放鬆一下，等麵團發酵好，我就得回去了。」

男人說：「好，那你跟我回家吧。」

他帶老婦人回家。他家裡只有他和妻子。他們拿出食物，談笑，玩樂——你應該看看他們有多開心。這些結束後，看啊！男人拿出一捆有這麼粗的木棍，開始動手——打哪邊最痛？——他打妻子的腰，打到棍子都斷了。

「孩子，你為什麼要這樣做呢？」老婦人上前攔住他，問道。

「你退開！」他說，「你不知道她犯了什麼罪，最好別礙事！」他繼續打老婆，打到整捆棍子都打斷。

「你這可憐的女人！」老婦人等男人停手後喊道，「你犯了什麼罪過呀，可憐的人？」

「奉阿拉之名，」妻子回答，「我什麼錯事也沒做，連想都沒有想過。他說是因為我無法懷孕生小孩。」

「就為這事嗎？」老婦人問，「這簡單。聽著，我跟你說。明天他又要打你的時候，你就跟他說你懷孕了。」

第二天，男人跟往常一樣，帶了日常所需的用品和一捆棍子回來了。晚飯後，他又要打老婆，但是他第一根棍子還沒落下，妻子就大喊：「住手！我懷孕了！」

「是真的嗎？」

「是的，奉阿拉之名！」

從這天起，丈夫就不再打妻子了。她受到寵愛，丈夫不讓她起身做任何家事，她想要什麼，都會送到她跟前。

從那之後，妻子每天都會找老婦人問：「我要怎麼辦呢，老

婆婆？萬一他發現了怎麼是好？」

「不要緊，」老婦人總是這樣回答，「安心睡覺。『晚上燒的煤早上就變成灰』。」老婦人每天都會往妻子的衣服裡塞些破布，讓她的肚子顯得大一些，然後她說：「你只要繼續跟他說你懷孕了，其他的交給我。『晚上的煤炭就是早上的灰燼。』」

話說，這個男人剛好是當地的蘇丹，人們都聽到這樣的話：「蘇丹的妻子懷孕了！蘇丹的妻子懷孕了！」當她的產期快到的時候，妻子到麵包店對烘焙師說：「我要你幫我烤一個男嬰形狀的麵包娃娃。」

「好的。」烘焙師說，就烤了一個麵包娃娃。她把娃娃包起來帶回家，沒有讓丈夫看到。然後人們說：「蘇丹的妻子在陣痛了，她就快要生了。」

老婦人走上前。「在我的國家，我是個接生婆，」老婦人說，「她是因為我的功勞才懷孕的，應該讓我給她接生。除了我以外，我不希望有別的人在場。」

「好的。」人們都同意。過了一會兒，消息傳來：「她生了！她生了！」

「她生的是男是女？」

「她生了個男孩。」

妻子把娃娃包起來，放進嬰兒床。人們都在說：「她生了個男孩！」他們到蘇丹那裡，說他的妻子生了個男孩。宣告員巡行四處，向市民宣布接下來一個星期禁止市民私自吃喝，全都得到蘇丹的住處去。

話說老婦人告訴大家，七天內誰也不准來看嬰兒。到了第七天，人們得知蘇丹的妻子要帶嬰兒前往公共浴池。在這段時間，妻子每天都問老婦人：「我要怎麼辦呢，老婆婆？萬一我丈夫發

現了怎麼是好？」老婦人都會回答：「親愛的，安心吧！晚上的煤就是早上的灰。」

第七天，浴池專門留給蘇丹的妻子使用。她和老婦人帶著乾淨衣服，在一名女僕的陪伴下前去。蘇丹的妻子剛進到浴池，她們要女僕守在娃娃跟前，並跟她說：「照顧好小男孩！小心別讓狗溜進來把他搶走！」

不久，女僕的注意力渙散了，一隻狗過來，叼起娃娃跑了。僕人在後面追趕，一邊大喊：「不要臉的東西！不要碰我主人的兒子！」但是狗使勁地跑，一邊嚼著娃娃。

話說這城裡有一個患了嚴重憂鬱症的男人，他已經病了七年，都沒有人能醫好他。這會兒他看到一隻狗在跑，後面有個女僕緊緊追著，還一邊喊：「別碰我主人的兒子！」他就開始笑起來了。他笑了又笑，一直笑到他的心病都化解了，人也恢復了。他衝出去問僕人：「你是怎麼了？我看到你追著一隻叼著娃娃的狗跑，你還對狗大喊，要牠不要碰你主人的兒子。這是怎麼回事？」

「事情是如此這般。」女僕回答。

這男人有一個妹妹，七天前才剛生下一對雙胞胎兒子。他把妹妹找來說：「妹妹，你可不可以把一個兒子給我，交給我去安排？」

「好的。」她說，就把一個嬰兒交給他。

蘇丹的妻子接過嬰兒回家了。人們都前來向她道賀。她多麼快樂啊！

過了一段時間，老婦人說：「你知道，孩子們，我想我的麵糰一定都發了，我想回家去烤麵包。」

「你為什麼不留下來？」他們向她懇求，「你帶來了祝福呢。」我不知道他們還說了什麼，不過她回答說：「不。土地會渴望它的人民。我想回家。」

他們送她上了一艘船，把船裝滿了禮物，並且說：「阿拉保佑，一路平安！」

她回到家，把禮物收好，休息了一兩天。然後她去看一下麵糰。「咦，奉阿拉之名！」她嘆息道，「我的麵糰還沒發好呢，那我要到海邊快活去了。」她在岸邊坐了一會兒，看啊！這裡有艘船呢。

「你們要去哪裡呀，大叔？」

「奉阿拉之名，我們要去阿勒坡。」他們回答。

「帶我一起去吧。」

「別煩我，老太婆。船已經滿了，沒有空位。」

「如果你不帶我一起去，願你的船走不動，沉到海裡！」

他們出發了，但是沒多久船就快要沉了。他們回頭，把老婆婆叫上去，帶她一起走了。她是個外地人，她還能去哪裡呢？於是她靠著牆坐在地上，只見人們來來往往，一直到很晚了，所有人都回家了，有個男人走過她面前。

「你在這裡做什麼？」

「奉阿拉之名，我是外地人，我誰都不認識，所以我才坐在這牆邊。」

「你坐在街上不好吧？來，起來跟我回家吧。」

於是老婦人起身跟他走了。這人家裡又是只有他和妻子，沒有小孩或是其他人。他們吃了東西，也很開心，一切都很好，但是要睡覺的時候，男人拿了一捆棍子就打起老婆來了，直到把棍子打斷。第二天的情況依舊。第三天老婦人說：「奉阿拉之名，我想知道這男人為什麼這樣打自己的老婆。」

她問妻子，妻子回答：「奉阿拉之名，我沒有怎麼樣啊，只是有一次我丈夫帶了一串黑葡萄回家，我把葡萄放在一個米白色的盤子上拿過去。『咦！』我說，『黑色加在白色上面，多麼美麗呀！』他就跳起來說，『果然，願你的某某受詛咒！你背著我養了一個黑奴情人！』我跟他抗議說我指的是葡萄，可是他不肯相信。所以他每天都帶一捆棍子回來打我。」

「我來救你，」老婦人說，「你去買一些黑葡萄，把葡萄放在一個米白色的盤子上。」

到了晚上，丈夫吃完晚餐後，妻子端上葡萄給他們吃。這時老婦人插嘴說：「咦！你看，孩子啊。奉阿拉之名，沒有什麼東西比黑色加在白色上面還美麗啊！」

「啊呀，」他驚呼並搖頭嘆道，「不只我老婆這麼說！你這個老太太也說同樣的話。原來我老婆沒做什麼錯事，而我卻一直這樣對待她！」

「別跟我說你一直打她只是為了這個！」老婦人驚訝地說，「什麼！你瘋了嗎？你瞧！你看不出來這些黑葡萄放在白盤子上有多美嗎？」

據說他們變成了好朋友，而丈夫再也不打妻子了。老婦人又跟他們住了幾個月，然後說：「土地在渴望它的人民。也許我的麵糰現在也發好了。我想回家了。」

「留下來啦，老婆婆！」他們說，「你為我們帶來好運呢。」

「不，」她回答，「我想回家。」

他們為她準備了一艘船，在船上裝滿了食物和其他物品。老婦人打起精神回家了。到了自己屋裡，她坐下來休息一會兒，把東西收拾好，就去查看麵糰。「奉阿拉之名，」她說，「它才剛開始發，我不如把它拿到麵包師那兒吧。」她就把麵糰拿去麵包師那裡，麵包師幫她烤了麵包。

這就是我的故事，我說完了，現在把它交給你了。

✦ 不忠妻子的歌 ✦
THE UNTRUE WIFE'S SONG
✦ 美國：北卡羅來納 ✦

　　從前有個男人和妻子搭乘一艘船，一天，男人跟船長聊天，聊到了女人。船長說他從沒有看過一個貞潔的女人。男人說自己的妻子很貞潔，船長就用船上運的貨去賭男人的提琴，說他可以在三個鐘頭內勾引到男人的妻子。男人就把妻子送到船長的艙房。等了兩個鐘頭後，男人有點不安了，於是他從船長的艙房前走過，一邊拉著提琴一邊唱：

　　　　漫長的兩個鐘頭，
　　　　你抵擋了船長的引誘，
　　　　船上的貨很快就到手。

　　他的妻子聽到了，從艙房裡唱著回應：

　　　　　　　　　　太遲了，太遲了，親愛的，
　　　　　　　　　　他正抱著我的腰；
　　　　　　　　　　太遲了，太遲了，親愛的，
　　　　　　　　　　你那把該死的老提琴已經
　　　　　　　　　　輪掉。

✦ 跟自己兒子結婚的女人 ✦
THE WOMAN WHO MARRIED HER SON
✦ 巴勒斯坦阿拉伯 ✦

從前有一個女人，她出門去撿木柴的時候，生了一個女兒。她用破布包起嬰兒，把她丟到一棵樹下就走了。鳥兒飛過來，在嬰兒周圍築了一個窩，並且餵養她。

小女孩長大了。有一天她坐在池塘旁邊的一棵樹上。她是多麼美麗呀（讚頌美的創造者，造物主比一切都美）！她的面容有如月亮。蘇丹的兒子來到池塘給他的馬喝水，但是馬受驚嚇地往後退。他下馬查看，看到樹上的女孩，她的美貌照亮了四周。他帶走女孩，擬好婚約和她結了婚。

朝聖的時候到了，蘇丹的兒子決定去麥加。他對母親說：「請照顧我的妻子，直到我朝聖回來。」

話說他的母親嫉妒媳婦，所以兒子一出發，她就把媳婦趕出家門。媳婦來到鄰居家，跟他們住在一起，做僕人的工作。母親在王宮花園裡挖了一個墓，把一隻羊埋進去。然後她把頭髮染黑，化了妝，讓自己看起來年輕美麗。她住在王宮裡，假扮成媳婦的模樣。

兒子朝聖回來後，被母親的偽裝所騙，以為她就是妻子。他問起他的母親，她說：「你母親過世了，埋在王宮花園裡。」

母親和兒子睡覺之後就懷孕了，然後開始想要吃這個那個。「我的好人兒，」她對兒子說，「從鄰居的葡萄藤上摘一串酸葡萄給我！」兒子派一個女僕去討葡萄。女僕敲鄰居的門，蘇丹兒子的妻子把門打開。

「喔，夫人啊，你的宮殿與我們的相鄰，」女僕說，「請給我一串酸葡萄，好滿足我家女主人的渴望！」

「我母親在野地裡生下我，」這妻子說，「鳥兒在我周圍築巢。蘇丹的兒子娶了自己的母親，而現在又要占我便宜去滿足她的渴望！下來吧，喔，剪刀啊，剪了她的舌頭，免得她洩漏了我的祕密！」剪刀登時落下，剪掉了女僕的舌頭。她回去後伊伊啊啊說不清楚，沒人聽得懂她說什麼。

然後蘇丹的兒子又派一個男僕去取酸葡萄。僕人去了，敲了門說：「夫人啊，你的宮殿與我們的相鄰，請給我一串酸葡萄，好滿足我家女主人的渴望！」

「我母親在野地裡生下我，」蘇丹兒子的妻子回答，「鳥兒在我周圍築巢。蘇丹的兒子娶了自己的母親，而現在又要占我便宜

去滿足她的渴望！下來吧，喔，剪刀啊，剪了他的舌頭，免得他洩漏了我的祕密！」剪刀登時落下，剪掉了他的舌頭。

最後蘇丹的兒子親自去了，他敲了門。「喔，夫人啊，你的宮殿與我們的相鄰，」他說，「請給我一串酸葡萄，好滿足我家女主人的渴望！」

「我母親在野地裡生下我，」蘇丹兒子的妻子回答，「鳥兒在我周圍築巢。蘇丹的兒子娶了自己的母親，而現在又要占我便宜去滿足她的渴望！下來吧，喔，剪刀啊，剪了他的舌頭——可是我不忍心下手！」剪刀落下，繞著蘇丹的兒子盤旋，卻沒有剪掉他的舌頭。

蘇丹的兒子明白過來。他去挖開花園裡的墓。看啊！墓裡是一頭羊。當他確定他的妻子其實是他的母親時，他派人找來了宣告員。「愛先知的人啊，」宣告員喊道，「每人帶一綑木柴和一塊燃燒的煤來！」

然後蘇丹的兒子點著了火。

萬福，萬福！我們的故事講完了。

✦杜安和他的野獸妻子✦
DUANG AND HIS WILD WIFE
✦蘇丹：丁卡族✦

　　阿茉十分美麗。她和族裡一個男人訂了婚，不過還沒有成親，仍然和家人住在一起。

　　隔壁村裡有一個男人名叫杜安，他父親跟他說：「杜安，我的兒啊，你該結婚了。」

　　「爸爸，」杜安回答，「我不能結婚，我還沒有找到我心目中的女孩。」

　　「可是我兒啊，」他父親不以為然，「我希望你在我活著的時候結婚，我的命也許沒辦法長到能參加你的婚禮。」

　　「我會找看看的，爸爸，」杜安說，「不過只有在我找到心愛的女孩我才會結婚。」

　　「很好，我兒。」父親理解地說。

　　他們住在一起，直到這父親過世。杜安沒有結婚。之後他母親也死了。他還是沒有結婚。

　　這些親人的死亡使他在哀傷中自暴自棄，他再也不注重外表了。他的頭髮又長又亂，不刮鬍子不整理頭髮。他非常富有，他的牲畜欄裡滿是牛隻、綿羊和山羊。

　　有一天他離家去附近一個部落，在路上他聽到鼓聲震天，他循著鼓聲走去，發現有人在跳舞，就站在那裡看。

　　跳舞的人當中有個女孩叫阿茉，她看到他站著就停止跳舞走到他旁邊，跟他打招呼問好，兩人就站在那裡說話。跟阿茉訂了親的男方親戚們看到都很困擾。「為什麼阿茉不去跳舞，而是

去跟一個只是在旁觀的人打招呼呢？她還膽敢站在那裡跟他說話呢！這人究竟是誰呀？」

他們把她叫過去問，她回答說：「我看不出這有什麼不對！我看到這人在看，像是一個陌生人正需要幫助，所以我去跟他打招呼以便他有什麼需要。僅此而已。」

雖然他們並不相信，但也不再追問。阿茉沒有回去跳舞，而是又過去和那個男人說話。她邀請男人到她家。於是他們離開跳舞的地方。她讓男人坐下，拿水給他。她燒飯給他吃，服侍他。

男人在她家住了兩天，然後就回自己家了。回家後他叫來了親戚，跟他們說他找到心目中的女孩了。於是他們帶著牛羊去了阿茉的村子。

跟阿茉訂了親的男人給了她三十頭母牛。阿茉的親戚把牛還回去，收下杜安的牲口。婚禮完成了，阿茉被交給了她的丈夫。

阿茉跟男人回家，給他生了一個女兒，名叫吉玲蒂。接著她生了個兒子。夫妻倆跟孩子們自己生活。然後她又懷了第三個孩子。她懷孕的時候，她丈夫待在牲口營地。她生產時他回家探望，陪伴她剛生完的頭幾天。

生完孩子，她忽然非常想要吃肉，這時她才剛生完不久。她對丈夫說：「我想吃肉想得要命，連飯都吃不下了。」

丈夫跟她說：「如果你看上的是我的牲口，我可不會只因為你想吃就殺！想吃到非要宰殺牲口，這算什麼？怎麼樣我都不會殺的！」

談話到此為止。但是阿茉仍然很難受，吃不下也無法工作，就只是坐在那裡。

她的渴望讓丈夫變得很不耐煩，也很煩惱。於是他在眾人面前殺了一頭羊，讓她和其他人看到。他再偷偷殺了一隻小狗，把

羊和小狗放在煙燻彌漫的火堆裡燒烤。

肉烤好後，他把狗肉送去妻子的房間。他抓起孩子們的手，把他們帶到男人住的地方。他的妻子抗議道：「你為什麼把孩子們帶走？他們不跟我一起吃嗎？」

丈夫說：「你不是說你想吃肉想得要命嗎？我想如果你單獨吃，對你和孩子們都比較好。他們跟我分著吃就好。」

丈夫讓孩子們坐在自己身旁，一起吃飯。妻子儘管覺得受到侮辱，卻也沒有懷疑丈夫的話，更沒有想到丈夫會給她下毒，就把肉吃掉了。

她才剛吃飽就開始流口水，沒有多久就得了狂犬病。然後她丟下剛出生的小男嬰跑走了。

她的丈夫把兒子帶到牲口營地，把女兒一人留在家。她很辛苦地照顧小弟弟。她擔心媽媽會在發病的時候回來，就把媽媽吃剩下的狗肉曬乾存放好。她會煮一小部分的狗肉，跟她另外準備的菜，一起放在小屋外的平臺上。

有一段時間，媽媽一直沒有來。然後有一天晚上，她來了。她站在屋子圍籬外，唱著：

> 吉玲蒂，吉玲蒂，
> 你爸爸去哪裡了？

吉玲蒂回唱：

> 我爸爸去了朱阿奇尼爾，
> 媽媽，你的肉在平臺上，
> 你的飯菜在平臺上，

你就是吃了那些食物中毒。

媽媽，我們跟你去森林好嗎？

沒有你，這算是什麼家呢？

她媽媽總會帶走食物，和獅子一起分享。這情形持續了一段時間。

這段時間，女人的哥哥們沒聽說她生孩子的消息，他們其中一個名叫波爾，他是在一對雙胞胎之後出生的。波爾對其他人說：「兄弟們，我想我們應該去看看妹妹，也許她已經生了孩子，現在照顧自己和家裡有困難。」

小女孩仍然辛苦地照料嬰兒，為媽媽也為他們自己準備吃的。她也必須保護她自己和嬰兒，不讓已經變成母獅子的媽媽找到，把他們吃了。

一天晚上她又來了，並且唱起歌來。吉玲蒂也像之前一樣回唱。她媽媽吃完就離開了。

與此同時，波爾帶著一些裝滿牛奶的葫蘆去妹妹家。他在白天抵達，但他看到村子很安靜，擔心出了什麼事了。「我們的妹妹真的在家嗎？」他自言自語，「也許我心裡擔心的事情果然發生了。也許我們的妹妹生產時死了，而她丈夫和孩子們走了，把房子丟下！」

但是另一部分的他說：「別傻了！有什麼能讓她送命呢？她是個剛生完孩子的母親，都關在小屋裡呀！」

「我看到小女孩了，」他自言自語，「可是我沒有看到她媽媽。」小女孩一看到他，就哭著朝他跑過去。

「吉玲蒂，你媽媽在哪裡呀？」他急忙問她。

她就從媽媽想吃肉、爸爸用狗肉給她下毒開始說，把媽媽怎

麼變成野獸的事全說了。

「當她晚上來的時候，」她解釋說，「她的同伴是一群母獅子。」

「她今晚會來嗎？」她舅舅問。

「她每天晚上都來，」吉玲蒂回答，「可是舅舅，她來的時候，請不要現身讓她看到。她已經不是你的妹妹了，她是一頭母獅子。如果讓她看到你，她會咬死你，那就是我們的損失了，就沒有人能照顧我們了。」

「好的。」他說。

這天晚上，媽媽又來了。她唱了平常唱的歌，吉玲蒂也回唱了。

當她走近平臺要取食物時，她說：「吉玲蒂，我的女兒，為什麼屋子聞起來是這個味道呢？有人類來了嗎？你爸爸回來了嗎？」

「媽媽，爸爸沒有回來。有什麼事會讓他回來？這裡只有我和小弟呀。你離開我們的時候我們不就是人類嗎？如果你要吃掉我們，那就吃吧，你還可以省去我經歷的苦難，我無法再忍受了。」

「我親愛的吉玲蒂，」她說，「我怎麼可能吃你們？我知道我已經變成一個野獸媽媽，但是我沒有喪失對你的愛，我的女兒。你為我做飯這件事不就證明了我們的感情嗎？我不會忍心吃你的！」

波爾聽到妹妹的聲音，堅持要出去見她，但是他的外甥女懇求他不要，她說：「不要被她的聲音騙了。她是一頭野獸，不是你的妹妹。她會吃掉你！」

於是他待在原處。媽媽吃完就離開，加入那群母獅子。

第二天早晨，波爾回到牲口營，告訴他的兄弟說他們的妹妹變成一頭母獅了。聽到這個消息，他們都感到困惑，於是帶著長矛去妹妹家。他們還帶了一頭公牛。他們走呀走，終於走到了。

他們進屋坐下。小女孩跟往常一樣替媽媽準備吃的，然後他們都去睡了。小女孩照例帶著小弟進到小屋，男人們則睡在外面，躲起來等著他們的妹妹。

夜裡媽媽來了，唱著跟往常一樣的歌。吉玲蒂也回唱。媽媽拿起她的食物和母獅子一起吃了。她把盤子拿回來，在放盤子的時候，她說：「吉玲蒂！」

「什麼事，媽媽？」吉玲蒂回答。

「親愛的女兒，」她繼續說，「為什麼我覺得這屋子很沉重？你爸爸回來了嗎？」

「媽媽，」吉玲蒂說，「爸爸沒有回來。當他丟下我和這個小嬰兒的時候，可曾打算要回到我們身邊？」

「吉玲蒂，」她媽媽爭辯道，「如果你爸爸回來了，你為什麼要瞞我，親愛的女兒？難道你這麼不懂事，沒辦法理解我受的苦嗎？」

「媽媽，」吉玲蒂又說，「我說的是真心話，爸爸沒有來。就只有我和小弟。如果你要吃我們，那就吃吧。」

媽媽轉身要走，這時她的兄弟們撲向她，抓住了她。她在他們手裡掙扎了好一段時間，但是沒法掙脫。他們把她綁在樹上。第二天早上，他們宰殺帶來的公牛。然後他們一直打她。他們用生肉引誘她，把肉湊近她的嘴邊，再拿開，然後繼續打她。當他們拿肉逗她時，她嘴裡流出的口水變成了小狗。他們繼續引誘她、打她，直到三隻小狗從她的口水裡冒出來。然後她就不肯再吃生肉了。他們拿烤熟的公牛肉給她，她吃了。她的兄弟們又打了她一陣子，直到她身上長出的獅毛全都脫落為止。

然後她張開眼睛，仔細看著他們，坐下來說：「請把我的小寶寶抱給我。」

嬰兒被抱過來了。但是他已經沒辦法吃媽媽的奶了。

等她完全復原後，她的兄弟們說：「我們要帶你到我們的牲口營，你不要再去那種人的牲口營了！」

但是她堅持要去她丈夫的牲口營，她說：「我必須回到他身邊。我不能丟下他不管。」

她的哥哥們無法理解。他們想去攻擊她的丈夫殺掉他，但是她堅持反對。見哥哥們不了解自己，她對他們說，她要用她自己的方式對付他，她回到丈夫身邊不是出於愛，而是為了要報仇。於是哥哥們離開了，她就去找丈夫。

她到了牲口營，丈夫很高興她回來了。她沒有表現出委屈的樣子，跟著他住下來，他對妻子感到非常滿意。

有一天，她在一個葫蘆裡裝滿酸牛奶。接著她搗碎穀粒，煮了粥，然後端去給丈夫，並說：「這是從我離開你以來的第一頓豐盛大餐，我希望你吃得比以往都盡興，讓我也高興一下。」

　　他先喝了牛奶，接著吃了混合酥油和酸牛奶的粥。然後她又給了他更多牛奶。他想要拒絕，她就求他。男人吃了又吃，吃了又吃，直到他撐破肚皮而死。

⇾好運氣⇽

A Stroke of Luck

✦匈牙利✦

一個窮人去犁田。他的犁挖開一條溝，翻出許多錢。他看到錢就忖度著要怎麼跟他妻子說。他怕她脫口就說給鄰居們知道，那麼他們就會收到地方法官發來的傳票。

於是男人去買了一隻兔子和一條魚。

妻子來給他送午飯了，他吃完後對她說：「我們來煎魚吧。」

她說：「你在想什麼？我們這田裡怎麼可能抓到魚？」

「別這樣，老婆，我剛剛在黑刺李樹叢附近犁田時看到了幾條。」他把她帶到黑刺李樹叢旁。

女人說：「你看，老頭，那裡有條魚。」

「我不是跟你說了嗎？」他把趕牛棍丟向樹叢，魚立刻掉了出來。

然後他說：「我們來抓隻兔子吧。」

「別跟我開玩笑了。你又沒有槍。」

「不要緊。我用趕牛棍打昏牠。」

他們正走著，這時她大喊：「看！那邊樹上有隻兔子。」

男人把他的趕牛棍朝樹丟過去，兔子就掉到地上。

他們一直幹活到天色已晚，到晚上他們往回家的路走去。他們經過教堂時，聽到一隻驢子在嘶叫。

男人對女人說：「你知道那驢子在說什麼嗎？牠說，『牧師講道的時候說，不久後會有一顆彗星出現，世界末日就要到了！』」

他們繼續走著，當他們走過市政廳時，驢子又發出響亮的嘶吼。男人說：「驢子說，『法官和鎮上的書記剛剛被逮到挪用公款。』」

時間一天天過去，夫妻倆可是好好享用了那筆錢財。

鄰居不斷問他們：「那麼多錢是從哪裡來的？」

她跟其中一個鄰居女人說：「我不介意告訴你，但是你不可以講給別人聽喔。」她告訴鄰居那些錢是撿到的。鄰居向法官報告這件事，夫妻兩人就被法官傳喚出庭了。法官詢問男人那筆錢的事，男人否認，說他們絕對沒有撿到任何錢，他連一分錢也沒有撿到。

法官說：「你太太會告訴我的。」

「問她有什麼用？她只是個傻女人。」男人說。

女人發脾氣了，對著他大吼：「你敢再說看看！我們撿到錢的那天，不是在黑刺李樹叢裡抓到魚嗎？」

「大人，您自己聽看看。在樹叢裡抓魚！接下來她還會說什麼？」

「你不記得你是怎麼用趕牛棍把兔子從樹上打下來嗎？」

「唉呀，我不是告訴大人您了嗎？問那個笨女人沒有用。」

「你才是笨蛋！你忘了嗎，我們回家的路上經過教堂，聽到一頭驢子在叫，你說牧師講道時說，有一顆彗星會出現，世界末

日就要到了。」

　　「我是不是說對了，大人？別理她比較好，否則她那些胡言亂語可能會冒犯別人。」

　　女人勃然大怒，說道：「你真的不記得了嗎？我們走過市政廳，驢子又大聲叫的時候，你告訴我說，『法官和鎮上書記剛剛被逮到……』」法官猛地跳起來，對男人說：「把她帶回家吧，老兄，她似乎瘋了。」

✦ 夸脫罐裡的豆子 ✦
THE BEANS IN THE QUART JAR
✦ 美國：鄉間 ✦

　　老人生病了，心想反正自己要死了，於是叫來老婆，向她坦白認錯，他說：「我之前出軌過，我要跟你說實話，我想在走以前請求你的原諒。」她說：「好，我原諒你。」她原諒他了。

　　不久，她也生病了。她把他叫過來說：「聽著，我也出軌不少次，我想請求你原諒。」他說：「好，我原諒你。」她又說：「我每次出軌，就會放一顆豆子在一個夸脫罐裡。你可以看到它們都放在壁爐架上，除了我前幾個禮拜六煮掉的那一罐。」

PART

13

有用的故事

USEFUL STORIES

✦母鳥和幼鳥的寓言✦
A Fable of a Bird and Her Chicks
✦意第緒✦

從前有一隻母鳥，牠要帶著三隻幼鳥過河。牠把第一隻幼鳥夾在翅膀下，開始朝對岸飛。正飛著的時候，牠問：「告訴我，孩子，等我老了，你會不會像我現在這樣，把我夾在翅膀下帶著我飛？」

「當然，」幼鳥回答，「這是什麼問題呀？」

「啊，」母鳥說，「你撒謊。」話說完牠就讓幼鳥滑落下去，掉到河裡淹死了。

母鳥回去帶第二隻幼鳥，一樣把牠夾在翅膀下。當牠朝對岸飛的時候，再次問：「告訴我，孩子，當我老了，你會像我現在這樣，把我夾在翅膀下帶我飛嗎？」

「當然，」幼鳥回答，「這是什麼問題呀？」

「啊，」母鳥說，「你撒謊。」話說完牠就讓第二隻幼鳥也滑落下去，牠也淹死了。

然後母鳥回去帶第三隻幼鳥，牠也把牠夾在翅膀下。飛行途中牠又問了：「告訴我，孩子，當我老了，你會不會像我現在這樣，把我夾在翅膀下帶我飛？」

　　「不會，媽媽，」第三隻幼鳥回答，「我怎麼能夠呢？那時候我就有自己的孩子要帶啊。」

　　「啊，我最親愛的孩子，」母鳥說，「只有你說了實話。」於是牠把第三隻幼鳥帶到了河對岸。

✦三個阿姨✦
THE THREE AUNTS
✦挪威✦

　　從前有個窮人，住在偏遠地方一座森林中的小屋裡，靠打獵為生。他只有一個女兒，長得很美麗。由於她還小的時候就失去了母親，如今已經快長大成人了，她說她要到外面的世界去工作賺錢。

　　「姑娘啊！」父親說，「的確，你在這裡除了拔鳥羽毛、烤鳥肉之外，什麼也沒學到，倒不如去賺錢謀生。」

　　於是女孩就出發去找地方打工了，她走了一段時間，來到一座宮殿。她在這裡住下來，並且找到工作，王后非常喜歡她，其他女僕都很嫉妒。她們去跟王后說，這女孩聲稱自己能在二十四小時內把一磅的亞麻紡成紗。要知道，王后是很賢慧的家庭主婦，很看重把事情做好。

　　「你真這麼說過嗎？那你就要做到。」王后說，「不過要是你想，我也可以多給你一點時間。」

　　這可憐的女孩不敢說她這輩子從沒有紡過紗，只請求能有一間房間給她使用。他們給她一間房間，把紡車和亞麻也拿去給她。她哀傷地坐在房間裡哭了起來，不知道要怎麼幫助自己。她把紡車往這拉往那拉，又扭又轉，笨拙地操弄著，她這輩子還從沒看過一架紡車呢。

　　她正坐在那兒時，突然一個老婦人走進房間到她跟前，問道：「什麼事情讓你煩惱啊，孩子？」

　　「唉！」女孩重重嘆口氣說，「跟你說也沒有用，因為你永遠

也沒辦法幫助我。」

「誰知道呢？」老婦人說，「也許我知道怎麼幫助你喔。」

那麼，女孩心想，我不如就告訴她吧。於是她告訴老婦人，跟她一起工作的女僕宣稱她能在二十四小時內把一磅的亞麻紡成紗。

「所以我才在這裡，多麼悲慘，被關在房裡，還要在一天一夜的時間內紡完那一堆東西，而我這輩子從來都沒看過紡車。」

「啊，不要緊，孩子，」老婦人說，「如果你願意在你一生中最快樂的一天叫我阿姨，我就替你紡這些亞麻，然後你可以去旁邊睡個覺。」

是的，女孩很願意，於是她躺下來睡了。

第二天早上她起來的時候，桌上已經放著所有紡好的亞麻線，這些線紡得整潔又細緻，從沒有見過比它還要平整美麗的了。王后很高興能有這麼漂亮的亞麻線團，於是更看重少女了。但其他人更加嫉妒，又去告訴王后，說少女聲稱能在二十四小時內把她紡的線織成布。於是王后又說了，既然話說出來就一定要做到，不過如果她不能在二十四小時內完成，她也不會太為難她，可以再多給她一些時間。這一次，少女還是不敢拒絕，只請求讓她獨自在房間裡，她願意試試。於是她又坐在房間裡哭泣，不知道該怎麼辦。這時另一個老婦人走進來說：「你為什麼事煩惱啊，孩子？」

起初女孩不想說，不過最後她還是說了這件讓她憂傷的事。

「喔，喔，」老婦人說，「別擔心。如果你願意在你一生中最快樂的一天叫我阿姨，我就替你把這些亞麻線織成布，然後你可以到一旁睡個覺。」

是的，女孩很願意，於是她就走開去睡覺了。等她醒來時，

桌上放著織得整齊又緊密的亞麻布，沒有比這更精緻的了。於是少女拿著這塊布跑去呈給王后。王后很高興能得到這麼漂亮的亞麻布，對少女更加器重了。至於其他人，她們更是嫉恨她，一心只想找到什麼事情去告發她。

最後，她們告訴王后說，少女聲稱能在二十四小時內把亞麻布做成襯衫。啊，所有的事情都跟之前一樣，少女不敢說她不會縫衣服，所以她又一次獨自關在房間裡，坐在那裡哀傷流淚。不過之後又來了一個老婦人，她說如果她願意在她人生中最快樂的一天叫她阿姨，便願意幫她縫襯衫。少女太高興了，聽從老婦人的話去睡覺了。

第二天早上她起來的時候，發現亞麻布襯衫已經做好了放在桌上，從沒有見過這麼美麗的作工，而且這些襯衫還繡了花紋，馬上就可以穿了。王后看到成果時，對衣服縫製的手工非常滿意，拍手說道：「從我出生以來，還從沒有穿過縫得這麼好的衣服，甚至連看都沒看過。」在這以後，她對少女寵愛有加，就像

是自己的孩子一樣。她說：「如果你想要王子做你的丈夫，我會成全你，因為你永遠也不需要僱女工了。你自己就能紡紗、織布和縫衣。」

由於少女很美麗，王子很開心能娶她，婚禮很快就舉行了。但是就在王子要和新娘坐下來享用婚宴的時候，一個長鼻子醜老太婆走了進來——我敢說這鼻子有三個埃爾那麼長。

這時新娘站了起來，行了一個屈膝禮，說：「日安，阿姨。」

「那是我新娘的阿姨？」王子說。

「是啊，她是呢！」

「噢，那麼她最好坐下來跟我們一起用餐。」王子說。但是老實跟你說，他和其他賓客都不想讓這麼一個討厭的老女人坐在身旁。

就在這時候，又走進來一個醜老太婆。她的背又駝又寬，要走進門都很不容易。而新娘瞬間就跳起來向她問好，說道：「日安，阿姨！」

王子又問她是不是新娘的阿姨。兩人都說是的，於是王子說，如果是這樣，她最好也坐下來一起參加宴席。

他們才剛坐下，另一個醜老太婆也走進來了。她的眼睛有如碟子那麼大，又紅又渾濁，看起來十分恐怖。但是新娘又跳了起來，說：「日安，阿姨！」而王子也請她坐下。我不能說他很高興，因為他心想：老天保佑，讓我的新娘不要有這樣的阿姨吧！

因此當他坐了一會兒後，再也忍不住了，就問：「可是，我的新娘是這麼一位漂亮的姑娘，她怎麼會有這麼令人厭惡、畸形的阿姨啊？」

「我可以很快告訴你是怎麼回事，」第一個老太婆說，「我在她這個年紀時也跟她一樣漂亮，而我有這麼長的鼻子，是因為我

紡紗的時候總是一直坐著、撥動和點頭，所以我的鼻子就越拉越長，直到變成像你現在看到的一樣。」

「而我呢，」第二個老太婆說，「從我年輕的時候，我就在織布機前坐著，左右來回織著布，所以我的背才會變成你現在看到的又寬又駝。」

「而我呢，」第三個老太婆說，「從我還小的時候，我就一直坐著，眼睛直盯著布縫衣服，邊縫邊盯著看，日日夜夜，所以我的眼睛才變得又醜又紅，現在也沒有辦法醫治了。」

「原來如此，原來如此！」王子說，「我真幸運能知道這件事，如果做這些事會讓人變得又醜又惹人厭，那麼我要我的新娘一輩子都不要去紡紗、織布、縫衣服了！」

→ 老婦人的故事 ←
TALE OF AN OLD WOMAN
✦ 非洲：邦迪族 ✦

　　從前有個老婦人，她沒有丈夫，沒有親人，沒有錢也沒有食物。有一天，她拿著斧頭去森林裡砍柴，好賣掉買些東西吃。她走了很遠的路，一直走到叢林的深處，來到一棵開滿花朵的大樹下，這樹叫做「木西瓦」。婦人拿起斧頭，開始砍樹。

　　樹對她說：「你為什麼要砍我？我對你做了什麼？」

　　婦人對樹說：「我要砍倒你劈成木柴去賣，這樣我才能買吃的，不至於挨餓，因為我很窮，又沒有丈夫或親人。」

　　樹說：「那我給你一些孩子，讓他們當你的小孩，幫你工作，

不過你不可以打他們，也不可以罵他們。如果你罵他們，你就等著瞧了。」

婦人說：「好的，我不會罵他們。」於是樹上的花朵變成很多男孩和女孩，婦人就把他們帶回家。

每個孩子都有自己的工作——有的耕田、有的獵大象，還有人去捕魚。女孩有的砍柴，有的採摘蔬菜，還有的磨麵粉去煮。老婦人再也不用工作，她現在很有福氣了。

女孩當中，有一個比其他人都小，其他孩子對婦人說：「這個小女孩不能工作喔。當她餓了，哭著要東西吃，你要給她東西吃，不要生她的氣。」

婦人跟他們說：「好的，我的孩子們，你們怎麼說，我都照做。」

他們就這樣一起生活了一段時間。婦人不用工作，只有在最小的女孩想吃東西時餵她。有一天小女孩跟婦人說：「我好餓，給我一點吃的。」

婦人卻罵起這孩子：「你怎麼這麼煩，你們這些叢林的孩子！你自己去鍋裡拿吃的！」

小女孩哭個不停，因為她被婦人罵了。她的幾個兄姊過來，問她是怎麼回事。她告訴他們：「我說我餓了，想要吃東西，我們的媽媽卻對我說，『這些叢林的孩子讓我好煩啊。』」

於是這些男孩和女孩等那些出外捕獵的手足回來，把事情告訴他們。他們對婦人說：「你說我們是叢林的孩子，那麼我們就回去母親木西瓦那裡，你自己一個人過吧。」婦人用盡一切方法懇求他們，但孩子們不願留下來。他們全都回到樹上，變回花朵，就跟先前一樣。所有人都嘲笑婦人，她一直貧困到死，因為她不遵從大樹給她的指示。

✦紫色的高潮[68]✦
THE HEIGHT OF PURPLE PASSION
✦美國✦

　　有這麼個水手走在街上，遇見一個塗口紅的女人，她對他說：「你知道紫色的高潮是什麼嗎？」他說：「不知道。」她說：「你想知道嗎？」他說：「想。」於是她要水手五點整到她家。水手照做了，而當他按門鈴時，許多鳥從房子周圍飛了出來，繞著房子飛三圈，然後門開了，這些鳥都飛了進去。房裡就是那個塗口紅的女人，她說：「你仍然想知道紫色的高潮是什麼嗎？」水手說他想知道。於是她要水手去洗個澡，把身子徹底洗乾淨。水手照做了。他洗完澡，要跑回來時踩到肥皂滑了一跤，摔斷了脖子。故事就這樣結束了，他始終不知道那是什麼。我的女性朋友愛麗絲跟我講了這個故事，就發生在她認識的一個人身上。

68 根據書末的註解，這故事從一個九歲的美國小女孩口中說出。purple passion 是個俚語，表示某人的情緒或情感高漲到極限，在這個故事裡有著強烈的性暗示，但講故事的小女孩顯然不知道。

鹽、醬汁和香料、洋蔥葉、胡椒和油滴

SALT, SAUCE AND SPICE, ONION LEAVES,
PEPPER AND DRIPPINGS

◆ 非洲：豪薩族 ◆

　　這個故事是關於鹽、醬汁、香料、洋蔥葉、胡椒和油滴的。是故事，是個故事噢！讓它去，讓它來吧。話說鹽、醬汁和香料、洋蔥葉、胡椒和油滴聽說有一個年輕人非常俊美，不過卻是邪靈的兒子。它們全都起身，變成美麗的少女就出發了。

　　走在路上的時候，油滴落後其他人，而她們還把她趕到更遠，說她很臭。她蹲下身子躲起來，等到她們繼續往前走了一會兒又跟了上去。她們走到某條溪流時看到一個老婦人正在洗澡，油滴心想，如果老婦人開口，她們就會幫她搓背，可是其中一人說：「阿拉救救我，我才不要拿我的手去碰一個老太婆的背。」老婦人不再說什麼，這五個人就走過去了。

　　不久後，油滴也過來了，遇見老婦人在洗澡，就向她問好。她回了話，並且說：「姑娘，你要去哪裡？」油滴回答：「我要去找一個年輕人。」老婦人也請她幫忙搓背。和其他人不一樣，油滴答應了。她揉搓她的背搓得很好，老婦人說：「願阿拉保佑你。」接著又問：「你們要去找的這個年輕人，你知道他的名字嗎？」油滴說：「我們不知道。」老婦人告訴她：「他是我的兒子，名叫達斯坎達利尼，不過你絕對不要告訴其他人。」然後她就不說話了。

　　油滴繼續遠遠跟在其他人後面，直到她們走到那個年輕人住的地方。她們正要進去時，年輕人從屋裡往外對她們喊：「回去，

一次進來一個人。」她們就照做了。

鹽第一個上前，正要進去時，屋裡的聲音問：「外面是誰？」「是我，」她回答，「我是鹽，我讓湯變得好喝。」他說：「我叫什麼名字？」她說：「我不知道你的名字，年輕人，我不知道你的名字。」然後他跟她說：「回去吧，年輕的女士，回去吧。」鹽照做了。

其次是醬汁走上前。當她正要進去時，她也被問了：「你是誰？」她回答：「我是醬汁，我會讓湯變甜美。」他說：「我叫什麼名字？」但是她也不知道，於是他說：「回頭吧，小女孩，回頭吧。」

然後香料起身走向前，正要進屋時也被問了：「這位是誰，年輕的女士，這位是誰？」她說：「是我在向你問好，年輕人，我在向你問好。」「你叫什麼名字，年輕女孩，你叫什麼名字？」「我叫香料，我會讓湯有滋味。」「我聽到你的名字了，年輕的女士，我聽到你的名字了。你說說我的名字吧。」她說：「我不知道你的名字，小夥子，我不知道你的名字。」「回頭吧，年輕的女士，回頭吧。」於是她轉身回去，坐下來。

接著，洋蔥葉走上前，探頭到屋內。「這位是誰，年輕女孩，這位是誰？」那聲音在問。「是我在向你致意，年輕人，是我在向你致意。」「你叫什麼名字，小女孩，你叫什麼名字？」「我叫洋蔥葉，我會讓湯聞起來很香。」他說：「我聽到你的名字了，

小女孩。我叫什麼名字呢？」但是她不知道，所以她也只好轉身離開了。

這時胡椒過來了。她說：「抱歉，年輕人，抱歉。」她也被問是誰在這兒。她說：「是我，胡椒，年輕人。是我，胡椒，我會讓湯變辛辣。」「我聽到你的名字了，年輕的女士。你告訴我我的名字吧。」「我不知道你的名字，年輕人，我不知道你的名字。」他說：「回頭吧，女孩，回頭吧。」

現在只剩下油滴了。其他人問她要不要進去，她說：「像你們這麼好的人進去卻都被趕出來了，我能進這屋子嗎？他們不會更快把一個有臭味的人趕出來嗎？」她們說：「你起來，進去吧。」因為她們想讓油滴也一樣失敗而返。

於是她起身走進去。當那聲音問她是誰時，她說：「我名叫油滴，年輕人，我名叫巴特蘇[69]，我能讓湯有香味。」他說：「我聽到你的名字了，但你還是要說出我的名字。」她說：「達斯坎達利尼，年輕人，你叫達斯坎達利尼。」於是他說：「進來。」人們為她鋪上地毯，給她衣裳和金色的拖鞋。至於之前瞧不起她的鹽、醬汁、香料、洋蔥葉和胡椒等人，其中一個說：「我會永遠幫你掃地。」另一人說：「我會幫你搗穀子。」還有一個說：「我幫你從井裡打水。」又一個說：「我幫你把湯裡的食材搗碎。」另一個說：「我幫你攪拌食物。」她們全都變成她的女僕了。而這一切的寓意是：我們最神聖的食物就是由這些普通的東西做成的。就像這些普通的東西會在適當的情況下徹底轉變，如果你看到一個人很窮困，不要瞧不起他。說不定哪天他會比你強呢。就是這樣。

---

69 Batso，是一種味道強烈的醬料。

❖ 兩姊妹和蟒蛇 [70] ❖
TWO SISTERS AND THE BOA
❖ 中國 ❖

　　從前有個苦聰實擺 [71]，也就是老婦人，她年輕時丈夫就死了，只剩下兩個女兒，大女兒十九歲，小女兒十七歲。一天下午，她在山裡幹完活要回家，感覺又累又渴，於是就坐在一棵芒果樹下休息。這棵芒果樹的樹枝上垂滿了成熟的金黃色果實。一陣微風從山上吹來，成熟芒果的細緻芳香讓她口水直流。

　　突然，實擺聽到芒果樹上有沙沙的聲響，一些細小的樹皮掉到她身上。這老婦人心想樹上一定有人，看也沒看一眼就開玩笑喊說：「是哪個年輕人在樹上把芒果樹枝削成箭呀？不管你是誰，只要你給我幾個芒果，就可以在我的兩個女兒當中挑一個喔。」

　　實擺的話才剛說出口，就傳來樹葉嘩嘩的摩擦聲，一顆成熟的芒果撲通一聲落到地上。老婦人又開心又感激，撿起芒果就吃了起來，同時抬頭往樹上看。她不看還好，一看就大驚失色。只見一條蟒蛇盤繞著芒果樹，蛇身粗得像牛腿，尾巴來回甩著，把芒果從樹上打下來。實擺哪裡還顧得上再去撿芒果，她揹起竹簍，飛快跑下山。

　　老婦人氣喘吁吁進了家門。她看到兩個心愛的女兒前來迎接，想起芒果樹下發生的事，不禁又緊張又困惑，坐立不安。她走出屋外，竟看到一番奇異的景象。天雖然黑了，她的雞卻都還在雞舍外面打轉，她一次次地想把牠們趕進雞舍，牠們卻不肯進

70　出自中國雲南的民間故事，再由英文版翻譯回中文。
71　苦聰語是一種在雲南和越南使用的彝語，實擺在苦聰語的意思是老婦人。

去。她往雞舍裡瞧。老天爺！盤繞芒果樹的那條蟒蛇就在那裡！她正要逃跑，這條又大又長的蟒蛇開口說話了。

「賓擺，你剛才在芒果樹下承諾說，只要有人摘了芒果給你，就可以從你的兩個女兒中選一個。現在請你遵守承諾，把你一個女兒給我！如果你違背諾言，就別怪我不客氣了！」

看到雞舍裡的蟒蛇一身色彩鮮艷的鱗皮、閃閃發光的眼睛，伸著又長又分岔的舌頭，賓擺從頭到腳都在發抖。她不能說好，也不能說不好，只好說：「蛇啊，別生氣！請有一點耐心。讓我跟我的女兒們商量，我才能告訴你她們的想法。」

賓擺回到屋裡，把發生的一切告訴兩個女兒。「喔，我的小寶貝！」她叫道，「不是媽媽不愛你們，不疼你們，可是我沒有別的選擇，只能把你們往火裡推。現在你們兩姊妹得考慮清楚——誰願意嫁給蟒蛇？」

老婦人話還沒說完，姊姊就尖叫起來：「不要，不要！我不去！誰能嫁給這麼一個醜陋又可怕的東西呀？」

妹妹想了一會兒。她知道母親有生命危險，而她姊姊又很堅決。

「媽媽，」她說，「為了不要讓蟒蛇傷害你和姊姊，讓你們可以平安活下去，我願意嫁給蟒蛇。」說完這話，她流下許多傷心的眼淚。

賓擺把小女兒帶到雞舍門口，跟蟒蛇說可以娶她。當天晚上，老婦人把蟒蛇帶進家裡，蟒蛇就和妹妹結婚了。

第二天早上，蟒蛇要帶走二女兒時，母女兩人抱在一起流淚哭泣。別離是多麼難啊！蟒蛇帶著賓擺心愛的孩子離開，走向山中原始森林的深處，把她帶進一個山洞。她跟在蟒蛇後面，在暗黑的山洞裡摸索。他們走了很久，一直走不到終點。二女兒擔心

又害怕，眼淚像串串珍珠般落下。山洞拐了個彎，前方有一絲微光，突然間，一座燦爛華麗的宮殿出現在眼前。宮殿有連綿不絕的朱紅色圍牆和數不清的黃瓦，有長廊和小巧的亭子，有高高的建築和寬闊的庭院。到處都能看到雕刻的梁柱、彩繪的橡木、金色的柱子、雕刻的玉石，以及掛滿牆的紅綠絲綢。二女兒看得目眩神迷。她轉過身，原本在她身旁那條恐怖、嚇人的蟒蛇不見了。此刻在她身邊是一個衣著華麗的年輕人，看起來充滿活力而且俊美。

「喔！」她已經完全被懾服了，不禁嘆道：「這怎麼可能呢？」

年輕人答道：「親愛的姑娘，我是這地區的蛇王。不久前我巡視蛇族的時候，看到你們兩姊妹。我很仰慕你們的智慧和美麗！於是當下我就決定要娶你們其中一位為妻，所以我才想了一個辦法得到你們母親的同意。如今我的希望已經成真，喔，親愛的姑娘！在我的宮殿裡，你會有用不完的金銀、穿不盡的衣服和吃不完的米飯。讓我們彼此相愛，享受榮華，直到白頭偕老吧！」

小女兒聽著蛇王的話，心中湧上暖意。她握住他的手，露出甜甜的笑容，兩人走向燦爛華麗的宮殿。

小女兒和蛇王就像新婚夫妻那樣快樂地過了一段日子，然後有一天，她離開丈夫，回家探望母親和姊姊。她跟她們訴說她和蛇王富有且圓滿的婚姻生活。

大女兒怎麼可能不滿心後悔呢？「唉呀！」她心想，「該怪我太傻了。如果我一開始就答應嫁給蟒蛇，如今在那宮殿裡享受榮華富貴的，不就是我，而不是妹妹了嗎？」於是她當下打定主意：沒錯！我要這樣做。我也要找個方法嫁給一條蟒蛇！

小女兒回去蛇王那裡後，大女兒揹著一個簍子走進深山裡。為了找到蟒蛇，她專挑草長得很高、叢林茂密的地方走。從清晨

到黃昏，從黃昏到清晨，她不停地找，在歷經萬難後，終於在一處樹叢下發現了一條蟒蛇。蟒蛇的眼睛閉著，睡得正香呢。

　　大女兒小心翼翼地把蛇撥進她的簍子，背著蟒蛇興高采烈走回家。才走到半路，蛇就醒了。蛇伸出舌頭去舔她的頸背。大女兒不但沒有被嚇到，反而十分開心。「嘿！」她輕柔的說，「現在還不要這麼親密啦！等我們到家再說！」

　　回到家，她把蛇放到自己的床上，連忙去生火煮飯。晚飯後，大女兒跟母親說：「媽媽，我今天也找了一條蟒蛇，今天晚上我要和牠結婚。從現在起，我也可以跟妹妹一樣過上富貴舒服的生活了！」說完她就去跟她的蟒蛇睡覺了。

　　母親上床後不久，聽到女兒的聲音說：「媽呀，到我的大腿了！」

賓擺沒說什麼，她心想這只不過是新人在玩鬧。

過了一會兒，大女兒聲音顫抖地喊道：「媽呀，到我的腰了！」

老婦人不明白這話是什麼意思，一動也沒動。

又過了一會兒，這次她聽到從裡屋裡傳來女兒痛苦的聲音：「媽呀，已經到我的脖子了……」然後一切安靜了下來。

賓擺覺得有點不對勁，趕快下床，點了一根松木火把進去察看。那條可怕的蟒蛇已經吞掉她的大女兒，只留下一綹頭髮。

老婦人難過又緊張。她在房裡來回踱步，不知道要怎樣才能救女兒。最後她實在沒辦法，只好把心愛的茅草屋拆了，放火燒死蟒蛇。在熊熊火焰中，只聽見砰的一聲——蟒蛇被燒死了，爆成許多碎塊。後來，這些碎塊變成無數大大小小的蛇。

第二天早上，賓擺從灰燼裡挑出女兒還沒被燒盡的幾根骨頭，含著眼淚在地上挖一個洞埋起來。

然後，她大聲說：「大女兒啊，這都是你貪心的下場！」說完她走進密林深山，去找她的小女兒和蛇王女婿。

✦張開手指✦
SPREADING THE FINGERS
✦蘇利南✦

很久以前，巴姚是農場的監工。他在城裡有兩個妻子。如果他在農場看到有吃的東西，就會帶回去給妻子。他帶東西回去的時候會跟她們說：「吃東西的時候要張開手指。」他說這話時，第一個妻子不太明白這是什麼意思。他告訴第二個妻子同樣的話，這個妻子明白了。他的意思是，他帶給她們的東西，不要自己獨享，應該分給別人一半。

不明白這句話的妻子，她下午煮了飯菜自己吃了。然後她走到屋外，對著空中張開手指說：「巴姚跟我說，吃東西的時候要張開手指。」巴姚帶給她很多培根和鹹魚，她都自己一個人吃了。但是巴姚帶東西給另一個妻子，她會分給別人一半，因為她明白這句諺語的意思。

不久，巴姚死了。當他死了以後，沒有人帶任何東西給那個對著空中張開手指的妻子。她獨自一個人坐著。但是會跟別人分享的妻子，卻有許多人帶東西給她。有人給她一頭牛，有人給她糖，還有人給她咖啡。因此她從別人那裡收到很多東西。

有一天，第一個妻子去找另一個妻子，說：「是的，姐妹呀，自從巴姚死了以後我就餓肚子了。沒有人帶東西給我。可是你看，為什麼那麼多人送東西給你？」

第二個妻子問她：「當巴姚帶東西給你的時候，你怎麼處理它們？」

她說：「我自己一個人吃。」

　　第二個妻子又問：「巴姚跟你說『要張開手指』，你是怎麼做的？」

　　她說：「我吃東西的時候對著空中張開手指。」

　　另一個人說：「原來如此……那麼，空氣應該拿東西給你，因為你張開手指給了空氣。至於我，那些我給過東西的人，也為我帶來了東西做為回報。」

　　「吃東西的時候要張開手指」這句諺語的意思是，吃東西的時候要和別人一起分享，不要自己獨占。否則，當你一無所有時，不會有人幫你，因為你沒有給過別人。

→後記←

AFTERWORD

　　義大利作家、寓言作家及童話採集者伊塔羅・卡爾維諾（Italo Calvino）深信幻想和現實之間的關聯：「我會認為文學是對於知識的探求，」他寫道，「面對部落生活這種朝不保夕的生存，巫師的因應之道是化身體重量於無形，將自己傳送到另一個世界，進入另一個感知層次，他可以在那裡找到改變現實的力量。」[72] 安潔拉・卡特不會用這麼嚴肅的方式說出同樣的願望，但是她將幻想與創新的渴望結合，這和卡爾維諾的巫師飛行類似。她具有魔法師輕盈的心靈和智慧——有趣的是，她恰好在最後的兩部小說中探討了有翅膀的女性形象。《馬戲團之夜》（Nights at the Circus）中擔任空中飛人的女主人公飛飛（Fevvers）可能像鳥一樣被孵出來，而在《明智的孩子》（Wise Children）中，雙胞胎欠思（Chance）姊妹扮演不同的精靈和有翅膀的生物，從她們成為童星初次登臺開始，到後來她們遊戲好萊塢，演出了一場壯觀華麗的《仲夏夜之夢》。

　　童話故事也為她提供了飛翔的方式，即尋找並訴說另一個故事、改變心中的事物，就像許多童話故事的角色會改變形體一樣。她根據佩羅的《鵝媽媽故事集》以及其他耳熟能詳的故事，創作出自己的版本，將它們改編成令人目眩的、情色的變體。在《染血之室》（Bloody Chamber）中，她把美女[73]、小紅帽和藍鬍子的

72　原註：伊塔羅・卡爾維諾《給下一輪太平盛世的備忘錄》（Six Memos for the Next Millennium），威廉・韋佛（William Weaver）譯，（London, 1992, p.26）。（編按：「巫師的⋯⋯現實的力量。」採倪安宇從義大利文翻譯的譯本。）

73　指〈美女與野獸〉、〈睡美人〉裡的美女。

+496+

最後一位妻子從色彩柔和的育嬰室裡帶出來，放進女性欲望的迷宮裡。

　　卡特一直廣泛閱讀世界各地的民間傳說，並從西伯利亞到蘇利南的各種來源中找到收集在本書裡的故事。本書中精靈、仙子意義上的精怪並不多，但故事發生在仙境——不是美化和媚俗的維多利亞式精靈世界，而是更黑暗的夢的疆域，充滿鬼魂、詭計、魔法、會說話的動物、謎語和咒語。〈十二隻野鴨〉中，女主人公發誓不說話、不笑、不哭，直到把被魔法變成動物的哥哥們解救出來。女性的話語、聲音、她們／我們的大聲疾呼、歡笑和哭泣、叫喊和嘲罵——這類主題遍布安潔拉・卡特的所有著作，也讓我們知道她對民間故事的喜愛。《魔法玩具鋪》(Magic Toyshop)中，親切和藹的瑪格麗特舅媽被銀項圈勒住脖子無法說話，這個項圈是她丈夫——惡毒的木偶大師——為她製作的新婚禮物。對比之下，民間故事講述女性經驗，而且講述了大量的內容；女性往往是說故事的人，正如本書中那一則活潑、滑稽又極具卡特風格的故事（〈打老婆的理由〉）。

　　安潔拉・卡特所有的作品中燃燒著對女性的偏護之情，卻從未使她走向任何傳統形式的女性主義；在這裡她延續了一項原創及有效的策略，從「厭女」的魔爪中搶奪對女性「有用的故事」。她在論文〈薩德式的女性〉(Sadeian Woman, 1979)中認為薩德[74]是一位解放男女現狀的導師，並且照亮了女性多態性欲望更為遙遠的邊界。本書中她翻轉了某些勸戒性的民間故事，傾倒出它們曾經表達過的對女性的恐懼和憎厭，從中創造一套新的價值——關於堅強、坦率、熱情、性感、不屈服的女性。（見〈逆流而上的

74 薩德侯爵（Marquis de Sade, 1740-1814），法國貴族及作家，以描繪性行為的情色作品聞名。

老婦人〉、〈信的詭計〉）。在《明智的孩子》中，她創造出女主人公朵拉・欠斯，她是歌舞女郎、扮演輕浮女僕的演員、歌舞雜耍的表演者，是低下、被鄙視也不被看見的窮人，非婚生且從未結婚的老婦人（私生女，出身貧困），但她津津有味地接受這每一種恥辱，還把它們拋撒到空中，像在撒婚禮的五彩紙片。

書中最後一個故事〈張開手指〉，是來自蘇利南的一則嚴厲的道德故事，說的是要與他人分享自己獲得的贈與，這個故事展現出安潔拉・卡特對慷慨的高度重視。她以開放但絕不濫情的慷慨奉獻自己的想法、才智、敏銳而不含糊的頭腦。書中她最喜歡的一則是俄羅斯的猜謎故事〈明智的小女孩〉，故事中沙皇向女主人公提出不可能的要求，而她連眼皮都沒眨一下就完成了。安潔拉喜歡這個故事，因為它像〈皇帝的新衣〉一樣令人心滿意足，卻「沒有人受到羞辱，每個人都得到獎賞」。這則故事收錄在標題「聰明女人、機智女孩、急中生智」的部分，女主人公本質上是個卡特式人物，從不羞愧、無所畏懼，像雌狐狸般聽覺靈敏，還擁有相當敏銳的判斷力。她以沙皇的困惑為樂，卻不要他受到羞辱，這完全是安潔拉・卡特精神的特色。

在她過世前，她已無力照原定計畫為《維拉戈童話故事集第二集》撰寫序言，而該書內容為本書的後半部分。她在文稿當中留下四條令人費解的筆記：

> 華特・班雅明（Walter Benjamin）說；「每個真實故事都包含了一些有用的東西。」
> 故事的非困惑性。
> 帕斯卡說；「再窮的人死去時也會留下些什麼。」
> 童話故事──狡黠又生氣蓬勃。

這些短語雖然支離破碎，但卻傳達出卡特的哲學。她嚴厲抨擊「受教育者」所表現出來的鄙視，因為三分之二的世界文學——也許更多——是由不識字的人所創作的。她喜歡民間故事中那些可靠的常識、主人公直截了當的目標、簡單的道德區分，還有他們提出的狡猾計謀。它們是弱勢者的故事，說的是狡黠和蓬勃的活力終將獲勝；它們很實際而且也不浮誇。作為一個長著翅膀的幻想家，安潔拉始終雙眼緊盯著地面，目光堅定地看著現實。她曾經說過：「童話故事就是一個國王去向另一個國王借一杯糖。」

　　此文類的女性主義批評家——尤其在1970年代——厭惡這麼多故事因循社會傳統的「幸福結局」（例如「當她長大後，他娶了她，她成了皇后」）。但是安潔拉知道什麼是滿足和快樂，同時她也相信童話故事的目的不是「保守的，而是烏托邦式的，事實上是某種形式的英雄樂觀主義——彷彿在說：有一天，我們可能會幸福，即使不能長久。」她也永遠堅守自己的英雄樂觀主義，就像她故事中精神抖擻的女主人公一樣，她在患病至死亡的期間，表現得機敏、勇敢，甚至搞笑。很少作家擁有自身作品的優秀特質，而她確實做到人如其文。

　　她的想像力讓人目眩神迷，透過大膽且令人暈眩的情節、精確又狂野的意象，還有那一系列精彩的好／壞女孩、野獸、無賴和其他的角色，當英雄樂觀主義的情緒在逆境中形成時，她使讀者屏住了呼吸。她具有一位真正的作家能為讀者重塑世界的天賦。

　　她自己就是個明智的孩子，有張生動活潑的面容，有時會嘲諷地噘起嘴，她的眼鏡後面帶著一絲調侃，時而靈光閃爍，時而像在夢中；她那頭銀色的長髮和優雅的談吐，使她具有仙后（Faerie Queeene）[77] 的氣質，只是她從不顯得纖細脆弱或是神祕古怪。

儘管青春的自戀是她早期小說的重要主題之一，但她本人卻是少見的不自戀的人。她的聲音柔和，有種說故事的人與聽者推心置腹的感覺，幽默生動；她說話時會停頓思考，所以有種切分音的節奏——她的思想使她成為最令人愉快的同伴、一個出色的健談者，輕鬆地表現出她的學識和廣泛的閱讀，她能夠用手術刀般的精確度表達某種促狹的見解或艱難的判斷，並能毫不費力地產生數十個新想法，還能用呼應她散文風格的方式將典故、引語、戲仿和原創發明編織在一起。「我有個推測……」她會自嘲道，接著說出某個沒有人想得到的見解、一些俏皮話或意味深長的悖論，而這些都扼要概括了某個傾向和某個瞬間。她像王爾德一樣敏捷，閃著詼諧的機智，然後她會繼續講下去，有時候還將她的聽眾驚得目瞪口呆。

安潔拉·卡特生於1940年5月，父親休·史陶克（Hugh Stalker）是英國國家通訊社（Press Association）的記者，蘇格蘭高地人，整個一次世界大戰期間都在服役，後來到南方的巴勒姆（Balham）[76]工作。他常帶她去圖丁區的格拉納達戲院看電影，那裡的建築（阿罕布拉宮式風格）和電影明星（《藍色珊瑚礁》中的珍·西蒙絲）的迷人魅力給她留下持久的印象——關於誘惑和女性之美，安潔拉寫過一些有史以來最艷麗、時尚、性感的文章，「漂亮時髦」和「魅力無窮」是她的字彙中表示愉悅和讚美的關鍵詞。她的母親的母親來自南約克郡，是外婆的家鄉，這位外婆對她來說非常重要：「她的一言一行都展現出某種天生的權威和與生俱來的野蠻，如今我非常感激這一點，雖然鋼鐵般的性格在南方找男

75 《仙后》（*The Faerie Queene*）是英國詩人艾德蒙·史賓塞（Edmund Spenser）於1590年出版的史詩，他曾將《仙后》前三本呈獻給英國女王伊莉莎白一世。
76 在倫敦大區的南方。

友時有點不便。」安潔拉的母親高中畢業時通過學術級考試，且「喜歡事情妥妥當當」，1920年代她在塞爾福里奇百貨公司當收銀員，並通過相關考試，她希望女兒也能一樣。安潔拉進了斯特里漢姆文法學校（Streatham Grammar School），一度夢想成為埃及古物學家，不過後來她輟學，在父親安排下到克羅伊登週報（Croydon Advertiser）擔任學徒。

在新聞編輯部擔任記者，她的想像力使她困擾（她很喜歡俄羅斯故事講述者的套路：「故事說完了，我不能再騙人了」），於是轉為撰寫紀錄專欄及專題報導。她的第一次婚姻是在二十一歲時，丈夫是布里斯托技術學院的一位化學教師，同年她開始在布里斯托大學攻讀英文，選擇專注於中世紀文學，這在當時絕對是非正典的文學。她自己的作品中到處可見中世紀的文學形式——從寓言到故事——以及其筆調的異質性——從淫穢到浪漫。喬叟和薄伽丘始終是她最喜愛的作家。最近她在好友蘇珊娜‧克萊普（Susannah Clapp）的訪談中，回憶起從前在咖啡館裡跟「情境主義者[77]和無政府主義者」交談的情形：「……那是六〇年代……我當時非常非常不快樂，但同時又是非常地快樂。」

這段期間，她初次開始發展對民俗學的興趣，並和她丈夫一起探索1960年代的民謠及爵士音樂圈。（在最近舉行的一次民俗協會[78]固定的會議上，她頗帶感情地回憶起那些反主流文化的日子——當時有個成員會把一隻寵物烏鴉放在肩上一起出

---

77 情境主義者（situationists）為情境主義國際（Internationale Situationniste）的支持者，此團體受達達、超現實主義、馬克斯主義、無政府主義的影響，由一群前衛藝術家和文化理論家所組成，1960年代活躍於歐洲地區。

78 民俗協會（The Folklore Society）於1878年在倫敦成立，致力民俗研究，包括傳統音樂、歌曲、舞蹈、戲劇、敘事、藝術、手工藝、習俗和信仰。

席。）她開始寫小說，二十幾歲時出版了四部作品（《影舞》〔*Shadow Dance*, 1966〕、《魔幻玩具鋪》〔1967〕、《幾項見解》〔*Several Perceptions*, 1968〕、《英雄與惡棍》〔*Heroes and Villains*, 1969〕）以及寫給兒童的故事（《暗黑少女Z小姐》〔*Miss Z, the Dark Young Lady*, 1970〕）。她獲得諸多讚揚和獎項，其中毛姆獎規定得獎者要去旅行，她遵守了，並用這筆獎金逃離丈夫（「我想毛姆會同意的」）。她選擇日本，因為她很崇敬黑澤明的電影。

日本標誌了一個重要的轉折；從1971年起，她在那裡生活了兩年。她在這之前的小說，包括兇猛、緊張的輓歌《愛》（*Love*, 1971；1981修訂再版），顯示出她怪誕的創造力，以及無畏地面對源自女性與男性性慾的情色暴力；她很早就劃好自己的領地，男人和女人在其中爭鬥，通常是血腥殘暴的，其中的幽默也大多屬於絞刑架下的幽默[79]。從一開始，她的文筆就繁複華麗，文字使人迷醉，包含了生動和感性的身體特徵、礦物、植物、動物等詞彙，而她所做的是製造出陌生感。然而日本給了她另一種看待自己文化的方式，這更增強了她從熟悉的事物中創造出陌生的能力。這段時間，她接觸了因1968年事件[80]而落腳日本的法國流亡者，由此加深了與超現實主義運動的聯繫。

她在日本期間創作兩部小說，不過這兩本書和日本並沒有直接關係：《霍夫曼博士的欲望機器》（*The Infernal Desire Machines of Doctor Hoffman*, 1972）及《新夏娃的激情》（*The Passion of New Eve*, 1977）。在這兩本書中，當代的衝突被轉化為怪誕、多樣的傳奇冒險寓言。雖

---

79 gallows humour，是針對自己大難臨頭、面臨非常糟糕的處境時所表達的一種幽默。
80 指法國自1968年5月開始持續七週的學生運動，一般稱為Les événements de mai-juin1968，或簡稱為Mai68。本是法國青年迸發新思潮的一場大規模運動，總長度不過兩個月，但開啟了歐美以及日本的文化運動。

然她從沒能像同時代一些作家那樣贏得暢銷書的大筆財富（她會遺憾地表示那裡仍是個男生俱樂部，但並不真的在意），也不曾入選主要獎項，她卻享有更高的國際聲譽。她名字的影響力從丹麥到澳大利亞，她也一再收到各大學的講學邀請，從雪菲德大學（1976-8）、布朗大學（1980-1）、阿德雷德大學（1984），以及東英吉利大學（1984-7）。她幫助改變了戰後英文寫作的方向——從塞爾曼・魯西迪（Salman Rushdie）到珍奈・溫特森（Jeanette Winterson），再到美國的寓言作家們，如羅伯・庫佛（Robert Coover），許多作家都受到她的影響。

遠離英格蘭幫助她揭露女性與她們自己的服從性的共謀。在評論文集《刪去穢語》（Expletives Deleted）中，她回憶道：「我花了許多年的時間，被告知我該如何想、該如何做……因為我是個女人……但是後來我不再聽他們（男人）的了……我開始還嘴。」[81]從日本回來後，她在其一系列精彩辛辣的文章（1982年集成《沒有什麼是神聖的》（Nothing Sacred）一書）中檢視了多種不容質疑的習俗，以及當代的時尚（從深紅色口紅到 D. H. 勞倫斯作品裡的長統襪）。安潔拉從不是個會提出簡單答案的人，她的坦率對女性主義運動十分重要：當說到面對殘酷現實時她喜歡半諷刺地引用這話「這是個髒活兒——但總得有人去做」，她也會以讚許的態度說某人「她／他不會為剪了毛的綿羊吹溫和的風」[82]。她的出版商兼朋友卡門・卡利爾（Carmen Callil）在維拉戈出版她的作品，她自該出版社開創以來就一直在那裡出書，這有助於建立女性在文學中的獨特聲音、先入之見（parti pris），以及為後帝國時代虛偽、僵化的英國打造身分認同時的重要工具。儘管安潔拉・卡

<hr>

81 原註：安傑拉・卡特《刪去穢語》（Expletives Deleted, London, 1992, p.5）。

82 法國諺語有「上帝會為剪了毛的綿羊吹溫和的風」，意思是上帝會溫柔對待病弱者。

特對現實有著敏銳甚至是譏俏的理解，她卻一向相信改變：她會提到自己「天真的左派思想」，但她從未放棄過它。

美國批評家蘇珊・蘇雷曼（Susan Suleiman）讚揚安潔拉・卡特的小說真正為女性開闢了新天地，使用具有敘事權威的男性聲音，並且模仿到一種滑稽的程度，使得規則發生了改變，夢想變得不羈、變形，對「敘事可能性倍增」開放，小說本身允諾了一個可能不同的未來；而它們也「擴展了我們的概念，讓我們認識在性的領域什麼是可以夢想的，且批判了所有過於狹隘的夢想」。[83] 安潔拉最喜愛的女性偶像是法蘭克・維德金（Frank Wadekind）[84] 劇作中的露露（Lulu），最喜歡的明星是露易絲・布魯克斯（Louise Brooks），她在《潘朵拉之盒》一劇中扮演露露。露薏絲／露露不是一個拒斥傳統女性特質的人，而是會將傳統女性特質發揮到極致，使其性質發生改變。「露露的個性非常吸引我。」她俏皮、不露聲色地說著。她借鑒這個角色創造了《明智的孩子》裡那些放蕩歡鬧、精力充沛的舞臺女主角。露露從不逢迎討好、不追逐名利，也不內咎或悔恨。照安潔拉的說法，「她獨有的特質是，她讓變態的任性行為看起來像是唯一的出路。」她曾說過，如果有個女兒，她會叫她露露。

她喜歡將自己的觀點稱為「典型的大倫敦議會（GLC）」[87] 式的意見，儘管有這些異議，她也是一位有獨特見解且堅定的政治思想家。《明智的孩子》（1989）是出於她的民主和社會主義烏托

---

83 原註：蘇珊・蘇雷曼（Susan Rubin Suleiman），《顛覆性意圖：性、政治與前衛》（*Subversive Intent: Gender, Politics and the Avant-Garde*, Harvard, 1990, p.136-40）。

84 十九世紀末德國表現主義劇作家，最著名的作品是以年輕舞者露露為中心的兩劇系列 *Erdgeist*（《大地之靈》，1895）和 *Die Büchse der Pandora*（《潘朵拉之盒》，1904）。

邦理想，她肯定「低俗」的文化，也肯定流行語言和幽默的樸實健康，將其做為持久而有效的生存手段：她的莎士比亞（小說以各種形式包含了幾乎他所有的人物及情節）並不是為菁英階層而寫，而是讓他那從民間故事而來、帶著能量和技藝的想像力生根發芽。

她與馬克・皮爾斯（Mark Pearce）找到了幸福，她生病的時候馬克正在接受國小教師資格培訓。她經常提到孩子們燦爛的模樣、他們難以言喻的美和他們的愛；他們倆的兒子亞歷山出生於1983年。

有時候對一個偉大的作家來說，很容易對他們帶來的快樂視而不見，因為批評家旨在尋找意義與價值、影響力與重要性。安潔拉・卡特熱愛電影、歌舞雜耍秀、歌曲、馬戲團，她自己也深諳娛樂招待賓客之道，少有人能比。本書中她收錄了一個肯亞的故事，是關於一個蘇丹妻子日益枯槁，而一個窮人的妻子卻過得很快樂，因為她的丈夫餵她「舌頭肉」──故事、笑話、民謠。故事裡說，它們都是使女人得以滋養豐潤之物，而它們也是安潔拉・卡特為了使他人滋養豐潤而慷慨贈與之物。《明智的孩子》結尾這麼寫道：「跳舞唱歌是多麼快樂啊！」然而她自己卻沒能滋養豐潤地活下去，這是難以言喻的哀傷。

自從她去世後，報紙和廣播充滿了對她的悼念。如果她還在世，應該會對這些關注感到驚訝，也會很高興。這些沒在她有生之年來到，即使有也沒這麼衷心誠意。當她在世時，人們對她感

<hr>

85 大倫敦議會（Greater London Council）是1965至1986年間大倫敦地區的高級地方政府行政機構，它取代早期的倫敦郡議會（LCC）。1986年柴契爾夫人執政時解散，其權力移交給倫敦各行政區。2000年成立新的行政機構，稱為大倫敦管理局（Greater London Authority, GLA）。GLC存續期間皆由反對黨所組成。

到不安，她的才智、巫性和顛覆性，使得她讓人難以招架，就像童話中她喜歡的奇獸一樣——但在某種程度上，這是對她的力量的讚揚。何其有幸，她的朋友能認識她，她的讀者也是。我們接受了一場盛宴，她「張開手指」把它攤出來與我們分享。

瑪麗娜・華納（Marina Warner）

1992年

（本篇包含瑪麗娜・華納為安潔拉・卡特所撰悼文的內容，該文發表於1992年2月18日《獨立報》。）

→註釋←
NOTES

第一部－第七部
BY ANGELA CARTER

這些註釋與其說是學術性的，倒不如說是個人的癖好。我列出了故事來源和我從各種來源中找到的內容，有時不多，有時很多。有些故事本身足以自我解釋，不需要任何註釋。有些故事會開展成其他故事，有些則完整且獨立。

◆ 瑟瑪蘇娃
加拿大北極地帶，「西北地區，因紐特角，一場生日派對裡講的笑話。」《一艘滿載鬼魂的獨木舟》（*A Kayak full of Ghosts*），由勞倫斯・米爾曼（Lawrence Millman）「採集並重述」因紐特故事。（California,1987, p.140）

───── PART 1 勇敢、大膽、意志力 ─────

◆ 尋找幸運
故事出自希臘東部的龐托斯，《現代希臘民間故事》（*Modern Greek Folktales*），由R.M.道金斯（R.M. Dawkins）編選及翻譯，（Oxford, 1953, p.459）。道金斯說這個故事在希臘與保加利亞流傳甚廣，不過通常故事裡是一個男人出發去找尋他的運氣或是命運——更確切的說，去尋找他運氣差或命運糟的原因。

◆ 福克斯先生
「風兒高高吹，我的心傷悲，
只見狐狸挖的洞在眼前。」

在1940年代初萬斯・蘭多夫（Vance Randolph）在阿肯色的歐扎克山區採集

故事時，講述〈福克斯先生〉的女孩提到上面兩句。（編按：狐狸的英文音譯為福克斯。）

「從此以後，可憐的愛爾西就不願意和男人交往了，因為她認為男人都是王八蛋。所以她一輩子沒結婚，只和親人住在一起，當然，他們很高興有她在。」

阿肯色的人說故事的方式輕鬆、隨意、親密，而這個說故事的人試圖引誘你停止懷疑。所以童話故事正在不知不覺中轉變成荒誕不經的故事，純粹為了娛樂而正經八百地說著誇張無比的謊言。

十六、十七世紀第一批英國殖民者帶著他們的故事和歌謠──這些隱形的家當──橫越大西洋前，這個故事已經很古老了。班乃迪克（Benedick）在《無事自擾》劇中提到福克斯先生虛偽的否認：「就像那個老故事說的，大人，『但事實不是這樣的，也不是那樣的，事實上，上帝保佑不會有這麼一回事！』」（第一幕第一景）。1821年馬龍（Malone）的莎士比亞集註本中，第一次有人用福克斯先生的故事來闡釋這段臺詞，這或許可以解釋文本中的「文學」味道。

狐狸在全世界的民間故事裡都是狡猾、貪婪和怯懦的象徵，不過在中國和日本，人們相信狐狸可以變身成美麗的女人（參見當前美國俚語中使用狐狸〔fox〕和雌狐〔vixen〕來指代有魅力的女性）。這個故事以及其他版本中，狐狸化身為變態殺手，讓熟悉英國式童年的人感到不寒而慄，他們會記起想吃母鴨潔瑪（Jemima Puddleduck）的狐先生（foxy gentleman）。（Joseph Jacobs, *English Fairy Tales*, London, 1895）

◆ 卡夸舒克

採集自西格陵蘭，里登貝克，由賽佛林・朗吉（Sevwrin Lunge）講述。（Millmam, p.47）

◆ 承諾

轉載自一本古代故事手稿集，此手稿集說明了在古代緬甸法律實踐的精隨。冒陣昂（Maung Htin Aung）選編，《緬甸法律故事》（*Burmese Law Tales*, Oxford, 1962, p.9）。

◆ 敲開堅果的凱特

約瑟夫・雅各布斯（Joseph Jacobs）在《英格蘭童話集》（*English Fairy Tales*）中發表這則故事，取自雜誌《民間故事》（*Folk-Lore*）1890年9月號，撰寫者是以紅色、藍色、綠色、紫色等童話而著稱的安德魯・蘭（Andrew Lang），「故事錯誤很多，」雅各布斯抱怨道，「兩個女孩都叫凱特，我不得不大幅重寫。」

這是一個真正的精靈故事。對精靈（fairies）的起源有興趣的人可以在凱瑟琳・布里格斯（Katharine Briggs）的《精靈詞典》（*A Dictionary of Fairies*, 1976）找到收錄的相關資料。它們是死者的靈魂還是墮落的天使——或者像J. F.坎貝爾（J. F. Campbell）〔《西高地流傳的故事》（*Popular Tales of the West Highlands*, London, 1890）坎貝爾編輯與翻譯〕認為的，是皮克特人（the Picts）的種族記憶？皮克特人是石器時代居住在不列顛北部膚色黝黑、身材矮小的居民。就算是吧，精靈的生命週期與人類的相仿，經歷出生（那個精靈寶寶！）、結婚和死亡。詩人布萊克（William Blake）聲稱曾見過精靈的葬禮。這些精靈沒有閃閃發光的翅膀，通常它們騎著千里光（ragwort）的莖或小樹枝在空中飛行，像女巫騎著掃帚柄那樣，念念咒語就能騰空。約翰・奧伯瑞（John Aubrey）（〈雜錄〉〔Miscellanies〕）曾經聽過一句咒語：「馬和小帽子」（Horse and hattock）。這些生性粗魯、毫不浪漫的生物，實際上真的「土氣」——它們喜歡住在小山丘或是土堆的內部，而且很少是有善意的。

◆ 漁家女和螃蟹

故事來自在巴斯塔州奇拉克，流傳於中印度的庫魯克族（Kuruk）。維里爾・艾爾文（Verrier Elwin）《瑪哈克蕭民間故事》（*Falk-tales of Mahakoshal*, Oxford, 1944, London, p.134）。

「螃蟹通常被認為是一夫一妻制的，被視為忠於家庭的典範，」艾爾文肯定地說道，「人們注意到母梭子蟹蛻殼時公蟹所展現的深情和關懷，而穴居蟹的洞裡只住著一公一母兩隻蟹。」

───── part *2* 聰明女人、機智女孩、急中生智 ─────

◆ 茉拉克麗萍

這是一個整合過的版本，取自蘇格蘭西部，主要來源是艾萊島的安・麥克

吉爾布雷（Ann McGilbray）用蓋爾語講述的故事，經坎貝爾翻譯，並插入幾段來自艾萊島的芙蘿拉·麥克林泰爾（Flora MacIntyre）講述的版本，和因佛雷里一個不知名的年輕女孩講述的版本，這個女孩是「阿蓋爾郡大臣羅伯森先生的保母」，她的版本以巨人淹死做為結尾。『茉拉克麗萍後來怎麼樣了？』坎貝爾問，『她有沒有和農夫的小兒子結婚？』『噢，沒有。她一直沒有結婚。』」

這是「小拇指」（Hop O' My Thumb）的變體，以正常大小的女主角取代了前者的小號主角（Campbell, vol.1, p.259）。

◆ 明智的小女孩

取自亞歷山大·阿法納西耶夫（Aleksandr Nikolayevich Afanas'ev, 1826-71）的選集，他是俄國的格林兄弟，自1866年起開始發表選集。當時的俄羅斯聯邦是口傳文學的豐饒之地，這是因為鄉間窮人普遍是文盲。直到十八世紀末，俄國報紙上還會刊登盲人的求職廣告——到仕紳家說故事。這讓人想起兩百年前三個盲人輪流在恐怖伊凡床邊，給這位失眠的君王講故事，直到他睡著為止。

這個故事是一場三回合鬥智。小女孩與法官較量並且贏得勝利的場面，有種痛快的滿足感。這故事和安徒生《國王的新衣》一樣令人滿意，甚至更好，因為沒有人受到羞辱，人人都得到了獎賞。這是全書中我最喜愛的一個故事。

但是這個故事比我們表面所見的更複雜。人類學家克勞德·李維史陀（Claude Lévi-Strauss）說，謎語和亂倫之間存在著密切的關係，因為謎語結合了兩個不可相容的條件，而亂倫是結合兩個不可相容的人。

羅勃·格雷夫斯（Robert Graves）在他那本幾近瘋狂但註解周全的異教人類學研究《白衣女神》（*The White Goddess*）中，引用了以下的故事，故事出自薩克索·格拉瑪提庫斯（Saxo Grammaticus）十二世紀晚期的著作《丹麥史》（*History of Denmark*）。

愛絲蘿是沃爾松家族最後一位成員，是布倫希爾德和席格德所生的女兒，她把自己裝扮成滿臉煤灰的廚房女傭，住在挪威的斯班傑德農場……即使如此，她的美貌還是讓英雄雷格納·羅伯洛的追隨者們驚艷，也使得雷格納生出了想與她結婚的念頭。雷格納為了考驗她值不值得娶，便要

她來見他時，既不走路也不騎馬、既不穿衣也不赤身裸體，既不是禁食也不是不吃飯、既無同伴也不獨自一人。於是她騎著山羊到了，一隻腳在地上拖著，身上披著長髮和漁網，手拿洋蔥放在唇邊，身旁只有一隻獵犬相伴。（白衣女神，p.401）

格雷夫斯也描述考文垂大教堂（可能是毀於二戰中的那個建築）中有一個施恩座（miserere seat），他參考的旅遊指南稱上面的浮雕為「淫蕩的化身」，那是「一個裹著魚網的長髮女人，側身騎著山羊，一隻野兔走在她前面。」

這讓我想起偉大的默片女演員露易絲・布魯克斯（Louise Brooks）曾經提議要把她毫無保留的自傳取名為「我裸騎山羊」，引自歌德《浮士德》中「華爾布幾斯之夜」的場景，在該處年輕的女巫說：「我裸騎山羊，顯露青春玉體。」（「你會腐爛的。」老女巫跟她說。）

謎語主要的功能是向我們展示：如何僅由語言組成邏輯結構。

◆ 鯨脂男孩

採集自北極與格陵蘭。請與亞美尼亞故事〈自然之道〉（Nature's Ways）做比較。（Millman, p.100）

◆ 住在樹杈上的女孩

這個故事來自本那木基尼族（Bena Mukini），該族住在現今的尚比亞。〔保羅・拉丁（Paul Radin）編輯，《非洲民間故事與雕刻》（*African Falktales and Sculpture*, New York, 1952, p.181）〕

◆ 皮衣公主

這個埃及故事出自《阿拉伯民間故事》（*Arab Folktales*, New York, 1986, p.193）。本書是伊妮亞・布須納（Inea Bushnaq）翻譯、編輯而成，取材自各種書面資料。故事展現的是「屈尊求愛」的主題：公主們用各種方法假扮自己——披驢皮、躲在木桶裡，甚至假扮成箱子——用煤渣、瀝青塗在身上。

◆ 野兔

楊・克納伯特（Jan Knappert）寫道：

史瓦希里人生活在兩個世界的交會處。數目不詳的非洲民族定居在非洲東岸……還有一群同樣數目不明的東方民族，從阿拉伯、波斯、印度或者馬達加斯加漂洋過海來到此地，他們中有水手和商人，有的隻身一人有的攜家帶眷。

結果誕生了一個結合了非洲（班圖）語言和伊斯蘭文化的新民族，散布在一千英里長的海岸上，從摩加迪休（Mogadishu）延伸到莫三比克（Mozambique）。史瓦希里的說故事人，認為女人們是無藥可救的邪惡，惡魔般的狡猾，在性愛方面永不饜足。為了女人們好，我倒希望這些都是真的。〔楊・克納伯特，《史瓦希里神話與傳說》（*Myths and Legend of the Swahili*, London, 1970, p.142）〕

◆ 苔衣姑娘

這是吉普賽人的「灰姑娘」故事。1915年採自英格蘭諾森伯蘭郡的奧斯華特索，講述者是吉普賽人泰米・包斯維爾（Taimie Boswell）。轉載自凱瑟琳・布里格斯與露絲・湯格（Ruth L. Tongue）編輯的《英格蘭民間故事》（*Folktales of Englang*, London, 1965, p.16）。

「吉普賽人和修補匠會走到正門口求見女主人，這是他們慣用的技巧。」《英格蘭民間故事》的編者們說道，「他們對於僕人和下人有著根深柢固的不信任。在這故事的許多版本中，虐待女主人公的是年輕的主人，而不是那些僕人。」

◆ 神父的女兒瓦西麗莎

（Afanas'ev, p. 131）

◆ 學生

（Knappert, p. 142）

◆ 富農的妻子

十九世紀，挪威和其他被強國支配的歐洲國家一樣，開始尋找自身獨特的表達方式。彼得・克利斯登・亞柏容森（Peter Christen Asbjørnsen）和容根・莫伊（Jørgen Moe）仿效格林兄弟的做法，並受到同樣的民族主義衝動的驅

使。他們的故事集在1841年出版。這裡採用的是蓋德夫婦（Helen and John Gade）在1924年為美洲—斯堪地那維亞基金會翻譯的版本。〔《挪威童話故事》（*Norwegian Fairy Tales*, p.185）〕

◆ 保守祕密

故事來自現在的迦納，講述者是A.W.卡地納爾（A. W. Cardinall），他曾擔任黃金海岸的地方專員。摘自《多哥蘭流傳的故事》（*Tales Told in Togoland*, Oxford, 1931, p.213）。

女巫鬥法或是變形對決這種超自然角色一再出現的事情，在歐洲的兒童遊戲「剪刀、石頭、布」中仍能找到影子。可以比較《一千零一夜》中的〈第二個托缽僧〉故事中惡魔與公主的較量，以及威爾斯神話故事集《馬比諾吉昂》（*Mabinogion*）中女神凱瑞溫（Kerridgwen）對矮人格威安（Gwion）的追捕，還有蘇格蘭民謠〈兩個魔法師〉（The Two Magicians）中的詞句：「然後她變成快活的灰母馬，／站在那邊的窪地上，／他變成了鍍金的馬鞍／安放在她的背上」，等等。〔F.J.柴爾德（F.J. Child）編輯，《英國及蘇格蘭民謠》（*English and Scottish Popular Ballads*, Boston, 1882, vol.1, p.44）〕

蘇格蘭奧德恩的依索貝·高迪（Isobel Gowdie）在1662年在受審時說出了把自己變成野兔的咒語：「我將變成野兔／懷著悲傷、嘆息和小心翼翼／我將以魔鬼的名義離去／是的，直到我再次回到家裡。」

這是所有「母親最知道」的故事類型中最好的一個。

◆ 三把鹽

（Dawkins, p. 292）。採集自納克索斯島（Naxos）。道金斯說：「這個故事是個小規模的小說。」事實上，內容是百分之百的肥皂劇，其中有誤解、有失散的孩子、被遺棄的妻子、隨意得來的財富——「在那個時代，人人都是國王。」

◆ 足智多謀的妻子

（Elwin, p.314）

◆ 凱特姨媽的魔粉

由萬斯·蘭多夫採集於美國阿肯色的歐扎克山區，收錄於《魔鬼的漂亮

女兒及其他歐扎克民間故事》(*The Devil's Pretty Daughter and Other Ozark Folk Tales*, New York, 1955)，全書由萬斯‧蘭多夫採集、赫伯特‧哈爾波特（Herbert Halpert）註釋。

◆ 鳥的戰鬥

坎貝爾沒有編輯這個故事，所以我也沒有，雖然在散漫的故事中，這位有意思的自殘的女主人公直到後半段才出場。故事是約翰‧麥肯錫（John Mackenzie）在 1859 年 4 月講述的。麥肯錫住在因佛雷里附近的阿蓋爾公爵的莊園，從年輕時就知道這個故事，而且「常常在冬夜裡說給朋友聽，做為消遣」。當時他大約六十歲，可以閱讀英文、吹奏風笛，並且「擁有像奧利佛和波伊德曆書一樣的記憶力」。（Campbell, vol.1, p.25）

◆ 香芹姑娘

這是六歲的丹妮拉‧阿曼西（Daniela Almansi）從她的保母那兒聽來的故事，地點在義大利托斯卡尼地區阿雷左附近的柯爾托納。丹妮拉的母親克勞德‧碧久恩（Claude Beguin）把此故事投給編輯，她還補充說，香芹是義大利流行的墮胎藥。艾歐娜‧歐派（Iona Opie）和莫艾拉‧泰騰（Moira Tatem）編輯的《迷信字典》(*A Dictionary of Superstitions*, Oxford, 1989)，收錄了兩個用於此目的的英國食譜，也有一些例子顯示人們普遍認為嬰兒是在香芹田裡發現的。

◆ 聰明的葛芮塔

雅各‧路德威‧格林（Jacob Ludwig Grimm, 1785-1863）和威廉‧卡爾‧格林（Wilhelm Carl Grimm, 1786-1859）塑造了我們對童話故事的定義，將它從鄉野的娛樂轉變為針對兒童但不僅限於兒童的讀物，具有說教的目的也有浪漫主義的因素——向人們傳授德國精神，當然是指在道德和正義方面的精神，但也給了人們神奇、恐怖和魔法。格林兄弟是學者、文法學家、辭典編纂者、語言學家、古文物學家，此外也是詩人。事實上是詩人布倫塔諾（Brentano）首先建議他們從口述來源收集童話故事的。

格林兄弟的《兒童與家庭故事集》(*Kinder und Hausmärchen*) 於 1812 年首次出版，之後經過不斷修改，而且是以越來越「文學」的方式重寫，直到 1857 年的最終版本，它是十九世紀歐洲浪漫主義情感的關鍵著作之一，書中的故事在兒童讀者的想像中留下不可磨滅的印記，幫助我們形塑對世界的認知。

但是除了那些血跡斑斑、神祕、兇殘且浪漫、謎一般的故事，吸引格林兄弟靈魂中的詩人，他們還忍不住出版了這個和藹可親的故事。充滿活力的、愛穿紅跟鞋的葛芮塔，和她貪婪的好胃口，這形象直接反應了中產階級對僕人在廚房裡所做所為一無所知的恐懼。

選自《格林兄弟童話全集》（*The Complete Fairy Tales of the Brothers Grimm*, New York, 1987, p.75），傑克・齊普斯（Jack Zipes）翻譯、作序。

◆ 毛毛怪

熟悉喬叟或是薄伽丘的讀者會認出這是個「快活的故事」（merry tale），或是在人類關係上運用粗俗的幽默。「快活的故事」是民俗學家較少探索的領域，儘管這類故事起源古老、無處不在、種類繁多、易於記憶，到今天仍然一如既往地蓬勃發展──只要在非正式場合裡兩三個人（無論性別）聚在一起，便會有人講起。在先進的工業化社會中，色情笑話無疑是最廣泛的民間故事形式，即使是女性之間講述，也往往帶有明顯的厭女色彩。這些故事儲藏著大量的性焦慮和臆測。

這個故事中女主人公的懷恨和報復心，使得她採取最極端的策略。請注意她強姦丈夫。

摘自隆納德・貝克（Ronald L. Baker）編輯的《笑話故事：印第安納的幽默民間故事》（*Jokelore: Humorous Folktales from Indiana*, Indiana, 1986, p.73）。

────────── PART 3 傻瓜 ──────────

◆ 一壺腦子

約瑟夫・雅各布斯，《英國童話增篇》（*More English Fairy Tales*, London, 1894, p.125）。「英國民間故事經常描繪傻瓜家庭。」雅各布斯評論道。但不包括女性成員。

◆ 到早上就有小夥子了

這個缺乏姐妹情誼的故事到了該受譴責的地步了。講述者是瑪麗・李察森（Mary Richardson）太太。理查・多爾森（Richard Dorson）說：「她是個細瘦的小女人，鼻子被巫毒術壓扁了。」1950年代初李察森太太向多爾森講述時已經七十歲了，她出生於北卡羅來納，之後搬到芝加哥，後再遷往密西根西

南的卡爾文，那是一處黑人農耕聚落，是美國內戰前自由黑人成立的。1930年代大蕭條時期，南方出生的黑人男女為了逃離貧困遷往北方，卻在芝加哥南部再次遭遇同樣的貧困，他們在卡爾文及其周邊的社區定居下來，而他們同時帶來了大量的故事，這些故事其複雜的融合源自非洲黑人和歐洲傳統。他們的音樂傳承，福音音樂、節奏與藍調等等，到1930年代末，在創造出底特律之聲（Detroit sound）的音樂家身上紛紛開花結果。

這個故事也在俄羅斯、愛沙尼亞和芬蘭流傳。多爾森其他的故事提供者也講述了不同的版本。喬琪亞・史林・傑爾曼尼（Georgia Slim Germany）說，故事中的老女人唱道：「今天晚上我冷得發抖，但明天早上能跟小夥子結婚，明天晚上就要玩捕鼠夾囉。」〔理查・多爾森採集與編輯，《密西根黑人民間故事》（*Negro Folktales in Michigan*, Cambridge, MA, 1956, p.193）〕

✦ 要是我沒死，我就要笑出來

請注意，如果婚禮是許多童話故事的最終目的，那麼婚姻本身和婚姻生活則普遍被描述為笑話。

選自《冰島傳說》（*Icelandis Legends*, London, 1866, vol.2, p.627-30），瓊・阿納森（Jon Arnason）採集，喬治・包爾（George Powell）和艾瑞克・馬格努森（Eirikr Magnusson）翻譯。

✦ 三個傻瓜

（Jacobs, *English Fairy Tales*, p.9）

✦ 沒見過女人的男孩

由一位史密斯太太（E.L. Smith）講述。（Dorson, p.193）

✦ 住在醋瓶子裡的老婆婆

故事是1924年在營火旁聽到的。凱瑟琳・布里格斯的《英國民間故事集錦》（*A Sampler of British Folktales*, London, 1977, p.40）。

✦ 湯姆・提特・塔特

這個故事來自薩福克，那裡的百姓長期以來就是出了名的傻。1890年代，

我那來自拉文翰的外祖父參軍的時候，加入了一個綽號為「呆傻薩福克人」的軍團。（雅各布斯，《英國童話故事》，第1頁）

◆ 丈夫做家事

再次選自亞柏容森和莫伊的故事，這次是喬治·韋伯·達森特爵士（Sir George Webb Darsent）以優美的維多利亞時代譯文呈現。〔《挪威民間故事》（*Popular Tales From the Norse*, Edinburgh, 1903, p.269）〕

─────── PART 4 好女孩和她們的困境 ───────

◆ 太陽的東邊，月亮的西邊

仍然是亞柏容森和莫伊的故事，也再次是達森特翻譯的版本（Darsent, p.22）。這是北歐童話故事中最抒情、最美麗、最神祕的故事之一，這故事也證明了兩千多年來「文學」作家無法抗拒它的魅力，這故事類似阿普留斯（Apuleius）在《金驢記》（*The Golden Ass*）中重述古典丘比特和賽姬的故事，以及十八世紀勒普蘭絲·德·博蒙夫人（Madame Leprince de Beaumont）創作的優美文學童話〈美女與野獸〉（Beauty and the Beast）。

但是勒普蘭絲·德·博蒙夫人筆下的「美女」，是個受過良好教養的年輕女子，在設定上符合當時中產階級所遵循的美德。德·博蒙夫人擔任二十年的家庭教師，書寫了大量關於良好行為的作品。然而這位年輕女子可毫不猶豫地就和一隻陌生的熊上床，而當她初次看到熊皮下的年輕人時，就被自己的慾望出賣了：「……她覺得如果當下沒給他一個吻，就活不下去了。」然後他消失了。不過她最終還是得到了他。

◆ 好女孩和壞脾氣的女孩

「1941年9月，密蘇里州戴伊鎮，卡麗絲塔·歐尼爾小姐（Callista O'Neill）口述」，採集者是萬斯·蘭多夫。《格林童話》中這個故事叫〈霍勒太太〉（Mother Holle）。〔蘭多夫，《魔鬼的漂亮女兒》（*The Devil's Pretty Daughter*）〕

◆ 沒有手臂的少女

這個駭人的故事以一種沙德侯爵式的興奮，描述了「美德的不幸」（the

◆ 517 ◆

misfortunes of virtue）——請參見格林兄弟的〈沒有手臂的少女〉。（Afanas'ev, p.294）

PART 5 女巫

◆ 中國公主

法國中世紀的仙女梅露辛（Mélusine）每個星期一次，腰部以下會變成蛇形。英國浪漫派詩人濟慈有一首詩〈拉米亞〉（Lamia），講述一條蛇變成美女的故事。用佛洛伊德的話來說，這是被壓抑者回來復仇了。

選自贊那布·古蘭·阿巴斯（Zainab Ghulam Abbas）編纂的《巴基斯坦民間故事》（*Folk Tales of Pakistan*, Karachi, 1957）。

◆ 貓女巫

同樣由瑪麗·李察森講述。（Dorson, p.146）

◆ 芭芭雅嘉

芭芭雅嘉是俄國的女巫，住在森林中長著雞腳的小屋裡，只要她想要，雞腳就會帶著房子到處跑。有人說她是魔鬼的祖母。她很邪惡，不過她很愚蠢，史達林時期的蘇聯民俗學家 E.A. 圖朵羅夫斯卡亞（E.A. Tudorovskaya）這樣描述：「森林和動物的女主人芭芭雅嘉，被描繪成一個真正的剝削者，她壓迫她的動物僕人。」〔W.R. 拉斯頓（W.R. Raiston）的《俄羅斯民間故事》（*Russian Folk Tales*, London, 1873, p.139-42）〕

◆ 板橋三娘子

這則故事選自 G. 威洛比—米德（G. Willoughby-Meade）的民間傳說集《中國食屍鬼和妖精》（*Chinese Ghouls and Goblins*, London, 1928, p.191）。書中的人名和地名交代得非常精確。請比較三娘子房客的命運和阿普留斯《金驢記》中男主人公的命運，並比較三娘子本人和荷馬《奧德賽》中的女巫瑟西（Circe）——瑟西把客人變成了豬。

◆ **趕走七個小夥子的女孩**

（Bushnaq, p.119）

◆ **死人市集**

梅爾維爾・J.赫斯柯維茲（Melville J. Herskovits）和佛蘭西斯・S.赫斯柯維茲

（Frances S. Herskovits），《達荷美故事》（*Dahomean Narrative*, Northwestern University African

Studies, Evanston, 1958, p.290）。

◆ **娶兒媳的女人**

（Millman, p.127）。由東格陵蘭庫魯蘇克的古斯塔夫・布羅伯格（Gustav

Broberg）講述。

◆ **小紅魚和金木屐**

（Bushnaq, p.181）

◆ **壞心的繼母**

（Cardinall, p.87）

◆ **塔格麗克和孫女**

這故事是從東格陵蘭瑟米利嘉的安娜費克（Anarfik）那兒聽來的。（Millman,

p.191）

◆ **杜松樹**

　　全世界都有兒童被虐待而手足團結一致的故事，形式都類似，而這個故

事是最佳版本。維里爾・艾爾文出版了一個採集自印度部落的版本。沒有

哪個故事的快樂結局，能帶來如此如願以償的痛苦。顯然，故事中的解決

方案只能是想像，而在現實中無法體驗到。（Grimm, p.171）

◆ 諾麗哈蒂

這個亞美尼亞版的「白雪公主」是由蘇西‧胡加尚－維拉（Susie Hoogasian-Villa）採集，講述者是阿卡比‧穆拉迪恩太太（Akabi Mooradian），採集地是密西根州底特律市亞美尼亞社區，兩人住在同一個社區。穆拉迪恩太太1904年出生，因祖國動盪而經歷了多次的漂泊，之後於1929年定居底特律。〔蘇西‧胡加尚－維拉採集、編輯，《一百個亞美尼亞故事》（*100 Armenian Tales*, Detroit, 1966, p.84）〕

◆ 美人和麻臉

渥夫蘭‧艾伯華（Wolfram Eberhard）採集、翻譯，《中國童話與民間故事》（*Chinese Fairy Tales and Folk Tales*, London, 1937, p.17）。

◆ 老年

（Millman, p.192）

--------- PART **7** 道德故事 ---------

◆ 小紅帽

選自夏爾‧佩羅（Charles Perrault）的《過往故事集》（*Histoires ou contes du temps passé*, Paris, 1697）。我把它翻譯成英文。當我還是個孩子，我的外婆講故事時常說：「抬起門閂，進來吧」。故事結尾講到當狼撲向小紅帽要吃了她時，外婆會假裝要吃掉我，讓我興奮得亂叫。

傑克‧齊普斯《小紅帽的考驗與磨難》（*The Trials and Tribulations of Little Red Riding Hood*, London, 1983）對這個故事有深入的社會學、歷史和心理學的討論，並收錄三十一個不同的文學版本，包括莫西塞童話故事會（Merseyside Fairy Story Collective）的女性主義版本。傑克‧齊普斯認為，1885年左右在法國涅夫勒紀錄下來的〈外婆的故事〉（The Story of Grandmother），是徹底解放的「小紅帽」傳統。這個衣服顏色不明的小女孩，不是可怕的警告，而是機智的榜樣。

從前有個女人，她有一些麵包。她對女兒說：「把這條熱麵包和一瓶牛奶送去給外婆。」

於是小女孩出門了。走到岔路，她遇見狼人，狼人對她說：

「你要去哪裡？」

「我要把這條熱麵包和一瓶牛奶送去給外婆。」

「你走哪條路？」狼人說，「縫衣針路，還是大頭針路？」「縫衣針路。」小女孩說。

「好，那我就走大頭針路。」

小女孩沿路撿拾縫衣針尋開心。與此同時，狼人到了外婆家，殺死外婆，把她的一些肉放在櫥櫃裡，倒了一瓶血放在架子上。小女孩到了之後敲敲門。

「把門推開，」狼人說，「門用濕稻草拴著。」

「日安啊，外婆。我給您帶了一條熱麵包和一瓶牛奶。」

「我的孩子，把它們放到櫥櫃裡去。吃一點裡面的肉，喝一點架子上的葡萄酒。」

她吃過後，一隻小貓說：「呸！……吃外婆的肉、喝外婆的血，真不要臉。」

「脫了衣服吧，我的孩子。」狼人說，「過來躺在我旁邊。」

「我的圍裙要放在哪裡？」

「扔到火裡吧，我的孩子，你再也不需要了。」

她問其他衣服──緊身胸衣、連衣裙、襯裙、長襪──要放到哪裡時，每次狼都回答說：

「扔到火裡吧，我的孩子，你再也不需要了。」

小女孩在他旁邊躺下後，說：

「喔，外婆，您的毛真多啊！」

「這樣才好保暖啊，我的孩子！」

「喔，外婆，您的指甲真長啊！」

「這樣我才好抓癢啊，我的孩子！」

「喔，外婆，您的肩膀真寬啊！」

「這樣才好扛柴火啊，我的孩子！」

「喔，外婆，您的耳朵真大啊！」

「這樣才好聽你說話呀，我的孩子！」

「喔，外婆，您的鼻孔真大啊！」

「這樣才好吸煙草啊，我的孩子！」

「喔，外婆，您的嘴巴真大啊！」

「這樣才好吃了你啊，我的孩子！」

「喔，外婆，我急著上廁所，讓我出去一下。」

「就在床上解決吧，我的孩子！」

「喔，不行，外婆，我想去外面。」

「好吧，但要快一點。」

狼人用一條毛繩綁在她的腳上，讓她去了外面。

小女孩到了外面，把繩子的一端綁在院子裡的一棵李樹上。狼人等得不耐煩，說：「你在外面拉屎嗎？你在拉屎嗎？」

當他明白沒有人回答時，就跳下床，看到小女孩已經逃走了。他跟著她，在追上她的那一刻，小女孩進了家門。

◆ 洗腳水

凱文・丹納何（Kevin Danaher），《愛爾蘭鄉野民間故事》（*Folktales of the Irish Countryside*, Cork, 1967, p.127-29）。

◆ 妻子們治好了吹牛病

（Herskovits and Herskovits, p.400）

◆ 舌頭肉

（Knappert, p. 132）

◆ 樵夫的有錢姊姊

（Bushnaq, p.137）

◆ 慢慢逃走

羅傑・亞伯拉罕（Roger D. Abrahams）選編，《非裔美國人的民間故事：新大陸的黑人傳統故事》（*Afro-American Folktales, stories from Black traditions in the New World*, New York, 1985, p.240）。

◆ 自然之道

（Hoogasian-Villa, p.338）

◆ 找到自由的兩個女人

（Millman, p.112）。故事來自巴芬島龐德因萊特的阿克帕里亞皮克（Akpaleeapik）。

◆ 丈夫如何讓妻子戒掉故事癮

（Afanas'ev, p.308）

第八部－第十三部
BY ANGELA CARTER AND SHAHRUKH HUSAIN

─────── PART 8 堅強意志和卑劣手段 ───────

◆ 十二隻野鴨

選自亞柏容森和莫伊共同選編的挪威民間故事集，這裡收錄的是喬治·韋伯·達森特優美的維多利亞譯本，摘自《挪威民間故事》。

電影製作人希區考克（Alfred Hitchcock）認為沒有什麼比雛菊上的血跡更不祥的了。而雪地上的鮮血讓人直接感受到五臟六腑的衝擊。渡鴉、鮮血、白雪──這些元素在北歐故事裡象徵無法滿足的欲望。坎貝爾的《西高地流傳的故事》中有一則〈康納爾·古爾班的故事〉（The Story of Conall Gulban），故事中康納爾「只願娶一個頭髮像渡鴉一樣黑、臉色像雪一樣白、臉頰像血一樣紅的妻子。」

坎貝爾乾脆指出那隻渡鴉一定是在吃什麼東西，因為故事提到血，因此提供了一個來自因佛內斯的變體版本：

他早上起床時，天空下著初雪，渡鴉停他附近的一根小枝上，嘴裡叼著一小塊肉。這塊肉掉了下來，康納爾上前去撿起來，這時渡鴉對他說，那個美公主（Fair Beauteous Smooth）皮膚白得像樹枝上的雪，臉頰紅得像他手裡的那塊肉，頭髮像牠翅膀上的羽毛一樣黑。〔坎貝爾採集口述內容及翻譯，《西高地流傳的故事》，(vol.III, Paisley, 1892)。〕

這種吃肉的意象，表達了傳統故事裡女人對孩子深切的渴望。人們熟悉的那個版本，格林兄弟採集的「白雪公主」，也是以同樣的方式開場。請注意，巴勒斯坦阿拉伯故事的編輯們指出，童話故事中沒有孩子的母親往往希望生的是女兒而不是兒子。

〈十二隻野鴨〉有野蠻的開頭和手足情深的主題，為丹麥作家安徒生那則優美的文學故事〈野天鵝〉奠定基礎。安徒生把鴨子提升成浪漫的天鵝，但我覺得如果對易卜生（Ibsen）來說野鴨沒問題（編按：他有戲劇作品《野鴨》），那麼對安徒生來說野鴨也足夠好了。

◆ 老福斯特

1923年依索蓓爾・戈登・卡特（Isobel Gordon Carter）採集自北卡羅萊納州溫泉鎮，由珍・簡崔（Jane Gentry）講述。摘自《美國民間故事期刊》（*Journal of American Folklore*, 38〔1925〕, p.360-61）。

隨著十六、十七世紀早期的英國殖民者，這則性謀殺和連續殺人的古老故事，也遠渡大西洋來到了美國。「老福斯特」是邪惡的「福克斯先生」和格林兄弟「強盜新郎」的表兄弟。

◆ 沙辛

摘自《說吧，鳥兒，再說一次：巴勒斯坦阿拉伯民間故事》（*Speak, Bird, Speak Again: Palestinian Arab Falktales*），由易卜拉辛・穆哈威（Ibrahim Muhawi）與沙里夫・卡納納（Sharif Kanana）採集、編輯，1988年由加州大學出版社出版。

這些故事是以錄音帶錄製的，時間從1978年到1980年，採集地在約旦河西岸及加薩地區的加利利，1948年後成為以色列的一部分。在巴勒斯坦的傳統裡，女性是故事的守護者，如果由男性講述，他們也必須採用女性的敘事風格。講故事的風格會隨著年齡而成熟，所以以年長的女人比其他人更有優勢。在冬天夜晚，田裡沒事可做，大家庭聚在一起互相娛樂，故事就這樣講起來了。通常由最年長的女性開始。這樣的聚會是以女性為主，所有這些巴勒斯坦故事都明顯地偏向女性，儘管依照穆哈威和卡納納的解釋，巴勒斯坦家庭是「父系、堂親、一夫多妻、同族婚配、隨父而居」的。

在該書的序中，兩位編輯指出，女性自由擇偶的模式「與社會生活的實際狀況完全不一致，因此我們最終不得不推斷：它表達了一種深切的情感

需求。

〈沙辛〉這個故事裡有個充滿自信的女主人公，儘管如此，講述者卻是一個六十五歲的男人，他來自加利利，他一輩子都是農夫和牧羊人。在另一個版本，疲累不堪的新婚丈夫對妻子說：「相信我，你是男人而我是新娘。」而這話說得沒錯。

◆ 狗鼻子人

這是波羅地海國家拉脫維亞的故事，1880年代採集，並發表在一本名為《西伯利亞及其他民間故事：沙皇帝國的早期文學》（*Siberian and Other Folktales: Primitive Literature of the Empire of the Tsars*, London, C.W. Daniel）的宏偉文集，由C. 費林漢－柯克斯威爾（C. Fillingham-Coxwell）採集、翻譯並作序和註釋。

境內森林茂密的拉脫維亞，受基督教文化的影響頗為緩慢，據說1835年都還保留著異教的祭壇。按照傳統，婚姻是透過劫持而獲得的，是一件有風險的事。拉脫維亞地理上介於德國和俄國之間，政治上也受到這兩國的擺布，根據C. 費林漢－柯克斯威爾的說法，拉脫維亞人對德國人和俄國人「充滿仇恨和絕望」。C. 費林漢－柯克斯威爾還認為神祕的「狗鼻子人」，可能含有對拉脫維亞原住民的記憶。

◆ 和溪流唱反調的老太婆

又一則挪威故事，和〈十二隻野鴨〉出自同一部亞柏容森和莫伊的選集，這裡收錄的是派特·蕭（Pat Shaw）和卡爾·諾曼（Carl Noman）的現代譯本（New York, Pantheon Books）。1969年首次由追爾思出版社（DreyersVerlag）在奧斯陸出版。

◆ 信的詭計

被抓到蘇利南（原荷屬圭亞那）當奴隸的西非人，也把無形的記憶和文化寶藏帶到當地。1920年代末，人類學者梅爾維爾·赫斯科維茨和佛蘭西絲·赫斯科維茨在海岸城市巴拉馬利波（Paramaribo）採集了大量的故事和歌曲。該城的人說的語言是一種濃重、豐富的克里奧語（Creole）。赫斯科維茨夫婦將他們的素材翻譯成英文。

巴拉馬利波這個城市擁有混種文化——荷蘭人、印度人、加勒比人、阿拉瓦克人、中國人、爪哇人，都與非洲裔的人們混雜在一起，不過後者仍

然保有強烈的非洲影響，這種影響不只表現在巫毒的信仰和運作上，也表現在如綁頭巾這類的事情上。血統從母系追溯的，男人常常因為外出打工而缺席。

講故事在當地社會中占有重要的地位。弔唁的時候人們講故事取悅死者。白天講故事是一種禁忌，因為如果你這樣做，死神會來坐在你旁邊，你就會沒命。

梅爾維爾‧赫斯科維茨與佛蘭西絲‧赫斯科維茨採集，《蘇利南民間故事》（*Suriname Folklore*, New York, Columbia University Press, 1936, p.351）。

◆ 羅蘭多和布魯妮爾

這種勤奮的紡紗女或女裁縫，常常僅因為坐在窗邊縫紉或唱歌，而得到一位出色的情人做為獎賞（見本書〈綠鳥〉）。不過在這個故事裡，她卻引來了一個邪惡的巫師，他綁架她並限制她的行動。這裡很不尋常的地方，是由她的母親踏上試煉之路，扮演某種搗蛋鬼—女英雄（trickster-heroine）的形象。仙女變成的老婦人幫了她，而羅蘭多是她的助手。這個故事有一些有趣的畫面，例如兩個老婦人扛著沉重的袋子翻過花園的圍牆，闖進城堡——這些事情通常是留給年輕人做的。

◆ 綠鳥

這是個墨西哥版本。此類故事人們最熟悉的是優美的挪威版本〈太陽的東邊，月亮的西邊〉，收錄於亞柏容森和莫伊的選集。

和上一個故事一樣，這個墨西哥故事也是從一個勤奮的紡紗女坐在窗前紡紗開始的。鳥兒兼追求者很快就贏得了露易莎的芳心，並開始了一段不明確的性關係。三世紀阿普留斯的拉丁文小說《金驢記》中有個〈丘比特與賽姬〉的故事，這隻綠鳥就像故事中的男主人公愛神丘比特，神奇、慷慨並且在床上非常地美好。露易莎對他一無所知，不過這點也沒特別困擾她。跟賽姬的姊姊們一樣，露易莎的姊妹們也心懷妒忌，從中破壞了兩人的關係，致使受重傷的王子離她而去，並留下指令要她前去尋他。東歐故事中也有出現穿著鐵鞋的女主人公，她為了尋找被冒犯的愛人而去拜訪太陽、月亮，最著名的故事是要解救一位豬王子。末尾處的「燈芯草帽子」（Cap O'Rushes〔編按：一則英國童話〕）式的結局，類似埃及版的灰姑娘故事〈皮衣公主〉（見本書）：王子

發現自己的心上人是宮中的僕人，便要求她為他送飯。〔亞美利哥‧帕雷德斯（Americo Paredes），《墨西哥民間故事》（*Folktales of Mexico*, Chicago, 1970, p.95）〕

◆ 要詭計的女人

故事來自波羅的海國家立陶宛，再次取自費林漢－柯克斯威爾的選集。他引述了一個來自莫斯科附近的俄羅斯版本，其中老婦人的角色由年輕的猶太人扮演。

───── PART ⑨ 有所圖謀──巫術和卑劣手段 ─────

◆ 漂亮姑娘依布蓉卡

這個受人喜愛的匈牙利故事，幾乎在該國每個村落以類似的形式流傳，連立陶宛和南斯拉夫也都知道這個故事。匈牙利的民間信仰對於復活的死屍特別害怕，但是這個「戴著有鸛鳥羽毛的帽子」、還有偶蹄的可怕情人，卻讓人聯想到在偉大的蘇格蘭民謠〈房屋木匠〉（The House Carpenter）裡那個回去帶走他那不忠情婦的惡魔戀人。〔法蘭西斯‧柴爾德（Francis Child），《英國與蘇格蘭民謠》（*The English and Scottish Popular Ballads*, 3 vols., New York, 1957）〕。惡魔把那個蘇格蘭女人帶上船，並且置她於死地，不過依布蓉卡卻逃掉了。

這個故事是在 1938 年由一個不識字的工人米哈利‧費迪斯（Mihály Fédics）講述的，當時他八十六歲。他在一次世界大戰時到美國當勞工，但很快又回到匈牙利。他的故事都是在漫長的冬天夜晚村人聚在一起紡紗時的人家裡聽來的。後來他當伐木工，那時候他的故事成了森林營地裡最主要的娛樂來源。「他有個習慣，他會打斷自己的故事，對著聽者喊一聲『骨』，要看看他們是不是睡著了，如果有人說出『牌』這個鼓勵的回答，他就繼續講故事，但是如果當場沒有人回答，他就知道他的夥伴們睡著了，於是這故事就留待第二天再繼續。」〔《匈牙利民間故事》（*Folktales of Hungary*, London, Routledge & Kegan Paul, 1965 p.130）〕

這些資訊，連同這個故事，出自琳達‧戴（Linda Degh）編輯，茱迪絲‧哈拉斯（Judith Halasz）翻譯，《匈牙利民間故事》。

版權所有：University of Chicago, 1965。理查‧杜爾森（Richard M. Dorson）編，《世界民間故事》（*Folktales of the World*）系列。

◆ 男魔法師和女魔法師

這是俄羅斯族的一個巫師鬥法、或說是變形競賽的故事。欲知更多關於變形競賽之事,請看本書〈保守祕密〉的註釋。這個故事來自一支芬蘭─土耳其民族,也稱做摩爾多瓦人(Mordvin)。當這個故事在十九世紀被採集時,這族人生活在窩瓦河和俄羅斯中部的奧卡河之間。摩爾多瓦人認為宇宙是蜂窩狀的。(Fillingham-Coxwell, p.568)

◆ 洩密的丁香花叢

是西維吉尼亞州門羅郡聯合市的莎拉‧戴迪斯曼(Sarah Dadisman)太太在1963年說給奇斯‧凱強(Keith Ketchum)的。出自《會告密的丁香花叢及其他西維吉尼亞鬼故事》(*The Telltale Lilac Bush and Other West Virginian Ghost Tales*, University of Kentucky Press, 1965, p.12),露絲‧安‧穆西可(Ruth Ann Musick)收錄。

◆ 破兜帽

亞柏容森和莫伊採集的挪威故事,喬治‧韋伯‧達森翻譯。

◆ 女巫球

這是美國鄉下地方的一個老派的放屁故事,敘述者是七十六歲的肯塔基州克雷郡的 V. 雷佛(V. Ledford)。這篇內文取自理查‧杜爾森選錄與編輯的《買風:美國地區民間故事》(*Buying the Wind: Regional Folklore in the United States*, University of Chicago Press, 1964)。

萬斯‧蘭多夫在阿肯色的歐扎克山區採集到另一則能拿到放屁粉的聰明女人,這故事收錄在本書的〈凱特姨媽的魔粉〉。

◆ 狐精

出自威洛比─米德編著的《中國食屍鬼和妖精》(London, 1928, p.123)。

◆ 女巫們的風笛手

故事的敘述者是六十七歲的米哈利‧伯托克(Mihály Bertok),他是匈牙利諾格拉郡(Nograd)奇沙堤洋村(Kishartyan)的牧人。故事由林達‧戴在1951年採集。

從前在懺悔節舞會時,都會有風笛手提供音樂。女巫們會強迫風笛手為

她們吹奏音樂，而她們回報的卻是惡作劇。

◆ 美麗的瓦希麗莎

在俄國民間故事裡，女主人公瓦希麗莎，就像歐洲的艾拉（亦即灰姑娘）一樣家喻戶曉（見本書〈神父的女兒瓦希麗莎〉及〈芭芭雅嘉〉）。這故事包含強力的指標，指出芭芭雅嘉的起源可能是各種神話中的「天地之母」（Mother goddess）。她提到早晨、白天和夜晚，說是「我的」，她的搗臼和搗杵讓人想到搗磨玉米和小麥的場景。此外，她還擁有火，這是一個基本的元素（一個比較不為人知的故事說到她如何竊取火）。她的裁判是嚴峻殘酷的，但卻公正也符合道德，符合「天地之母」死亡的一面。圍著她住家的骷髏頭代表一般的死者，不過〈女巫和她的僕人〉（見安德魯・蘭格〔Andrew Lang〕編《黃色童話故事》〔The Yellow Story Book〕）包含了一篇更詳盡的說明。當俄國故事裡那個無所不在的艾萬尼奇（Iwanich）王子去為一個女巫做事時，她發出以下的警告：

> 如果你照顧他們倆一年的時間，我會給你你要的任何東西；但另一方面，要是你讓任何動物跑了，你的死期就到了，而你的腦袋就要插在我圍籬的最後一根尖柱上。你也看到了，其他尖柱上都妝點好了，那些骷髏全是我用過的僕人——他們沒能做到我的要求。

剩下的未解之謎是隱形的那三雙手。瓦希麗莎的欲言又止，沒再追問老巫婆透露家中內幕的問題，因此得到老巫婆的讚許，這明顯是在指涉女性奧祕的隱密性。她對祝福的憎惡，很可能代表一個異教女神被基督教驅趕的恐懼。費林漢・柯克斯威爾在註釋中提到採集故事當時的俄國社會，說道：「神父處境困難、收入不豐，地位也不崇高，因此迷信和巫術信仰十分盛行，不過正統教會抑制異教徒活動和傳統倒是頗有成效。」（《西伯利亞與其他民間故事》，p.671）。一首名為〈俄國民間故事〉的詩有以下兩行：

> 吃人的女巫要攻擊我們，或是準備吃我們可不容易，
> 敵人膽敢接近我們，我們就一舉擊敗他們。

要了解芭芭雅嘉的細節，見本書安潔拉・卡特對〈芭芭雅嘉〉的註釋。（C. Fillingham-Coxwell, p.680）

◆ 接生婆和青蛙

這個故事以距離蘇恰瓦河河岸不遠的馬札爾山為背景，由蓋拉・歐魯托利（Gyula Orlutory）在1943年從三十九歲的葛吉麗・塔馬斯（Gergely Tamas）太太那兒採集而來。根據書中註釋，故事裡提到的「傑瓦克」是「小惡魔」的意思。

這種故事類型可說在全世界都有類似的傳奇，且仍然被人們所相信。在某個中東的變異版中，故事中接生婆是為一個精靈的妻子接生，人們講述的時候也總是把故事說成是發生在自己的某個朋友身上。在那個故事裡，嚇壞了的接生婆收下一把石頭，等她回到家，石頭全變成了金子。一個北歐版的故事收錄在瑞達・克里斯欽生（Reidar Christiansen）編輯、派特・蕭・艾佛生（Pat Shaw Iversen）翻譯的《挪威民間故事》（*Folktales of Norway*, The University of Chicago Press, 1964, p.105）。根據凱瑟琳・布里格斯的說法，不列顛群島更有無數的變異版本存在，「最早的版本是出自十三世紀的《提爾伯利的傑爾瓦斯》（Gervase of Tilbury）。」見《英格蘭民間故事》（*Folktales of England*, The University of Chicago Press, 1965）中的〈精靈接生婆〉（The Fairy Midwife）。也請參見《世人最喜愛的民間故事》（*The Best-loved Folktales of the World*, Doubleday, New York, 1983）的〈接生婆〉（The Midwife），喬安娜・柯爾（Joanna Cole）編輯。（Degh, p.296）

────── PART **10** 美麗的人們 ──────

◆ 菲兒、波朗恩和川波琳

這個愛爾蘭版本的灰姑娘故事是傑瑞邁爾・柯丁（Jeremiah Curtin）在1887年於高威採集而來。這裡的壞姊姊是川波琳自己的姊姊。養雞婦在凱爾特傳說中相當於神仙教母。在愛爾蘭和蘇格蘭，說故事的人有時候喜歡避免使用「女巫」這個詞，因為那樣會太像是在冒險，所以他們多半會稱她是個養鳥婦或是養雞婦。雖然養雞婦人通常是好人（見鄧肯・威廉斯〔Duncan Williams〕的故事集，書中傑克的故事裡，養雞婦是他最好的幫手），她們有時候也的確會無意中說漏嘴，而引發一連串慘事（見法蘭克・麥肯納〔Frank McKenna〕誦讀的〈掛鈴鐺的馬〉（The Steed of the Bells）卡帶，出自「奧斯特民俗

與交通博物館」檔案）。養雞婦要川波林待在教堂外面，而不要進去裡面，或許暗示她施行的法術是在教會許可之外。魔法不管是好的、壞的，或是普通的，在基督教當中都有魔鬼在其中施力，因此運用黑色長斗篷這種魔法，會讓人不以為然的。川波琳的丈夫是阿爾斯特一座古城伊曼尼雅的國王，在故事裡這城市叫做歐曼亞。他看過盛裝打扮的川波琳後，就把忠誠的對象從菲兒換成了川波琳。在柯丁採集到的另一個故事，是說希臘國王娶了一個愛爾蘭國王的長女，後來卻愛上她的妹妹：姬兒恩歐（Gil an Og）。他詛咒她們兩人，把姬兒恩歐變成一隻「在自己城堡裡的貓」，把她姊姊變成一條在海灣裡的蛇。姬兒恩歐向一位德魯伊（凱爾特人的祭司）討教，而發起一連串的戰鬥，以解救她們兩個。〔傑瑞邁爾・柯丁，《愛爾蘭神話與民間故事》（*Myths and Folktales of Ireland*, Toranto, London, 1975, p.212），Dover Publications Inc. 重印自 1890 年 Little, Brown and Co. 的版本。〕

剪落的金髮的情節流傳甚廣，遠至印度。請參考《從前有個國王：巴基斯坦民間故事》（*There Was Once a King: Folk-tales of Pakistan*）中的〈獅心王子〉（Prince Lionheart），薩伊德・法亞茲・馬穆德（Sayyid Fayyaz Mahmud）重述，（Lok Virsa, Pakistan, undated, p.117）。雅絲敏公主的幾綹金髮往下流漂去，被一個國王看見，而決定要娶這頭髮的主人。

國王和川波琳願意讓他們女兒嫁給牧童，這可能和柯丁的〈基爾・亞瑟〉（Kil Arthur）的一段說明有關：「在那個時候，世上有一條法律，說如果一個年輕男人追求一個年輕女人，而女方家長不肯把女兒嫁給他，年輕女人就會被法律判死。」（Curtin, p.113）。

〔亨利・格拉西（Henry Glassie）編輯，《愛爾蘭民間故事》（*Irish Folk-Tales*），企鵝民俗文庫（Harmondsworth, UK, 1985, p.257）〕

◆ 荻拉薇和她的亂倫哥哥

這故事是一個二十歲的男人說的（他並不是編者法蘭西斯・馬汀・鄧〔Francis Mading Deng〕的家人）。

安潔拉・卡特指出，丁卡族是蘇丹的牧牛人，也是自給農作的耕種者。他們的土地大約占蘇丹面積的百分之十，其上有尼羅河和支流縱橫交錯，使得交通聯繫很困難。「一個丁卡族人最重要的目標就是結婚生小孩」。

成人和孩童一起睡在小屋裡。一個人受邀開始說故事，其他人就會接下

去——安潔拉‧卡特這樣寫道，然後她引述法蘭西斯‧馬汀‧鄧的話：「隨著說故事的進行，人們開始一個接一個地睡著了。有時候他們睡著了，然後在故事說到一半時又醒來了，然後又再睡了……故事說到一半時醒來的人，別人會簡短地把最新發展告訴他。當時間過去，有些人開始睡了，可能還打起呼來，說故事的人就開始不時地問：你們睡了嗎？……只要還有人是醒著的，故事就繼續說下去。最後一個說故事的人很可能是最後一個還醒著的人，所以最後的故事就停留在那裡沒有說完。」

在大部分丁卡族的故事裡，獅子顯然不是真正的獅子，而是代表人類天性中狂野、未被馴服的一面。小狗同樣也不是真正的小狗，根據一個註腳的說法，牠象徵野性，因此才會在民間故事裡受到殘忍的對待。倒楣鬼就要被嚴酷的毆打和逗弄。動物偏好生肉表示牠的野性，而挑煮熟的肉吃，則指出牠已經馴化了（見本書〈杜安和他的野獸妻子〉）。

> 說故事的多半是婦女和年輕人。故事通常和就寢時間連繫在一起，並且對象是孩童，所以他們是孩提時代的主要教育者。(p.198)

很有可能手足亂倫的禁忌不只是在社區中被強化，也在最不起眼的地方一再加強，因為孩童們都睡在同一間屋裡。女主人公荻拉薇殺死她哥哥，全村都在為她哀悼，年長者任由頭髮蓬亂打結，年輕人不戴他們的珠子，以象徵災難。違反亂倫禁忌被視為比殺人還更違背自然。故事裡沒有一方爭辯這禁忌的正當性。

〔法蘭西斯‧馬汀‧鄧編輯，《丁卡族民間故事：蘇丹非洲故事》(*Dinka Folktales: African Stories from the Sudan*, New York and London, 1974, p.78)〕

◆ 鏡子

雖然這個變異版本的故事令人心酸，甚至很哀傷，但是認錯鏡中人的這個主題，通常是在幽默故事裡出現。在某個變異版本中，一個男人買了一面鏡子，錯認鏡中人是他的亡父後和妻子吵了起來，一個尼姑過來調解。這個版本的故事也見於印度、中國和韓國。

日本神話中的太陽女神有一次離開混亂的世界，躲進了「天岩戶」，後來天界的工匠做了一面鐵鏡，告訴她鏡中的影像是一位可與之匹敵的女神，

她因此受到誘惑重回世上。她被鏡中人的美貌和明燦吸引，回來照亮了世界。（Wiloughby-Meade, p.184）

◆ 青蛙姑娘

這個故事開頭的壞心繼母和兩個同父異母姊姊，還有青蛙姑娘乘著老鼠變成的馬拉著胡蘿蔔變成的馬車去見王子，讓人聯想起〈灰姑娘〉故事裡的情節（編按：本書的故事裡沒有這段情節，應該是註釋者誤植了其他故事）。這個故事的變異版本在世界各地都能看到。格林兄弟的〈三根羽毛〉，法國的〈白貓〉、巴基斯坦的〈猴王子〉，全都是以傻瓜當作主角的標準故事。瑪麗・露意絲・馮・法蘭茲（Marie Louise von Franz）在她的《童話故事詮釋導論》（*Introduction to the Interpretation of Fairytales*, Spring Publications Inc., Dallas, USA, 1970）中提到：「新娘可能是蟾蜍、青蛙、白貓、人猿、蜥蜴、木偶、老鼠、長筒襪或跳來跳去的睡帽——甚至不是活物——有時還竟然是隻烏龜。」隔了幾行文字後她解釋道：

> 故事中主要行動與找到合適的女性有關，所謂對的女性則有賴這女性的遺傳特質，此外，男主人公並不會有任何英勇的表現，他不是字面意思上的真正英雄。他一直得到女性元素的幫助，女性為他解決所有問題……故事以結婚做為結束——這是男女元素一種平衡的結合。所以故事的大致結構似乎指向一個問題，男性態度占據了主導地位，也就是缺乏女性因素，而這故事告訴了我們缺失的女性因素是如何被提出並且恢復。

〔冒陣昂選編，《緬甸民間故事》（*Burmese Folktales*, Calcutta, 1948, p.137）〕

◆ 睡王子

公主這趟旅程的動機，是因為看到草地上馬兒流的血，以及她對這情景的美麗發出的評論。這種情感似乎很奇怪，不過血以及血落在草上的美麗可能和初經及生育力有關。這點在看不見的人說話引導公主去尋找伴侶時，得到證實。這聲音也提到了棍子，以及用水澆灑——這兩個元素在故事中始終沒有成形——暗示初次性體驗，而這要到很後面才會發生。公主殘忍血腥地運用了女巫遺骸，可以再次將之與青春期作連結——女巫代表了性

剝奪與孤立,而這種痛苦和創傷,如今成為通往成年和得到性實現的工具,尤其是那架通往床上的骨頭梯子。

這故事也出現在印度,而開頭很像那個著名的英國故事〈燈芯草帽子〉,最小的公主因為回答父王的提問讓他不滿意而被趕走。公主向王子要了幾個木偶,而他無意間聽到她演出生平的故事。於是冒名頂替的女僕就被活埋到腰際,然後被馬匹踩踏而死。(Herskovits and Herskovits, p.381)

◆ 孤兒

母親死後繼續餵養女兒為主題的故事,世界各地都有流傳。在這一點上幾乎完全相同的故事,是格林兄弟的〈一隻眼,兩隻眼和三隻眼〉(One-Eye, Two-Eyes and Three-Eyes)。和樹有關的財寶也是這兩個故事的特點,主要關注在於女主人公的社會地位很快地獲得提升。她不是魔法師,不過她的繼母卻能施魔咒和魔法。女主人公自己的內在魔法源自她的純真無邪。第二個共同的主題,可以在〈牧鵝姑娘〉(The Goose Girl)中發現,故事裡一個嫉妒的女人以欺騙的手段冒充真正的新娘,見本書〈跟自己兒子結婚的女人〉和〈睡王子〉。第三個童話中的標準元素是女人變身成鳥,不管是依她所願或是被施魔法——譬如〈白鴨〉(The White Duck)(歐洲)、〈鶴妻〉(The Crane Wife)(日本)。亦請參見本書中〈鳥女的故事〉。一個更精彩的類似故事則是〈惡魔女〉(Devil Woman),收錄在由露絲‧班乃迪克(Ruth Benedict)選輯的《柯契提印地安故事》(Tales of the Cochiti Indians, Smithsonian Institution, 1930)。這個故事中,惡魔在一個初為人母的女人頭上插進一根針,而把她變成鳥——在這個故事是變成鴿子。拔出這根針之後,魔法就解除了。

〔E. 辛加諾(E. Singano)與A.A. 羅斯柯(A.A. Roscoe)重述及編輯,《古馬拉威的故事》(Tales of Old Malawi, Limbe, Malawi, 1986, p.69)〕

────── part **11** 母與女 ──────

◆ 阿秋和她的野獸媽媽

這是另一個以人獅為主題的丁卡族故事。這個故事是由鄧‧馬悠克(Deng Majok)酋長的女兒妮安克‧鄧(Nyankoc Deng)口述,她當時年紀是十八到二十歲之間。阿秋的母親執意去撿拾柴火,並且讓手腳給獅子吃掉的恐怖強

迫性行為，其實代表了某種不當的行為，例如通姦。安潔拉‧卡特從《丁卡族民間故事》摘錄的註釋似乎也支持這一點：「獅子是丁卡族人最害怕的」以及「在民間故事中，一個違反丁卡族道德基本戒律的人，經常被等同於外人與動物。」她如此評論：「以這一點來區分動物和人類，故事裡的獅子其實不是獅子，因此強調了人與獅子的互動。和其他故事一樣，母獅每晚都由女兒餵食，直到兒子到來，將她的野性驅離身體。」（見本書〈杜安和他的野獸妻子〉）（Deng, p.95）

◆ 咚嘎，咚嘎

在以色列境內加利利的亞拉比村，一個名叫法蒂姆（Fatime）的五十五歲女性講述了這個「咚嘎」的故事，它是一口鍋子。安潔拉‧卡特的註解裡引用《說吧，鳥兒，再說一次》書中另一位故事敘述者的描述：「當她說到男人在鍋子裡大便而鍋蓋蓋上時，伊姆‧納畢爾（Im Nabil）笑了起來，之後她還在笑，並且說鍋蓋把男人的那傢伙切下來了。」安潔拉‧卡特評論道：「男人不喜歡這故事，部分原因是他們守護的某些道德——例如「貞操」——在這些故事裡不斷地受到挑戰，這些故事中，**女主人公占據主導地位**。」接著她再次引用《說吧，鳥兒，再說一次》的話：「這體系的意識形態基礎在於父子關係，女性被認定是『他者』。」

在這個故事裡，女兒——一口鍋子——很明顯就是一個「他者」，不過她在機智和氣力上都能和男性匹敵，這點和〈沙辛〉故事裡詭計多端又淘氣的女主人公有驚人的一致性：她就像著名的英國「茉莉‧胡丕」（Molly Whuppie，她是女版的「巨人殺手捷克」（Jack-the-Giant-Killer），是易於辨識的女性搗蛋鬼，甚至只是為了好玩而做出更過分的舉動。這個故事十分符合女性在社會中的需求，即表達出自己的能力，同時不受到男性基礎結構的監管，所以在這個故事裡，男人完全站在一邊，只能當個傻瓜。（Munawi and Kanana, p.55）

◆ 有五頭母牛的小老婆婆

某個雅庫特族的創世神話講述了一位至高者創造了一個小而平坦的世界，這個世界的惡魔和邪靈在上面挖鑿刻畫，形成了山丘和谷地。雅庫特的巫師會定期安撫並且感謝這些邪靈。今天雅庫特人居住在勒那盆地，並且和

俄羅斯人通婚。

這個雅庫特故事裡的魔法少女，她的起源來自某種創世神話。人類——此處由雅庫特人代表——所居住的「中土」（middle land），很明顯需要榮耀或是救贖，而魔法少女被當成救世者被派遣到人間，理當忍受試煉、死亡和復活。和〈芬蘭國王的女兒〉（The Finn King's Daughter, Christiansen, p. 147）及其他故事不同，那些故事裡面，讀者透過短語或一個句子得知變形的發生，但本書這個故事卻寫進了可怕又詳盡的變形過程。女魔鬼本身就像有鐵乳房的埃及水妖慕薩雅拉（muzayyara，出自哈山．M. 艾爾－夏米〔Hasan M. El-Shamy〕編譯的《埃及民間故事》〔Folktales of Egypt, University of Chicago, 1938, p.180〕），安潔拉．卡特如此評論：「古印度故事中包含了許多對羅剎（Rakshasas）的可怕描述。」

迦梨女神（Kali）常常被描繪成兇惡的模樣，舌頭從嘴裡垂下來，如同這個故事中的女魔鬼，射出一個鐵舌頭。就像〈芬蘭國王的女兒〉裡的女山怪，這個女魔鬼想潛入人類社會，卻不太熟悉裡面的習俗。故事中有一段令人費解的文字，說到「她錯把馬栓在柳樹下，那裡原本是賽米雅克辛的老寡婦常常栓斑點公牛的地方」，這件事活該讓她受到丈夫親人的敵意。《西伯利亞與其他民間故事》一書的編者指出：「除了落葉松之外，每一種樹都有自己的主人」，而少女抵達後用落葉松的樹枝點上爐火，意謂她與人類和諧一致，是為了完成一個更偉大的計畫來到人間。她還知道一種有趣的淨化儀式，以清除她丈夫和女魔鬼交媾所受到的內外汙染。為了淨身將可汗兒子吊在樹上以求潔淨，讓人想到十字架上的耶穌基督，以及其他高掛著的神祇，例如豐饒之神阿蒂斯（Attis）（安納托利亞）、史路伊（Sluy）（威爾斯）和武坦（Wotan）（日耳曼），他們全都在幾天後復活。（Fillingham-Coxwell, p.262）

◆ 阿秋和她的獅子養母

這個故事由一位二十歲女人所講述，亂倫禁忌再次受到威脅，但透過非人類生物的干預，禁忌得以維持。（請比較本書〈荻拉薇和她的亂倫哥哥〉）安潔拉．卡特評論道：「亂倫禁忌在多配偶制的社會尤其複雜和重要。舉例來說，阿秋和她的哥哥無法認出彼此，因為他們在童年初期就因為同父異母兄弟們的欺騙而分開了。」

◆ 鳥女的故事

安潔拉・卡特在她的註釋裡寫下《西伯利亞與其他民間故事》中一些重要的引述：「鳥女的故事在雅庫特人、拉普人和薩摩耶德族人中都可以見到」、「西伯利亞民間故事的英雄在完成一項壯舉時會訂購大批靴子，這事並不罕見」以及「一般而言，楚科奇人相信自然萬物皆有靈，相信每一個實物都能自己行動、說話和行走。」

動物女神變身為人類妻子是這個故事的主要元素。日本和中國的民間故事裡有很多這類故事，不過在這故事中的旅程和救贖的爭鬥卻不多見，一般說來，丈夫必須滿足於擁有子女——也可能是難得一次與已分離的妻子重逢。威爾斯經典作品《塔里埃森之歌》（The Song of Taliesin）就包含一連串的事件，在這些事件中，柯芮蒂安女神（Ceredwen）變成了多種鳥，從威猛的老鷹到可怕的渡鴉到一隻卑微的母雞。（Fillingham-Coxwell, p.82）

◆ 風流爹娘

這個挑戰亂倫禁忌的笑話，其真正目的是要給主人公一記回馬槍。故事裡有關通姦和私生子女的低級淫穢言詞，就像大多數丈夫戴綠帽的笑話一樣。故事是由理查・杜爾森從吉姆・艾利（Jim Alley）那裡採集來的。（Dorson, p.79）

◆ 打老婆的理由

這個跟排泄物有關的笑話，採集自尼羅河三角洲某個村莊一位三十歲的農婦，她記得自己是在十歲時聽她母親說的。她的丈夫對於她自願把這個故事對（男士）編輯哈山・艾爾－夏米講述有些抗拒，後來他同意編輯的請求，條件是不能錄下妻子的聲音。不過他自己聽這故事時倒很開心，還開玩笑說他的妻子善用了這個故事。

編輯補充說：「這個幽默故事的高潮屬於『荒誕的願望』這一類主題。這整個故事的主題或許可以和《馴悍記》（莎士比亞的喜劇）做對比，後者故事在當地的名稱是《新婚夜殺死你的貓》。」

事實上，丈夫對本已盡責的妻子建立優越感，這個想法在這裡得到了報應，所以可以合理推論講述這故事的女人是從一個比她年長的女人那裡聽來的。這故事似乎在鼓吹縱容男性的弱點，並宣揚盡責盡職必有回報——不過它也帶有阿拉伯故事裡常見的粗俗幽默，暗示深藏不露的狡猾。對於糞便的大膽運用，還可參見〈沙辛〉及〈咚嘎、咚嘎〉這兩則故事與註釋。（Hasan El-Shamy, p.217）

◆ 三個情人

這個來自美國西南墨西哥人的故事，其中窗邊情人在自己的屁股被親吻後，遭遇了與喬叟〈磨坊主的故事〉（The Miller's Tale）中的人物相似的命運。

〔《科羅拉多與新墨西哥州西班牙故事》（*Cuentos Españoles de Colorado y de Nuevo Mejico*, Vol.1），原文作者為璜‧拉爾（Juan B. Rael, Stanford University Press, 1957, p.105），本文譯者為默爾‧西蒙斯（Merle E. Simmons）〕

◆ 七次發酵

安潔拉‧卡特指出：「又是法蒂姆講的——兩個故事藉著老婦人的個性交織在一起。女人從父親家到丈夫家，從來都沒有自己的空間——但是別忽視「他者」的力量——這種力量部分體現在說故事、刺繡、編織、陶藝、婚禮歌曲和輓歌中。」接著她引述《說吧，鳥兒，再說一次》中的句子：「對女性而言，衝突是體制結構內所固有的。」

該書編輯在註釋中寫道：「本書所有的民間故事裡，無法生育是最共通的主題。」毫無疑問，這是女性在故事中所表達的一種焦慮，尤其「男人因為妻子無法生育而毆打她，更容易被原諒。」（見同一出處）

本故事中的老婦人顯然有魔法天分，是一個足智多謀的女性幫手，說著自己的神祕言語，例如「土地會渴望它的人民。我想回家。」或許麵包一直沒有發酵，意謂她的工作——也就是從女人丈夫手中解救她們——永遠沒有完成，當然，除非說故事的人想把故事以此收尾。作為老婦人，她格外適合做年輕女性的同伴，也不太可能會誤導她。這給予她施展必要計謀的空間，藉以改善她保護的人的命運。安潔拉‧卡特如此引述：「年長女性被認為是無性的，因此在老婦人證實妻子對於『黑色在白色上面』的解釋後，丈夫就比較容易相信妻子的無辜了。」故事中插入故事，這種形式在中東是

很普遍的。(參見《一千零一夜》)。

故事標題的「七次」，暗示它是以同樣公式敘述的七個故事循環的一部分。（Muhawi and Kanana, p.206）

◆ 不忠妻子的歌

故事由勞夫‧伯格斯（Ralph S. Boggs）從北卡羅萊納州四十四歲的倫斯福（B.L. Lunsford）處採集而來，又是一個大膽女人給丈夫一個教訓的故事，這個故事的原型是〈老希德布蘭〉（Old Hildebrande），篇幅較長，起源於歐洲，帶有反教權的傾向。

〔《美國民俗雜誌》47(1934), p.305〕

◆ 跟自己兒子結婚的女人

安潔拉‧卡特指出，這個故事是巴勒斯坦那布魯斯地區拉菲狄雅村一個八十二歲女人講述的。

妻子被對手取代的熟悉場景，在這裡卻有所改變，母親在床上取代了媳婦，甚至還懷了孕。穆哈威和卡納納將她渴望吃酸葡萄和西方孕婦渴望吃醃菜相比。相同的主題也出現在一則名為〈羅姆〉（Rom）的故事中，選自楊‧克納伯特《剛果神話與傳說》（Myths and Legends of the Congo, London, 1979）。羅姆母親的行為有部分是出於憐憫——羅姆不知道他的愛人拋棄了他——所以最後這個年輕人以可怕的方式自殺了，一邊唱著：

我進入了我出來時的胸部
我的力量又回到它發源的地方

不過在這個故事裡，母親的動機是自私和色慾。在某種程度上，她的嫉妒是由於要和另一個女人分享地位所引發。安潔拉‧卡特引述一段巴勒斯坦的諺語：「父親的家是遊樂場，丈夫的家是教育。女人不是屬於這個家就是屬於那個家。」她寫下一些詞句，比如性行為——對社會結構有徹底的破壞性，尤其是女性的性行為；被隔離的性別；「名譽」。

這個故事無疑顯示人們對這種女性放縱性慾而導致社會結構被破壞的恐懼。對家庭榮譽的玷汙——家庭榮譽由男性守護，但是卻建立在女人身上

——會被處以火刑做為懲罰。有趣的是，儘管穆哈威和卡納納兩位編輯將故事講述者省略了懲罰的細節，歸因於故事收尾時要將節奏加快並力求簡短，其實更可能的原因是她想要減輕女性犯了過錯的懲罰後果。至於性別隔離——也許正因為此，人們才比較容易相信兒子會把自己母親錯認成妻子——無論她妝扮得有多像。當然，婆婆也很可能只有三十歲。

妻子隨隨便便就把無辜僕人的舌頭割下來，這種殘忍行為在童話故事或甚至在歷史上並不特別少見。這裡它暗示了她對於沉默的承諾。當她沉默的時間期滿，她就讓送信的人保住舌頭了。童話故事中一個女人的沉默——不管是因為魔法還是因為自己的承諾——都是為了便於情節發展的一種常見敘述方式。這是從中世紀早期傳承而來，當時女性在歐洲的故事中，從訂婚到結婚這段期間是沒有聲音的。女主人公的沉默在一些德國童話中似乎是一種救贖的主題，這些故事裡，健談的女主人公從來都不受歡迎。在歐洲，女主人公或因為害怕魔咒或是永罪的威脅而保持沉默，與權力和原罪報應的概念有關。（Muhawi and Kanana, p.60）

◆ 杜安和他的野獸妻子

這個故事的講述者是鄧‧馬悠克酋長的另一個女兒妮安柔‧鄧（Nyanjur Deng），她當時二十歲。安潔拉‧卡特引述《丁卡民間故事》中的一段話：「已故的尼尤克（Nyok）酋長對外交聯姻的拓展遠超過丁卡族歷史上任何人。他有將近兩百名妻子，來自包括丁卡領土的各個角落。整個家族十分團結緊密，居住在幾個大村莊裡，成員講著各種方言，表現出多種次文化。」

在故事裡杜安認為他妻子的渴望很不合理，因為丁卡人譴責除了儀式或祭獻以外的原因宰殺動物。杜安的欺騙行徑再次強調，從從阿茉的角度來看，杜安的行為就是一個「外來者」。經過了馴化的儀式之後（參見〈荻拉薇和她的亂倫哥哥〉及〈阿秋和她的野獸媽媽〉），阿茉將他殺死，為自己報仇。（Deng, p.97）

◆ 好運氣

這是眾多訴說女人家守不住祕密的詼諧故事中的一則。在有些版本中，是輕信太太的丈夫陷入了麻煩，在這個故事裡丈夫則讓情勢變得對自己有利。（Degh, p.147）

◆ 夸脫罐裡的豆子

又一則丈夫戴綠帽子的笑話，由吉姆‧艾利向理察‧杜爾森講述。（參見〈風流爹娘〉及〈不忠妻子的歌〉）。（Dorson, p.80）

────────── PART **13** 有用的故事 ──────────

◆ 母鳥和幼鳥的寓言

這個故事是一則嚴肅且帶有黑色幽默的寓言，講述如何對生命中艱難和殘忍的一面做好準備，是典型的意第緒幽默和格言。

取自《意第緒民間故事》（*Yiddish Folktales*），碧雅翠絲‧西弗曼‧溫瑞區（Beatrice Silverman Weinreich）編輯，附連納‧伍爾夫（Leonard Woolf）的前言。

◆ 三個阿姨

〈老哈貝特洛〉（Old Habetrot）是這個挪威故事的英國版本，在那個故事裡，哈貝特洛這個幫手來到懶惰紡紗女的丈夫面前，以自己為例說明如果他的妻子被迫繼續紡紗織布會發生什麼事（參見〈美麗的瓦希麗莎〉，瓦希麗莎其實是會紡紗、織布，完美縫出國王的襯衫，所以當然不會有繼續下去的壓力）。不過這個懶惰的紡紗女卻抗拒壓力，不讓貧困將她綁死在紡車上。唯一能解決她貧窮的方法是嫁給一個有錢人，因此詭計和花招就成了必要的逃離手段。最精彩的是女人的密謀，不單掩蓋了女主人公的詭計，也把她解救出來免於將來的苦差事和受人責備。1819年之後的格林童話故事版本可不是這樣的，它要求讀者：「你必須承認她是個討人厭的女人。」（Darsent, p.194）

◆ 老婦人的故事

邦迪族將梧桐稱作「木希瓦」（muriwa）。在南太平洋也有一個幾乎一模一樣的故事。這類故事指出魔法幫手們所附加的條件是有約束力的，如果沒有得到應有的尊重，那些精怪就會離開（參見〈鳥女的故事〉）。在這兩個故事裡，所有的東西都被收回，恩寵的日子一去不返。

〔《非洲民間故事》，羅傑‧亞伯拉罕編輯，（New York, Pantheon Folklore Library, 1983, P.57）〕

◆ 紫色的高潮

一個未解之謎以反高潮告終。作者是從一個九歲大的美國女孩當著驚呆的父母的面採集而來。這則笑話的來源可能是一個法國文學故事，該故事以不同的名稱流傳到現在，包括1960年代晚期希區考克恐怖故事選集中收錄的〈波爾多勤奮號〉。

〔C. 雷格曼（C. Legman），《黃色笑話的理論基礎》（*The Rationale of the Dirty Joke, vol.11*, London, Panther, 1973, p.121）〕

◆ 鹽、醬汁和香料、洋蔥葉、胡椒和油滴

名字的力量是這個故事的基本前提。通關密語──讓人覬覦的男人名字──只有通過特定而且重要的測試才能得到。和〈湯姆‧提特‧塔特〉那一類的故事（例如〈侏儒妖〉〔Rumpelstiltskin〕等等）不同，故事裡考驗的是服務和慷慨的精神，而不是欺騙和競爭。正如所有傻瓜故事一樣，最不可能的競爭者反而獲得勝利。（Abrahams, p.299）

◆ 兩姊妹和蟒蛇

跟一個非人的生物說了一句無心的玩笑話，導致一個駭人的錯誤（見本書〈接生婆和青蛙〉）。除此以外，這也算是「美女與野獸」之類的故事。壞心的姊姊總是沒搞清楚重點，那就是獲得回報不在於模仿妹妹的行為，而在妹妹慷慨的精神。（出處不明）

◆ 張開手指

這是一個來自蘇利南的道德故事，讓人想起一則口述的伊斯蘭故事，說到一個乞丐把他一輩子會分配到的食物拿出來與眾人分享，以確保他永遠不會挨餓。不過他這遊戲是跟真主進行的，真主很熱衷於此道。（Heskovits and Heskovits, p.355）

安潔拉・卡特
精怪故事集
104則以女性為主角，
既怪誕又魔幻的傳說故事

編　著	安潔拉・卡特（Angela Carter）
插　畫	柯莉娜・薩谷（Corinna Sargood）
翻　譯	張　琰
文字編輯	林芳妃
責任編輯	何維民

版　權	吳玲緯　楊　靜
行　銷	闕志勳　吳宇軒　余一霞
業　務	李再星　李振東　陳美燕
副總編輯	何維民
編輯總監	劉麗真
事業群總經理	鄭至平
發 行 人	何飛鵬

出　版

麥田出版
11563台北市南港區昆陽街16號4樓
電話：02-25000888　傳真：02-25001951

發　行

英屬蓋曼群島商家庭傳媒股份有限公司城邦分公司
11563台北市南港區昆陽街16號4樓
客服專線：02-25007718；02-25007719
24小時傳真服務：02-25001990；02-25001991
服務時間：週一至週五09:30-12:00，13:30-17:00
郵撥帳號：19863813　戶名：書虫股份有限公司
讀者服務信箱E-mail：service@readingclub.com.tw
城邦網址：http://www.cite.com.tw
麥田出版臉書：http://www.facebook.com/RyeField.Cite/

香港發行所

城邦（香港）出版集團有限公司
香港九龍土瓜灣土瓜灣道86號順聯工業大廈6樓A室
電話：852-25086231　傳真：852-25789337

馬新發行所

城邦（馬新）出版集團【Cite (M) Sdn Bhd.】
41, Jalan Radin Anum, Bandar Baru Sri Petaling,
電話：+6(03) 90563833　傳真：(603) 9057-6622
E-mail：service@cite.my

ANGELA CARTER'S BOOK OF FAIRY TALES
by ANGELA CARTER,
CORINNA SARGOOD (ILLUSTRATOR)
Copyright: © by THE ESTATE OF ANGELA CARTER 2005
This edition arranged with Little, Brown Book Group Limited
through BIG APPLE AGENCY, INC., LABUAN, MALAYSIA.
Traditional Chinese edition copyright:
2024 by Rye Field Publications, a Division of Cite Publishing Ltd.
All rights reserved.

安潔拉・卡特精怪故事集：
104則以女性為主角，既怪誕又魔幻的傳說故事／
安潔拉・卡特（Angela Carter）編著；張琰譯.
－初版.－臺北市：麥田出版：英屬蓋曼群島商
家庭傳媒股份有限公司城邦分公司發行，2024.04
面；　公分
譯自：Angela Carter's Book of Fairy Tales
ISBN 978-626-310-624-6（平裝）
539.5　　　　　　　　　　　　113000099

印　　刷　前進彩藝有限公司
書封設計　莊謹銘
內文排版　黃暐鵬

初版一刷　2024年3月
版權所有，翻印必究
（Printed in Taiwan）
本書如有缺頁、破損、裝訂錯誤，
請寄回更換
定　　價　699元
Ｉ Ｓ Ｂ Ｎ　978-626-310-624-6